GRANDE MURALHA

JULIA LOVELL

GRANDE MURALHA

Tradução de
S. DUARTE

EDITORA RECORD
RIO DE JANEIRO • SÃO PAULO

2008

CIP-Brasil. Catalogação-na-fonte
Sindicato Nacional dos Editores de Livros, RJ.

L947g Lovell, Julia
       Grande muralha / Julia Lovell; tradução S. Duarte. – Rio
       de Janeiro: Record, 2008.

       Tradução de: The great wall
       ISBN 978-85-01-07704-2

       1. China – História. I. Título.

                              CDD – 951
07-4238   CDU – 94(510)

Título original em inglês:
THE GREAT WALL

Copyright © Julia Lovell, 2006
Originalmente publicado por Grove Atlantic Ltd.

Todos os direitos reservados. Proibida a reprodução, armazenamento ou transmissão de partes deste livro através de quaisquer meios, sem prévia autorização por escrito. Proibida a venda desta edição em Portugal e resto da Europa.

Direitos exclusivos de publicação em língua portuguesa para o Brasil adquiridos pela
EDITORA RECORD LTDA.
Rua Argentina 171 – Rio de Janeiro, RJ – 20921-380 – Tel.: 2585-2000
que se reserva a propriedade literária desta tradução

Impresso no Brasil

ISBN 978-85-01-07704-2

PEDIDOS PELO REEMBOLSO POSTAL
Caixa Postal 23.052
Rio de Janeiro, RJ – 20922-970

EDITORA AFILIADA

A meus pais

SUMÁRIO

Lista de mapas e ilustrações	9
Agradecimentos	11
Nota sobre latinização e pronúncia	13
Nota sobre nomes	14
Introdução: Quem construiu a Grande Muralha da China?	19
1. Por que muralhas?	47
2. A Longa Muralha	71
3. Muralhas Han: *Plus ça change*	91
4. Fronteiras móveis e bárbaros decadentes	121
5. A reunificação da China	147
6. Sem muralhas: a expansão das fronteiras da China	169
7. A volta dos bárbaros	193
8. Uma questão de abrir e fechar: a primeira muralha Ming	215
9. Ergue-se a muralha	247
10. A grande queda da China	271
11. Como os bárbaros construíram a Grande Muralha	303
12. Traduzindo a Grande Muralha para o chinês	339

GRANDE MURALHA

Conclusão: A Grande Muralha, a Grande Feira e a Grande Muralha Blindada	369
Apêndice 1: Personagens principais	401
Apêndice 2: Cronologia das dinastias	409
Apêndice 3: Datas significativas na história da China e na construção de muralhas	411
Notas	421
Bibliografia selecionada	445
Índice remissivo	455

LISTA DE MAPAS E ILUSTRAÇÕES

MAPAS

China (2005)	16
Construção de muralhas: período dos Estados Guerreiros (c. 481-221 a.C.)	46
Construção de muralhas: dinastias Qin e Han (221 a.C.-220 d.C.)	70
Construção de muralhas: dinastias Wei do Norte, Qi do Norte e Sui (386-618 d.C.)	120
Muralhas Jin e campanhas mongóis (1115-1234 d.C.)	192
Construção de muralhas: dinastia Ming (1368-1644 d.C.)	214

ILUSTRAÇÕES

1. Muralha Ming de fronteira tal como reproduzida pelo tenente Henry William Parish, durante a missão diplomática de Macartney em 1793. Sir George Staunton, *An authentic account of an embassy from the King of Great Britain to the Emperor of China...* (Londres: G. Nicol, 1797).
2. Muralha construída pelo estado de Zhao na Mongólia Interior, c. 300 a.C. Daniel Schwartz/Lookatonline.
3. Um pastor com seu rebanho nas pastagens da Mongólia. Roy Chapman Andrews, *Across Mongolian Plains* (Londres: D. Appleton & Co., 1921).
4. Desenho chinês do período Ming mostrando bárbaros Xiongnu. Wang Qi, *San cai tu hui.*
5. Qin Shihuang, primeiro Imperador e construtor da primeira Longa Muralha cortando o norte da China. Qi, *San cai tu hui.*
6. Trabalhos de socagem de terra na construção de muralhas chinesas. Guo Po, *Er ya yin tu* (1801).

GRANDE MURALHA

7. Trecho de muralha Han M. Aurel Stein, *Ruins of desert Cathay*, vol. II (Londres: Macmillan, 1912).
8. Muralha Jin na Mongólia. Daniel Schwartz/Lookatonline.
9. Soldados mongóis em treinamento. Do manuscrito persa *Jami al-Tawarikh*, de Rashid ad-Din, do século XIV.
10. O Terraço das Nuvens. William Edgar Geil, *The Great Wall of China* (Nova York: Sturgis & Walton Company, 1909).
11. Desenho Ming de forno e vara de carregador. Qi, *San cai tu hui.*
12. Muralha Ming parcialmente restaurada em Jinshanling, próximo a Pequim.
13. Mapa Ming de guarnições de fronteira. Qi, *San cai tu hui.*
14. Muralha na região do Ordos, no noroeste da China. Geil, *The Great Wall of China.*
15. Trecho de muralha Ming que atravessa uma aldeia no nordeste da China. John Hedley, *Tramps in Dark Mongolia* (Londres: T. Fisher Unwin Ltd., 1910).
16. Primeiro Passo Sob o Céu em Shanhaiguan. Geil, *The Great Wall of China.*
17. Jiayuguan, noroeste da China. Stein, *Ruins of Desert Cathay,* Vol. II.
18. Li Yongfang capitula. *Manzhou shilu*, Vol. I (Liaoning: 1930).
19. Representação do trono imperial chinês. Louis D. Le Comte. *Memoirs and Observations...* (Londres: Benj. Tooke, 1697).
20. Audiência de Lord Macartney com o imperador chinês, como registrada por Parish. Stauton, *An authentic account of an embassy from the King of Great Britain to the Emperor of China...*
21. Caricatura alemã do século XIX dos exércitos imperialistas ocidentais preparando-se para atacar o gigante chinês. Coleções Claude Estier, *Histoire de la Chine en 1000 Images* (Paris: Cercle Européen du Livre, 1966).
22. Colinas de sedimento argiloso do noroeste da China. Harry Franck, *Wandering in China* (Londres: T. Fisher Unwin Ltd., 1924).
23. Soldados chineses marchando sobre a Grande Muralha, início de 1937.
24. Richard Nixon na Grande Muralha restaurada, em Badaling, fevereiro de 1972.
25. Muralha Ming, próximo a Pequim, em curso de restauração na época comunista. Daniel Schwartz/Lookatonline.

A autora e os editores agradecem a permissão para reproduzir ilustrações: 1, 3, 4, 5, 6, 10, 11, 13, 14, 15, 16, 18, 19, 20 e 22, aos diretores da Biblioteca da Universidade Cambridge; 2, 8 e 25, cortesia de Daniel Schwartz/Lookatonline, primeira publicação em *The Great Wall of China* (Londres: Thames & Hudson, 1990, ed. rev. 2001); 7 e 17, Biblioteca Britânica e Clarendon Press; 9, Bibliothèque Nationale de France; 12, Rosamund McFarlane; 23, Getty Images; 24, © Bettmann/CORBIS.

AGRADECIMENTOS

Devo imensos agradecimentos à equipe editorial da Atlantic Books. Antes de mais nada, a Toby Mundy e Angus Mackinnon, primeiro por me darem a idéia para este livro e pelo paciente estímulo enquanto eu vagava pelo processo de escrevê-lo; e em segundo lugar, novamente a Angus pela revisão excepcionalmente arguta e escrupulosa do manuscrito. Sou também extremamente grata a Clara Farmer e Bonnie Chiang pela competente administração do processo de produção e pelo cuidado e atenção que dispensaram ao livro, e a Lesley Levene, revisor de provas possuidor de olhos muito agudos. Agradeço profundamente também a meus agentes, Toby Eady e Jessica Woollard, por sua ajuda e estímulo em todos os momentos.

Em ocasiões importantes fui generosamente auxiliada por diversos estudiosos e acadêmicos: mais do que ninguém, por Sally Church, que resolveu muitos de meus traumas sobre chinês clássico, sugeriu mapas e fontes e proporcionou crítica extraordinariamente detalhada e construtiva do manuscrito final, evitando assim grande número de erros. Frances Wood também fez uma leitura muito precisa e segura, pela qual sou profundamente grata. Joe McDermott, Roel Sterckx e Hans van de Ven responderam pacientemente a uma torrente de perguntas minhas sobre fatos e fontes, enquanto Charles Aylmer, excepcional bibliotecário do departamento de chinês da Biblioteca da Universidade de Cambridge, maravilhou-me muitas vezes com seu enci-

GRANDE MURALHA

clopédico conhecimento bibliográfico sobre todas as áreas da história da China, objeto de minhas indagações. Ruth Scurr e Hannah Dawson deram-me valioso auxílio e conselhos sobre o Iluminismo. Muitos agradecimentos também a Chee Lay Tan, pela ajuda com as traduções de poesia. Todos os erros e deficiências remanescentes são naturalmente de minha única responsabilidade.

O livro foi elaborado durante uma bolsa de pesquisa no Queens' College, em Cambridge. Durante os últimos dois anos e meio muito me beneficiei com a atmosfera tranquila e amiga da comunidade dessa instituição.

Mas minha maior dívida é sem dúvida com minha família: meu marido, Robert MacFarlane, por suas leituras meticulosas e implacável paciência na perseguição a erros de sintaxe e metáforas obscuras (as que permanecem são exclusivamente minhas); e minha mãe, Thelma Lovell, pela laboriosa revisão que fez do manuscrito. Tanto meus pais quanto meus sogros proporcionaram generosamente valiosas horas de cuidados às crianças a fim de que eu tivesse tempo para escrever. E num sentido mais amplo, este livro jamais teria sido terminado sem o constante apoio e estímulo, propiciados de inúmeras formas que seria cansativo citar, de meu marido, meus pais, meu irmão e irmã e meus sogros; não tenho palavras para expressar minha gratidão.

J. L.

NOTA SOBRE LATINIZAÇÃO E PRONÚNCIA

Usei em todo o livro o sistema Pinyin de latinização, a não ser no caso de transliterações já consagradas, como Chiang Kai-shek (Jiang Jieshi em Pinyin).

No sistema Pinyin, o idioma chinês transliterado em geral se pronuncia de forma semelhante ao inglês.

NOTA SOBRE NOMES

Em geral, os imperadores chineses usavam pelo menos três nomes durante a vida e depois dela: o nome que receberam ao nascer; o nome pelo qual o período de seu reinado ficou conhecido ao ascenderem ao trono; e o nome póstumo para figurar no templo. Assim, antes de tornar-se imperador, o fundador da dinastia Ming se chamava Zhu Yuanzhang; o período de seu reinado ficou conhecido como Hongwu ("força militar irresistível"); e após a morte, passou a ser mencionado como Taizu ("grande ancestral").

Costuma ser difícil recordar nomes chineses, e para evitar confundir o leitor procurei reduzir a quantidade de nomes usados ao referir-me a um único indivíduo. Quando se trata de uma pessoa mencionada após a ascensão ao trono, preferi usar o nome pelo qual era chamado como imperador, por exemplo o imperador Wu (o imperador "marcial") do Han. Nos capítulos sobre as dinastias Sui, Tang e Ming, usei inicialmente seus nomes pessoais e em seguida passei a utilizar as designações pelas quais eles próprios, ou seus períodos de reinado, ficaram conhecidos após se tornarem imperadores.

Nos capítulos sobre a dinastia Ming, preferi, em prol da simplicidade, ao falar de um imperador específico, referir-me diretamente à pessoa pelo nome de seu reinado. Por exemplo, após subir ao trono imperial, Zhu Yuanzhang deveria, para maior correção, ser chamado "o imperador Hongwu", e não

NOTA SOBRE NOMES

simplesmente Hongwu. Na maioria dos casos, simplifiquei seu nome para "Hongwu", a fim de evitar esse uso mais longo e um tanto mais pesado.

Ao referir-me aos três imperadores Qing mais famosos, também usei diretamente, no interesse da simplicidade, os nomes pelos quais são mais conhecidos entre os estudiosos ocidentais, embora esses sejam os nomes de seus períodos de reinado e não seus nomes individuais: Kangxi, Yongzheng e Qianlong.

Finalmente, nos nomes chineses, o de família aparece em primeiro lugar, seguido pelo nome próprio. Portanto, no caso de Zhu Yuanzhang, Zhu é o sobrenome e Yuanzhang é o nome que lhe foi dado.

Embora Chinggis seja considerada uma romanização mais correta do nome de Gengis Khan, usei esta última grafia neste livro, por ser ainda o nome pelo qual a pessoa é mais geralmente conhecida.

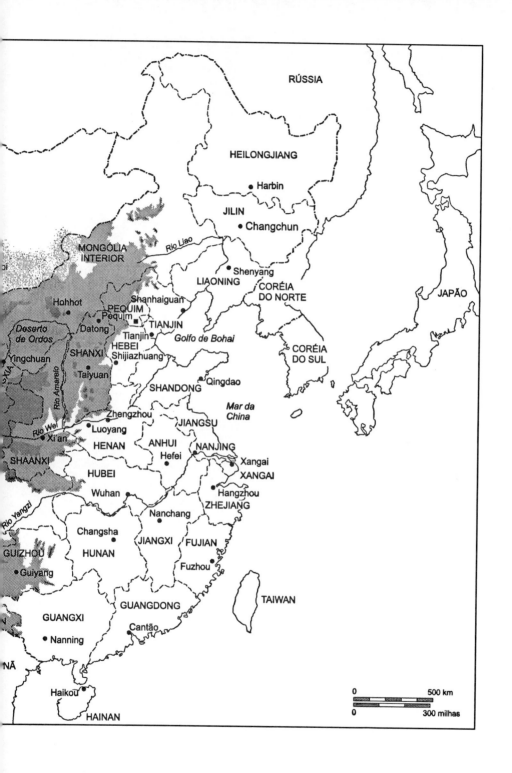

INTRODUÇÃO

Quem construiu a Grande Muralha da China?

EM 26 DE SETEMBRO DE 1792 O REI JORGE III DESPACHOU PARA A China a primeira missão comercial, composta de setecentas pessoas, entre as quais havia diplomatas, homens de negócios, militares, cientistas, pintores, um relojoeiro, um jardineiro, cinco músicos alemães, dois sacerdotes napolitano-chineses e um piloto de balão de ar quente. Embarcados em três navios grandes, levavam consigo os frutos mais impressionantes do progresso científico ocidental recente — telescópios, relógios, barômetros, espingardas a ar comprimido e, naturalmente, um balão —, tudo com a intenção de fascinar o imperador chinês, Qianlong, para que abrisse o comércio com o Ocidente, convencendo-o de que tanto ele quanto seus 313 milhões de súditos tinham necessidade das maravilhas tecnológicas britânicas.

Durante toda a década anterior, a Grã-Bretanha vinha acumulando um grave déficit comercial com a China; os chineses alimentavam a crescente predileção inglesa pelo chá, e em troca nada mais desejavam a não ser grandes quantidades de prata. Os poucos comerciantes britânicos, funcionários da Companhia das Índias Orientais, que tinham permissão para operar na China ficavam na cidade de Cantão, o mais distante possível da capital política, Pequim. Em Cantão permaneciam confinados em armazéns e residências infestadas de ratos, privados de contato com os chineses e de instrução no idioma da terra e obrigados a comerciar por intermédio de funcionários locais, que se deliciavam em exigir vultosos direitos alfandegários de seus hóspedes estrangeiros. Aparentemente, todos os níveis da hierarquia econômica se ocupavam em enganar os ocidentais, desde o superintendente da Alfândega Marítima da província até os lojistas locais, que enchiam os marinheiros estrangeiros de bebidas alcoólicas poderosas a fim de "roubar-lhes todo o dinheiro que levassem consigo".[1] Como os lucros da Companhia das Índias Orientais eram insuficientes para compensar o custo do domínio sobre a Índia, e como os apreciadores britânicos do chá contribuíam para agravar o déficit comercial, a Ásia se transformava rapidamente num sumidouro de recursos para a Grã-Bretanha.

Foi nesse panorama potencialmente desastroso que Henry Dundas, secretário do Interior e ex-presidente da Companhia das Índias Orientais, procurou Lord Macartney, experiente e astuto diplomata, pedindo-lhe que chefiasse uma missão à China. Macartney apresentou as condições para aceitar o encargo: 15 mil libras por ano de ausência da Grã-Bretanha e um título de conde. Em troca, Dundas lhe pedia que pregasse o evangelho do livre-comércio, abrisse novos portos e mercados para a Grã-Bretanha na China, estabelecesse uma embaixada britânica em Pequim e executasse atividades de espionagem militar e industrial. O trato foi feito.

Em junho de 1793, após nove meses no mar e escalas no Rio de Janeiro e na ilha da Madeira, onde o estoque de vinho dos navios foi renovado, a missão britânica atingiu Macau, enclave português na costa meridional da China, cujo alto grau de umidade tropical cobria os prédios de mofo esverdeado. Durante os quatro meses subseqüentes, os britânicos, com sua numerosa comitiva, seguiram laboriosamente o litoral em direção à audiência com o imperador em sua capital, Pequim, na região norte do país. Durante todo o tempo foram observados pela desconfiada burocracia imperial, que os inundava de mostras de hospitalidade — em um único dia receberam duzentas peças de aves comestíveis — e ao mesmo tempo se abstinha de auxiliar a

INTRODUÇÃO

embaixada de qualquer outro modo material. Ao completarem a peregrinação até Pequim, os britânicos tiveram a notícia de que o imperador somente os receberia ainda mais ao norte, em seu refúgio de verão nas frescas montanhas de Jehol.

Quando finalmente os britânicos foram levados à celestial presença do imperador por ocasião de seu aniversário, apresentando-lhe as solicitações de Jorge III numa caixa incrustada de pedras preciosas, quase um ano depois de zarparem de Portsmouth, com a banda de música que os acompanhava vestida de fardas verdes e douradas tomadas de empréstimo por já terem sido usadas ao menos uma vez por uma missão francesa, o imperador não lhes concedeu mais do que uma discreta cordialidade. Talvez por haver lido muitos boatos fantasiosos a respeito dos presentes dos britânicos na imprensa chinesa, que especulava haverem os visitantes trazido anões de trinta centímetros de altura e um elefante do tamanho de um gato, o imperador se decepcionou com a realidade de telescópios, planetários e carruagens. Qianlong comentou que os presentes reunidos por Dinwiddie, astrônomo da embaixada, no palácio de verão em Pequim somente serviam para brincadeiras de crianças.[2] A única reação provocada por uma lente Parker foi de risos, quando um eunuco brincalhão teve um dedo levemente queimado por ela. A carruagem com suspensão de molas trazida pelos britânicos, na esperança de abrir caminhos para as exportações, foi imediatamente considerada imprópria para uso do imperador, porque Qianlong "jamais poderia sofrer a indignidade de que algum homem se sentasse em plano mais elevado do que o seu, e de costas para ele".[3]

O imperador deu resposta formal às solicitações britânicas num édito especial apresentado a Macartney em 3 de outubro, mas na verdade redigido em 30 de julho, mais de seis semanas antes da audiência e da entrega dos presentes. Em outras palavras, a missão fracassara muito antes de aproximar-se de seu destino. "Nunca demos valor a objetos engenhosos", esclarecia Qianlong, "e não temos a menor necessidade das manufaturas de seu país."[4]

Dizia a verdade: setenta anos depois, quando tropas francesas e britânicas destruíram o Palácio de Verão imperial nos arredores de Pequim, os presentes de Macartney foram encontrados, intactos, num estábulo. Aparentemente foram os membros da comitiva que melhor uso fizeram de suas maravilhas tecnológicas durante a permanência na China: Macartney viajou a Jehol numa carruagem britânica, e Dinwiddie experimentou o alcance e a precisão de um telescópio focalizando-o nos barcos de lazer e nas jovens cantoras de Suzhou, cidade de canais na costa oriental da China.

Apesar de todas as provações toleradas pelos britânicos para agradar aos chineses — sofrendo durante horas no teatro chinês, sendo objeto de risadas nos banquetes oficiais devido à falta de habilidade no manejo dos pauzinhos —, a embaixada não conseguiu realizar nenhum de seus objetivos. A língua constituiu importante barreira. Depois que os sacerdotes napolitano-chineses trazidos originalmente na qualidade de intérpretes desertaram em Macau, aterrorizados com a possibilidade de punição política na corte imperial por haverem deixado a China sem autorização, o único integrante da expedição capaz de falar alguma coisa no idioma local — aprendido com os sacerdotes fugitivos — ficou sendo Thomas Staunton, de 12 anos, filho do imediato de Macartney, George Staunton. Isso fazia com que a embaixada dependesse em grande parte dos esforços de tradução por parte de missionários portugueses e franceses instalados na corte chinesa, os quais Macartney considerou, respectivamente, "falsos e espertalhões" e "inquietos e intrigantes".[5] A impressionante lista de presentes levados ao imperador foi traduzida de maneira inadequada: o planetário, por exemplo, foi simplesmente transcrito foneticamente e em seguida descrito ao imperador em solene chinês clássico pelos intérpretes da corte como "relógio musical geográfico e astronômico".[6] O principal empecilho, porém, foi o protocolo diplomático. A China do período final da dinastia Qing era prisioneira da visão tradicional chinesa sobre as relações internacionais, segundo a qual todos os estrangeiros eram bárbaros atrasados que pouco ou nada tinham a oferecer à civilização chinesa e cuja

INTRODUÇÃO

atitude correta em relação à corte imperial era de respeitosa subordinação. Segundo as idealizadas convenções diplomáticas chinesas, que datavam de mais de um milênio e meio, permitia-se aos estrangeiros (ao menos em teoria) entrar na China somente na condição de vassalos inferiores portadores de tributo, e não como iguais politicamente; e naturalmente não como representantes da "nação mais poderosa do globo", como confiantemente se consideravam Macartney e os britânicos.[7] Em vez de um Ministério de Relações Exteriores, a China do Qing possuía um Departamento de Recebimento (de tributos), perfeitamente equipado com uma complexa rede de regulamentações que tratavam da freqüência, comprimento, tamanho e número das reverências exigidas dos portadores de tributos. Chineses e britânicos jamais conseguiriam entrar em acordos comerciais enquanto não fossem capazes de concordar sobre as próprias existências uns dos outros. Seria exagero chamar o encontro sino-britânico de 1793 de um choque de civilizações: nenhum dos dois lados encontrou suficiente terreno diplomático para sequer chegar próximo a uma colisão.

Por ser um embaixador pragmático, mas também orgulhoso britânico, Macartney passou semanas discutindo o protocolo diplomático. Um dos principais problemas foi sua recusa em executar o *kowtow*, gesto obrigatório de deferência diante do imperador: colocar-se de joelhos três vezes, cada qual com uma prostração completa com a cabeça tocando o chão. Macartney concordava em erguer o chapéu, dobrar um joelho e até mesmo beijar a mão do imperador (esta última proposta era absolutamente inaceitável, conforme esclareceram rapidamente os horrorizados funcionários chineses). Mas somente faria o *kowtow* se um funcionário chinês de categoria equivalente à sua se prostrasse diante de um retrato de Jorge III. Essa última proposta era ainda menos adequada do que o beija-mão: Qianlong era governante "de tudo o que existe sob o céu" (*tianxia*, termo tradicional em chinês, relativo à China), e seus súditos jamais poderiam admitir autoridade semelhante em outro soberano. A idéia da China como centro do mundo civilizado, à qual todos os demais povos devem obediência, é um dos temas mais duradouros ao longo da história chinesa. Mesmo hoje em dia, 160 anos após o início das Guerras do Ópio, que obrigaram a China a abandonar o antigo sistema de tributos e adotar a diplomacia e o comércio internacionais, alguns historiadores chineses ainda não acreditam que Macartney não se tenha prosternado diante do imperador.[8]

A pressão chinesa sobre Macartney para que se submetesse ao *kowtow* começou em agosto, seis semanas antes da audiência dos britânicos com Qianlong, e intensificou-se cada vez mais. Os chineses empregaram várias estratégias de persuasão, desde as engenhosamente indiretas até as mais contundentes. Em meados de agosto, funcionários chineses observaram ao embaixador que as roupas chinesas eram melhores do que as ocidentais "porque não impediam nem obstruíam... genuflexões e prosternações... Por isso apontaram a inconveniência de nossas jarreteiras e fivelas nos joelhos, insinuando que seria melhor que não as usássemos quando fôssemos à Corte".[9] Na altura do início de setembro, sem vislumbre de solução para a intransigência dos britânicos, o próprio imperador ordenou que a alimentação oferecida a eles fosse reduzida, a fim de "persuadi-los" a aceitar o ritual imperial.[10] Quando Macartney e os mandarins não discutiam o tema principal do *kowtow*, passavam a tratar da definição das oferendas a Qianlong, para decidir se eram "presentes" ou "tributo". Macartney afirmava que eram presentes trazidos pelo embaixador de um soberano de igual categoria; os chineses diziam, com a mesma firmeza, que Macartney era apenas um subordinado "portador de tributo".[11]

Ainda que os britânicos tivessem se submetido ao protocolo chinês, não se pode dizer que tivessem conseguido de Qianlong mais do que aquilo que obtiveram (isto é, algumas peças de bons auspícios talhadas em jade, caixas de porcelana e cortes de tecido, coisas que pareciam ser provenientes de tributos anteriores de vassalos coreanos, muçulmanos ou birmaneses). Dois anos depois, uma embaixada holandesa muito mais complacente visitou a China, e

INTRODUÇÃO

seus membros executaram o *kowtow* ao sinal de um chapéu, ou melhor, de uma peruca (o embaixador holandês van Braam provocou o riso zombeteiro dos chineses quando sua peruca lhe caiu da cabeça ao prostrar-se diante do imperador na margem de uma estrada coberta de geada). Embora os inflexíveis e truculentos britânicos tivessem recebido, nas palavras do administrador da missão, John Barrow, acomodações em Pequim "mais adequadas a porcos do que a criaturas humanas", os obsequiosos holandeses tiveram sorte nada melhor, alojados num estábulo e acompanhados por cavalos de carroça.[12] É verdade que a alimentação da embaixada britânica foi racionada quando a disputa a respeito das reverências se intensificou, mas pelo menos nunca foram insultados recebendo carne que parecia já ter sido mordida, como aconteceu aos holandeses, que especularam tratar-se talvez dos restos do repasto do imperador. Os holandeses se prostraram em trinta ocasiões diferentes, muitas vezes em horas tardias e temperaturas de congelamento, sem que, ao que registrou gostosamente Barrow, "conseguissem... coisa alguma" exceto "pequenas bolsas, sedas finas e tecidos grosseiros semelhantes aos que os marinheiros usam para bandeiras coloridas".[13] Pior ainda, os funcionários chineses, para divertir-se, parecem ter-se aproveitado cinicamente da disposição dos holandeses para as reverências, fazendo-os prostrar-se em diferentes ocasiões diante de alguns biscoitos, uvas e um pernil de carneiro já meio comido, sob o pretexto de que eram presentes enviados pelo próprio imperador.

Depois desse espetacular fracasso diplomático, não admira que os relatos de viagem dos membros da embaixada britânica fossem pouco elogiosos em relação à China. *Travels in China* (Viagens pela China), de Barrow, mais tarde fundador da Real Sociedade de Geografia, carrega o tom irritadiço típico dos britânicos quando se sentem insatisfeitos no exterior. O teatro chinês era considerado "grosseiro e vulgar", a música chinesa, "um conjunto de sons desagradáveis", e as acrobacias chinesas, decepcionantes: "um rapaz subiu num bambu de dez ou doze metros, fez algumas piruetas e se equilibrou no topo em várias atitudes", relatou ele, transcrevendo comentários do pouco condescendente Macartney, "mas sua apresentação foi muito inferior às do mesmo gênero que presenciei na Índia".[14] Quanto às instalações sanitárias, "não existe uma privada e nem um lugar íntimo decente em toda a China".[15] Somente uma coisa foi universalmente aprovada pelos britânicos: a Grande Muralha.

Macartney e sua comitiva utilizaram o longo tempo de espera na China para fazer um pouco de turismo. Em sua confortável diligência, a caminho da audiência com o imperador em Jehol, Macartney fez uma parada no passo de Gubeiku, a nordeste de Pequim, a fim de ver de perto a muralha. É uma região em que a Grande Muralha se presta a cartões-postais, proporcionando vistas que fizeram os arrogantes britânicos encherem seus diários com superlativos: muros e torreões serpenteando por sobre os cumes de montanhas cobertas de nevoeiro, com vegetação verdejante no verão (como as teria visto Macartney) e neve no inverno. Numa brecha na construção, Macartney observou que a muralha era feita de um "tijolo azulado", tinha quase 8 metros de altura e cerca de 1,5 de espessura e era fortificada com torreões espaçados em intervalos de 50 a 65 metros. Encheu ao todo duas páginas inteiras de seu diário (tal como hoje se apresenta em formato de publicação moderna), registrando com precisão a profundidade dos alicerces, o número de carreiras de tijolos, a espessura da argamassa e assim por diante. "A muralha prosseguia num rumo curvilíneo, freqüentemente galgando as montanhas mais altas e acidentadas que em diversos pontos observei, e mede mais de 2.300 quilômetros de extensão." Impressionado com o que viu, Macartney considerou que se tratava "da obra mais estupenda feita por mãos humanas".[16] Seu companheiro Barrow, que visivelmente pouco mais tinha a fazer para manter-se ocupado, fez o possível para encontrar comparações espúrias e sem comprovação para evocar a grandiosidade da construção. A quantidade de pedras da muralha, afirmou Barrow, era equivalente "à de todas as moradias da Inglaterra e da Escócia":

INTRODUÇÃO

Neste cálculo não estão incluídas as robustas torres que se erguem a intervalos. Por si sós, segundo esses cálculos, supondo que prossigam à distância de uma flecha uma da outra, elas contêm mais argamassa e tijolos do que Londres inteira. Para dar outra idéia da quantidade de material usado nessa assombrosa construção, deve-se observar que seria mais do que suficiente para dar duas ou três voltas à circunferência da Terra com dois muros, cada qual com um metro e oitenta de altura e sessenta centímetros de espessura![17]

Outro membro do grupo, o tenente Henry William Parish, utilizou o tempo para produzir pinturas igualmente românticas e fantasiosas da muralha, mostrando-a subindo com guirlandas por sobre colinas que se estendiam até o horizonte e interrompidas por torres artisticamente arruinadas, com suas pedras quadrangulares caprichosamente carcomidas.[18] Todos os britânicos daquele grupo de turistas não hesitaram em atribuir dois mil anos de idade à muralha que viram; devido à presença de pequenos orifícios aparentemente destinados a armas de fogo, admiraram-se pelo uso secular da pólvora pelos chineses "pois em todos os seus escritos se menciona que essa muralha foi erguida mais de duzentos anos antes da era cristã".[19] "No período remoto de sua construção", arrematava de um jato Macartney, "a China deve ter sido não apenas um poderoso império, mas também uma nação prudente e virtuosa, ou pelo menos haver tido a previsão e o sentido de posteridade necessários para erigir o que na época foi considerado como perpétua segurança contra invasões futuras..."[20]

A visita de Macartney constitui um episódio crucial para a história moderna, tanto da China quanto da Grande Muralha, pois suas experiências e reações ajudaram a construir a opinião ainda hoje predominante, embora errônea, a respeito dela. Macartney encontrou e identificou duas Grandes Muralhas: a versão física, feita de tijolos e argamassa que hoje é conhecida por milhões de turistas impressionados, erigida nos séculos XVI e XVII d.C., e a muralha mental que o estado chinês havia construído em seu redor a fim de repelir influências estrangeiras e de controlar e encerrar o povo chinês em seu interior. Sua admiração pela muralha física, assim como sua frustração diante da muralha mental, tornar-se-ia comum entre os políticos, comerciantes e aventureiros ocidentais do século XIX, ansiosos por comerciar com a China. Macartney e seus companheiros de turismo ajudaram a iniciar a construção da muralha tal como a conhecemos hoje.

Quando o desprezo chinês pelo comércio com o Ocidente deu pouca mostra de qualquer disposição de mudança no meio século seguinte à visita de Macartney, o ressentimento ocidental diante da muralha invisível explodiu na diplomacia das canhoneiras: as Guerras do Ópio de 1840-42. Na altura de 1800, os britânicos pensaram haver encontrado a solução perfeita para o déficit de seu comércio marítimo, o produto ideal para proporcionar à China uma maneira de utilizar toda a prata de origem britânica: o ópio da Índia. O governo chinês discordou, proibindo o ópio em 1829, e, quando o contrabando da droga cresceu, despachou um comissário, Lin Zexu, a Cantão a fim de estancar o comércio ilegal. Como nem os comerciantes chineses e nem os britânicos acataram sua ordem de destruição dos estoques de ópio, ele resolveu agir por conta própria e despejou no mar o suprimento da droga para um ano inteiro. Os britânicos retaliaram bombardeando Cantão: a guerra estava declarada. Quarenta e sete anos após a tentativa fracassada de Macartney, Sir Thomas Staunton, filho de seu imediato — que em 1793 era um menino de 12 anos cuja fluência em idioma chinês encantara o imperador a ponto de ser presenteado com uma bolsa de seda amarela retirada de seu próprio cinturão, e que em 1840 foi deputado por Portsmouth —, defendeu no Parlamento a necessidade de abrir à força as portas da China. A Guerra do Ópio, declarou ele, é "absolutamente justa e necessária nas condições existentes".[21]

Devido à sua arrogância, o imperador chinês não estava suficientemente preparado para o conflito, acreditando firmemente que, se os ocidentais ficassem "privados do chá e do ruibarbo da China durante alguns dias, sofreriam

INTRODUÇÃO

de prisão de ventre e perda de visão, com perigo de vida".[22] Na verdade, apesar da interrupção de três anos no comércio de chá causada pela guerra, a saúde dos britânicos continuou suficientemente robusta para dominar o sul da China à custa de bombardeios e obter dos chineses 27 milhões de dólares de prata, além de Hong Kong. A Guerra do Ópio foi o prelúdio de novos atos de agressão contra a China no século XIX em nome do comércio e da abertura: o saque de Pequim por tropas francesas e inglesas, a anexação do norte da China pelos russos e a cessão dos Novos Territórios a Hong Kong.

A diplomacia das canhoneiras britânica abriu pela força a Grande Muralha invisível da China a um fluxo constante de visitantes, que por sua vez produziram uma infinita quantidade de relatos de viagem cheios de loas enternecidas à muralha física. Na altura da virada do século, a muralha havia sido definitivamente rotulada pelos observadores ocidentais como "Grande" e como "a maravilha mais maravilhosa do mundo", construída em torno do ano 210 a.C. pelo Primeiro Imperador da China (extrapolando a partir de uma vaga referência numa história chinesa do segundo século a.C.) e responsável pela proteção do país contra os hunos, que arrepiaram caminho e partiram para o saque de Roma.[23] O entusiasmo ocidental tornou desnecessária a verificação dos fatos relativos à muralha; bastava presumir, como haviam feito Macartney e seus companheiros de viagem, que tal como se apresentava então ela tinha milhares de anos de idade e simbolizava a civilização, o poder e as precoces conquistas tecnológicas chinesas, além de ter sido extraordinariamente bem-sucedida na intimidação de intrusos indesejáveis e ser uniforme em seu trajeto de tijolos e massa ao longo dos milhares de quilômetros da fronteira fixa do norte da China, e assim por diante. Ao mesmo tempo, a Grande Muralha invisível que encerrava os chineses, decidida a excluir Macartney e seus barômetros, era identificada como a causa da estagnação isolacionista do império, emblemática da falta de interesse da China autocrática e voltada para seu interior em comércio marítimo e conquistas, assim como de sua incapacidade em acompanhar o progresso histórico tal como definido pelas potências coloniais ocidentais. Entre os séculos XVIII e XX, a colossal realidade física se juntou ao poderoso simbolismo visual para transformar a Grande Muralha no principal símbolo formador da China na imaginação ocidental.

A mitologia da Grande Muralha continuou a crescer de forma cada vez mais extravagante durante todo o século XX. Em 1932, décadas antes da era da ciência de foguetes, o milionário caricaturista, escritor e sinófilo Robert Ripley popularizou a afirmação — inicialmente proposta de forma não-empírica em 1893 — de que a muralha era a única estrutura feita pelo homem visível da Lua.[24] Embora essa conjectura tenha sido confirmada por Neil Armstrong, mais tarde o *Geographical Magazine* mostrou que sua observação era simplesmente uma formação de nuvens.[25] Não obstante, essa noção chegou até o século XXI, citada incessantemente por patriotas chineses, jornalistas afoitos e autores de guias de turismo e livros escolares. Joseph Needham, em sua monumental história da ciência e engenharia chinesas, *Science and Civilization in China* (Ciência e civilização na China) (iniciada na década de 1950), levou a idéia a um hiperbólico passo adiante ao comentar que a muralha "tem sido considerada a única obra humana que poderia ser observada por astrônomos marcianos" — quem quer que fossem estes.[26]

A propaganda da Grande Muralha recebeu nova ênfase com o chamado à união feito em 1935 por Mao Tsé-tung a seus revolucionários comunistas (na época impelidos a um canto isolado do noroeste da China pelo governo direitista): "Não és homem de verdade se nunca chegaste à Grande Muralha", frase hoje encontrada em camisetas, bonés e outras lembranças vendidas nas barracas para turistas junto à muralha. Estatísticas fantásticas e freqüentemente não verificáveis maravilham os visitantes contemporâneos da muralha a todo momento: que ela tem 6.000 quilômetros de extensão, que os trechos ainda de pé poderiam ligar Nova York a Los Angeles, que os tijolos utilizados para erguê-la poderiam dar mais do que uma volta ao globo se fossem enfileirados num muro de cinco metros de altura e um de espessura, e assim

INTRODUÇÃO

por diante. Em 1972, numa excursão à muralha durante sua missão diplomática pioneira à República Popular da China, Richard Nixon proclamou às platéias ocidentais fascinadas pelo espetáculo do presidente decididamente anticomunista dos Estados Unidos confraternizando por trás da Cortina de Bambu: "Esta é uma Grande Muralha e somente pode ter sido construída por um grande povo."[27] (Jornalistas comunistas insatisfeitos mais tarde tomaram a liberdade de enfeitar o entusiasmo de Nixon, reportando: "Esta é uma Grande Muralha, e somente um grande povo, com um grande passado, poderia possuir uma grande muralha, e esse grande povo, com essa grande muralha, sem dúvida terá um grande futuro."[28]) No auge da popularidade turística da muralha na era pós-Mao, milhões seguiram os passos de Nixon, unânime e igualmente atribuindo grandeza à principal atração arquitetônica da China. (Praticamente os únicos estrangeiros na história recente a mostrar-se imunes aos encantos da muralha foram os membros do time de futebol West Bromwich Albion, primeira equipe profissional inglesa a visitar a China após sua abertura para o Ocidente, que em 1978 recusou o oferecimento de uma excursão turística para o norte: "Quem já viu uma muralha", explicaram eles, "já viu todas."[29])

Durante séculos os impressionáveis visitantes estrangeiros ficaram de tal maneira ocupados subindo a muralha, calculando quantas de suas capitais poderiam ser construídas com o material dela, ou debatendo sua visibilidade a extraterrestres, que deixaram de refletir sobre um fato anômalo: o de que até décadas recentes os próprios chineses se mostravam em grande parte indiferentes a sua grande obra. Macartney notou de passagem que, enquanto ele e seus companheiros contavam diligentemente os tijolos da muralha, seus guias mandarins "pareciam um tanto ansiosos e impacientes devido ao longo tempo que passamos junto a ela. Estavam estupefatos com nossa curiosidade... Wang e Chou, embora já a tivessem atravessado vinte vezes anteriormente, somente a haviam visitado uma vez, e alguns dos demais mandarins que nos acompanhavam jamais o tinham feito."[30]

GRANDE MURALHA

A indiferença dos chineses somente começou a transformar-se em entusiasmo cada vez mais ardente há cerca de setenta anos, com o propósito estritamente utilitário de satisfazer uma necessidade claramente percebida na China moderna: proporcionar um símbolo da grandeza passada do país a fim de manter o sentido de auto-estima nacional durante os anos magros do século XX, cheios de revoluções fracassadas, guerras civis, invasões estrangeiras, fome e pobreza esmagadora e generalizada. Inspirando-se predominantemente na adoração ocidental da muralha, a visão chinesa moderna da Grande Muralha adotou uma atitude igualmente descuidada e divertida em relação à exatidão histórica. Os chineses modernos e contemporâneos, ameaçados durante muitas fases dos últimos cem anos por reviravoltas políticas violentas e/ou agressões externas, abraçaram irrefletidamente o poderoso simbolismo visual da Grande Muralha no nordeste da China, vendo em sua avassaladora presença física junto à antiga fronteira do país a personificação da precoce autopercepção da China antiga como uma civilização avançada, e da indomável e permanente vontade chinesa de definir e proteger essa cultura das incursões estrangeiras, por meio de uma fronteira robusta. "A Grande Muralha", afirma num breve resumo introdutório em inglês uma enciclopédia chinesa de 1994, "magnífica e sólida de corpo e alma como é, simboliza a grande pujança da nação chinesa. Quaisquer invasores externos serão derrotados ao enfrentarem essa grande força."[31]

Para a maioria dos chineses, a antigüidade e a eficácia da muralha não constituem hipóteses históricas a serem testadas e investigadas, e sim verdades que devem ser aceitas e veneradas. Visitar os trechos da Grande Muralha acessíveis nos pontos turísticos ao norte e nordeste de Pequim pode constituir uma experiência desanimadora e nada histórica. Quando perguntado quando e como, exatamente, puderam ser construídos alguns desses trechos perfeitamente restaurados de muros de tijolos, impecáveis a não ser por uma ou outra mancha de cimento comunista, o bilheteiro em geral encarará quem fez a pergunta com uma mistura de pena e desconfiança — talvez imaginando

INTRODUÇÃO

que se trate de alguma gracinha — e em seguida recitará sem emoção a conhecida história de 2 mil anos a respeito do Primeiro Imperador. Até o primeiro vôo espacial chinês, em 2003, os livros escolares da China espalhavam alegremente o mito de que a muralha era uma dentre duas estruturas erigidas pela mão do homem — a outra é um dique holandês — visíveis da Lua. Somente quando Yang Liwei, o astronauta da expedição de 2003, regressou anunciando envergonhado que não conseguira enxergar nenhuma fortificação, foi que o Ministério da Educação da China tomou tímidas providências para retirar dos livros a falsidade por ser "uma desvantagem em relação ao conhecimento real adquirido por nossos estudantes da escola elementar".[32]

Apesar dessa breve concessão à investigação factual, a muralha, em sua roupagem moderna de símbolo nacional, tornou-se em geral tão alheia a sua realidade histórica verificável que hoje em dia serve de símbolo flutuante para qualquer traço característico da nação chinesa, ou mesmo da humanidade em geral, que necessite ser ilustrado em qualquer momento dado. "A Grande Muralha possui o caráter da nação chinesa", foi a hipótese lançada por um estudioso. "Também possui a natureza geral de todos os seres humanos." "A Grande Muralha", avançou outro de seus teóricos, "deve ser entendida não somente como uma barreira, mas também como um rio que une pessoas de várias origens étnicas e lhes proporciona um refúgio e lugar de encontro comum." Luo Zhewen, vice-presidente da Sociedade Chinesa da Grande Muralha, transformou-a em supremo mascote histórico para todos os fins, ao declará-la simultaneamente produto da sociedade feudal e inspiração para que "o povo chinês avance no caminho da construção do socialismo com características chinesas", dizendo também que ela criou a primeira nação chinesa unificada e centralizada e ao mesmo tempo ajudou a erguer uma China multinacional. Para os ágeis pensadores chineses contemporâneos, a muralha é ao mesmo tempo caracteristicamente nacional e decididamente global; promove tanto a auto-suficiência quanto o internacionalismo; sustentou o feudalismo e atualmente estimula seu arquiinimigo, o socialismo; repeliu invasores e construiu amizades por toda a estepe; definiu uma China unitária e monolítica e a fez multicultural. Esqueçamos o adjetivo Grande: "Super-muralha" parece ser mais apropriado. Abandonando completamente qualquer tentativa de sofisma histórico, um comentarista afirma sem rodeios que a Grande Muralha "é um milagre mundial. Não estou puxando a brasa para minha sardinha, simplesmente porque sou chinês. O raciocínio e o bom senso mostrarão a qualquer pessoa, em qualquer país, que esse é um fato indiscutível".[33]

Até certo ponto, essa leviana rapsódia de aclamação é perfeitamente compreensível: a muralha é, inegavelmente, uma realização impressionante, especialmente devido à falta de tecnologia moderna de construção por parte daqueles que a erigiram, estendendo-a ao longo de milhares de quilômetros, do leste para o oeste, através de terreno difícil e às vezes destruidoramente inóspito: montanhas ermas, planícies inférteis, colinas instáveis cor de chocolate, oásis arenosos e zonas de climas extremos no norte da China e na Mongólia Interior. A notoriedade histórica dos atacantes que ela se destinava a repelir — especialmente as hordas mongóis comandadas por Gengis Khan — aumentou ainda mais a sensação dramática que envolve as imagens evocativas da topografia da Grande Muralha. Mas a febre de muralha que grassou durante os dois séculos mais recentes também engoliu muita propaganda e ocultou das vistas grandes períodos de um passado não muito glorioso. A enlevada atenção dada à muralha pelos turistas, políticos, patriotas ou astrônomos marcianos nada mais é do que um instante recente, mitológico e nada representativo dos milênios da história da China. Durante grande parte dos dois mil anos em que ela existiu em alguma forma ao longo da região norte da China, a muralha tem sido ao mesmo tempo irrelevante, ignorada, criticada, desprezada e abandonada, tanto fisicamente, como obra defensiva, quanto figuradamente, como idéia.

O primeiro mito relativo à Grande Muralha é sua singularidade, a impressão de que o termo se refira significativamente a uma antiga estrutura possuidora de um passado coerentemente relatado. Ao contrário do prestígio

INTRODUÇÃO

e do renome popular de que a muralha tem gozado em tempos recentes, nas fontes pré-modernas as referências ao termo chinês hoje universalmente traduzido como "Grande Muralha", *Changcheng*, são dispersas e inconclusivas. Utilizado originalmente no século I a.C. para referir-se a muralhas construídas nos dois séculos anteriores, esse termo raramente aparece entre o período final da dinastia Han (206 a.C. e 220 d.C.) e o início da Ming (1368-1644). As muralhas de fronteira, em vez disso, são mencionadas por uma confusa variedade de termos: *yuan* (fortificação), *sai* (fronteira), *zhang* (barreira), *bian zhen* ou *bian qiang* (guarnição de fronteira ou muro de fronteira). A impressionante Grande Muralha de pedra ao norte de Pequim, hoje visitada por milhões de turistas a cada ano, não tem milhares de anos de idade; data de cerca de quinhentos anos atrás, graças aos esforços de construção da dinastia Ming. E mesmo a maior parte dessa fortificação relativamente jovem está hoje deteriorada e pouco acessível a excursionistas amadores. Seus vários trechos bem-arrumados e espetaculares — por exemplo, Badaling, a duas horas de ônibus ao norte da capital — somente foram restaurados e enfeitados na segunda parte do século XX, por trabalhadores comunistas. Embora desde o primeiro milênio antes de Cristo muitos reinos e dinastias tenham erguido muralhas em diversas partes do norte da China e da Mongólia, a maioria dessas já desapareceu, deixando somente remanescentes que lembram castelos de areia entalhados no solo sedimentar argiloso, denominado loesse, do noroeste da China, ou montes cobertos de musgo que surgem do chão como um hirsuto tecido de cicatriz. Em certos pontos, nos trechos mais ao norte, onde o deserto pedregoso e irregularmente coberto de grama fica tomado pela geada no inverno, a muralha é hoje tão baixa que se torna praticamente imperceptível sem o auxílio do realce esbranquiçado formado pela neve poeirenta que se acumula a um lado. Ao longo dos milênios da história registrada da China, essas barreiras raramente eram identificadas como *Changcheng*. Não existe, portanto, uma única Grande Muralha, e sim várias muralhas menores.

GRANDE MURALHA

A segunda concepção errônea sobre a muralha da China, e sobre as muralhas em geral, é que elas traçam uma fronteira sólida e robusta entre nações e culturas, e freqüentemente entre a civilização e a barbárie. A propensão dos antigos romanos e dos chineses para a construção de fronteiras fixas tende a estimular o falso entendimento de que o passado era constituído de uma massa de países estrangeiros, todos com fronteiras demarcadas com precisão. Mas a história da construção de muralhas pelos chineses não nos dá uma noção clara de uma divisa de tijolos e argamassa com chineses do lado de dentro e bárbaros do lado de fora. Embora houvesse enormes diferenças entre, por exemplo, os chineses e os nômades mongóis que viviam ao norte da linha da Grande Muralha, não era verdade que os muros de fronteira separassem absoluta e irrevogavelmente uma cultura de arroz, seda e poesia de outra de leite eqüino, peles e guerras. O império chinês é muitas vezes considerado arrogante, exclusivo e excludente, com um forte sentido de sua própria superioridade auto-suficiente e pouca abertura a influências externas. Essa visão deixa inteiramente de considerar a importância do fator externo na história da China: durante longos períodos em seu passado a China foi governada ou por imperadores e generais ligados à cultura das estepes setentrionais — cavalaria, yurts*, túnicas e jogo de pólo — ou por tribos vindas do norte e seus descendentes. A fronteira, assim como a linha de construção de muralhas, variava conforme a dinastia; muitos dos próprios governantes não-chineses construíram fortificações contra outros povos nortistas, depois de assegurarem o controle sobre a China e tornarem-se eles próprios assimilados nesse processo.

Uma terceira incompreensão contemporânea, e bastante natural a respeito da Grande Muralha, é que ela seja, e sempre tenha sido, Grande. Como muitas outras coisas, isso decorre de uma inexatidão lingüística. As muralhas chinesas de fronteira ganharam algo na tradução: *Changcheng*, o termo chinês (usado apenas esporadicamente antes do século XX) que foi traduzido para o

---

*Tendas móveis, montadas em carroças puxadas por bois, típicas dos antigos nômades mongóis. (*N. do T.*)

INTRODUÇÃO

inglês como *Great Wall* (Grande Muralha), significa apenas, literalmente, "Longa Muralha" — sem dúvida não é pouco, mas falta-lhe o tom bombástico de "Grande". Isso provocou suposições, como a de Nixon, de que a Grande Muralha deveria ter um Grande Passado, além de um Grande Povo, Grande Futuro e tudo o mais. Muito pelo contrário: durante sua história de dois mil anos, a construção de muralhas pelos chineses não constituiu invariavelmente um símbolo de poder e prestígio nacionais. Era freqüentemente adotada como estratégia defensiva de fronteira depois que todas as demais opções de tratamento com os bárbaros — diplomacia, comércio, expedições militares punitivas — se esgotavam ou eram abandonadas. Era freqüentemente um sinal de debilidade militar, fracasso diplomático e paralisia política, um método que levava à bancarrota e provocou a queda de dinastias anteriormente poderosas. (A expressão chinesa correspondente a "ficar em cima do muro" é literalmente traduzida como "cavalgando o muro.")* Construir muralhas era em geral uma opção pouco desejada, por estar ligada à derrota e ao colapso político, com casas imperiais de curta duração como a brutal Qin (221-206 a.C.) — o primeiro governo a erigir uma barreira mais ou menos contínua ao longo do norte da China — ou a dinastia Sui (581-618). E a Grande Muralha simplesmente não funcionou muito bem como barreira protetora da China contra a pilhagem de bárbaros. Desde que foram inicialmente erigidas, as muralhas nas fronteiras chinesas não proporcionaram mais do que uma vantagem temporária sobre atacantes e saqueadores.

Quando Gengis Khan e suas hordas mongóis conquistaram a China no século XIII d.C., as muralhas de fronteira mostraram ser obstáculo insuficiente. A Grande Muralha não proporcionou proteção aos maiores construtores de muralhas entre todos, a dinastia Ming, contra seus adversários mais ameaçadores, os manchus do nordeste, que governaram a China na dinastia Qing a partir de 1644. Os invasores tinham a possibilidade de desviar-se das

---

*No original, a expressão inglesa é "sitting on the fence", literalmente "ficar sentado na cerca". A autora enfatizou a diferença semântica entre a expressão na sua língua e no idioma chinês. (*N. do T.*)

GRANDE MURALHA

defesas mais robustas até encontrarem debilidades e hiatos, ou, com menos esforço, simplesmente subornar funcionários chineses para que abrissem as fortificações da Grande Muralha. Quando os manchus resolveram encetar o avanço final contra Pequim, em 1644, a passagem através da Grande Muralha lhes foi aberta por um general chinês descontente. Atribui-se a Gengis Khan a seguinte frase: "A resistência das muralhas depende da coragem daqueles que as guarnecem."

A fim de irmos além do mito contemporâneo da Grande Muralha e descobrir alguma coisa que se aproxime de sua realidade histórica, e para evitar a imprecisão anacrônica do termo único e reverente "Grande Muralha", imposto cegamente às defesas fronteiriças da China por observadores ocidentais a partir do século XVII, suspenderei o uso dessa expressão neste livro até que num capítulo posterior ela venha a ser cunhada pelos primeiros visitantes estrangeiros modernos. Até este ponto do livro, ao descrever e diferenciar as fortificações de fronteira construídas por sucessivas dinastias, procurei usar os nomes empregados por fontes chinesas contemporâneas ou quase contemporâneas. Utilizei a tradução corriqueira literal, "Longa Muralha",* quando a expressão *Changcheng*, termo chinês contemporâneo para "Grande Muralha", aparece num contexto pré-moderno, sem a conotação ocidental posterior dada pelos adoradores da muralha.

Não é surpresa que o passado não muito glorioso da muralha da China tenha sido obscurecido pelos historiadores românticos posteriores. Talvez pelo fato de que a construção de muralhas de fronteira originalmente exigia muito dinheiro e tempo, os que herdaram subseqüentemente sua conservação muitas vezes acharam difícil denunciá-las como um desperdício estratégico inútil (desde que, naturalmente, não estivessem ligadas a um regime ou ideologia amplamente odiados, como era o caso do Muro de Berlim). Os apologistas da Linha Maginot — o sistema altamente complexo de túneis e

---

*O tradutor para o português usou às vezes a palavra "muro" quando lhe pareceu conveniente, pois "wall" em inglês tanto pode significar "muro" quanto "muralha" e até mesmo "parede". (*N. do T.*)

INTRODUÇÃO

casamatas subterrâneas reforçadas ao longo da fronteira belga que representou um dos grandes fiascos defensivos do século XX — assinalam orgulhosamente que embora a superconcentração de recursos na Linha tivesse exposto a França à invasão em outros pontos; embora os alemães a tivessem facilmente evitado, invadindo a França através da Bélgica, da Holanda e do maciço das Ardenas; ainda que a França tenha sido em conseqüência derrotada e ocupada, a Linha propriamente dita jamais foi tomada pela força e os soldados que a guarneciam se renderam voluntariamente (embora pressionados pelo cerco nazista). Mesmo que ela não tenha conseguido defender a França, mesmo que tenha fracassado completamente no objetivo que determinou sua existência, a lógica da reabilitação continua a afirmar que a Linha Maginot teve sucesso em defender alguma coisa perfeitamente bem — isto é, a si mesma. Da mesma forma, a lembrança dos fracassos históricos da Grande Muralha — os guardiães subornáveis de seus portões, as brechas que simplesmente permitiam a passagem dos nômades, o fato de que alguns trechos ainda estavam em construção no momento em que Pequim caiu em mãos dos manchus em 1644 — foi completamente suprimida pelos panegíricos contemporâneos a sua extensão, espessura e Grandeza geral. Pelo jeito, as aparências são mais importantes do que o desempenho.

Nossa disposição a engolir a propaganda da Grande Muralha deriva também de nosso próprio contexto histórico. No Ocidente contemporâneo, em que a ocupação e a invasão constituem, felizmente, coisas de milênios atrás, a construção de muralhas parece uma idéia pitoresca e fora de moda, adequada ao uso particular e doméstico — barreira contra ventanias ou ereção de muros de arrimo, por exemplo —, mas não muito mais do que isso. Gostamos de acreditar que nossa era é um tempo de globalização, definida não por obstáculos e barreiras, mas por livre trânsito — de transportes, comércio, finanças e informação — através de fronteiras nacionais porosas. Nossas batalhas hoje em dia não ocorrem em coisas arcaicas como no solo ou em fortificações. Nossos governos parecem pensar que é melhor guerrear do ar ou à distância: bombas de controle remoto guiadas por *laser* ou mísseis de cruzeiro

GRANDE MURALHA

são as armas preferidas. Com a recente e notável exceção da invasão do Iraque por parte de potências ocidentais, o envio de tropas por períodos prolongados a zonas de conflito é um último recurso, potencialmente prejudicial numa eleição. Os muros e barreiras são monumentos a um mundo perdido, anterior a 1989, quando a vida era suficientemente lenta e baseada na terra para que muralhas estáticas tivessem utilidade, quando havia superideologias institucionalizadas (capitalismo, comunismo, expansionismo alemão) que exigissem a ereção de barreiras evidentes. Seja como for, a história tornou risível qualquer governo ou indivíduo que advogasse a tolice de construir muralhas defensivas no século XX: recordemos o humilhante desvio tomado pelos alemães para evitar a Linha Maginot em 1940, ou a festiva destruição do Muro de Berlim cinqüenta anos depois.

E agora, quando praticamente nenhuma fronteira nacional — exceto anomalias como a Coréia do Norte — está imune ao avanço universal da cultura global, da Coca-Cola e da Nike (ou Mike, como escrevem os piratas chineses), já não parece existir uma linha divisória clara entre a barbárie e a civilização, e já não é necessário construir muros para separar os bem-comportados dos que não se comportam. A branda indulgência a respeito da Grande Muralha da China e a disposição de ignorar suas graves falhas decorrem, ao menos em parte, de uma noção de que as muralhas defensivas são pouco mais do que relíquias do passado, espetáculos geradores de lembranças para turistas, que não possuem qualquer relevância contemporânea. As muralhas nos fazem pensar em um velho mundo dividido por castelos, fossos, torreões e pontes levadiças; ao que se acredita, ninguém hoje em dia seria tão ingênuo a ponto de desperdiçar dinheiro na construção de coisas concretas como fronteiras muradas.

Porém os seres humanos nunca se cansam de lutar na Terra, e onde há disputas territoriais há a tendência a erigir muros. Talvez durante sua história os chineses tenham tido maior propensão para construir muralhas, mas esse impulso é bastante universal entre os humanos, compartilhado por todas as

INTRODUÇÃO

antigas civilizações: Roma, Egito, Assíria. E é um impulso que, na verdade, sobreviveu ao século XX, ao fim da Guerra Fria e ao aparente Fim da História. Em 1980, o Marrocos começou a construir e conservar mais de 2.000 quilômetros de barreiras arenosas no meio do Saara Ocidental, num esforço de policiamento de territórios anteriormente pertencentes à Espanha que aquele país conquistou e ocupou durante o período de descolonização que se seguiu à morte de Franco em 1975. Desde 2002, Israel vem construindo um muro "defensivo" com o objetivo de "bloquear a passagem de terroristas, armamento e explosivos para o estado de Israel", entre os Territórios Ocupados e a parte principal do território israelense. Chamá-lo simplesmente de "muro" faz com que pareça mais benigno do que é na realidade. Não se trata de um muro no sentido comum de uma parede de tijolos ou de pedra, mas sim uma barreira que se estende por várias centenas de quilômetros, tem em média 70 metros de largura, é feita principalmente de concreto e contém arame farpado, cercas eletrificadas, fossos, zonas de vigilância, alamedas para tanques de patrulha e zonas-tampão, ou proibidas, de ambos os lados.

Além de recordar-nos que as muralhas continuam a ser um recurso favorecido pelos que desejam construir impérios em toda parte, essas duas barreiras contemporâneas ilustram um objetivo freqüentemente esquecido na construção de muralhas: a ofensiva, mais do que a defesa. Em geral as muralhas são consideradas medida protetora voltada para o interior, em oposição à estratégia agressiva, dirigida para fora, das campanhas e ataques. Num grau significativo, o orgulho chinês com a Grande Muralha se baseia na suposição de que, como estratégia militar, ela se coloca num plano moral superior por ter intenção protetora, mais do que agressiva; de que ela exprime a natureza fundamentalmente amante da paz, não-confrontativa, não-imperialista e não-conquistadora da China. (Ainda hoje, a auto-imagem da China se preocupa principalmente com a idéia de que a política externa chinesa tem sido exclusivamente defensiva, lutando contra a invasão externa, mas não iniciando-a; a ocupação do Tibete independente em 1950 é apenas uma mancha notável, entre muitas.) "Como o povo chinês é pacífico por temperamento", raciocinou um estudioso chinês, "durante milhares de anos as sucessivas dinastias deram ao mundo o milagre representado pela Grande Muralha."[34]

No entanto, o objetivo das muralhas depende inteiramente do lugar em que são construídas. Isolar com muros um território onde haja assentamentos permanentes, tais como cidades ou fazendas, para evitar incursões de atacantes pastoris ou nômades, por exemplo, é inegavelmente um propósito defensivo. Mas nem o Marrocos nem Israel construíram seus muros em suficiente proximidade de seus próprios estados para que possam ser ainda que remotamente relevantes como defesa: a muralha marroquina fica no meio do Saara, e 90% da israelense infletem de maneira aquisitiva para além da Linha Verde de fronteira entre Israel e os Territórios Ocupados, penetrando no território palestino. Quando estiver terminada, acredita-se que a muralha isolará 15% da margem ocidental do Jordão e 200 mil palestinos ficarão fora do bloco principal dos assentamentos de seu povo nessa região. Não admira, portanto, que ambas as muralhas tenham sido denunciadas pelos habitantes das regiões nas quais avançam e por organizações internacionais de direitos humanos como muros de "ocupação", de "vergonha e tortura". A razão de ser das antigas muralhas das fronteiras da China também pode ser analisada sob esse prisma: interpretações recentes a respeito dos objetivos da Grande Muralha afirmam que era destinada a proteger de bárbaros predadores os agricultores chineses amantes da paz e suas cidades civilizadas. Mas os muros erguidos ainda no primeiro milênio a.C. derivam bem para dentro da estepe mongol, penetrando nos desertos salgados do noroeste da China, a centenas de quilômetros das terras aráveis. Essas muralhas parecem servir menos para proteger terras do que para conquistá-las, e destinar-se a permitir aos chineses policiar povos cuja maneira de viver diferia significativamente da deles, e a controlar lucrativas rotas comerciais.

A zona de fronteira entre o norte da China e o que existe além — a Manchúria, a Mongólia, os desertos de Xinjiang — freqüentemente tem sido teatro de agressivo imperialismo chinês, e um breve exame nos milênios de

INTRODUÇÃO

política chinesa de fronteiras desmente decisivamente a grandiosa teoria da Grande Muralha como monumento ao espírito pacífico da China, preocupada em viver e deixar viver. Ao longo da maioria das dinastias e de grande parte dos períodos da história chinesa, a linguagem de sua política e de seus comandos de fronteira afirma uma xenofobia beligerante e aberta, além de um sentido de superioridade cultural; os encarregados das fronteiras recebiam títulos como "O General que Esmaga os Covardes", e suas fortificações eram chamadas "Torre de Submissão do Norte" ou "Forte para Conquistar a Fronteira". O título original dado a um dos passos no noroeste, "Forte Onde os Bárbaros são Aniquilados" (*Shahubao*), acabou por ser considerado politicamente incorreto, até mesmo segundo os padrões imperiais chineses, e o ideograma *hu*, que significa "bárbaro", foi substituído por um homófono que significa "tigre".[35] Até mesmo telhas encontradas em sítios próximos à fronteira norte informam estridentemente aos passantes: "Todos os estrangeiros têm de submeter-se."[36]

Não obstante, embora os muros das fronteiras da China nunca tenham representado tudo o que hoje se atribui à Grande Muralha, e embora a ficção moderna sobre ela, em geral aduladora, obscureça grande parte da complexidade do passado da China, a muralha e a idéia que a sustenta não devem ser desprezadas como despojos de naufrágio sem importância histórica. Como estratégia que sobreviveu durante mais de dois milênios, a muralha chinesa de fronteira é possivelmente uma monumental metáfora para a leitura da China e de sua história, para definir uma cultura e uma visão do mundo que conseguiram absorver e fascinar quase todos os seus vizinhos e conquistadores. Nas páginas iniciais de *Bad Elements* (Maus Elementos), que narra sua odisséia através do movimento chinês pró-democracia, Ian Buruma imediatamente utiliza a Grande Muralha para ilustrar o "problema da China": a constante preocupação de seus governantes com o controle "de um universo encerrado, secreto, autárquico, um reino cercado de muros no meio do mundo". Para Buruma, a Grande Muralha, com sua dupla conotação de proteção e opressão, representa a cultura política de sigilo e o orgulhoso isolacionismo

GRANDE MURALHA

cultural que ampararam milênios de autocracia chinesa, e que continuam a sustentar o atual governo comunista e a resistir à idéia de democracia sob a alegação de que um sistema democrático aberto provocaria caos e desunião na rígida tradição chinesa. A maioria dos países, assinala ele, possuem emblemas nacionais arquitetônicos que projetam para o exterior a imagem com a qual desejam estar ligados na imaginação internacional: a França tem seu ícone modernista, a Torre Eiffel; a Grã-Bretanha as Casas do Parlamento, um monumento à democracia. A China, e não por coincidência, tem a Grande Muralha, um cercado ruinosamente dispendioso construído para excluir e oprimir, e atualmente aclamado como uma maravilha do patrimônio nacional.[37]

Mas a Grande Muralha resume uma visão do mundo que é ao mesmo tempo mais complexa e menos jactanciosamente triunfante do que o estridente simbolismo da estrutura hoje identificada com esse nome sugere: algo que revela as conexões e mudanças dentro da longa continuidade da história da China, a importância das influências externas, apesar de tentativas periódicas por parte da China para excluí-las, e que também proporciona uma janela de observação da autopercepção chinesa e do mundo exterior (e vice-versa). Tão logo as camadas de mito sejam removidas, a muralha é, de fato, um emblema perfeitamente útil para a leitura da China: o demônio, inevitavelmente, se esconde nos detalhes históricos.

Este livro examinará o que existe mais além da mitologia moderna da Grande Muralha e da construção de muralhas na China, revelando uma história de 3 mil anos mais fragmentada e menos claramente ilustre do que as multidões que a visitam imaginam hoje em dia. A história da muralha penetra toda a história do estado chinês e da política de fronteiras que o definiu, atravessa as vidas de milhões de indivíduos que a apoiaram, criticaram, construíram e atacaram. Hoje aclamada como símbolo da autodefinição chinesa, do gênio técnico e da perseverança necessários para construí-la, a muralha também contém certo número de conotações muito mais negativas: a desola-

INTRODUÇÃO

ção da fronteira, a milhares de quilômetros do centro da civilização chinesa; o sofrimento e o sacrifício de seus construtores; o dispendioso expansionismo colonial e o sufocante conservadorismo cultural; o controle e a repressão exercidos sobre os que ficaram encerrados em seu interior. É tempo de olhar a muralha menos pelo que é hoje — uma grande atração turística, um impressionante exemplo de engenharia de construção numa fronteira hoje irrelevante — e mais pelo que já foi ao longo de sua história.

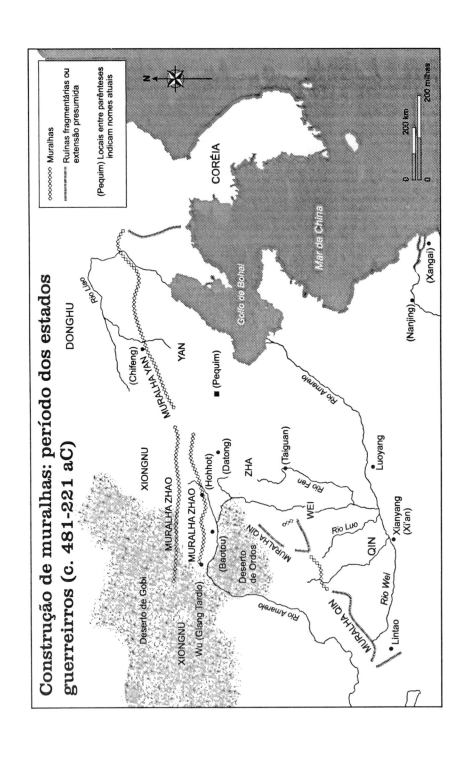

CAPÍTULO 1

Por que muralhas?

"MUROS, MUROS, E AINDA MAIS MUROS FORMAM A ESTRUTURA DE todas as cidades chinesas", escreveu o historiador de arte sueco Osvald Sirèn na década de 1930.

> Eles as circundam, dividem-nas em lotes e quadras; mais do que outras estruturas, são eles que marcam as características básicas das comunidades chinesas... não existe uma cidade sem muros. Seria tão inconcebível quanto uma casa sem telhado. Dificilmente se encontrará uma aldeia de qualquer idade ou tamanho no norte da China que não possua ao menos um muro de barro, ou restos de alguma muralha.[1]

A predileção chinesa pelas muralhas fechadas está presente de maneira profunda na própria linguagem. As versões mais antigas (aproximadamente 1200 a.C.) dos ideogramas para "povoado" e "defesa" representam agrupamentos murados; ambos os conceitos seriam impensáveis se não se tratasse de áreas cercadas pelos quatro lados. O chinês clássico posterior usava a mesma palavra para "cidade" e "muros da cidade": *cheng*. O ideograma que significa "cidade capital" (pronunciado *jing*) era originalmente a figura de uma guarita por sobre um portão de cidade.[2]

A construção de muralhas e a linguagem escrita se entrelaçaram mais tarde para definir a civilização chinesa tanto física quanto figuradamente desde que esta passou a existir, ao dividir e distinguir os povos e povoados da China de seus vizinhos do norte, menos sedentários e menos alfabetizados. Para compreender o impulso milenar chinês para construir muralhas, para entender o conflito que criou as muralhas, é preciso buscar as origens dessas duas culturas diferentes e incompatíveis, geograficamente adjacentes: a agrária, autoconfiante, alfabetizada e murada da China e a das tribos nômades pastoris da estepe mongol.

■■■

Há cerca de 15 anos, tão logo o Partido Comunista Chinês terminou de cuidar das tarefas mais prementes após o esmagamento dos manifestantes pela democracia em Tiananmen — retirar das ruas os cadáveres de civis, publicar uma lista de pessoas procuradas e deter os ativistas que não haviam conseguido escapar do país —, suas atenções se voltaram para a reeducação política. Os líderes do Partido concluíram, corretamente, que uma vez tendo sido apontadas contra o próprio povo as armas do Exército Popular de Libertação, os princípios do comunismo não seriam por si sós suficientes para convencer os chineses da legitimidade do governo socialista autocrático. Em busca de uma nova crença patrocinada pelo Estado em torno da qual o povo poderia unir-se, o Partido topou com uma versão bastante fora de moda de uma idéia já bem antiga: o nacionalismo xenófobo alimentado pela suspeita raivosa em relação a um Ocidente decidido a deter o crescimento da China, e nesse sentido as massas chinesas passaram a ser constantemente doutrinadas.

A fim de convencer seus súditos, que entre 1989 e 1991 haviam testemunhado o fim dos Estados comunistas em toda a Europa, de que a democracia aberta ao estilo ocidental era fundamentalmente inadequada à China socialista e unipartidária, os comunistas trataram de provar, por meio de uma enérgica campanha de educação patriótica em todo o país, que a China possuía uma "condição nacional própria" (*guoqing*) ainda não preparada para a

POR QUE MURALHAS?

democracia. A história da China, ou uma visão específica dessa história, tornou-se rapidamente uma das armas mais importantes no arsenal de propaganda patriótica do Partido: a proposição de que os comunistas eram simplesmente os herdeiros de um modelo já experimentado e testado da nação chinesa unificada e autoritária supostamente estabelecida havia cinco mil anos — data que coincide aproximadamente com o período atribuído ao reinado do Imperador Amarelo, o mítico fundador ancestral da China, que se acredita haver reinado no início do terceiro milênio a.C. (Em 1994, um membro do Bureau Político do Partido, o Politburo, demonstrou sua respeitosa crença em um lendário precursor ao depositar flores e plantar uma árvore numa cerimônia fúnebre em sua homenagem.) Capitalizando a partir de um antigo, embora nebuloso, orgulho do público chinês pela antigüidade de seu Estado, a campanha comunista de educação patriótica transformou a idéia de que a nação chinesa havia surgido repentinamente, completamente estruturada, havia milhares de anos, em um clichê incansavelmente repetido pelos agentes do Politburo, por certo número de acadêmicos e indolentes guias de turismo, a fim de fazer com que qualquer pessoa que estivesse ouvindo — chineses ou estrangeiros — passasse a acreditar que a China sempre havia sido assim, e sempre continuaria a ser (até que os comunistas mudassem de idéia).[3]

Como acontece com todas as grandes propagandas, isso não é verdade, quando mais não fosse porque o Imperador Amarelo foi possivelmente inventado por um grupo de aristocratas sedentos de poder, no ano 450 a.C. Existem na verdade razões poderosas para afirmar que a nação chinesa nasceu muito recentemente, há cerca de cem anos, no momento em que, violentamente lançada ao sistema moderno de relações internacionais construído pelo Ocidente à sua imagem e semelhança, pensadores e políticos chineses, ao verem seu país invadido por potências estrangeiras, dilacerado por rebeliões internas, sufocado por uma dinastia reacionária e decadente e atrelado a um sistema educacional e ético de dois mil anos de idade que pouco interesse tinha pela ciência e pelo mundo moderno ocidentais, adotaram a idéia de

49

GRANDE MURALHA

uma ressurreição nacionalista a fim de salvar o país da ameaça de colapso iminente. Antes deles, os chineses nem sequer possuíam um termo único e universal para designar a "China"; a cada momento, o país era em geral mencionado pelo nome da dinastia que detinha o poder.[4] Embora inegavelmente poderosa e duradoura ao longo de milênios, a idéia do império chinês era muito mais tênue e vaga do que a rigidez do nacionalismo moderno poderia permitir, com seus livros escolares, museus e ancestrais venerados em altares domésticos. Esse conceito é definido em suas grandes linhas por processos lentos de evolução social, econômica, política e cultural que começaram há cerca de dez mil anos. O monolitismo de uma China única, unificada, com cinco mil anos de idade, é uma ficção do século XX.

Mas, graças a descobertas arqueológicas do século passado, podemos pelo menos traçar uma linha temporal aproximada para os acontecimentos e as inovações culturais pré-históricas a partir dos quais um império chinês reconhecível acabaria por surgir. A agricultura — alicerce essencial do modo de vida chinês — começou por volta de 8000 a.C., nas províncias setentrionais do país. Quem as visita hoje em dia não pode imaginar que as planícies poeirentas e amareladas de Shanxi e Shaanxi sejam um ambiente especialmente hospitaleiro para plantadores novatos, mas os solos argilosos de loesse do norte da China, fáceis de trabalhar e cobertos de bosques pouco espessos, irrigados pelo rio Amarelo, estimularam a dedicação a uma agricultura primitiva ainda 10 mil anos atrás, numa época em que o sul da China era uma floresta inóspita.

A passagem para a agricultura levou a sociedade chinesa a um caminho evolutivo mais estável. A segurança da agricultura a longo prazo dependia do controle da água em larga escala, o que por sua vez exigia formas cada vez mais sofisticadas de organização social e política. Não admira, portanto, que um dos antigos heróis lendários preferidos dos chineses — todos venerados por haverem contribuído com uma inovação técnica, política ou cultural essencial na China pré-histórica (fogo, escrita, medicina etc.) — fosse um

50

POR QUE MURALHAS?

certo Yu, engenheiro hidráulico autodidata e construtor de canais de irrigação baseados em inundações que se acredita haver vivido próximo ao início do segundo milênio a.C. Na altura de 2000 a.C., os agricultores do norte da China começaram a deixar atrás de si indícios de uma civilização cada vez mais complexa: vasos, sinos e armas de bronze elaborados e extravagantes, ossos usados para adivinhações, traços de construções de larga escala e túmulos escavados. Já era uma sociedade altamente ritualizada, capaz de organizar o trabalho em grandes projetos públicos, tais como a construção e a mineração.

A civilização chinesa aparece no registro escrito somente no século XIII a.C., graças a Wang Yirong, epigrafista e funcionário público do século XIX cujos olhos argutos fizeram uma das mais sensacionais descobertas da arqueologia chinesa moderna. Em 1899, durante uma epidemia de malária que grassava em Pequim, um dos tratamentos considerados mais eficazes e populares oferecido aos habitantes em pânico pela doença era sopa feita de ossos de dragão moídos. Dada a escassez do principal ingrediente na Pequim do final do século, os farmacêuticos, ansiosos por igualar a oferta com a procura, vendiam ossos da omoplata de gado ou carapaças de tartaruga como sendo de dragão, prontos para serem pulverizados. Um parente trouxe para casa um desses ossos, e Wang Yirong reparou em misteriosos arranhões em sua superfície, que a um exame mais minucioso revelaram ser antigos caracteres chineses. Não perdeu tempo e comprou todo o estoque do farmacêutico, salvando assim da destruição a versão mais antiga conhecida da escrita chinesa. Verificou-se em seguida que os ossos com inscrições provinham de Anyang, cidade na China central, onde camponeses de espírito comercial os haviam desenterrado para vendê-los aos farmacêuticos urbanos. Os agricultores também tinham visto os riscos nos ossos, porém haviam apagado muitos deles, temendo que reduzissem seu valor medicinal; os ossos que Wang por sorte recebeu eram uma afortunada exceção.

As omoplatas e carapaças de Anyang, das quais as mais antigas datam de aproximadamente 1200 a.C., ficaram conhecidas como "ossos de oráculos", usados para adivinhações pela dinastia Shang, a primeira historicamente verificável, que governou partes da China (entre aproximadamente 1700 e 1025 a.C.). O rei Shang formulava uma hipótese positiva ou negativa, para a qual desejava uma confirmação em forma de "sim ou não" (por exemplo, "hoje não vai chover"); os ossos eram aquecidos e as rachaduras produzidas pelo calor eram examinadas e interpretadas pelos feiticeiros, que inscreviam no osso a hipótese original e às vezes o prognóstico de resposta.[5] Junto com outros artefatos de Anyang — ornamentos de bronze, covas funerárias, artefatos de jade — os ossos dos oráculos nos permitem vislumbrar uma sociedade de 3.500 anos atrás, cujas preocupações e crenças fundamentais ajudaram desde então a dar forma à sociedade chinesa.

Embora o reino Shang tivesse pouca semelhança geográfica com o país hoje conhecido como China (o cerne político do Shang era localizado em Henan e Shandong, no centro e nordeste da China), as semelhanças culturais, políticas e sociais são notáveis. A sociedade Shang era centralizada, estratificada e agrícola, governada por um único rei que, por meio de seu quadro de funcionários administrativos, recebia o excedente da produção de seus súditos camponeses e os fazia trabalhar em grandes projetos públicos, como tumbas reais e campanhas militares. Era uma cultura altamente ritualizada, que buscava constantemente a aprovação dos ancestrais e dos poderes celestiais por meio de sacrifícios e adivinhações. Ao descrever o resultado de uma gravidez, um dos ossos de oráculos nos revela que, assim como muitos chineses de hoje em dia, o Shang preferia os meninos às meninas: "Ela deu à luz. Não foi bom. Era uma menina."[6] O povo Shang também comia como os chineses modernos, servindo o arroz separadamente da carne e dos legumes.[7]

Porém, o que é mais importante, o Shang usava a mesma forma de escrita dos chineses posteriores. A dificuldade de gravar ideogramas em ossos obrigava a uma concisão elíptica da expressão que definiu o idioma chinês literário até 1921, quando o vernáculo mais verboso substituiu o chinês clássico, mais

POR QUE MURALHAS?

despojado, como idioma oficial. É difícil superestimar a importância de um sistema compartilhado de escrita para a construção da identidade chinesa ao longo dos milênios: embora centenas de dialetos mutuamente incompreensíveis sejam falados em toda a China e na diáspora chinesa global, todos usam os mesmos caracteres escritos. Com uma pena ou um pincel, dois chineses alfabetizados oriundos de pontos afastados entre si serão capazes de comunicar-se. Ainda hoje em dia, chineses de diferentes camadas sociais — acadêmicos, garçons, faxineiros e choferes de táxi — se unem num forte orgulho pela tradição literária de 3 mil anos que não possui similar contemporâneo na maioria dos países ocidentais, comparando desfavoravelmente as "línguas simples e superficiais do Ocidente" com a infinita sutileza e complexidade do chinês escrito.

Muita coisa, naturalmente, iria mudar na China ao longo dos 3 mil anos seguintes, inclusive as dinastias e as fronteiras. Em 1025 a.C., menos de dois séculos depois da aparição do primeiro osso de oráculo com inscrições existente, o reino Shang foi conquistado pela dinastia Zhou, casa real que afirmava contar com a lealdade, até 256 a.C., do punhado de reinos ao norte do rio Yangtze cuja cultura podia ser reconhecivelmente identificada como chinesa. Mas já existiam os elementos básicos da civilização da China, que mais de quinhentos anos depois Confúcio, o proeminente filósofo chinês, transformaria em fundamento de sua própria visão política e social do mundo: um nexo entre costume patriarcal e organização política cimentado pelo tremendo poder ritual da língua chinesa escrita.

Tão logo surgiram uma cultura e uma sociedade chinesa coerentes, começou a construção de muralhas, dentro e fora dos povoados, vilas e cidades. Hoje, o amor dos chineses pelos muros já não é tão imediatamente visível ao observador despreocupado como antigamente. As revoluções, guerras e comunismo do século XX transformaram muitos quilômetros de muralhas chinesas em escombros. Um dos mais flagrantes exemplos de destruição deliberada foi a substituição, feita por Mao Tsé-tung, da antiga muralha da

GRANDE MURALHA

cidade de Pequim por um anel rodoviário, na década de 1950. Mas povoações chinesas iniciais eram um aglomerado de muros, e os mais antigos têm sido descobertos em escavações no distrito de Longshan, em Shandong, no nordeste da China, que datam do terceiro milênio a.C. A mais impressionante entre as muralhas que ainda sobrevivem (cerca de 1500 a.C.) é a que data do segundo milênio a.C. e circunda a cidade Shang de Ao, ao norte da moderna Zhengzhou em Henan, ao longo de aproximadamente 7 quilômetros, e em certos pontos ainda tem mais de 9 metros de altura. Durante esses dois milênios aprendeu-se a técnica chinesa básica de construção de muralhas, ainda utilizada no auge da ereção de muros no período Ming: terra socada. Placas de madeira ou paredes de tijolos eram erguidas para formar a casca externa, entre as quais a terra era socada para formar o interior da muralha. Por serem construídos principalmente com materiais já existentes no local, os muros de terra socada tinham a grande vantagem de poder ser erguidos rapidamente e com pouco dispêndio, considerações cruciais para uma civilização como o império chinês, que iria construir muitas muralhas.[8]

■■■

Enquanto os povos que viviam no norte da China iam gradualmente se tornando chineses, escrevendo caracteres, venerando os ancestrais e construindo muralhas, o norte de seu reino continuava inexoravelmente limitado por terras — a atual Ásia Central, a Mongólia e o norte da Manchúria — cuja ecologia não favorecia a agricultura intensiva nem a organização social rígida. Essas regiões produziram as tribos nômades, identificadas de várias maneiras na China e no Ocidente como Rong, Di, Xiongnu, Mongóis, Manchus e Hunos — que perturbavam as fronteiras chinesas e provocariam a construção de muralhas durante os dois milênios e meio seguintes.

Porém, até o final do segundo milênio a.C., o contraste entre o modo de vida do norte da China e das regiões ainda mais setentrionais provavelmente não era muito grande, porque o tipo de terra muitas vezes se transformava

POR QUE MURALHAS?

muito lentamente, passando de planícies agricultáveis de loesse a estepe e deserto. Até essa época, as regiões fronteiriças na China eram visitadas não por aterrorizantes hordas de guerreiros nômades, e sim por tribos pacíficas, relativamente assentadas, que viviam de uma mescla de agricultura primitiva e criação de animais. Na direção noroeste, através do Turquestão ocasionalmente fértil (hoje Gansu e Xinjiang), passando pelas elevadas montanhas Tianshan e suas espessas geleiras, a China se juntava aos desertos e estepes das bacias de Jungaria e Tarim, junto a cujos oásis criadores primitivos, porém sedentários, domesticavam animais. A nordeste, os rios da baixa Manchúria sustentavam uma agricultura de estilo chinês, até que a terra arável desaparecesse mais ao norte, transformando-se em território de estepe, mais favorável à caça e à pesca. Diretamente ao norte da atual Pequim, uma cadeia de montanhas coberta de florestas dividia nitidamente a China propriamente dita do deserto de Gobi e da Mongólia, regiões cuja ecologia era muito menos variada do que a das zonas de fronteira do leste e do oeste. Mas no lado ocidental do centro-norte da China o panorama se transformava em estepe através do Ordos, região delineada e irrigada pelo arco setentrional do rio Amarelo, que se prestava tanto ao modo de vida agrícola e pastoril quanto ao nômade.

Por volta de 1500 a.C., no entanto, mudanças climáticas fizeram secar o vasto planalto mongol (2,7 milhões de quilômetros quadrados), levando-o às estepes de vegetação rasteira do deserto de Gobi. Isso, aliado a uma tendência geral de crescente especialização dos meios de vida, deslocou decisivamente o foco da atividade na região, que passou de sedentário e agrícola a pastoril e nômade — nitidamente diferente no norte da China, que era rigidamente governado e densamente povoado. Incapazes de alimentar-se diretamente a partir de terras de rala cobertura vegetal e mal irrigadas, os mongóis as destinaram ao pastoreio de gado (especialmente cavalos e carneiros) e à caça. Essa mudança exigiu maior mobilidade, pois os campos de pastagem se exauriam sazonalmente, além de excepcionais qualidades de cavaleiro, a fim de controlar os animais em campos extensos. Os nômades que habitavam a estepe cavalgavam os robustos e resistentes pôneis Przhevalski, armados com um

55

GRANDE MURALHA

arco pequeno e leve, ideal para uso montado, e viviam principalmente de suas manadas. Transformavam engenhosamente os animais em alimento, vestimenta e outros artigos essenciais do dia-a-dia, mas havia certas coisas — principalmente cereais, metais e artigos de luxo mais desejados, como a seda — que somente podiam ser obtidas de seus vizinhos chineses ao sul, ou por acordo mútuo (comércio) ou pela força (ataques e pilhagem).

No princípio do primeiro milênio a.C., a coexistência pacífica entre essas duas maneiras de viver — a agricultura assentada e o pastoreio nômade — começou a mostrar-se cada vez mais insustentável. O principal teatro de conflito (e nos séculos vindouros, de construção de muralhas) entre os povos assentados e os nômades era o Ordos, a região que ficava entre a estepe propriamente dita e as planícies da China. Essa zona foi explorada por um geógrafo norte-americano chamado George B. Cressey na década de 1920, época de profunda desordem interna na China. Suas visitas coincidiram com o auge de poder dos senhores da guerra regionais, período em que o poder e as alianças locais mudavam com a mesma facilidade das areias do deserto que ele mapeava. Mais de uma vez Cressey se viu obrigado a recuar em suas investigações por soldados desorganizados, e certa feita teve de bater em retirada devido à aproximação de um grupo de cerca de duzentos bandidos (isso apesar de sua escolta montada de 36 cavaleiros). Durante intervalos mais pacíficos, no entanto, Cressey teve suficiente tranqüilidade para classificar a maior parte da região como "uma planície árida e desolada... uma área erma e inóspita" de extremos climáticos (chegando a 38ºC no verão e –40ºC no inverno), coberta por "areias movediças sustentadas em certos pontos por vegetação rasteira ou grama selvagem... onde a natureza pouco oferece ao homem, e fornece avaramente esse pouco".[9] Praticamente por toda parte, ao que verificou Cressey, "a superfície do Ordos é... composta de areias movediças... de cor marrom ocre... O movimento da areia faz erguer-se no ar uma quantidade de finas partículas", enchendo a atmosfera de um "nevoeiro amarelo" característico, transportado e espalhado por sobre as regiões vizinhas "como se caísse de um gigantesco moinho de farinha".[10] Durante os 55 dias

POR QUE MURALHAS?

de verão que passou no Ordos, Cressey viu chuva somente em cinco, relatando que, de qualquer maneira, "o ar pode estar tão sedento que a chuva se evapora antes de tocar o solo".[11] Mas em outras partes, especialmente as bacias mais baixas, ou onde os lençóis de água jazem próximos à superfície, Cressey notou que "uma vegetação natural... cobre o solo, como um tapete. A relva baixa permite a alimentação de animais e torna essa região mais favorável tanto ao nômade quanto ao agricultor".[12] O Ordos era estrategicamente importantíssimo justamente devido a sua posição fronteiriça entre dois tipos de sociedade, e por conter tanto terras pastoris quanto agricultáveis, oferecendo assim uma base para o domínio da estepe pelos nômades ou pelos chineses.

Os primeiros grandes choques mencionados em fontes chinesas datam do século IX a.C., quando poemas registram que uma tribo do norte, a Xianyun, atacou o coração dos domínios Zhou, capital do noroeste da China (atual Xi'an):

> No sexto mês houve grande movimento e excitação
> Os carros de combate foram preparados...
> Os Xianyun eram uma força incendiária,
> Não havia tempo a perder.
> O rei ordenou que a expedição
> Libertasse o reino.[13]

Em uma campanha, as forças Zhou enfaticamente "aniquilaram os Xianyun/e conquistaram grande glória/... Aniquilamos os Xianyun/Até a Grande Planície".[14] Mas tampouco havia segurança de longo prazo na superioridade numérica: "Não teremos tempo para repousar/Por causa dos Xianyun... sim, temos de estar sempre alerta", adverte o poema, "os Xianyun são ferozes no ataque."[15] A rapidez atribuída ao ataque inimigo sugere que talvez essa fosse a primeira aparição de uma carga montada de guerreiros nômades que infernizariam a fronteira chinesa nos milênios seguintes. O que

GRANDE MURALHA

teria repentinamente se deteriorado tanto num relacionamento que, ao menos em teoria, poderia ter sido regulado pacificamente durante os 3 mil anos seguintes, por meio do comércio e da diplomacia, e não por meio de guerras ruinosas e muralhas?

Como os chineses sempre foram mais competentes no registro escrito do que os nômades, a versão dos primeiros a respeito dos acontecimentos foi a que dominou as impressões sobre o conflito entre as populações assentadas e as errantes. Nas fontes chinesas, os nômades sempre são retratados como hordas gananciosas e agressivas que surgiam em terríveis ataques contra os pacíficos chineses. As fontes chinesas estão cheias de descrições hostis de bárbaros nômades vorazes vindos do norte e caracterizados como "pássaros e animais", "lobos aos quais não se deve conceder qualquer indulgência".[16] Esses espécimes desumanos eram "sequiosos de butins, com rostos de homem, mas corações de animal", que viviam em "desertos salgados e pantanosos, inadequados para habitação humana".[17] A convicção chinesa de que seus vizinhos não-chineses eram como animais penetrou profundamente na linguagem escrita: os caracteres que designam as tribos ao norte (os Di) e ao sul (os Man) da planície central de loesse contêm radicais de ideogramas que representam, respectivamente, cães e vermes. As tribos do norte, segundo um comentário pejorativo do século VII a.C., eram demônios traiçoeiros, desprovidos de sensibilidade para sons e cores — em outras palavras, profundamente incivilizados.[18]

Os chineses não estão sozinhos em seu horror aos nômades. Desde o tempo dos citas, guerreiros montados que destruíram o império assírio, desestabilizando o mundo clássico no primeiro milênio a.C., a Europa ocidental tratou de demonizar, com a mesma diligência dos chineses, os cavaleiros "bárbaros" em suas fronteiras: os hunos ("poderiam facilmente ser considerados os mais terríveis de todos os guerreiros" — Ammianus Marcellinus, *c.* 390 d.C.); os ávaros ("a guerra é sua vida" — Theodorus Synkellus, *c.* 626); os tártaros húngaros ("que vivem como animais selvagens e não como seres humanos" — Abade Regino, *c.* 889).[19] Sem dúvida os

POR QUE MURALHAS?

incêndios e pilhagens que se abateram sobre a Ásia e a Europa no século XIII, perpetrados por Gengis Khan, o nômade mais famoso da história mundial, não eram boa publicidade para as qualidades pacíficas dos habitantes das estepes mongóis. Da mesma forma, uma certa tendência para a agressão é inseparável do nomadismo e de seu estilo de vida instável e peripatético. Com efeito, ao longo dos séculos, a guerra e a disciplina militar se tornaram parte tão intrínseca da existência das tribos nômades da Ásia Central que nem nas línguas turcas e nem nas mongóis desenvolveram-se termos distintos, nativos, para "soldado", "guerra" e "paz".[20] (Em contraposição, os registros chineses tinham a seu dispor sete palavras diferentes para classificar os ataques de fronteira.)[21]

Mesmo assim, não devemos aceitar facilmente a caracterização feita pelos chineses de seus vizinhos do norte como bárbaros invasores, insaciavelmente violentos. Os preconceitos chineses contra os nortistas têm origem direta numa estridente visão sinocêntrica do mundo que, assim como a própria idéia da China, começou a existir durante o segundo e o primeiro milênio a.C. Segundo a ortodoxia geográfica chinesa, a China — isto é, o mundo inteiro, tal como então era do conhecimento de seus habitantes — dividia-se em zonas concêntricas: a mais interna era governada diretamente pelo rei chinês e as externas eram ocupadas por bárbaros a ele subordinados. Embora a convicção de que a China ocupava o centro do mundo civilizado não tivesse sido completamente refinada e institucionalizada até a dinastia Han (206 a.C.-220 d.C.), já na dinastia Shang o estado chinês havia começado a organizar o protocolo diplomático que dominou as relações exteriores da China até o século XIX: o sistema de tributos, que definia todas as zonas externas como subordinadas e devedoras de vassalagem ao governante chinês. A idéia de que o mundo gira em torno da China persiste ainda hoje na linguagem, cuja palavra para "China", *Zhongguo*, significa literalmente "reino do centro" ou "do meio".

A elevada auto-estima cultural da China resultou em uma tendência reflexa a considerar as tribos não-chinesas do norte como inferiores política e socialmente, quase não-humanas e certamente sem valor como parceiros de comércio e alvos diplomáticos. E como os governantes chineses desprezavam os nômades e não pensavam em tratar ou comerciar com eles, pouco restava àqueles a não ser obter os bens de que necessitavam por meio de pilhagens.

Também há muitos indícios a sugerir que até o primeiro milênio a.C. os estados chineses fizeram mais do que desprezar seus vizinhos do norte, e que os habitantes dos territórios de fronteira foram mais freqüentemente alvos de agressão chinesa do que agressores. Até cerca do ano 1000 a.C., os remanescentes arqueológicos dos povos que habitavam a zona da Grande Muralha não pareciam especialmente voltados para a guerra. Os arqueólogos descobriram traços de uma cultura pastoril, criadora de carneiros, suficientemente civilizada para deixar potes pintados, vasos rituais e jade. Túmulos descobertos na Ásia Central não contêm armas; visivelmente a vida não era tão incerta e violenta para que fosse considerado necessário prover os mortos de armamento para a passagem ao outro mundo.[22] Sob o Shang, os bárbaros do norte parecem haver sofrido muito mais nas mãos dos chineses do que vice-versa. O Shang estava constantemente em guerra na fronteira, contra povos não-chineses aos quais chamavam Qiang, e os caçavam, capturavam-nos e utilizavam-nos para sacrifícios (até quinhentos de uma vez) e como escravos.[23]

A China, com efeito, tem uma história muito mais impressionante de conquista e expansão do que seus vizinhos nômades. De seu berço original onde hoje fica a parte norte da China, o império chinês se espalhou e colonizou o sul do país, coberto de florestas. A história de grande parte da região ao sul do rio Yangtze entre o primeiro milênio a.C. e o primeiro d.C. é a de uma terra de aborígines sendo colonizada pelos chineses Han da parte norte do país. Já as tribos não-sedentárias raramente mostravam ambição de conquista; os guerreiros nômades que chegaram a governar partes substanciais da China eram a exceção e não a regra. A anexação da China pelo grupo mais notório entre eles, os mongóis, com Gengis Khan e seus descendentes, foi mais a conseqüência de uma superextensa expedição de pilhagem do que um esquema imperialista premeditado.

POR QUE MURALHAS?

Mas, qualquer que fosse o lado em que estivesse o agressor — tribos do norte que ambicionavam mercadorias chinesas ou chineses desejosos de dominar vassalos estrangeiros —, era claro que os governantes e exércitos da China não conseguiriam derrotar militarmente os nortistas e nem contemplar o compromisso ou a negociação. Portanto, no século IX a.C., segundo um poema composto dois séculos depois, os chineses voltaram-se inicialmente para uma política que continuaria constituindo um último recurso consolador, embora contraproducente, durante os 2 mil anos seguintes: a construção de muralhas.

> O rei ordenou a [seu general] Nan Zhong
> Que construísse uma muralha na região.
> Como eram numerosos seus carros de batalha!
> Como eram esplêndidos seus estandartes de dragão, tartaruga e serpente!
> O Filho dos Céus nos encarregou
> De construir uma muralha naquela região do norte,
> Nan Zhong inspirava respeito;
> Os Xianyun certamente seriam repelidos![24]

Eram palavras de luta, mas também palavras derradeiras: embora o reino Zhou tivesse sobrevivido nominalmente até 256 a.C., as contínuas depredações feitas pelas tribos do norte (as tribos Xianyun, Rong e Di) o expulsaram de sua capital no noroeste em 771 a.C. e nessa época provocaram seu colapso como casa governante eficaz. Os invasores foram auxiliados pela incompetência do rei do Zhou, que às vezes se divertia com a rainha favorita mandando acender as fogueiras nas torres de vigia da capital — construídas para alertar os barões em caso de ataque dos bárbaros — e rir de suas expressões de pânico quando acorriam ao palácio e não encontravam um só bárbaro. Quando finalmente os bárbaros vieram, naturalmente os barões não deram importância aos fogos, imaginando que se tratava de mais uma troça, e permaneceram em suas aldeias, sem dúvida execrando o senso de humor de seu monarca, enquanto a capital era saqueada. A lição do fracasso desse primeiro conjunto de fortificações, no entanto, não tocou os chineses, que durante os 2 mil anos seguintes continuaram a construir muralhas maiores, mais dispendiosas e em última análise inúteis.

Após o declínio do Zhou, o império chinês dividiu-se em um conjunto de pequenos estados, dentre os quais os maiores — Qin a oeste, Wei, Zhao e Yan ao norte e nordeste, e Chu ao sul — desafiaram-se mutuamente em busca de supremacia até o período dos Estados Guerreiros e também durante esse tempo (c. 481-221 a.C.), assim chamado devido ao estado de guerra quase permanente entre os reinos. Quando não estavam em guerra entre si, os estados chineses se defendiam dos ataques cada vez mais fortes dos vizinhos do norte. O mais grave dentre esses foi a quase completa destruição do Wei em 660 a.C. pela tribo Di, quando o exército Wei foi praticamente destruído e a capital devastada, deixando somente 730 sobreviventes. Os chineses se defenderam com vigor e brutalidade — em certa ocasião, uma força de nortistas não-chineses foi massacrada a golpes de grandes colheres de cobre — e debilitaram os Di e os Rong por meio de uma combinação de táticas leais e desleais: falsas rendições, intrigas entre ministros e governantes não-chineses e rompimento de tratados quando era conveniente.[25]

Mas no fim das contas os chineses foram vítimas de seu próprio sucesso. Embora preocupantes, os Di e os Rong — que hoje se acredita terem sido predominantemente pastores ou habitantes das montanhas — tinham proporcionado uma barreira habitada útil (nas atuais províncias de Shanxi, Shaanxi e Hebei) entre o norte da China e a Mongólia, protegendo a China das tribos mais setentrionais puramente nômades. A destruição dos Di e dos Rong por volta de meados do milênio acabou com essa zona de transição e levou os chineses ao contato direto com os guerreiros montados da estepe mongol propriamente dita, numa época em que o estilo de vida nas estepes se tornava cada vez mais nômade e aguerrido. No século VII a.C., os guerreiros

POR QUE MURALHAS?

da Ásia central começaram a ser enterrados com seus cavalos e armas; em um túmulo, os arqueólogos encontraram a ponta de bronze de uma flecha ainda espetada no joelho de um esqueleto.[26]

Os imperativos estratégicos decorrentes da nova proximidade dos nômades — para os quais um novo termo, *Hu*, foi cunhado nas fontes chinesas em 457 a.C. — tiveram duas conseqüências principais para o modo de vida chinês: a introdução de técnicas nômades de guerra (e mesmo de guerreiros nômades) no repertório de métodos bélicos chineses e a construção das maiores muralhas até então vistas na China.

Em 307 a.C — em meados do período dos Estados Guerreiros — o rei Wuling, do estado nortista do Zhao, iniciou um debate na corte a respeito de moda: deveriam as blusas ser abotoadas do lado esquerdo ou no meio? Por trás dessa questão de estilo, aparentemente frívola e inócua, havia um problema estratégico de imensa significação cultural e política. O rei Wuling planejava trocar a tradicional camisola chinesa pela túnica dos nômades, abotoada de um dos lados, e o aristocrático carro chinês de batalha por arqueiros montados. Embutida nessa pequena modificação da vestimenta havia uma revolução na visão do mundo: uma aceitação da superioridade militar dos nômades e da necessidade de enfrentá-los com as mesmas armas. "Proponho", proclamou o rei Wuling, "adotar as roupas de cavalarianos dos nômades Hu e ensinar a meu povo a arte dos arqueiros montados — e o mundo inteiro comentará isso!"

Os conselheiros do rei, culturalmente conservadores, opuseram-se veementemente ao abandono da cultura chinesa, que consideravam superior: "Sempre ouvi os Reinos do Meio serem descritos como a sede de toda a sabedoria e conhecimento", sentenciou o tio do rei, "o lugar em que se encontram todas as coisas necessárias à vida, onde os santos e os sábios ensinaram, onde a humanidade e a justiça prevalecem... Mas agora o rei pretende desprezar isso tudo e usar a vestimenta de regiões estrangeiras. Ele deve meditar cuidadosamente, porque está modificando os ensinamentos de nossos ances-

GRANDE MURALHA

trais, abandonando os hábitos de tempos antigos, contrariando os desejos do povo, ofendendo os estudiosos e deixando de ser parte dos Reinos do Meio." Não obstante, o pragmatismo e as necessidades políticas e militares triunfaram; como assinalou Fei Yi, astuto conselheiro do rei, "quem muito medita pouco realiza". O Zhao estava cercado por perigosos inimigos: ao norte o estado de Yan e os bárbaros Hu e Qin a oeste. Os arqueiros montados, advertiu Wuling a seu parente, eram essenciais para evitar a invasão e a derrota: "Meu tio se preocupa tanto com o inseto do abandono dos costumes em matéria de vestimenta, mas engole o elefante da desgraça de sua terra." Assim contestando os que o criticavam, o rei, "dali em diante, vestido como os bárbaros, comandou seus cavaleiros contra os Hu... chegou ao meio do campo dos Hu e abriu um território de 1.000 *li*".[27]

Por mais desagradável e humilhante que possa ter sido, o reconhecimento da realidade cultural e militar da fronteira norte e a adaptação a ela haviam se tornado cruciais para a sobrevivência dos estados chineses. Apesar da oposição dos tradicionalistas, os velozes arqueiros montados em breve suplantaram os métodos de guerra baseados nos carros de combate da antiga aristocracia Zhou. E os estados que mais rapidamente se adaptaram aos novos métodos foram os que emergiram vitoriosos nas guerras entre eles, que sacudiram a segunda metade do milênio. A inovação do Zhao foi copiada com tanto êxito pelo estado de Qin, a noroeste, que este acabou por esmagar o Zhao por volta de 260 a.C. A eliminação do Zhao, o mais ameaçador rival político do Qin, abriu o caminho para a conquista do restante da China em 221 a.C., numa reunificação que restabeleceu o modelo de unidade política chinesa que dura até os dias de hoje.

O pragmatismo cultural do rei Wuling não impediu que cada estado continuasse individualmente a preferir uma solução mais tradicionalmente chinesa para os problemas da fronteira: a construção de muralhas. A partir de meados do século VII a.C., os estados de Qin, Wei, Zhao, Yan, Chu e Qi começaram a erguer um complexo de muros por toda a China, alguns no

POR QUE MURALHAS?

próprio coração do território central, a fim de conter ameaças externas, tanto vindas de outros Estados quanto da estepe. A construção de muralhas tornou-se tão generalizada que até mesmo os próprios nortistas não-chineses começaram a seguir essa pitoresca moda chinesa: pouco depois de 453 a.C. os bárbaros Yiju da região do Ordos construíram uma dupla muralha para auto-defesa contra os estados chineses mais ao norte, especialmente o Qin.[28]

Mas as muralhas que mais nos interessam aqui são as que foram cons-truídas para proteção da fronteira norte: as do Qin, Zhao e Yan, todas inicia-das aproximadamente no mesmo momento histórico — o final do século IV a.C. A muralha Qin foi erguida no noroeste em meio a um frenesi de diplo-macia sexual e traições. Durante o reino do rei Zhaoxiang (306-251 a.C.), a rainha viúva Xuan seduziu o rei dos bárbaros Yiju e com ele teve dois filhos. Mais tarde ela, indiferente aos sentimentos, "o traiu e assassinou no Palácio das Fontes Doces e acabou por mobilizar um exército, mandando-o atacar e destruir as terras dos Yiju".[29] Esse surto de conquistas Qin resultou no domí-nio de territórios que iam de Gansu, no longínquo noroeste, até o leste da região do Ordos na curva do rio Amarelo; a fim de proteger suas novas con-quistas, o Qin "construiu longas muralhas para servir de defesa contra os bárbaros".[30]

Durante o reinado do rei Zhao (311-279 a.C.), o estado de Yan se expan-diu para o nordeste, em direção à região que mais tarde ficou conhecida como Manchúria, fez os Hu do leste recuarem "até 1.000 *li*" e "construiu uma longa muralha... a fim de resistir aos nômades".[31] O reino do Zhao, sob o comando do rei Wuling (325-299 a.C), o adepto da cavalaria, construiu também um conjunto de muralhas duplas, num sentido aproximadamente paralelo: uma fortificação mais curta a noroeste de Pequim e uma muralha um pouco mais longa que se estendia mais para o norte, penetrando na Mongólia.

A tecnologia da engenharia para a ereção dessas muralhas primitivas não havia se modificado muito a partir do método de terra socada desenvolvido no segundo e terceiro milênios a.C. Embora não fosse tão durável quanto as construções de tijolos, algumas dessas muralhas sobrevivem ainda hoje em forma fragmentária: em Henan, fortificações baixas feitas de pedras unidas com terra marcam a linha de fronteira que dividia o grande Estado meridional de Chu de seus vizinhos ao norte; em Shandong, uma linha interrompida de terra e pedras serpenteia ao longo de uma colina íngreme; em Shaanxi, somente restam grandes montes de terra cobertos de árvores tortas e vegetação rasteira, com seis metros de altura e oito de largura em certos pontos, remanescentes da muralha inutilmente erguida pelo Wei para defender-se do agressivo Qin. Ruínas de uma muralha Zhao que se erguem ao longo de uma estrada na Mongólia Interior são à primeira vista confundidas com a topografia do terreno, porém um exame mais detido mostra as camadas socadas feitas pela mão do homem. Distinguir a muralha Yan, na atual província de Hebei, dos terrenos cobertos de vegetação rasteira que jazem de ambos os lados, e que há muito recobriram a superfície das fortificações de terra socada, também é tarefa difícil.

Sempre que possível, essas muralhas utilizaram os recursos naturais, seguindo os contornos defensivos do terreno — precipícios, ravinas e gargantas estreitas. Uma possível razão pela qual os restos, por exemplo, da muralha Qin, que serpenteia por 1.755 quilômetros no noroeste da China e penetra na Mongólia Interior, são tão fragmentados é que jamais formaram uma linha contínua: para atravessar regiões montanhosas, que ofereciam vantagens defensivas naturais, teria sido suficiente que as estruturas construídas pelo homem servissem como postos de observação distanciados um do outro, ou nada mais fossem do que um curto trecho de muro para barrar um passo. O traçado da muralha Qin segue as linhas do relevo da região, e suas curvas e ângulos são os ditados pela necessidade de manter-se no terreno mais elevado, mais fácil de defender. Nos lugares onde o terreno era mais plano, sem obstáculos naturais, gerando a necessidade de outras formas de deter os invasores, foram construídas fortificações de terra

POR QUE MURALHAS?

socada e pedras, sempre que possível em aclives do terreno, para que o lado de dentro ficasse sempre mais elevado do que o de fora. Montes de terra espaçados tanto a intervalos regulares quanto irregulares foram descobertos ao longo de muralhas ainda existentes, talvez plataformas, torres e postos de vigia. Do lado de dentro dos muros, os arqueólogos encontraram recintos medindo às vezes 10.000 metros quadrados, presumivelmente cidadelas ou fortes, e traços de estradas nas vizinhanças, dando a impressão de presença militar maciça e esforço logístico necessário para guarnecer e fornecer suprimentos a milhares de quilômetros de muralhas dos Estados Guerreiros.[32]

Como as fontes afirmam que o principal motivo da construção de muralhas era "proteger-se" dos bárbaros ou "resistir" a eles, é curioso que a maior parte dessas muralhas do norte fiquem bem distantes das terras aráveis e bem próximas à estepe propriamente dita — em alguns casos, bastante dentro da atual Mongólia. (Ao sul da fronteira marcada pelas muralhas Yan, por exemplo, os arqueólogos encontraram artefatos que sem dúvida não são chineses — peças para arreios de cavalos, placas ornamentais em forma de animais —, que pertencem às culturas pastoris nômades mais antigas encontradas no norte da China e da Mongólia). Com efeito, a posição dessas muralhas dá a idéia de que foram projetadas não para defender a China e sim para ocupar território estrangeiro, expulsar os habitantes nômades de suas terras e facilitar o estabelecimento de postos militares que vigiariam o movimento de pessoas nessas regiões.[33] O uso pioneiro da cavalaria por parte do rei Wuling havia tornado os chineses, a contragosto, dependentes dos nômades para obter cavalos. A única forma de escapar dessa humilhante dependência no comércio com os odiados nortistas era, presumivelmente, invadir e controlar as áreas de sua produção.

Nada disso eleva os nômades ao *status* de vítimas inocentes no conflito milenar entre a China e a estepe, mas pelo menos sugere que devemos repensar ligeiramente a forma pela qual eles foram demonizados durante milhares de anos, na China e no Ocidente. Tradicionalmente, os chineses sempre foram os prejudicados, aterrorizados pelos malignos hunos ao norte da linha da Grande Muralha. Mas se as primeiras muralhas de fronteira, precursoras de mais de dois mil anos de hostilidades e da construção de muros entre a China e a estepe, foram projetadas para expandir, e não para defender a China, elas demonstram um fator anteriormente ignorado na história das muralhas: imperialismo agressivo e aquisitivo por parte dos chineses. Isso não significa, naturalmente, que devamos desculpar os dois mil anos subseqüentes de ataques por parte dos nômades como um exercício de compensação do trauma colonial. Tampouco isso transforma Gengis Khan em vizinho historicamente mais simpático ou desejável. Reconfigura, porém, o panorama simplista da propaganda chinesa — esboçado inicialmente no primeiro milênio a.C. — de inocentes agricultores chineses defendendo-se de cobiçosos atacantes nômades. Mostra também que as muralhas nem sempre têm de ser defensivas: construídas no meio de territórios recém-invadidos e ocupados elas passam a ser instrumento do colonialismo expansionista.

Qualquer que tenha sido a motivação política e militar para a construção de muralhas pelos Estados Guerreiros, ela em breve se mostrou estrategicamente contraproducente para praticamente todos os estados que a adotaram. Se, por um lado, a construção de muros era provocada pelo imperialismo chinês, mais do que por preocupações puramente defensivas, o resultado diplomático líquido foi a produção de uma força adversa unificada a partir de tribos nômades dispersas — os Xiongnu — que durante os cinco ou seis séculos seguintes assolariam as fronteiras setentrionais da China. Se, por outro lado, o objetivo das muralhas era puramente defensivo, seu fracasso terá sido ainda mais grave. Conforme os séculos futuros iriam demonstrar repetidas vezes, os muros de fronteira constituíram pequeno obstáculo às hordas semibárbaras e conquistadoras vindas do norte — e especificamente, naquela quadra histórica, aos exércitos do estado do Qin, a noroeste, que avassalaram,

POR QUE MURALHAS?

escalando, atravessando e rodeando, cada uma das defesas intra-estados em seu avanço para a unificação da China em 221 a.C. sob o reinado de Qin Shihuang, o Primeiro Imperador (259-210 a.C.). Mas a fronteira que essas barreiras estabeleceram definiu a zona de conflito em função da qual as muralhas seriam construídas e as batalhas de fronteira ocorreriam durante os dois milênios seguintes.

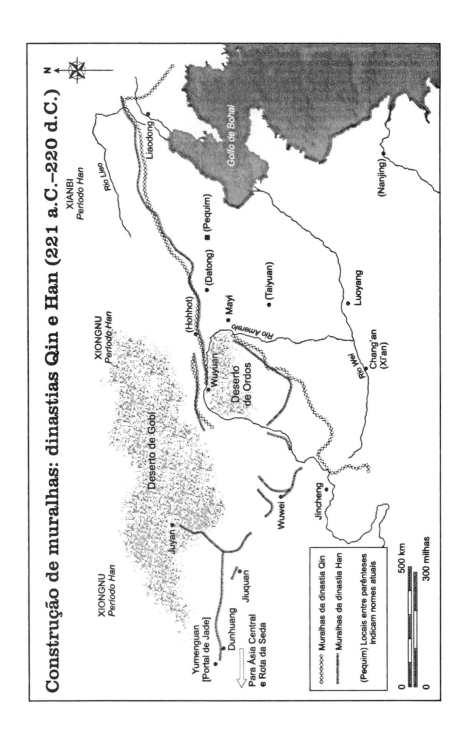

CAPÍTULO 2

A Longa Muralha

EM SUA CANÔNICA HISTÓRIA DA CHINA, OS *REGISTROS HISTÓRICOS*, Sima Qian (*c.* 145-86 a.C.) resumiu a imagem do Primeiro Imperador para a posteridade em forma de uma mescla selvagem: "homem de nariz proeminente, olhos grandes, peito como o de uma ave de rapina e voz de chacal; homem de pouca bondade, com coração de tigre ou de lobo".[1] Tendo sido escritor de história durante a dinastia Han, pode-se admitir que Sima Qian tivesse seus preconceitos. Sucessor da dinastia Qin, o Han tinha grande interesse em prejudicar a reputação de seu predecessor, o primeiro imperador Qin. E Sima Qian, funcionário vulnerável da corte que já sofrera o castigo de castração por haver desagradado a seu governante Han, o imperador Wu, tinha também grande interesse em cumprir com esse desejo.

Apesar desse preconceito histórico, o Primeiro Imperador — ex-rei Qin e arquiteto do sistema político que serviria de modelo para a organização da China até o século XX e mais além — sem dúvida merece um lugar em qualquer lista dos grandes déspotas da China. Desde a queda de sua dinastia em 206 a.C., apenas quatro anos depois de sua morte e quinze após a unificação da China, os chineses tenderam a tratá-lo como a um pai incômodo, de quem herdaram todas as características principais de seu panorama político e cultural — inclusive a primeira Longa Muralha —, denunciando ao mesmo tempo seus excessos tirânicos.

GRANDE MURALHA

Embora a existência de uma idéia aproximada da China como unidade cultural definida por costumes e rituais compartilhados tenha começado a surgir por volta do ano 1000 a.C., graças à obtenção, pelo império Zhou, da aliança dos reinos agrupados em torno da China central contemporânea, durante os cerca de oitocentos anos seguintes ela permaneceu mais como uma idéia teórica do que como realidade geográfica e política. Antes mesmo do colapso de sua autoridade real em 771 a.C., o império Zhou ocupava somente a metade norte do território hoje conhecido como China, e ao sul não chegava além do rio Yangtze. Essa região relativamente circunscrita estava longe de ser culturalmente homogênea. A fantástica arte e literatura da agrupação política chinesa mais ao sul, o Chu — com seu encantador grupo de deuses, deusas e estranhas criaturas mitológicas —, revela uma civilização muito mais exótica e dada à feitiçaria do que a do coração da área setentrional Zhou, mais ligada à terra. As regiões além do Chu — hoje Yunnan, Ghizou e outras províncias meridionais da China continental — eram habitadas por tribos aborígines que existiam fora da influência de qualquer império chinês razoavelmente coeso. Após o declínio do poder do Zhou, o conceito de unidade se tornou ainda mais tênue, pois o país permaneceu dividido durante o período dos Estados Guerreiros: estados individuais conspiravam e lutavam em busca de supremacia, enquanto os conselheiros e generais abandonavam suas regiões natais em busca de soberanos poderosos e estrangeiros, lançando os governantes uns contra os outros e tratando de conseguir as melhores promoções.

Confúcio (551-479 a.C) — mais tarde entronizado pelo Han como principal filósofo da China imperial — era um homem perfeitamente afinado com seu tempo (o dos Estados Guerreiros). Embora sua filosofia pregasse a unificação política, sua carreira — uma série de peregrinações entre os estados, em busca da posição política que acreditava merecer — reproduziu fielmente as divisões da época. Sentindo a nostalgia de um ideal mítico de unidade e virtude chinesa cultivado durante a dinastia Zhou, Confúcio tinha a esperança de dar fim ao conflito e à fragmentação de seu próprio tempo por

A LONGA MURALHA

meio de uma renovação moral. Se cada homem se conduzisse (o confucionismo praticamente não reconhece a existência de mulheres como seres sociais) com benevolência humana, pensava ele, o país seria reunificado pacificamente. O código social que reunia os ensinamentos de Confúcio sobre a maneira de ser bom era a execução correta do ritual, entendido de maneira geral como englobando todas as formas de comportamento público e privado: cumprimentar por meio de curvatura, chorar os pais mortos, usar a cor correta das lapelas, tocar o tipo adequado de música, adorar a montanha certa, contratar o número devido de jovens dançarinas, e assim por diante. A grande inovação popularizadora trazida por Confúcio foi a tradução de sua filosofia política em analogias com os relacionamentos familiares, simples e fáceis de manusear. Confúcio igualou o vínculo entre pai e filho ao existente entre governante e súdito. Segundo sua lógica, os bons pais e filhos podem ser bons governantes e súditos; os bons governantes e os bons súditos levarão a China de volta a sua condição devida de unidade pacífica e próspera. Cuida de teu próprio jardim familiar, ensinava ele, e o país prosperará; executa adequadamente teu papel social e tudo o mais se ajustará harmoniosamente.

Durante sua própria vida, o plano de Confúcio para unificar a China dos Estados Guerreiros — um mundo de governantes oportunistas, arrivistas ambiciosos, generais impiedosos e ministros conspiradores — mediante a instrução dos filhos na obediência, a regulamentação das cores das lapelas e a moderação das dançarinas não teve resultado. Sem nunca haver conseguido convencer algum rei a nomeá-lo para um poderoso cargo de ministro que lhe permitisse colocar em prática suas idéias, morreu pobre, desempregado e ignorado fora do seu círculo de discípulos. Ao contrário, foram necessários os esforços obstinados de um chacal-gavião-tigre-lobo da fronteira "bárbara" do noroeste — o primeiro imperador Qin — para juntar os cacos da vida política chinesa; alguém que não receou aniquilar centenas de milhares de vidas em seu caminho até o trono imperial. E tão logo conseguiu seu objetivo a China viu-se em grande parte definida, dentro e fora. O imperador Qin unificou as instituições políticas chinesas, uniu o país por meio de uma rede de estradas, trouxe a raiz etimológica da qual os nomes ocidentais de seu império (China, Chine etc.) mais tarde derivaram e montou a primeira Longa Muralha individual.

■ ■ ■

Antes de atingir a preeminência, o estado Qin cobria aproximadamente o que hoje é a província de Shaanxi. Limitado a oeste e norte pelas tribos Rong e Di, era grandemente influenciado por seus vizinhos não-chineses. Os governantes Qin do período final do reino trataram de conferir a seus antecessores rigorosas credenciais chinesas, afirmando que o fundador do estado era filho de uma neta de um remoto descendente do Imperador Amarelo, em conseqüência de haver ela engolido o ovo de um pássaro negro. Uma versão menos romântica, porém mais plausível, da história antiga do Qin diz que o fundador da dinastia era um chefete perito na arte de criação de cavalos, a quem o rei Zhou presenteou, em 897 a.C., com uma pequena propriedade para que ele lhe fornecesse os eqüinos. Em 256 a.C., o donativo já crescera e se transformara em um erro histórico de vastas proporções, quando seu titular derrotou e dominou a linhagem decadente do Zhou.

Ao longo da história de sua pré-unificação, o estado de Qin aperfeiçoou sua máquina militar e política nas guerras contra os Rong e os Di, e em conseqüência passou a ser considerado pelos Estados Guerreiros menos bem-sucedidos como decididamente bárbaro e não-chinês. "O Qin tem os mesmos costumes dos Rong e dos Di", afirmou um nobre de Wei a seu rei em 266 a.C. "Nada sabe das maneiras tradicionais, dos relacionamentos corretos e da conduta virtuosa." Pior ainda, seu povo nem sequer tocava música civilizada, que segundo Confúcio era um ingrediente essencial da decência moral básica. "Tamborilam em potes de barro, batem em jarros... e martelam ossos das pernas, cantando e gritando Uuh! Uuh!", lamentava Li Si, futuro chanceler do império Qin, "assim, na verdade, é a música do Qin."[2] Em vez de aperfeiçoar-se nas artes refinadas dos chineses, os do Qin preferiam especializar-se nas façanhas brutais da

A LONGA MURALHA

guerra. O rei Wu, que reinou algumas gerações antes do Primeiro Imperador, morreu em 307 a.C em conseqüência de ferimentos recebidos numa competição de levantamento de vasos de bronze com tripés. Sima Qian relata laconicamente que durante os 25 anos anteriores à ascensão do Primeiro Imperador ao trono Qin, em 247 a.C., os exércitos de seu estado causaram a morte de até 756 mil soldados ou civis estrangeiros na guerra. Segundo ele, o número de mortos no período 364-234 a.C. — posto em dúvida por historiadores contemporâneos — foi de 1,5 milhão, um total assombroso.

Ao longo da vida, o Primeiro Imperador demonstrou uma propensão para a barbárie que mais do que confirma seus antecedentes selvagens. Além da enorme quantidade de vidas ceifadas em suas campanhas militares anteriores à unificação, ele forçou centenas de milhares de chineses a formarem brigadas de trabalhadores para projetos públicos monumentais: estradas, canais, grandes palácios, muralhas. Cerca de 700 mil presidiários foram postos a trabalhar somente em seu túmulo e mausoléu (obra que ele iniciou ao tornar-se rei do Qin aos 13 anos de idade e que levou quase quarenta anos para terminar). Muitos desses infelizes foram assassinados logo que a obra ficou pronta, a fim de proteger o segredo da localização e do conteúdo da tumba. Com efeito, o aniquilamento dos construtores foi executado com tanta competência que o conhecimento da existência do mausoléu desapareceu dos registros históricos até que um grupo de camponeses chineses, que cavavam poços a 30 quilômetros a leste da atual cidade de Xi'an, em 1974, trouxe para a superfície alguns braços e pernas feitos de terracota. Investigações posteriores revelaram três grandes cavernas, a maior com 12.500 metros quadrados, cada qual contendo milhares de estátuas quebradas de soldados, cavalos e carros de combate: o que hoje é conhecido em todo o mundo como o exército de terracota.

Desde os primeiros tempos os chineses imaginavam que a outra vida seria semelhante à vida terrena em todos os aspectos importantes, e, portanto, sempre trataram, quando possível, de ser enterrados junto com os objetos (tanto originais quanto modelos) que lhes haviam sido úteis em vida e que, portanto, acreditavam necessitar para a estada no além. O número total de

GRANDE MURALHA

soldados (pelos cálculos atuais, 8 mil; nem todos os fragmentos foram reunidos ainda) que o Primeiro Imperador desejava levar consigo mostra eloqüentemente o tamanho da guarda pessoal que possuía em vida e a vasta escala de seus projetos imperiais de construção. Além disso, os poços que continham os guerreiros de terracota nada mais eram do que as câmaras externas, protetoras do mausoléu: o túmulo propriamente dito, que promete abrigar riquezas fabulosas, nunca foi inteiramente aberto. (Os arqueólogos aguardam até estarem certos de que sua tecnologia de preservação será suficiente para proteger o conteúdo das tumbas; quando as estátuas foram escavadas e expostas ao ar, a pintura colorida brilhante original dos guerreiros de terracota desbotou em poucos minutos). Nosso principal guia para o conteúdo do túmulo é Sima Qian, que o descreve como uma caverna de Aladim cheia de armadilhas engenhosas, fechada com paredes de bronze e repleta de artigos exóticos raros e preciosos. "Com mercúrio, foram criados os diversos cursos d'água do império, os rios Yangzi e Amarelo, e até mesmo o grande oceano, que fluem e circulam mecanicamente... As lâmpadas foram enchidas com óleo de baleia para que queimassem para sempre, sem se extinguirem." Finalmente, como medida de segurança, artesãos "receberam ordem de instalar arcos e flechas com dispositivos mecânicos de disparo, a fim de aniquilar qualquer intruso".[3]

Quando não estava construindo, o Primeiro Imperador destruía, igualmente em ampla escala. Após sua conquista, ele desarmou todo o império e derreteu as armas confiscadas para fazer sinos e estátuas de bronze. Mas o ato de destruição que realmente coroou sua futura reputação de infâmia foi a queima de livros e o massacre dos estudiosos. Em furiosa reação contra o pedido de um erudito confucionista ao imperador para que restabelecesse os reinos e os feudos, desmantelando assim o recém-criado e centralizado império Qin, o imperador ordenou a queima de todos os exemplares existentes dos clássicos confucionistas (história, poesia, filosofia) e a "execução na praça do mercado" de qualquer pessoa que debatesse aquelas obras. Os únicos livros que sobreviveram ao expurgo intelectual foram os manuais utilitários de "medicina, adivinhação e horticultura".[4]

A LONGA MURALHA

O instrumento político que permitiu ao Primeiro Imperador levar ao extremo sua mania de controle foi o legalismo, uma escola filosófica racionalista e utilitária que apresentou as características básicas da gestão subseqüente da administração pública chinesa: uma burocracia centralizada e um sistema jurídico uniforme. Ao contrário do que dizia Confúcio, que considerava as pessoas basicamente boas e que bastava fazer aflorar sua benevolência inata, os legalistas acreditavam que os seres humanos eram essencialmente malévolos por natureza e somente podiam ser controlados por meio de leis. O principal mentor do legalismo foi um primeiro-ministro do Qin, do século IV, chamado Shang Yang, que fez registrar todas as famílias do império, para facilitar a cobrança de impostos, o serviço militar e os trabalhos forçados, colocando-as sob a jurisdição de um magistrado nomeado pelo governo central. Toda a população foi dividida em grupos de dez e de cinco, e cada membro de grupo era obrigado a delatar atividades criminosas por parte dos demais. Os delitos, por sua vez, eram objeto de punições severas, "aplicadas igualmente aos importantes e poderosos".[5] Quem deixasse de relatar um crime cometido por outra pessoa do grupo "seria cortado em dois na altura da cintura".[6] O próprio Shang Yang teve um triste fim, vítima de seu próprio êxito. Após haver aplicado igualitariamente a lei a um tutor do herdeiro do trono, este último, ao assumir o poder, submeteu por vingança o zeloso primeiro-ministro ao mais brutal dos castigos imaginados por Shang Yang: ser esquartejado por carros de combate.[7] Mas os lucros — receita de impostos e trabalhos forçados — das reformas racionalizadoras de Shang Yang forneceram um exército com o qual o Qin esmagou os Estados Guerreiros rivais.

Havendo unificado o mundo chinês, o primeiro imperador Qin estendeu a todo o império a fórmula da burocracia de Shang Yang. Apesar das críticas de historiadores posteriores ao Primeiro Imperador (sua imagem pública não foi realçada por seus poucos admiradores famosos, entre os quais Mao Tsé-tung, provavelmente o mais destruidor entre os ditadores que governaram a China), é inegável que ele lançou as bases do estado burocrático

GRANDE MURALHA

chinês moderno e unificado: padronizou a moeda, os pesos, medidas, legislação e escrita, instalou implacáveis controles policiais e subordinou os camponeses ao governo. Se os políticos chineses dos dias de hoje compararem o sistema do Qin com o deles, provavelmente será mais fácil descobrir semelhanças do que diferenças. E naturalmente os chineses contemporâneos se alegram com outra contribuição do Qin à China: uma *changcheng*, uma longa muralha na fronteira, cuja construção foi dirigida pelo grande general Qin, Meng Tian.

Meng Tian e seus parentes do sexo masculino constituíram paradigmas de sucesso em sua época. O avô foi um dos muitos soldados e conselheiros competentes que, assim como Confúcio, partiram de suas terras natais para aperfeiçoar-se no serviço de outros estados (no caso dele, viajou do Qi para o Qin). Família de militares severos e altamente competentes, o clã Meng se tornou uma espécie de cão *rottweiler* do Qin, mordendo todos aqueles contra os quais era atiçado — os estados de Zhao, Han, Wei e Chu —, até que, aparentemente sem quaisquer remorsos visíveis pela falta de lealdade para com o estado de seus ancestrais, Meng Tian esmagou Qi em 221 a.C., o ano da unificação do Qin. Depois desse mais recente teste da lealdade de seu general, o imperador resolveu confiar-lhe a mais difícil missão até então: construir sua muralha de fronteira.

Mas, antes que o Primeiro Imperador pudesse dedicar-se à sua grande paixão — utilizar as massas chinesas para enormes projetos imperiais de construção —, ele cuidou de seu segundo interesse, a destruição. Segundo uma inscrição que data de 215 a.C., começou por desmantelar as antigas muralhas do estado:

> Demoliu os muros internos e externos das cidades.
> Abriu os diques dos rios.
> Arrasou os bastiões nos desfiladeiros das montanhas.[8]

A LONGA MURALHA

Feito isso, o imperador do Qin tratou de organizar a construção de sua própria muralha. Na anotação correspondente ao ano de 214 a.C., Sima Qian registra:

> Depois que o Qin unificou o mundo, Meng Tian foi enviado para comandar um grupo de trezentos mil a fim de expulsar os Rong e os Di na região norte. Arrebatou-lhes o território ao sul do rio [Amarelo] e construiu uma Longa Muralha sobre os desfiladeiros e passos conforme a configuração do terreno. Começava em Lintao e se estendia até Liaodong, alcançando uma distância de mais de 10.000 *li*.*[9]

Era sem dúvida coisa séria: uma imensa expedição militar, seguida pela construção de bem mais de 4.000 quilômetros de muralha em climas extremos e em terreno freqüentemente inacessível, desde as dunas arenosas do extremo noroeste da China, em Lintao (atualmente Gansu), passando acima do rio Amarelo e circundando o Ordos, cruzando as estepes frígidas e impróprias para o cultivo na Mongólia Interior e finalmente chegando à região nordestina de Liaodong, próximo à Manchúria, cujos longos e gélidos invernos pouco se diferenciam do clima da estepe mongol com a qual se limita a oeste. Para tornar ainda mais difícil o processo de construção, a Mongólia Interior e as partes mais setentrionais das províncias chinesas do norte, Shanxi e Shaanxi, contidas no interior da curva do rio Amarelo, ocupam terreno ondulado e montanhoso entre 2.000 e 3.000 metros acima do nível do mar. A maciça construção era ligada ao centro de poder do imperador, mais ao sul, por meio da "Estrada em Linha Reta", que percorria cerca de 800 quilômetros a partir da Mongólia Interior, além do rio Amarelo, atingindo o sul até a capital de Qin em Xianyang, próximo à contemporânea Xi'an. Esse era o trecho mais impressionante da extensa rede de estradas construída para o imperador do Qin por seu exército de trabalhadores forçados, que cobria

---

*Um *li* corresponde aproximadamente a meio quilômetro.

GRANDE MURALHA

um total de cerca de 6.800 quilômetros — mais do que superando os 6.000 quilômetros de estradas que Gibbon estimou haverem sido construídas pelos romanos.[10]

Que relação, no entanto, existe entre essa assombrosa façanha de engenharia e a estrutura hoje conhecida como Grande Muralha? Quando Macartney e sua missão chegaram à muralha (Ming) no final do século XVIII, automaticamente presumiram que a muralha que viam naquela forma era a lendária obra de 2 mil anos de idade produzida pelo imperador Qin. Durante o longo período de celebridade da muralha, nos séculos XIX e XX, chineses e ocidentais, assim como historiadores sérios e populares, continuaram a repetir como papagaios essa versão da história. "A Muralha é produto de Chin [*sic*]", sentenciou William Geil, autor em 1909 do excêntrico relato de uma odisséia ao longo da Grande Muralha.[11] Em seu painel ilustrado de 1932, Robert Ripley — o jornalista-desenhista que anunciou ao mundo que a Grande Muralha era visível da Lua — divulgou entusiasticamente um argumento semelhante: "O Primeiro e Único! Primeiro Imperador da China — Que Construiu a Grande Muralha!"[12] Os chineses modernos, que diante de grave pobreza material consolaram-se transformando a longa história de seu país em fonte de riqueza espiritual, deliciam-se em aceitar a idéia de que seus ancestrais construíram a mais longa, mais antiga e maior muralha de todos os tempos. Em 1986, o *China Daily* — jornal do Partido Comunista em língua inglesa — trombeteava que "a muralha de 6.000 quilômetros de extensão foi construída há mais de 2.500 anos, desde a cidade litorânea do passo de Shanhaiguan no nordeste da China até o passo de Jiayuguan no noroeste do país".[13] Sabemos que a fachada de tijolos e pedra hoje aclamada como a Grande Muralha foi erguida durante a dinastia Ming; poderia o Ming simplesmente haver restaurado ou conservado um muro que já existia havia mais de 2 mil anos?

Há um certo número de afirmações no relato de Sima Qian sobre a obra do imperador Qin que não se ajusta a essa visão bem-comportada e contínua da história. A maior dificuldade é geográfica. A curva da muralha descrita por

A LONGA MURALHA

Sima Qian passa muito mais ao norte do que a linha da atual Grande Muralha, que corre próxima à parte inferior, e não à superior, da curva do rio Amarelo. Jiayuguan (Passo do Vale Aprazível), o passo mais a oeste mencionado pelo *China Daily*, é irrefutavelmente uma construção Ming iniciada em 1372, na orla do Turquestão chinês, por entre as finas areias amareladas próximas à fronteira ocidental entre Gansu e Xinjiang. Segundo Sima Qian, no entanto, o ponto terminal da muralha do Qin a oeste ficava em Lintao, próximo à atual Lanzhou, dentro dos confins de Gansu oriental. Os construtores chineses não chegaram a Jiayuguan senão pelo menos cem anos depois.

Um segundo problema do relato de Sima Qian é a maneira simples com que ele apresenta o trabalho de construção da Longa Muralha do Qin. Uma olhada nos corredores de pedra e tijolos da Grande Muralha de hoje, que passam pelos cumes de picos elevados, imediatamente suscita algumas perguntas rudimentares de logística: onde foram obtidos os materiais (terra, pedra, tijolos) e como foram transportados? Como foram colocados pelos trabalhadores em posição nos picos das montanhas cobertas de vegetação? Sima Qian nada diz sobre essas questões fundamentais relativas à construção.

Essas incoerências sugerem duas conclusões. Primeiro, dada a diferença de posição geográfica entre a muralha Qin e a Ming, e a falta de descrição de pedreiras e método de transporte dos blocos de pedra, é provável que a muralha Qin pouco se assemelhasse à versão de tijolos e pedras restaurada ao norte de Pequim hoje em dia. Muito mais provavelmente era feita de terra socada, de forma semelhante às muralhas que separavam os Estados Guerreiros, cujo material era em grande parte encontrado no próprio local. Um nome popular dado pelos chineses às antigas muralhas setentrionais — "dragões de terra" — evoca o material utilizado em sua construção.[14] As poucas centenas de quilômetros de muralhas em ruínas na Mongólia Interior, às vezes com 3 metros na base, raramente com mais de 3,5 metros de altura, que os arqueólogos confiantemente dataram do tempo do Qin, são uma combinação pragmática de terra socada e pedras, presumivelmente um reflexo do material disponível havia mais de 2 mil anos.[15] Um trecho sobrevivente mais ao sul, em Ningxia, parece hoje pouco artificial, nada mais do que um monte alongado coberto de musgo que se ergue do terreno como uma veia inchada.[16]

Segundo, apesar do gosto do imperador Qin em arrasar o que era antigo a fim de erguer coisas novas, é provável que a muralha que corre ao longo da fronteira norte não tenha sido inteiramente obra sua. Em vez disso, em certos lugares, ela provavelmente foi construída aproveitando fortificações anteriores: partes da muralha Yan que se estendem a nordeste, da Mongólia à Manchúria, e talvez a muralha Qin no ocidente, ao sul do rio Amarelo. Trabalhos arqueológicos recentes sugerem que, embora a muralha de Meng Tian ficasse além das antigas fortificações do Zhao, mais ao norte, acima da curva do rio Amarelo, a linha da muralha imperial Qin coincidia com o ponto de partida da fortificação Qin mais antiga em Gansu, e com uma zona da Mongólia oriental e do nordeste da China na qual foram encontrados vestígios arqueológicos Yan.[17] Essas muralhas foram feitas apenas parcialmente pela mão do homem, pois sempre que possível utilizam defesas topográficas do terreno. A construção de muralhas tratava mais de unir ravinas e precipícios com trechos de muros ou com fortalezas do que de erigir uma linha contínua de defesa inteiramente nova. Outro trecho de Sima Qian ilustra esse ponto:

> [Meng Tian] assumiu o controle de todas as terras ao sul do rio Amarelo e estabeleceu defesas da fronteira ao longo do rio, construindo 44 cidadelas muradas às margens do rio e guarnecendo-as com trabalhadores condenados transportados à fronteira para servir nos destacamentos... Assim, utilizou as barreiras montanhosas naturais para estabelecer as defesas da fronteira, contornando os vales e construindo bastiões e instalações em outros pontos em que era necessário.[18]

Se essas explicações para a velocidade e a facilidade com que as muralhas foram erguidas não forem satisfatórias, teremos de apoiar-nos nas lendas fantásticas que durante milênios cercaram a construção da muralha Qin: que o

A LONGA MURALHA

imperador possuía um chicote, uma pá ou um cavalo mágicos, que fizeram a Longa Muralha surgir em 24 horas. Os estranhos desvios no traçado da muralha são explicados com a conjectura histórica de que o imperador e seu cavalo fizeram uma curva equivocada durante uma tempestade de areia. Outra explicação persuasiva freqüentemente citada para explicar de que maneira o imperador resolveu o problema da construção de muralhas é que por acaso um dragão excepcionalmente grande estava voando por sobre aquela parte da China, e que, fatigado, caiu de barriga ao solo, transformando-se na Longa Muralha.[19]

Mas, se não aceitarmos mitos para explicar a localização da muralha, nesse caso vale a pena indagar por que motivo o imperador escolheu determinadas áreas para a construção. As zonas setentrionais da região do Ordos estão, afinal, muito distantes das terras aráveis da China propriamente dita. A versão posterior da linha da Grande Muralha do Ming tem importância estratégica muito mais evidente, cortando a base agrária da curva do rio Amarelo e chegando próximo ao norte da capital, Pequim. Em comparação, a muralha Qin está em muitos trechos demasiadamente distante das terras aráveis e de cidades importantes para ter tido grande significação defensiva para os agricultores chineses.

Uma explicação para a escolha feita pelo imperador é a superstição. Apesar de todo o racionalismo legalista do regime, o Primeiro Imperador era um crente do ocultismo. Obcecado pela idéia da morte, despendeu grandes somas de dinheiro despachando alquimistas em busca de elixires da longa vida e cogumelos mágicos — e naturalmente os executava quando eles inevitavelmente regressavam sem trazer as esperadas poções de longevidade. Ouvia também religiosamente a voz das profecias, e em 215 a.C. aterrorizou-se com uma inscrição oracular que previa "um Hu destruirá Qin".[20] Tomando a palavra "Hu" como designação para os bárbaros nômades Hu, o imperador prontamente despachou para o norte seu general, Meng Tian, com seus soldados, a fim de expulsar do Ordos as tribos nortistas e construir muralhas.

Outra explicação plausível é que a muralha Qin tenha sido erguida pela mesma razão estratégica dos muros construídos na região pelos Estados

GRANDE MURALHA

Guerreiros: mais do que defender os chineses contra ataques dos nômades, o estado Qin pretendia manter a ofensiva contra os nortistas não-chineses, guarnecendo postos avançados a partir dos quais pudessem ser lançadas novas campanhas, ainda mais expansionistas. Entre os séculos IV e III a.C., as tribos do norte sem dúvida estavam sendo dizimadas na fronteira, expulsas do Ordos e impelidas de volta à Mongólia e à Manchúria pelos exércitos dos estados individuais. Parece improvável que após essas repetidas derrotas os bárbaros Hu pudessem recuperar-se tão rapidamente a ponto de ameaçar o novo império Qin.

Uma última razão para a localização remota das muralhas Qin — digna de crédito pelo que sabemos a respeito do Primeiro Imperador — é o simples totalitarismo: a Muralha era o *gulag* Qin, um imenso e arbitrário projeto de construção destinado a absorver os soldados desmobilizados após o grande esforço de unificação da China e os milhares de presidiários que haviam desagradado ao regime Qin. Em 213 a.C., por exemplo, o imperador exilou "os magistrados que presidiram tribunais criminais, mas não respeitaram a justiça, mandando-os construir a Grande Muralha".[21] Um ano depois, seu infeliz primogênito, Fusu, foi igualmente banido a fim de guarnecer a fronteira norte, por haver reclamado com o pai da crueldade de seu governo.

Embora tenha pouca relação física com a Grande Muralha contemporânea, a muralha Qin deu origem às primeiras histórias de sofrimento e sacrifício na construção de muralhas. Até que patriotas desesperados adotassem a Grande Muralha como símbolo nacionalista, essas lendas dominaram e plasmaram o sentimento popular em relação à muralha, estimulando tradições que demonizavam os muros na imaginação da massa como recurso opressivo de tiranos e que transformavam a fronteira em sombrio e solitário túmulo de chineses comuns. Mesmo que a velocidade com que a muralha Qin foi levantada indique que não ofereceu o mesmo desafio logístico e de engenharia aparentemente apresentado pelo muro de pedra visitado hoje em dia por turistas ao norte de Pequim, canções e mitos, como a ode do período Qin

A LONGA MURALHA

abaixo, evocam o uso constante de trabalhos forçados e celebram os muitos mortos durante a construção:

> Se tiveres um filho, não o cries.
> Se tiveres uma filha, dá-lhe carne seca para comer.
> Não vês, a Longa Muralha
> É construída sobre esqueletos.[22]

Oriundos de uma cultura tão apaixonada pelos filhos homens como a da China, esses quatro versos curtos exprimem poderosamente o sentimento de desespero sem remédio gerado pelo apetite insaciável da muralha por trabalhadores recrutados: de que vale criar um filho, simplesmente para que morra construindo uma muralha? Outro mito relativo à construção de muros conta que o imperador criou nove sóis, estendendo interminavelmente o dia de trabalho de seus operários a fim de adiantar a construção. (Felizmente para os trabalhadores neste conto, um espírito amigo veio ajudá-los, bloqueando oito dos nove sóis com montanhas mágicas, que em seguida foram unidas para formar a Grande Muralha.)

Talvez a mais conhecida entre as desgraças lendárias causadas pela muralha tenha sido a de Mengjiang, dedicada esposa que viajou ao ponto terminal da construção a nordeste, Shanhaiguan, para onde seu marido havia sido enviado como trabalhador forçado, a fim de levar-lhe roupas de inverno. (Uma versão da história diz que o marido de Mengjiang havia sido levado pelos recrutadores Qin na noite de núpcias.) Ao chegar, no entanto, ela descobriu que ele já havia morrido de frio e exaustão. Seus soluços fizeram com que a muralha se abrisse, revelando os ossos dele, junto com os de milhares de outros trabalhadores, que ela enterrou novamente antes de lançar-se ao mar, como casta e virtuosa viúva chinesa que era. Outro conto informa que o lascivo imperador Qin, que por acaso ia passando numa viagem de inspeção, ficou tão impressionado com ela que tentou fazê-la sua concubina, até que a jovem escapou dos assédios por meio do suicídio. Diz-se que seu túmulo são

GRANDE MURALHA

quatro rochas aparentes na superfície do mar em Shanhaiguan, o ponto mais oriental da Grande Muralha hoje em dia.

Por ser um dos primeiros turistas a visitar a Muralha, Sima Qian não mede palavras para denunciar os sacrifícios que Meng Tian exigia de seus operários:

> Viajei à fronteira norte e regressei pela Estrada Reta. Em minhas viagens vi a Longa Muralha e as fortificações que Meng Tian construiu para o Qin, cortando montanhas e enchendo os vales a fim de abrir a Estrada Reta. Ele realmente era descuidado com o trabalho da massa. Quando o Qin destruiu pela primeira vez os nobres feudais, os corações e mentes do mundo ainda não estavam em paz e os feridos ainda não recuperados, mas Meng Tian, como famoso general, não fez advertências vigorosas, não aliviou o sofrimento da população comum, não nutriu os idosos, não teve pena dos órfãos, nem tratou de renovar a harmonia no seio do povo; em vez disso, dobrou-se aos caprichos do imperador e dedicou-se à construção.[23]

O ressentimento geral contra a implacável mobilização de mão-de-obra escravizada — tema do qual a lenda de Mengjiang fala com tanta veemência ao longo de milênios —, necessária para projetos estatais como o da muralha, acabou por acarretar a queda do Qin, junto com três outros ingredientes clássicos do declínio das dinastias chinesas: usurpadores covardes, eunucos conspiradores e perda de generais leais e competentes ao longo da fronteira murada do norte.

Em 210 a.C., o Primeiro Imperador partiu para o que acabou sendo a última de suas muitas viagens imperiais de inspeção. Como sua saúde se deteriorava, a obsessão de encontrar um elixir da longa vida se intensificara. Em 219 a.C. ele encarregara um erudito chamado Xu Fu de lançar-se ao mar junto com vários milhares de jovens de ambos os sexos em busca das fabulosas ilhas dos imortais. Quando finalmente o imperador voltou a encontrar Xu Fu na costa oriental da China, em 210 a.C., o ágil alquimista conseguiu

A LONGA MURALHA

persuadir seu soberano de que seu grupo teria podido trazer o elixir da ilha dos imortais sem qualquer dificuldade, se não tivesse sido constantemente acossado por grandes tubarões. Completamente convencido, o próprio imperador montou guarda no litoral durante algum tempo, lançando flechas contra as perturbadoras criaturas com um arco automático. Não muito depois, ainda durante a viagem, veio a morrer.

O Hu que causaria a queda do Qin não era um bárbaro Hu do norte, porém outra pessoa muito mais próxima dele: seu segundo filho Huhai, débil e mentalmente desequilibrado, que por desgraça o acompanhava na viagem no momento de sua morte, junto com o tutor, o ambicioso e conspirador eunuco Zhao Gao. Fusu, herdeiro aparente e ex-favorito do imperador, ainda guardava a fronteira norte com Meng Tian. Aproveitando estar no lugar certo no momento certo, Zhao Gao e Huhai ocultaram a notícia da morte do imperador enquanto se desfaziam, um a um, de seus adversários políticos. Inicialmente destruíram a convocação feita pelo falecido imperador a Fusu para que regressasse e subisse ao trono, substituindo-a por uma ordem falsa a Fusu e Meng Tian para que cometessem suicídio por haverem conspurcado o governo. Fusu obedeceu imediatamente; Meng Tian, sem acreditar que o amo a quem servira com tanta lealdade exigisse sua morte, tomou um tempo para meditar, até que uma ansiedade pouco característica relativa ao *feng shui* de sua Longa Muralha finalmente o impeliu ao suicídio. "Minha ofensa realmente merece a morte", ruminou ele. "Começando em Lintao e chegando a Liaodong, construí muralhas e escavei fossos por mais de 10.000 *li*; não era inevitável que eu rompesse as veias da terra ao longo do trajeto? Esse é portanto meu crime."[24] Em seguida envenenou-se, tornando-se assim a derradeira vítima da muralha Qin, e talvez a mais merecedora de castigo.

Uma vez no poder, Zhao Gao e Huhai prosseguiram vigorosamente as políticas mais gananciosas do Primeiro Imperador, extorquindo impostos e trabalhos forçados do populacho a fim de terminar o enorme palácio imperial iniciado em Xianyang e a vasta rede de estradas. Por recomendação de Zhao Gao, após assassinar alegremente membros da nobreza, Huhai reco-

GRANDE MURALHA

lheu-se ao interior do palácio, mergulhando em festas, concubinas e espetáculos teatrais, e deixando o governo (ou talvez mais precisamente, a vingança contra inimigos) a seu tutor eunuco. Isolando assim completamente o Segundo Imperador, Zhao Gao levou seu amo à loucura e ao suicídio, antes de morrer esfaqueado por Ziying, primogênito de Huhai.

Mas o decidido Ziying governou durante somente quarenta e seis dias. Enquanto a liderança do Qin se entredevorava, a pressão dos recrutamentos, impostos e severos castigos — base do estado legalista do Qin — levou um número crescente de pessoas ao banditismo. Alguns séculos depois, um funcionário Han indicou claramente as políticas de fronteira como estopim da revolta, descrevendo o sofrimento não apenas dos soldados da linha de frente, mas também os de civis, que se esforçavam por satisfazer a corrupção insaciável que imperava no trajeto de suprimentos:

> Os soldados permaneceram em terreno inóspito, sem abrigo, durante mais de dez anos, e inúmeros morreram... Partindo da costa, os suprimentos se reduziam de 192 mil *pecks* (decalitros) a apenas dez, no trajeto até o rio Amarelo. Os homens se apressavam em plantar, mas não podiam atender à demanda de alimentos do exército; as mulheres fiavam, mas não conseguiam atender à necessidade de tendas. O povo estava cansado e pobre, incapaz de alimentar... os fracos, cujos cadáveres se amontoavam à margem das estradas. Por causa disso tudo, o reino sob os Céus começou a rebelar-se.[25]

Um ano depois da morte do Primeiro Imperador, um temporal impediu Chen She, ex-trabalhador a soldo, de transportar novecentos condenados sob sua responsabilidade a uma penitenciária no prazo estipulado, crime cujo castigo, no severo sistema legalista, era a morte. "Nas circunstâncias atuais", ele refletiu, "a fuga significa a morte, e a conspiração também. Comparando essas duas mortes, seria melhor morrer por fundar um estado."[26] Assim, preferindo ser enforcado por uma causa mais válida, iniciou uma revolução à qual se juntou Liu Bang, mais tarde fundador da dinastia Han, e esmagou o Qin.

A LONGA MURALHA

Uma das lendas sobre essa revolta que aniquilou uma dinastia conta que os rebeldes se armaram invadindo o mausoléu do Primeiro Imperador e arrancando as armas das mãos dos guerreiros de terracota, vandalizando em seguida o túmulo. A história é plausível: quando as figuras de terracota foram inicialmente descobertas na década de 1970, pareciam ter sido reduzidas a fragmentos por intrusos. Se isso for verdade, há de ser uma das grandes ironias da história que um exército preparado pelo Primeiro Imperador, a um elevado custo para seu povo, a fim de protegê-lo em sua incerta viagem para a outra vida, tenha armado a rebelião que destronou sua dinastia.

Assim desmoronou o império Qin, e com ele o controle das regiões ao norte do rio Amarelo por parte dos chineses. Na desordem que se seguiu à queda do Qin, os recrutas chineses abandonaram a fronteira e os bárbaros do norte voltaram a ocupar os territórios perdidos, tornando inútil a muralha Qin como barreira defensiva. Sima Qian relata:

> Após a morte de Meng Tian, e depois da revolta dos senhores feudais contra o Qin, lançando a China num período de distúrbios e confusão, os condenados que Qin havia mandado à fronteira norte para guarnecer a região regressaram a seus lares. Agora que a pressão contra eles amainara, os Xiongnu novamente começaram a infiltrar-se ao sul da curva do rio Amarelo até estabelecer-se ao longo da antiga fronteira com a China.[27]

Nesse ponto da história das muralhas chinesas de fronteira surge um novo tipo de poder na divisa com o Ordos e a Mongólia Interior: os Xiongnu, uma força de guerreiros nômades politicamente unida e comandada com competência, que aterrorizou a China com maior êxito do que qualquer das fragmentárias tribos nortistas da estepe havia conseguido durante o milênio precedente.

Quase imediatamente após a queda do Qin, quando o confucionismo moralista substituiu o legalismo utilitário na ortodoxia imperial chinesa, a dinastia se tornou sinônimo de tirania, e sua história — assim como sua

GRANDE MURALHA

muralha — passou a ser uma lição objetiva sobre como não se devia governar a China. Num severo ensaio intitulado "Os Pecados de Qin", o erudito Han Jia Yi (201-160 a.C.) afirmou que o Qin se desintegrou porque "deixou de demonstrar humanidade e virtude, ou de compreender que existe uma diferença entre o poder para atacar e o poder para consolidar".[28] O imperador do Qin "acreditou piamente que com o poderio de sua capital no interior do Passo e seus muros de metal estendendo-se por 1.000 milhas, havia estabelecido um governo que passaria a seus descendentes por 10 mil gerações".[29] Para filósofos e historiadores de épocas posteriores, o colapso de Qin ilustra perfeitamente o supremo engano do governante absolutista: o de que a força — imensos exércitos, leis aterradoras e longas muralhas —, na ausência da virtude, seja capaz de conservar um império.

Nada disso impediu que o não menos hipócrita Han, e praticamente todas as dinastias que a sucederam, executassem a mesma política de fronteiras sempre que isso foi possível, e muitas vezes quando esse não era o caso: construir muralhas longas, dispendiosas e, no fim das contas, igualmente inseguras.

CAPÍTULO 3

Muralhas Han: *Plus ça change*

POR VOLTA DE 209 A.C., TOUMAN, O SHANYU OU LÍDER SUPRATRIBAL dos Xiongnu da Mongólia, enfrentou um dilema relativo à sucessão. Preferia um filho mais jovem ao herdeiro aparente, Maodun, e precisava livrar-se deste, que era o mais velho, para poder instalar seu favorito como herdeiro. Evidentemente sem desejar contemplar coisa tão antipaternal como o assassinato, resolveu em vez disso enviar Maodun a uma tribo vizinha, a dos Yuezhi, como refém, e em seguida dirigir um ataque contra ela, na esperança de que retaliassem a invasão matando-o. Infelizmente para Touman, Maodun roubou um dos cavalos mais velozes de seu pai e logrou escapar, conseguindo finalmente voltar ao lar. Impressionado com sua bravura e ousadia, o pai lhe deu o comando de uma força de dez mil cavaleiros.[1]

Tão logo Maodun regressou aos Xiongnu, Touman percebeu que havia escolhido mal seu inimigo. Para evitar a repetição do que acontecera, Maodun imediatamente tratou de construir sua própria base de poder transformando suas tropas numa guarda pessoal de lealdade inquebrantável. Em seu programa de disciplina militar ele treinou os soldados a mirar o mesmo alvo que ele: "Atirem para onde virem minha seta dirigir-se silvando!", ordenou, "e quem deixar de atirar será morto!" Maodun alvejou, um após outro, seu cavalo favorito, sua mulher favorita e o melhor cavalo do pai, executando todos os que se negaram a seguir seu exemplo. Finalmente, "atirou uma seta silvando contra o pai; todos os seus seguidores lançaram as suas na mesma direção, matando o Shanyu".[2]

Antes que Maodun assumisse a chefia da tribo, os Xiongnu pareciam estar cercados. Ao sul, os chineses os haviam expulsado de suas terras ancestrais, no Ordos; a oeste, os Yuezhi, na atual província de Gansu, haviam tomado reféns entre os seus; e a leste, os Donghu (literalmente, os "bárbaros do leste") os tratavam com evidente desprezo, exigindo-lhes, quando bem entendiam, seus melhores cavalos e mulheres. Mas nos poucos anos que se seguiram a sua usurpação em 209 a.C., Maodun recuperou as terras perdidas para o general Meng Tian, tornando inútil como divisa a Longa Muralhaa Qin, mais ao norte. Também derrotara os Donghu e os Yuezhi, por meio de uma combinação de astúcia estratégica e violência implacável. Após a vitória sobre os primeiros, Maodun transformou o líder da tribo — que tentara apoderar-se de parte do território dos Xiongnu — em exemplo diplomático marcante, fazendo de sua caveira uma taça. Depois da derrota nas mãos de Maodun, os Yuezhi deixaram Gansu, no noroeste da China, rumando para muito mais distante, a oeste, onde hoje ficam o Quirguistão e o Tadjiquistão — migração que viria a ter importantes conseqüências para os construtores das muralhas Han.

■ □ ■

Até a queda da dinastia Qin, os chineses haviam dominado a fronteira norte, especialmente após haverem negado aos nômades sua principal e única vantagem ao adotarem a cavalaria ao estilo das estepes. O que deu aos chineses a supremacia nas ofensivas de fronteira foi a unidade política: a capacidade de encontrar formas eficientes de organizar e explorar a população com finalidades políticas e militares. As tribos das estepes, ao contrário, eram demasiadamente fragmentadas para conseguir realizar incursões significativas contra os chineses, e demasiadamente desorganizadas politicamente para conquistar ou controlar novos territórios. Unidos, os chineses mantiveram o Ordos;

MURALHAS HAN: *PLUS ÇA CHANGE*

divididos, os Xiongnu foram repelidos para o norte da Mongólia. Tudo isso mudou depois que Maodun conseguiu impor aos nômades desunidos uma coesão sem precedentes. Criando uma hierarquia governante com três camadas em toda a extensão de seus domínios —, no topo, o Shanyu, com governadores imperiais e líderes tribais locais a eles subordinados —, Maodun conseguiu conquistar e conservar um império nas estepes. Nesse processo, transformou os Xiongnu em uma das potências predadoras mais temidas e conhecidas da história da fronteira da China: "No ataque", descreveu Sima Qian,

> o homem que mata um inimigo importante é recompensado com uma taça de vinho. O butim capturado na guerra é espalhado entre os guerreiros; quando capturam pessoas, transformam-nas em escravos. Portanto, na guerra cada um luta por uma vantagem pessoal. Astutamente, atraem o inimigo e em seguida atacam. Quando o encontram, atiram-se contra ele como pássaros, buscando seus ganhos. Se derrotados, espalham-se como nuvens.[3]

Na China, séculos depois de haver perdido a supremacia, os Xiongnu continuaram a ser sinônimo de temíveis inimigos bárbaros. Sua fama se espalhou até mesmo para o oeste, onde historiadores superansiosos — a começar pelo estudioso do século XVIII Joseph DeGuignes — os identificaram como hunos, desviados para Roma pelo obstáculo da Grande Muralha.

Embora, naturalmente, os chineses não se alegrassem com a eficaz unificação dos Xiongnu, pouco puderam fazer em relação às estepes porque os líderes regionais ainda se encontravam em luta para preencher o vácuo de poder deixado pelo colapso do Qin. Isso não impediu Liu Bang (morto em 195 a.C.), futuro fundador da dinastia Han, de tentar restaurar e guarnecer a antiga muralha Qin ao norte do rio Amarelo, enquanto a guerra civil ainda estava em curso.[4] Mas na altura de 202 a.C., Liu conseguira resgatar a China do caos da guerra civil e declarar-se primeiro imperador da dinastia Han, com o nome de Gaozu. Com a China nominalmente pacificada e unida, ele tratou imediatamente de recuperar a iniciativa militar na estepe.

GRANDE MURALHA

A fim de derrotar seus rivais no final da guerra civil, Gaozu havia sido obrigado a recompensar seus aliados com reinos autônomos, abandonando a centralização absoluta preferida pelo Qin. Em 201 a.C., após um ataque dos Xiongnu contra a cidade de Mayi, na fronteira (não longe de Taiyuan, atual capital da província de Shanxi), um desses reis, Han Xin, desertou para unir-se a Maodun. Como a deslealdade de Han Xin estabelecia um precedente perigoso, o imperador juntou um exército Han levando-o ainda mais para o norte, em Pingcheng. Ali, em meio à frígida extensão acidentada da extremidade norte de Shanxi, a campanha terminou em catástrofe: 30% dos soldados chineses perderam os dedos das mãos por congelamento e Maodun os atraiu a um ataque fingindo debilidade. Em seguida os atacou numa emboscada. O imperador viu-se sitiado por cerca de 400 mil cavaleiros Xiongnu, mas conseguiu escapar ao cerco, ao que se relata utilizando todo o seu poder de persuasão moral sobre a família de Maodun. Segundo uma história, Gaozu ameaçou a mulher do Shanyu dizendo que mandaria bombardear Maodun com belas mulheres chinesas caso ela não interviesse em seu favor para romper o sítio.[5]

O resultado diplomático dessa dura derrota foi a política de "Paz e Amizade" (*heqin*). Os chineses ofereciam amizade, em forma de noivas e suborno — princesas imperiais, sedas e cereais; os Xiongnu ofereciam paz —, quando lhes interessava. Essa chantagem material e conjugal não representou um êxito do ponto de vista chinês: os ataques dos Xiongnu continuaram, e as exigências de Maodun foram ficando cada vez mais extravagantes. Em 192 a.C. ele pediu a mão da imperatriz Lü, viúva de Gaozu e governante de fato entre 188 e 180 a.C. "Sou um governante viúvo solitário", dizia a carta em que propunha o casamento. "Vossa Majestade é também governante viúva, numa vida de solidão. Ambos somos pessoas privadas de prazeres e não temos modo de divertir-nos. Minha esperança é trocarmos aquilo que temos pelo que nos falta."[6] O instinto inicial da furiosa imperatriz foi responder lançando um ataque contra o presunçoso bárbaro, mas seus generais lhe recordaram prudentemente que "até mesmo o imperador Gaozu, apesar de toda a sua

MURALHAS HAN: *PLUS ÇA CHANGE*

bravura e sabedoria, encontrou grande dificuldade em Pingcheng".[7] Aos poucos meditando sobre a idéia, ela mandou uma resposta negativa, agradecendo delicadamente: "Minha idade é avançada e minha vitalidade, decrescente. Meus cabelos e meus dentes estão caindo, e nem sequer sou capaz de caminhar com segurança... Não sou digna de que [Maodun] se rebaixe. Mas meu país nada fez de mal, e espero que ele o poupe." (Há um inegável tom de súplica no pedido da imperatriz para que Maodun não invadisse a China a fim de vingar-se de sua recusa.)[8]

Apesar dos aspectos humilhantes da política de Paz e Amizade, em poucas décadas a diplomacia de comércio e presentes suavizou as relações entre os chineses e os Xiongnu com muito mais sucesso do que jamais haviam conseguido as muralhas. Na altura de meados do século II a.C., a divisa norte estava bastante pacificada, e as comunidades da região sofriam apenas pequenos ataques. As antigas muralhas da fronteira pareciam haver perdido importância, pois, como Sima Qian nos diz, "do Shanyu para baixo, todos os Xiongnu se tornaram amistosos com os Han, circulando pela Longa Muralha".[9]

■ ■ ■

No entanto, a política de Paz e Amizade contrariava seriamente a auto-importância sinocêntrica. O apaziguamento dos Xiongnu pelos chineses, segundo escreveu o indignado funcionário confucionista Jia Yi, era tão desequilibrado quanto "uma pessoa pendurada de cabeça para baixo".

> O Filho do Céu [imperador] é o chefe do império. Por quê? Porque deve permanecer no topo. Os bárbaros são os pés do império. Por quê? Porque devem permanecer embaixo. No entanto, os Xiongnu são arrogantes e insolentes por um lado, invadem-nos e nos saqueiam por outro... Mas a cada ano o Han lhes fornece dinheiro, sedas e tecidos. Comandar os bárbaros é o poder atribuído ao Imperador no topo, e apresentar tributos ao Filho do Céu é um ritual a ser executado pelos vassalos embaixo. Estar pendurado de cabeça para baixo dessa maneira desafia o entendimento.[10]

GRANDE MURALHA

Mas os chineses pelo menos tinham o bom senso de compreender que a menos que desejassem uma repetição da derrota de 200 a.C., nada poderia ser feito enquanto não se recuperassem adequadamente da guerra civil, tanto do ponto de vista econômico quanto do organizativo. Na altura de 141 a.C., ano em que se iniciou o reinado do imperador Wu, as políticas de austeridade executadas pelos primeiros seis imperadores Han pareciam haver novamente aprumado seu império. O tesouro imperial havia acumulado dinheiro por tanto tempo que "os cordões que retinham as moedas haviam se rompido", os estoques de cereais transbordavam dos celeiros e apodreciam, expostos aos elementos.[11] O imperador Wu (o "imperador marcial") destinou esses recursos diretamente aos militares, que experimentaram um dramático renascimento durante seu reinado de 54 anos. Um dos motivos para o humilhante fracasso de Gaozu em Pingcheng tinha sido sua falta de conhecimento das características da conduta da guerra nas estepes, sua incapacidade de lutar contra os Xiongnu à sua própria maneira. Na altura do reinado do Wu, essas lições táticas já haviam sido aprendidas, e iniciou-se uma série de ofensivas contra os bárbaros, lideradas por alguns dos maiores gênios militares da história da China: Wei Qing, o "General dos Carros e da Cavalaria"; Huo Qubing, o "General da Cavalaria Ligeira"; Zhao Ponu, o "Marechal que Ataca como um Gavião"; e Zhang Qian, o "Marquês de Ampla Visão".[12] As muralhas foram a herança mais duradoura resultante dessas campanhas, para não falar no ritmo de esvaziamento dos cofres imperiais.

O primeiro alvo do imperador Wu foi o antigo bicho-papão das relações entre a China e as estepes: Ordos. Após alguns anos de escaramuças inconclusivas, em 127 a.C. Wei Qing cavalgou em direção ao norte e reconquistou o antigo território Qin ao sul do rio Amarelo, capturando mais de um milhão de cabeças de gado e carneiros. Sem deixar-se intimidar por esse ressurgimento Han, os Xiongnu continuaram seus ataques, sempre provocando os chineses a realizarem campanhas cada vez mais para o interior das estepes, sendo a mais distante a 440 quilômetros ao norte de Pequim. Um dos maiores

MURALHAS HAN: *PLUS ÇA CHANGE*

triunfos chineses foi a emboscada executada por Wei Qing que resultou na quase captura, em 124 a.C., de um rei Xiongnu, o qual, num excesso de confiança, se embebedara até cair em estupor antes da chegada das forças do Han.

O Han não perdeu tempo em reconstruir muralhas, "reparando o antigo sistema de defesas estabelecido por Meng Tian durante a dinastia Qin e reforçando a fronteira ao longo do rio Amarelo".[13] Os arqueólogos hoje acreditam que o Han fez muito mais do que reparar antigos muros, erigindo milhares de quilômetros de suas próprias muralhas por toda a fronteira norte. Quinze quilômetros de muros, sem dúvida de autoria do Han, foram escavados em Hebei, no nordeste da China, com 8 metros de largura na base, mas de apenas 1,5 metro de altura.[14] Remanescentes da muralha na Mongólia Interior, construída durante o reinado do imperador Wu, incluem diques, estações de vigia e fortes, todos feitos com uma mescla de terra socada no interior e fachada de pedra, materiais pragmaticamente retirados das vizinhanças. A centenas de quilômetros da fronteira Han, em Wuyuan, uma cidadela fortificada na Mongólia Interior de cerca de 125 metros quadrados — cujas paredes originais parecem hoje longos montes de pedra, às vezes com 2,8 metros de altura — contém agrupamentos de prédios de pedra e relíquias esparsas deixadas por ocupantes anteriores: ladrilhos, cerâmica, implementos agrícolas e pontas de flechas.[15]

O segundo braço do ataque do Imperador Wu contra os Xiongnu estendeu-se para o oeste, a leste do deserto de Taklamakan na atual província de Xinjiang. Se os antigos chineses viam as terras de estepes do norte ("ermos pantanosos e salinas, inadequados para a habitação") com uma mescla de terror e desprezo, tinham ainda maior receio do misterioso oeste distante. A China imperial dos primeiros tempos pode ter sido expansionista, mas ao mesmo tempo acreditava não haver lugar melhor do que o próprio lar: a civilização terminava a cerca de 200 quilômetros da capital. A China Han obtivera algum "conhecimento" a respeito do oeste devido a um imaginoso tratado de geografia do século III a.C., o *Clássico das Montanhas e Mares*, o qual informava a seus nervosos leitores que no ocidente longínquo, na terra da Montanha Queimada e do rio Frioquente, os répteis se assemelhavam a lebres, os braços dos homens ficavam na frente e atrás e seres parecidos com aves, conhecidos como Pássaros Loucos, passeavam com chapéus de funcionários.[16] Uma fonte chinesa um pouco mais comedida — a publicação oficial *História do Han* — advertia os candidatos a viajantes sobre os perigos do oeste: risco de morrerem de fome e de serem assaltados, os estonteantes píncaros das cadeias de montanha "Dor de Cabeça menor e maior", as encostas da "Febre do Corpo" que "provocam febre nos homens; eles empalidecem, têm dores de cabeça e vômitos".[17]

Mas para a China Han a necessidade política sobrepujou os terrores da vertigem das alturas. Após 209 a.C., os Xiongnu haviam conquistado as tribos da fronteira oeste da China. Isso não apenas consolidava um bloco de poder Xiongnu na divisa ocidental, mas criava também a perigosa possibilidade de uma aliança entre os Xiongnu e a tribo Qiang, que ocupava o atual Tibete. A estratégia geral do Imperador Wu foi cortar o braço direito dos Xiongnu por meio da colonização do corredor de Gansu, uma extensão de terras relativamente cultiváveis e governáveis por entre as montanhas, estepes e desertos que ficavam diretamente ao sul e ao norte, fortificando-a contra novos ataques dos Xiongnu e favorecendo alianças anti-Xiongnu com povos ocidentais: um aglomerado de tribos, miniestados e cidades muradas, a menor das quais tinha uma população de mil almas, e a maior mais de 600 mil.

Em 139 a.C., o embaixador e general do Imperador Wu, Zhang Qian, partiu em missão diplomática pioneira em direção ao oeste. O destino final de Zhang era o novo lugar de assentamento da tribo Yuezhi, que estava então no processo de migração para Bactria, no setor norte do atual Afeganistão, a cerca de 6.500 quilômetros a oeste da capital Han em Chang'an (próximo à contemporânea Xi'an). Seu objetivo era persuadi-los a fazer um favor especial aos chineses regressando ao lugar da ignominiosa e sangrenta derrota nas mãos dos Xiongnu em Gansu para expulsar os invasores. Ao tomar impru-

MURALHAS HAN: *PLUS ÇA CHANGE*

dentemente um atalho pelo território Xiongnu, Zhang foi prontamente capturado e detido durante cerca de dez anos, arranjando nesse período uma esposa e filhos entre os Xiongnu, até conseguir escapar. Por fidelidade a seu dever com o imperador ele continuou a jornada em direção ao oeste, passando pelas montanhas Pamir até Bactria. Quando finalmente encontrou os Yuezhi, estes não se mostraram dispostos a aceitar a idéia de enfrentar os Xiongnu para satisfazer os objetivos políticos dos chineses. Informaram-no delicada, porém firmemente, que se sentiam perfeitamente contentes onde estavam. Zhang Qian iniciou então a fatigante viagem de volta, sendo novamente capturado pelos Xiongnu até conseguir finalmente fugir para Chang'an, depois de mais um ano de detenção.

Deixando de lado o evidente resultado negativo da missão de Zhang Qian, o Wu ficou fascinado com os relatos de seu enviado sobre os estados ocidentais localizados em oásis, cujos habitantes trabalhavam a terra e viviam em cidades muradas (duas coisas conhecidas dos chineses) e seus muitos "produtos fora do comum": jade, vinho, pérolas, macacos, pavões, coral, âmbar, leões, rinocerontes e ovos do tamanho de jarras de água.[18] O mais interessante era o que Zhang Qian contava sobre os cavalos "celestiais" de Ferghana, a leste de Bactria, excepcionalmente resistentes e que suavam sangue, e que o Wu fazia questão de possuir em suas forças montadas. Zhang Qian sugeriu uma forma de consegui-los. O estilo de vida naqueles estados, relatou ele, "não era diferente do da China... suas forças eram débeis e eles davam valor à riqueza e produtos do Han... Se pudessem ser aliciados e transformados em súditos mediante pressão moral, seria possível estender o território [Han] em 10.000 *li*".[19] Os relatos de Zhang Qian sugeriam outro excelente motivo — a economia — para a expansão chinesa e a construção de muralhas em direção ao ocidente, o que abriu uma das mais famosas rotas comerciais do mundo: a Rota da Seda. A idéia era estabelecer um caminho que pudesse ser defendido dos agressores mongóis e tibetanos, proporcionando assim proteção (mediante pagamento de direitos) a mercadores e suas valiosas caravanas a caminho da Ásia central ou do norte da Índia, ou que dali regressassem.

Durante as décadas de 120 e 110 a.C. tornou-se evidente que a "pressão moral" — isto é, gestões diplomáticas que incluíam o casamento entre uma princesa Han extremamente refratária e o rei de uma tribo assentada nas margens do rio Ili, na região do atual Quirguistão — não seria por si só suficiente para encantar os estados ocidentais, e os chineses acabaram recorrendo à força bruta. Por volta de 120 a.C., logo depois de empurrar os Xiongnu para o extremo norte da Mongólia, os generais do Wu, comandando centenas de milhares de soldados montados e de infantaria, aniquilaram um exército de talvez 40 mil Xiongnu no oeste. Cerca de dois anos depois, o próprio Shanyu foi obrigado a retirar-se de volta ao norte.[20] Ainda poucos anos mais tarde, depois que o rei do estado oriental mais próximo da China, simpatizante dos Xiongnu, foi capturado por Zhao Ponu, o "Marechal que Ataca como um Gavião", com setecentos soldados de cavalaria ligeira, os de Han acharam que o noroeste já estava suficientemente limpo de bárbaros perigosos para que pudesse ser construída uma série de fortes, guarnições e muralhas, que, partindo do corredor de Gansu, chegassem até Yumenguan, o passo do "Portal de Jade", a cerca de 75 quilômetros a noroeste de Dunhuang e ao longo da fímbria dos pântanos salinos do lago Lop Nor.

Os motivos estratégicos da escolha de Dunhuang e Yumenguan como postos avançados extremos da civilização chinesa no noroeste ficam óbvios com uma olhada na topografia da região. Ambos estão localizados no final do corredor de Gansu, o ponto lógico mais distante para a expansão chinesa antes que o terreno se tornasse completamente inadequado para os padrões de vida e organização da China: desertos, montanhas ou uma combinação hostil de ambos. Para os que percorriam a Rota da Seda vindos do leste, Dunhuang representava a parada agrícola final, onde era possível adquirir suprimentos para a viagem pelo deserto, e seus pomares de pêssegos e peras supriam os mercados que comerciavam ativamente com o fluxo constante de

MURALHAS HAN: *PLUS ÇA CHANGE*

viajantes. Além de Yumenguan a terra se tornava extraordinariamente inóspita. Um vale salgado e pantanoso que se mesclava com o deserto dificultava a passagem para o oeste, e o norte e o sul estavam bloqueados por montanhas. Se fosse possível dominar e manter Dunhuang e Yumenguan, os Xiongnu e seus aliados ficariam impedidos de avançar para o leste pelo corredor de Gansu em direção ao centro da China e à extravagante capital do Wu, Chang'an — um conglomerado de palácios de cor escarlate e branca, jardins e lagos imperiais, salões e pavilhões religiosos, mercados vibrantes e moradias civis construídas "tão juntas como os dentes de um pente"[21] — e garantiriam a segurança da travessia de caravanas que entrassem no mesmo corredor ou dele saíssem. Centenas de anos depois do Han, Dunhuang continuou a ser o eixo da comunicação entre a China e o ocidente. Quando o budismo penetrou na China, trazido por monges indianos, Dunhuang — como primeiro ponto de contato entre viajantes do ocidente e da China — tornou-se um centro religioso, repositório de arte e erudição budistas, com seu penhasco rochoso escavado numa colméia de santuários em cavernas decorados por viajantes devotos e abastados, tanto para orar quanto para agradecer pela passagem segura através do perigoso deserto.

■ ■ ■

Cerca de dois mil anos mais tarde, na segunda semana de março de 1907, séculos depois que os antigos caminhos mercantes da Rota da Seda haviam submergido no deserto da Ásia central, uma caravana de bárbaros, com camelos e burros batidos pelos ventos, aproximou-se de Dunhuang vindo do oeste, em busca de pilhagem. Quase um ano antes, um explorador e arqueólogo anglo-húngaro chamado Aurel Stein havia partido da fronteira ocidental chinesa em direção à Índia, atravessando passos congelados, enfrentando o perigo de avalanches e escalando paredões nevados, para chegar ao ofuscante e poeirento calor do deserto de Taklamakan. Em dezembro de 1906 a vasti-

101

dão plana, arenosa e ressecada do Taklamakan — cujos céus a qualquer momento poderiam explodir em *kara-buran*, "furacões negros", que durante horas assolavam o deserto e os infelizes viajantes com um redemoinho abrasivo de areia e pedregulhos — havia cedido o passo a bancos de argila congelada, ventanias de Gobi e tempestades de neve do deserto de Lop Nor na época de inverno. Os relatos de viajantes chineses tradicionalmente descreviam os panoramas acinzentados e lunares que circundam o salgado lago Lop Nor como uma terra-de-ninguém espectral, onde peregrinos, viajantes e mercadores eram atacados por fantasmas e espíritos e desviados de suas rotas para encontrar a morte. O único mapa de navegação em toda a vastidão desolada, no dizer do peregrino budista chinês Faxian, no final do século IV d.C., eram "os ossos calcinados dos mortos que ficaram sobre a areia".[22] Ao passar por ali cerca de mil anos mais tarde, Marco Polo descreveu o vazio quase absoluto, sem outra coisa a não ser vozes fantasmais que faziam os viajantes noturnos solitários "afastar-se da trilha... e dessa forma muitos se perderam e pereceram".[23] No inverno de 1906, o deserto ameaçava derrotar até mesmo os camelos da expedição: Stein adormeceu certa noite ao som de seus gemidos de dor, quando o tocador amarrou couros de boi nas patas dos animais a fim de reforçar as solas rachadas pela implacável argila salina.[24]

O que atraía Stein nessa viagem assustadoramente difícil era a possibilidade de encontrar um tesouro arqueológico, os traços de antigas cidades que haviam florescido nos oásis e que enriqueceram com o comércio pela velha Rota da Seda, mas que tinham sido abandonadas havia séculos, depois que a dinastia Ming fechara as portas do tráfego de caravanas entre a China e o oeste longínquo, e que acabaram engolidas pelas areias do Taklamakan (literalmente, na língua ancestral do atual turco, "quem entra não sai mais").[25] Em seus dias de glória, a Rota da Seda proporcionava a quem sobrevivesse os lucros de um vigoroso comércio nos dois sentidos entre a China e a Índia (e depois a Europa) em ouro, marfim, jade, coral, vidro, canela, ruibarbo e, naturalmente, sedas. Mas pela Rota não passavam somente artigos de luxo

MURALHAS HAN: *PLUS ÇA CHANGE*

para aqueles que desejavam coisas materiais exóticas; ela foi também a estrada que transportou o budismo da Índia para a China. À medida que os monges se dirigiam à Ásia central chinesa pelos caminhos usados por caravanas carregadas, surgiam em seu rastro mosteiros, grotas, pagodes e *stupas**, cujos interiores eram decorados com painéis artísticos de cores brilhantes, ao longo das povoações em que paravam para descansar.

Stein tinha ouvido falar da existência desses oásis dos tempos antigos do budismo por uma fonte não muito espiritual: espiões e vigias que participavam do Grande Jogo, como foi chamada a competição anglo-russa em busca de alianças, influências e informação na terra-de-ninguém da Ásia Central. Na década de 1860, no contexto da permanente campanha da Índia britânica para obter dados geográficos e políticos clandestinos na região do Grande Jogo, um funcionário indiano fora despachado ao Taklamakan, então desconhecido, com a missão de observar e mapear tudo o que visse. Em meio a suas copiosas anotações sobre topografia e atividades dos russos, apareciam vagas histórias sobre antigas casas e objetos escavados no deserto. Em quarenta anos, esses relatos estimularam uma corrida de sete países pelo deserto, em busca dos restos da civilização budista Serindiana (termo cunhado por Stein para designar o tipo híbrido de arte indo-chinesa decorrente do tráfego na Rota da Seda), com o objetivo de resgatar milhares de manuscritos, esculturas e pinturas-murais enterrados. Os boatos cresceram de intensidade e viajantes estrangeiros começaram a trazer de volta contos sobre objetos antigos à venda nos bazares do deserto — pastilhas emboloradas de chá preto, moedas de ouro de quatro libras, miniaturas budistas —, e assim a trilha perdida da Rota da Seda passou a atrair alguns dos mais notáveis exploradores-arqueólogos de sua época: o sueco Sven Hedin, o primeiro europeu a penetrar profundamente no Taklamakan e descobrir os principais locais para esses achados extraordinários; o francês Paul Pelliot, sinólogo eminente e arrogante que falava fluentemente 13 línguas; e Aurel Stein, mais tarde titular de um grau de

---

*Monumentos em honra a Buda, em geral montes de terra em forma de pirâmide. (*N. do T.*)

GRANDE MURALHA

nobreza conferido pelo rei da Inglaterra por serviços prestados ao acervo arqueológico do Museu Britânico, e execrado na China como ladrão imperialista de cavernas.[26]

No inverno de 1900-1 Stein fizera sua primeira incursão no Taklamakan, viajando durante semanas até chegar a Khotan, capital da província hoje submersa, e freqüentemente deparando-se com seu vasto bigode congelado ao acordar. Aquecendo-se em fogueiras acesas com a madeira de antigos pomares que floresciam outrora junto ao oásis agora desaparecido, Stein e seus operários desenterraram afrescos budistas, relevos em estuque, restos de manuscritos em língua brâmane e chinesa e enormes figuras esculpidas do primeiro milênio d.C. Com o apetite despertado, os objetivos da segunda viagem de Stein foram ainda mais ambiciosos: descobrir, com competidores alemães e franceses em seu encalço, relatos sobre as "Cavernas dos Mil Budas", isto é, centenas de grotas budistas decoradas com pinturas nas paredes e abrigadas num penhasco rochoso a 25 quilômetros de Dunhuang, acima de um vale verdejante na boca do corredor de Gansu, a última faixa de terra fértil e irrigável antes que as paredes das dunas de areia se juntassem no deserto de Lop Nor.

Ao aproximar-se novamente em 1906-7, vindo do oeste, Stein passou meses no último trecho de sua viagem ao cruzar o terreno argiloso e salino em volta de Lop Nor, fazendo várias pausas em ruínas semi-enterradas para resgatar outros manuscritos da Rota da Seda e brilhantes afrescos budistas, além de remexer num antigo depósito chinês de lixo. Finalmente, no entanto, a poucas dezenas de quilômetros de Dunhuang, seu avanço foi interrompido "por uma inconfundível torre de vigia, relativamente bem conservada", de cerca de 4,5 metros quadrados e 7 metros de altura.[27] Erguendo-se diante dele entre pedregulhos, cinturões de dunas de areia e "um labirinto de estranhos terraços elevados de argila", em meio "a um deserto impossível, onde eu seria capaz de passar semanas sem encontrar sequer uma nascente de água salgada", viam-se as ruínas porosas de um sistema de defesa da fronteira,

MURALHAS HAN: *PLUS ÇA CHANGE*

restos de antigas torres chinesas de vigia da estrada, e... a linha de uma antiga "muralha chinesa" que atravessava o deserto até uma longa distância... Em muitos pontos já fora quase completamente coberta pela areia; mas as camadas de galhos de plantas utilizadas para reforçar o *agger** eram tão visíveis que era possível seguir sua linha com o olhar até se perder quilômetros adiante na areia grossa.[28]

Com as sombras da noite que caía, "a desolação em volta dessa primeira relíquia de atividade humana no deserto se tornou mais intensa".[29]

Seguindo a muralha ao longo de cerca de 5 quilômetros em direção ao leste, Stein começou a tropeçar em detritos de milhares de anos de idade: farrapos de seda e cânhamo e uma lasca de madeira que identificava "a trouxa de roupas de um certo Lu Dingshi". Em trechos de 2,5 metros de espessura e quase 2 de altura, onde sua elevação real ficava obscurecida pela "areia solta", com vários metros de profundidade, "que os ventos haviam impelido contra o muro", este revelou torres de vigia a intervalos de alguns quilômetros entre si, às vezes com 11 metros de superfície e 7 metros de altura. Quando tudo mergulhou na escuridão, depois de cerca de 16 quilômetros de caminhada ao longo da muralha, Stein encontrou sua última relíquia do dia, uma grande torre de terra socada, um tanto erodida nas camadas superiores, o que lhe dava "o aspecto de uma pequena pirâmide truncada. A farta quantidade de sal nela impregnado a fazia brilhar na escuridão". Stein havia encontrado a extensão mais a oeste das muralhas Han: as fortificações de 2 mil anos de idade — construídas em duas décadas ao redor de 100 a.C. — que guarneciam o passo do Portal de Jade, com camadas de terra e galhos às vezes com sete metros de altura e outras vezes reveladas "por uma leve elevação do solo de cascalho... e pedaços de madeira semipetrificados que surgiam de seus lados e do topo".[30]

---

*Denominação dada pelos antigos romanos a montes de terra sem revestimento, para formar muralhas ou fortificações. (*N. do T.*)

GRANDE MURALHA

Naquela ocasião, Stein não se demorou mais do que um ou dois dias junto à muralha, ansioso por prosseguir em direção a Dunhuang propriamente dita. Ao chegar, ouviu boatos tão espantosos quanto a história das cavernas: que o sacerdote daoísta que guardava as cavernas havia encontrado por acaso, poucos anos antes, um esconderijo secreto de antigos manuscritos em um dos templos. Partindo imediatamente para as cavernas a fim de investigar, Stein decepcionou-se ao saber que o sacerdote havia ido mendigar em Dunhuang, presumivelmente a fim de levantar recursos para um grosseiro trabalho de restauração que já havia sido iniciado. Como o recesso que continha os manuscritos estava firmemente fechado e trancado, e o guardião da chave, ausente, Stein não teve outro remédio senão regressar em momento mais propício. Resolveu, portanto, passar um ou dois meses nas areias em torno da antiga muralha Han antes de voltar, no final de maio, e convenceu o sacerdote a desfazer-se de milhares de livros, manuscritos e pinturas sobre seda que datavam do primeiro milênio d.C., em troca do equivalente a 130 libras.

O panorama arenoso e batido pelos ventos do extremo noroeste da China é um dos piores pesadelos de um preservacionista. Continuamente os ventos formam novas dunas e colinas que cobrem antigos muros e fossos, ou castigam obras feitas de terra; na época de Stein, os fragmentos sobreviventes das fortificações Han nas imediações de Dunhuang já tinham sofrido erosão que os faziam assemelhar-se a castelos de areia atacados por cupins. Mas as tempestades de areia também podem às vezes favorecer obras humanas: os depósitos de areia e o ressecamento local haviam protegido muitos dos restos escavados por Stein. Com a ajuda de uma sonolenta equipe de operários viciados em ópio — "o grupo mais louco de escavadores que jamais chefiei", que precisavam parar de trabalhar de vez em quando para dedicar-se à droga — Stein não apenas encontrou trechos de muralha de até 8 quilômetros sem interrupção, às vezes com quase dois metros de altura e cravejados de torres de vigia, fortes e depósitos de material em ruínas, mas também relíquias e artefatos que lhe permitiram datar seus achados e imaginar o tipo de vida

MURALHAS HAN: *PLUS ÇA CHANGE*

naquelas paragens.[31] Remexendo em antigos montes chineses de lixo havia muito abandonados, próximos às torres, recolheu cuias, colheres, pauzinhos, pentes, dados, ornamentos, armas e também fragmentos de seda de Shantung, como seria normal em um posto militar na Rota da Seda.[32] Do ponto de vista histórico, a maior revelação por ele encontrada foi certa quantidade de lascas de bambu nas quais estavam escritos ou gravados detalhes datados da maneira como esses remotos postos avançados de autoridade chinesa funcionavam: o fornecimento dos celeiros e vestimentas, a gestão do sistema postal (assegurado por recrutas corredores), o policiamento da fronteira, o envio de embaixadores aos estados da Ásia central, a cobrança de direitos alfandegários e o estabelecimento de colônias agrícolas militares para facilitar o suprimento. "Há relatos de movimentos de tropas, mudanças rápidas no quartel-general e mensagens urgentes sobre destacamentos que passavam fome", escreveu Stein a um amigo.

> Às vezes, quando cavalgo ao longo da muralha para examinar novas torres, tenho a sensação de estar indo inspecionar postos ainda guarnecidos por seres vivos... Dois mil anos parecem realmente um breve intervalo quando o lixo varrido para fora das barracas dos soldados ainda está praticamente depositado diante da porta... assim como a trilha pisada pelas patrulhas do lado de dentro, durante tantos anos... e vêem-se pontos mais vulneráveis próximo às margens dos pântanos onde predadores hunos podem haver estado escondidos para um ataque.[33]

Os mais antigos dentre os bambus datavam do início do século I a.C., ligando as guarnições a relatos do período das construções Han sob o imperador Wu. Outras inscrições em placas de madeira, cartas e sedas, em escrita indiana e aramaica, sugeriam a natureza cosmopolita do tráfego diante da mais remota fortificação chinesa. Ao todo, Stein percorreu a muralha ao longo de 96 quilômetros, até o ponto mais a oeste, onde a construção prudentemente se detivera diante de uma "profunda depressão... obstáculo intransponível em muitos pontos", que "com o brilho fluorescente do sal parecia às vezes um grande lago de águas paradas". Ao sul havia uma cadeia de dunas de enorme altura, e além delas montanhas nevadas que levavam ao planalto tibetano.[34]

A extensão dessas defesas no extremo ocidental sugere a necessidade de uma força de pelo menos alguns milhares de soldados para guarnecê-las — os usuários dos objetos encontrados por Stein. As ruínas de uma casa de guarda — ao que Stein deduziu, ocupada pela última vez em 57 a.C. — evocava a obrigatória simplicidade da vida na fronteira, com o interior dividido em três ambientes despojados, decorados com ganchos para pendurar armas e anteriormente aquecidos por uma lareira a um canto, e com o chão coberto de calçados rudes feitos de corda e farrapos de seda muitas vezes remendados. Além dos artigos que mostravam as ocupações dos soldados em seus deveres na guarnição e revelavam suas necessidades básicas — implementos agrícolas e madeira apanhada para as fogueiras que transmitiam sinais de ataque iminente —, havia tabuletas, lascas e relíquias que davam pistas sobre suas vidas sociais e profissionais. As licenças parecem ter sido curtas: um soldado, de nome Wang, trabalhou 355 dias em um ano. Stein encontrou também indícios de socialização: por exemplo, uma nota riscada em madeira por três amigos que tinham ido visitar o comandante do posto, ou uma tabuleta que anunciava a próxima celebração de uma festa de família.[35] As diversões culturais eram bastante variadas, desde a prática de caligrafia ao jogo de dados. Fragmentos de textos literários — livros de adivinhação e astrologia e o volume moralizador *Biografias de mulheres eminentes* — mostram que as preferências de leitura de lazer (auto-ajuda e clássicos populares sentimentais) não variaram muito em todos os continentes ao longo dos milênios. Às vezes, no entanto, os soldados destacados para os confins ocidentais da China não conseguiam disfarçar seu descontentamento e se queixavam em cartas particulares sobre os últimos cinco anos passados "neste lugar miserável", sobre a falta de resposta do imperador a petições de promoção e lotação longe do deserto, e sobre o clima desagradável da mais recente primavera.[36]

MURALHAS HAN: *PLUS ÇA CHANGE*

Assim como os restos da muralha Qin, nenhuma dessas complexas e extensas construções Han tinha grande semelhança física ou relação histórica com as fortificações de pedra restauradas hoje nos arredores de Pequim. As fontes escritas raramente identificam a extensão ocidental da muralha Han como trecho de uma única "Longa Muralha", proporcionando em vez disso referências esparsas a *ting* (postos militares), *zhang* (barreiras) ou *sai* (fronteiras, significando muros de fronteira). Com mais rigor histórico como cronista dos muros chineses do que a maioria de seus colegas exploradores de muralhas, o próprio Stein somente ocasionalmente se refere a suas descobertas como formando parte da "Grande Muralha", preferindo em vez disso o termo "*limes* chinesas", usando a palavra romana aplicada a um antigo sistema defensivo. É verdade que a linha geral das defesas em direção ao oeste traçada pelo Han segue mais ou menos a rota estratégica tomada pelos construtores de muralhas até os séculos XVI ou XVII. Mas as defesas Han são mais extensas do que as Ming, dentre todas a dinastia mais assídua na construção de muralhas, as quais não foram mais além de Jiayuguan, a cerca de 220 quilômetros a leste de Dunhuang. O princípio básico para a construção dessas fortificações foi o mesmo utilizado em todas as antigas muralhas chinesas encontradas até hoje: a técnica de socagem, relativamente fácil e barata, comprimindo camadas de terra do próprio local, neste caso argila ou cascalho, entre feixes de qualquer substância natural que houvesse à mão (em geral gravetos ou galhos de junco, às vezes tijolos curtidos ao sol). Quando os gravetos nas camadas eram de tipo fibroso, o efeito geral, tal como sobrevive hoje em alguns blocos nas ruínas, se assemelha a um grande mil-folhas arenoso servido no solo acinzentado do deserto. Erguidos com rapidez, em uma ou duas temporadas, esses muros se deterioravam constantemente; embora alguns fossem protegidos por dunas movediças, as fortificações mais expostas sofriam a erosão dos ventos e das partículas de areia. Impressionado pela "habilidade com que os antigos engenheiros chineses haviam improvisado as fortificações", utilizando materiais "especialmente adaptados às condições locais", Stein estimou que "elas poderiam resistir... a todas as forças, exceto à lenta mas quase incessante erosão eólica".[37]

∎∎∎

Sempre que possível o Han procurava a superioridade moral sobre o Qin, mostrando a fisionomia mais humana, virtuosa e amigável do império chinês. Os excessos tirânicos do Qin quanto à taxação, recrutamento e gigantescas obras públicas não foram seguidos pelo Han. Mas na construção de muralhas essa dinastia sobrepujou em muito a seus ilustres predecessores. Os arqueólogos estimam que o Han restaurou ou construiu mais de 10.000 quilômetros de muros, em comparação com 5.000 do Qin, e suas muralhas causaram tanto sofrimento e melancólicas lendas populares quanto a de seus precursores Qin.[38] O registro oficial, como o desta ode propagandística do período do imperador Wu, era, naturalmente, triunfantemente bombástico quanto aos frutos do labor na fronteira:

Quando o imperador sai em viagem imperial, tudo resplandece
Ao chegar o verão, ele viaja ao norte, ao Palácio da Doce Fonte.
Se o inverno e o verão forem suaves, ele vai ao palácio do Passo de Pedra, e
    recebe os estados do noroeste.
Os Yuezhi são humilhados, os Xiongnu se submetem.
... alegria sem limites reina durante dez mil anos.[39]

A história social relata as coisas de modo diverso. O governo Han tinha dificuldades constantes para persuadir civis a colonizar a desolada zona de fronteira, e lascas de bambu ou de madeira que serviam de passaportes, encontradas próximo a Dunhuang, tinham o objetivo tanto de manter em seus lugares os infelizes povos da fronteira quanto de impedir a entrada de bárbaros desordeiros. Parte importante das atividades das guarnições, especial-

MURALHAS HAN: *PLUS ÇA CHANGE*

mente no noroeste, era o policiamento dos que entravam e saíam, impedindo os civis chineses de fugir para juntar-se aos Xiongnu e de escapar de suas obrigações fiscais e trabalhos forçados. O Han tinha idêntica dificuldade em convencer agricultores a assentar-se no inóspito extremo norte. Entre 2 e 140 d.C., por exemplo, a população das províncias do norte encolheu de 3 milhões para 500 mil.[40] Aurel Stein inferiu que uma muralha subsidiária, perpendicular ao muro principal que corria para o noroeste, pode ter sido erguida com a finalidade de impedir fugitivos chineses de entrar com facilidade nas planícies salgadas além do Passo do Portal de Jade.[41] Levando em conta os sofrimentos dos seres humanos e dos camelos na expedição de Stein proveniente do oeste, a vida no leste deveria parecer extremamente insuportável, a ponto de tornar atraente o deserto de Taklamakan. A hipótese aventada por Stein torna risível a idéia comum de que a muralha fosse um cordão benigno de proteção que defendesse a paradisíaca China de seus cobiçosos vizinhos bárbaros. A exaustiva desolação da vida nas guarnições de fronteira, a centenas de quilômetros da segurança confortadora da civilização, era evocada em queixumes poéticos:

> Lutamos ao sul da muralha, morremos ao norte da muralha;
> Se morrermos, nossos corpos, sem enterrar, ao relento, servirão de pasto aos
> corvos.
>
> ...
>
> As águas correm profundas e turbulentas, os juncos tristes escurecem;
> A cavalaria luta até a morte, seus potros exaustos se movem, relinchando.
> Junto à ponte havia uma casa, ninguém sabe se ao sul ou ao norte.
> Se o arroz não for colhido, como vamos comer?
> Embora queiramos servir lealmente, como podemos viver assim?
> Sereis lembrados, soldados honestos e dignos.
> Saímos cedo de manhã, mas à tarde não voltamos.[42]

GRANDE MURALHA

Outro poeta lamenta as solitárias separações forçadas pelo serviço militar na fronteira:

> A grama verde cresce nas margens;
> Penso sem cessar quão longe teus caminhos te levaram,
> Tão incrivelmente longe.
> Sonho ver-te novamente,
> Que estavas a meu lado,
> Mas acordei para lembrar que estás em terras estranhas;
> Terras estranhas e regiões diferentes,
> Sempre em marcha, separado de mim.
> As amoreiras murchas conhecem a força do vento,
> Os oceanos conhecem as mordidas do frio.
> Mas os que voltam pensam somente em si mesmos,
> Ninguém me fala de ti.
> Chegou um hóspede vindo de muito longe,
> Ele me traz um envelope.
> Chamo meu filho para abri-lo:
> Dentro há uma carta escrita em pano branco.
> Ajoelho-me para lê-la,
> O que dirá?
> Começas dizendo-me que coma melhor,
> E terminas dizendo que tens saudades.[43]

A vida na fronteira era severa também para os oficiais e comandantes das guarnições. Considerando as duras condições que o serviço exigia, o Wu recebeu notável lealdade de seus generais. Claro que havia incentivos na carreira: para um cavaleiro nato e arqueiro excepcionalmente habilidoso como Huo Qubing, as guerras nas estepes devem ter proporcionado uma combinação única de velocidade, risco e oportunidade. Sua especialidade era separar-se do corpo principal do exército, com algumas centenas dentre os melhores

MURALHAS HAN: *PLUS ÇA CHANGE*

cavaleiros, a fim de atacar no interior do território inimigo, emulando as estratégias dos próprios nômades.

Não obstante, a luta contra as hordas dos Xiongnu era sem dúvida a missão militar mais difícil, mais arriscada e mais exaustiva do império. Generais como Huo Qubing e Zhang Qian enfrentavam os mais ferozes guerreiros nômades da Ásia central; a derrota na batalha provavelmente significava a morte, ou pior ainda, passar a vida no além servindo de taça para a bebida do Shanyu. As condições físicas e climáticas eram extremamente hostis, nas cavalgadas entre a montanha e o deserto, entre invernos gélidos e verões escaldantes. Durante uma batalha contra os Xiongnu, ergueu-se uma tempestade de areia de tanta severidade que ambos os exércitos ficaram ocultos um do outro. Com meios de comunicação muito limitados nas imensas e inóspitas extensões de terreno (as batalhas podiam durar seis dias inteiros), eram grandes as margens de erro, como os atrasos na chegada de reforços. E as tarefas não pareciam terminar jamais: em determinado ano, Huo Qubing poderia derrotar 100 mil Xiongnu e reassentar o sul reconquistado do rio Amarelo; no ano seguinte, os Xiongnu atacavam novamente.

Fosse como fosse, os êxitos excepcionais de Huo Qubing tinham imenso custo humano. Trabalhador incansável, era capaz de tornar-se impiedosamente insensível à necessidade de alimento e descanso de seus soldados. Sima Qian o retrata como um hedonista tirânico, que obrigou os soldados a preparar um campo esportivo para sua própria recreação quando estavam tão mal alimentados que dificilmente podiam manter-se em pé. Mas tanto para os generais quanto para os soldados as recompensas pela vitória eram consideráveis: títulos e terras para o supremo comandante, riqueza para seus homens. As penalidades pela derrota, no entanto, eram também severas: com exceção do aparentemente infalível Huo Qubing, praticamente todos os demais generais do Wu se viram em dificuldades com o imperador devido a erros cometidos no campo de batalha. O fracasso numa campanha, fosse a chegada tardia a um encontro de tropas ou a perda de soldados, merecia pena de morte. Às vezes os comandantes tinham possibilidade de salvar-se pagando vultosas multas, útil fonte de recursos para os cofres imperiais. Os civis que protestassem contra esse duro tratamento também se arriscavam: Sima Qian, principal historiador do Imperador Wu, foi obrigado a uma desagradável escolha entre a morte e a castração por haver defendido Li Ling, um general que havia fracassado. (Escolheu a segunda opção e terminou seu tratado de história.) Um dos relatos mais cruéis sobre o tratamento dado pelo Wu a seus generais é o de Li Guang, renomado estrategista que, após ter sido gravemente ferido e capturado pelos Xiongnu, fingiu-se de morto até enxergar um cavalo vigoroso, para o qual saltou, cavalgando por 15 quilômetros até reencontrar seus homens e levá-los de volta ao território chinês, matando diversos perseguidores Xiongnu com seu arco e flecha ao longo do trajeto. No entanto, ao voltar a capital, os magistrados do Wu recomendaram que ele fosse executado por ter sido capturado vivo; somente escapou pagando um resgate por sua vida. Não admira que até mesmo os generais mais leais, cujo dever seria estimular seus subordinados, passassem a considerar os postos do norte como algo a ser evitado a todo custo: certo oficial, natural de Dunhuang, suplicou não ser mandado de volta para lá, comparando esse destino à ruína e à morte.[44] Cerca de 2 mil anos depois, sentado em uma das torres de vigia, Stein escreveu: "Percorrendo com o olhar esta vasta extensão de pântanos e cascalho igualmente desolados... parece fácil recordar as vidas sombrias que já foram passadas aqui... tudo tinha a marca de um torpor mortal."[45]

■ ■ ■

O resultado líquido de todas essas campanhas e muralhas era inevitável: exaustão e bancarrota. Centenas de milhares de soldados haviam participado — 180 mil cavalarianos somente em uma parada de vitória liderada pelo imperador Wu em 111 a.C. —, todos os quais necessitavam de alimentação, vestuário, armas e, quando era o caso, recompensas. As campanhas de 125-124 a.C. renderam aos chineses 19 mil Xiongnu e um milhão de carneiros,

MURALHAS HAN: *PLUS ÇA CHANGE*

porém custaram também 200 mil *jin** de ouro em forma de recompensas, e a perda de 100 mil cavalos.[46] Tampouco na estepe a rendição dos nômades saía barata: certa vez os chineses convenceram um dos reis dos Xiongnu a submeter-se, mas para isso gastaram dez bilhões em dinheiro — o total das rendas do governo naquele ano — em presentes para ele e seu povo. Se as vitórias esvaziavam os bolsos do governo chinês, as derrotas eram devastadoramente custosas: 80% das forças chinesas foram dizimadas num único ataque em 104 a.C.[47] Esse grande esforço nem sequer conseguia produzir efeitos duradouros tangíveis contra os Xiongnu. Os chineses jamais puderam derrotá-los de forma final por meio de campanhas e fortificações; como não ocupavam território permanente, não podiam ser colonizados em forma duradoura. Em vez disso, ou fugiam para a estepe mongol, implicitamente desafiando os chineses a uma perseguição extenuante e inútil, ou esperavam a fim de atacar um ponto mais débil das defesas de fronteira. Invariavelmente, o Han tinha mais êxito diante dos estados mais sedentários da Ásia central, chegando em certo momento a conquistar Dayuan (Ferghana, onde ficavam os cavalos celestiais que suavam sangue) em 102-101 a.C.

Todos esses gastos tinham de ser financiados, e a taxação e o recrutamento eram as soluções óbvias. Porém ambas despertavam desafortunadas comparações entre o imperador Wu e um certo imperador chinês anterior, catastroficamente impopular, também famoso por construir muralhas e pela insaciável demanda de mão-de-obra forçada. "A carga do serviço militar poderá levar à insatisfação", advertiu um ministro da corte, "pois o povo que vive ao longo da fronteira é exposto a grande tensão e dificuldades até que somente pensa em escapar, enquanto os generais e oficiais passam a suspeitar uns dos outros e começam a barganhar com o inimigo."[48]

Os imensos custos financeiros da tática de agressão do imperador Wu exigiram um recuo na dispendiosa expansão e construção de muralhas, ao longo dos oitenta anos seguintes a seu reinado, e um retorno à política de Paz

---

*Um *jin* corresponde a 244 g.

e Amizade. A corte chinesa disfarçou a perda de respeito que isso representava dando-lhe um novo nome, mais aceitável: sistema de tributo. As relações de tributos do Han eram semelhantes ao suborno dos não-chineses (com dinheiro, mercadorias e princesas) do sistema Paz e Amizade; a única diferença quantitativa era que os Xiongnu aceitavam nominalmente a vassalagem enviando à China um refém de alta categoria, homenageando o imperador e oferecendo "tributo" (no qual podiam ser incluídos objetos sem valor ou sem utilidade especial para os chineses). Quando os chineses inicialmente tentaram instituir essa relação diplomática, o Shanyu fez cara feia. "As coisas não eram feitas assim durante a antiga aliança", objetou ele, irritado. "Naquele tempo, o Han sempre nos mandava uma princesa imperial, além de uma contribuição em sedas, alimentos e outras mercadorias... Agora querem que eu mude o comportamento e mande meu filho como refém."[49]

Mas os Xiongnu em breve compreenderam que a oferta de subserviência aos chineses era somente fictícia. Em 53 a.C., com a liderança dos Xiongnu dividida entre dois irmãos que guerreavam entre si, o mais fraco deles, Huhanye, que havia fugido para o sul até a fronteira Han, despachou um refém para a China e restaurou sua posição de supremacia entre os Xiongnu — por meio da atração e recompensa de seguidores — com os lucros do sistema de tributo. Desde que os chineses estivessem dispostos a engolir seus escrúpulos por subsidiarem o estilo de vida dos bárbaros, a paz obtida pelo tributo sempre era menos dispendiosa do que as muralhas e a guerra.

Em 33 a.C., os chineses complementaram a subvenção aos Xiongnu com uma princesa chinesa. Segundo uma lenda da China, a bela dama da corte Wang Zhaojun recusou-se a subornar o pintor da corte Mao Yenshou quando este pintou seu retrato para o catálogo de concubinas do imperador. Por vingança, Mao acrescentou uma verruga fictícia, porém profundamente inauspiciosa, abaixo do olho esquerdo dela. Quando o imperador Yuandi precisou decidir qual das concubinas iria enviar ao líder dos Xiongnu, esse defeito tornou Wang Zhaojun — a quem Yuandi nunca vira em pessoa — uma candidata óbvia. O imperador compreendeu que tinha sido enganado

MURALHAS HAN: *PLUS ÇA CHANGE*

ao finalmente ver de perto Wang Zhaojun, quando esta foi apresentada ao embaixador dos Xiongnu. Desfazer o acordo, no entanto, acarretaria um risco intolerável de retomada da guerra com os Xiongnu, e Wang Zhaojun foi levada para o outro lado da muralha a fim de tornar-se rainha dos Xiongnu e importante personagem na diplomacia da estepe. O imperador, por seu turno, descarregou sua raiva sobre Mao, que foi prontamente picado em pedaços. Em séculos posteriores, Wang se tornou assunto favorito de poetas melancólicos chineses, que utilizaram incessantemente sua lenda, às vezes fazendo-a afogar-se num rio da fronteira e em outras condenando-a a morrer lentamente de tristeza, definhando ano após ano na corte Xiongnu, "obrigada a caminhar como um fantasma pelos corredores exteriores, observando os cantos e danças / Esperando com suas aias que o Shanyu regressasse de sua caçada noturna".[50]

■ ■ ■

Por volta do nascimento de Cristo, a política de fronteira do Han já cumprira um ciclo completo, passando do colapso das defesas de fronteira em meio ao caos da guerra civil para a consolidação econômica e militar, expansão agressiva e construção de muralhas, e terminando pela superextensão e o recuo. Após uma usurpação do trono por um ex-regente do Han, que durou 14 anos, a China se desintegrou no ano 23 d.C. e entrou num período de dois anos de guerra civil intensamente regionalizada, findos os quais o ciclo parecia pronto a recomeçar. As principais posturas das relações de fronteira já haviam sido completamente ensaiadas: agressão, aliança, suborno e compromisso. Nesse contexto diplomático, as muralhas de fronteira estabeleciam uma divisa idealizada entre chineses e não-chineses, por vezes mas nem sempre guarnecida, conservada e defendida, e raramente estática. Embora algumas formas de suborno diplomático semelhantes à política de Paz e Amizade — única forma eficaz de manutenção da paz a longo prazo — continuassem a subsistir, as divisas muradas serviam como fronteira mutuamente respeitada

GRANDE MURALHA

ou desnecessária, e portanto desmobilizada. Mas quando os chineses imprudentemente iniciavam a ofensiva, o que acontecia freqüentemente, perturbando o frágil equilíbrio do relacionamento, o resultado quase sempre era a devastadora violência, contra a qual as muralhas ofereciam pouca proteção.

Após sua restauração em 25 d.C., a dinastia Han duraria ainda duzentos anos, mas traria poucas inovações à prática de construção de muralhas. O mais próximo a que chegaram os chineses em matéria de novidades na fronteira na segunda metade do período Han ocorreu quando o imperador Guangwu (25-57 d.C.) tentou superar as limitações estratégicas inerentes às muralhas estáticas — o fato de que invasores montados podiam simplesmente galopar até chegar à extremidade do muro — tornando-as móveis, ao instalar torreões em veículos puxados por bois. Os historiadores chineses mantêm silêncio envergonhado sobre esse tipo de tentativa; sem dúvida foi uma experiência que nenhum outro governante quis repetir.[51]

Por volta do final do segundo século d.C., o Han apresentava os inconfundíveis sintomas de declínio dinástico: imperadores sem talento, eunucos dominadores, sobretaxação e corrupção oficial. Ainda no ano 132 d.C., em resposta à debilidade do Han, grupos regionais de oposição (os chamados "rebeldes mágicos") começaram a argumentar, por meio de sinais, milagres, profecias e impenetráveis cálculos metafísicos, que a energia cosmológica do Han estava se esgotando e que o poder deveria ser transferido a uma dinastia cujo elemento se encontrasse em ascensão. A incapacidade do governo de reprimir essas rebeliões localizadas o obrigou a designar comandantes regionais poderosos, os quais inevitavelmente trataram de fazer suas próprias tentativas para a tomada do poder imperial, quando a ocasião lhes pareceu propícia. O mais bem-sucedido dentre esses foi Cao Cao, antigo general do Han, que em 196 d.C. conseguiu colocar em prisão permanente no palácio o último imperador Han fugitivo e fundar seu próprio reino no norte.

A derrota de seus rivais por Cao Cao foi conseqüência de uma série confusa de alianças e contra-alianças pouco duradouras entre as tribos do norte, que pareciam contentes em aproveitar a desordem na China, ao mesmo tem-

MURALHAS HAN: *PLUS ÇA CHANGE*

po tratando de atacar e pilhar e de vender serviços militares à efêmera facção chinesa que pagasse melhor. As distrações da guerra civil impediram que os novos senhores da guerra chineses pudessem defender a fronteira norte dessas tribos de saqueadores, e em 215 d.C. Cao abandonou formalmente a região fronteiriça do Ordos. Não muito tempo depois a China deixou de existir como império unificado.

Durante quatrocentos anos a dinastia Han havia incansavelmente procurado forjar alianças, apresentado donativos e noivas, organizado campanhas e reparado ou construído talvez 10.000 quilômetros de muralhas ao longo de toda a extensão de suas fronteiras setentrionais, desde a costa nordeste até a fímbria do deserto a noroeste. Esse esforço de nada valeu como defesa contra as tribos oportunistas que, após a queda da dinastia em 220 d.C., já não se contentavam com mercadorias e cereais vindos do sul da muralha. Agora queriam para si uma parte da China, e nenhuma muralha os iria deter.

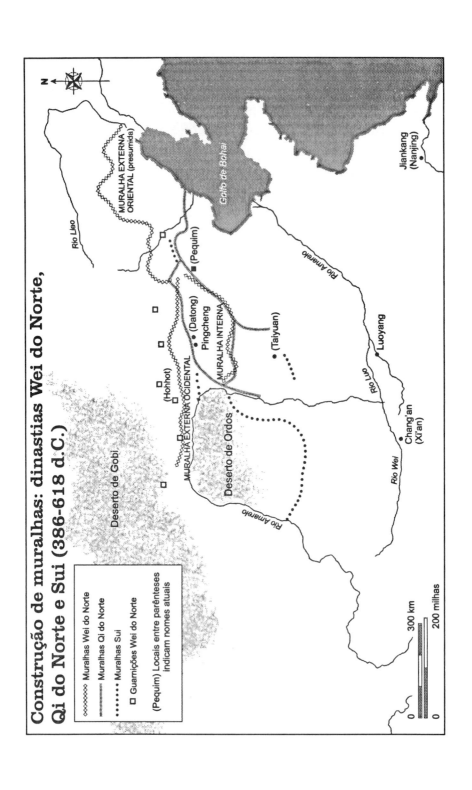

CAPÍTULO 4

Fronteiras móveis e bárbaros decadentes

NO ANO 547, UM FUNCIONÁRIO PÚBLICO CHINÊS FEZ UMA VISITA A Luoyang, antiga capital de dinastias chinesas tanto lendárias quanto verdadeiras desde o terceiro milênio a.C. Situada no centro da metade norte do país, a cidade fica em meio aos rios que haviam moldado a planície onde ela se ergue e entre as montanhas que a tornaram defensivamente forte, porém não inexpugnável. Ali, no entanto, ele não contemplava um conglomerado imperial florescente de templos e pagodes, uma metrópole que pudesse rivalizar-se com os maravilhosos parques e palácios de dinastias passadas, ou mesmo superá-los, e sim com um cenário de calcinada desolação. O visitante, Yang Xuanzhi, que anos antes havia sido cortesão de baixa categoria naquela mesma cidade, antiga capital da defunta dinastia Wei do norte, teria sido saudado por toda a parte não pelo burburinho de funcionários apressados, comitivas extravagantes de aristocratas, procissões budistas, embaixadas diplomáticas exóticas e astutos comerciantes em busca de negócios, mas por panoramas quase desertos de destruição e abandono. Embora o sangue de cerca de três mil cortesãos massacrados aproximadamente vinte anos antes já tivesse naquela altura sido lavado da encosta de uma colina vizinha, a terra ainda estaria coberta pelas ruínas incendiadas de palácios e casas e pelos destroços dos muros da cidade que tinham chegado a mais de 12 quilômetros de comprimento.

Somente duas décadas antes Luoyang havia sido um lugar muito diferente. Tomado de nostalgia pela capital devastada onde anteriormente havia

GRANDE MURALHA

trabalhado, Yang Xuanzhi recordou a custo sua glória passada no melancólico louvor que a visita lhe inspirava. Em seu "Registro dos mosteiros de Luoyang", Yang relembrou uma estonteante metrópole de luxuosa piedade budista, ornada com altos pagodes, extravagantes mosteiros e conventos de luxuriantes orquídeas, íris, pinheiros e bambus cor de esmeralda, estátuas religiosas de vários metros de altura, pomares carregados de pêssegos cor de carmim, peras que pesavam três quilos e jujubas de 12 centímetros, parques e tanques cheios de exóticas criaturas aquáticas; uma cidade em que os comerciantes eram ricos como príncipes, onde os príncipes gastavam dezenas de milhares de moedas em uma única refeição e eram acompanhados durante todo o dia e toda a noite por flautas, gongos, trombetas e alaúdes, cujos cavalos bebiam em cochos de prata e usavam arreios de ouro, uma capital que atraía, como um ímã, alianças de bárbaros de cem regiões diferentes. Em 528 uma tribo desses bárbaros supostamente submissos marchou contra Luoyang, afogou a imperatriz viúva e o menino-imperador, assassinou seus funcionários e selou o destino da capital e de sua dinastia reinante.[1]

Pouco mais de meio século antes da nostálgica viagem de Yang Xuanzhi, as coisas pareciam outra vez diferentes para a dinastia Wei do norte e sua capital. Sua Luoyang, para começar, não existia, e era pouco mais do que uma fortaleza cercada pelos destroços da antiga muralha da cidade, tenazmente ocupados por vegetação rasteira, monumento abandonado a um saque por bárbaros no ano de 311. Ao término do século V, o Wei do norte estava aninhado em uma capital muito mais setentrional, na extremidade da província de Shaanxi, e obviamente permaneciam sendo a poderosa força política e militar que haviam sido desde cem anos antes: eram a mais bem-sucedida dentre as rudes tribos aguerridas da fronteira que tinham tomado uma parte da China após o colapso da dinastia Han por volta de 220, e que havia triunfantemente reinventado a si própria como governante dos estados seminômades e semichineses da metade norte do país.

O que teria trazido esse cataclismo aos governantes de Luoyang, no espaço de cinqüenta anos até o triste regresso de Yang às ruínas da antiga capital?

FRONTEIRAS MÓVEIS E BÁRBAROS DECADENTES

O que teria reduzido o outrora vigoroso Wei do norte à condição de indefeso refém das tribos nômades entre as quais antes havia reinado soberanamente? A resposta mais simples e mais curta é: a China. Uma vez no poder, os nômades transformados em imperadores dos séculos IV, V e VI — especialmente os do Wei do norte — foram os primeiros a experimentar o dilema característico que a conquista de fatias do império chinês criava para os bárbaros bem-sucedidos das estepes: ou continuar a ser rudes guerreiros nômades ou sucumbir prazerosamente ao conforto civilizado da cultura chinesa arraigada que tinham conseguido dominar militarmente, arriscando-se a adulterar as firmes tradições da estepe que lhes tinham inicialmente servido para conquistar a China.

Para as novas dinastias não-chinesas, a atração representada pela China decorria em parte da necessidade, em parte da realidade e em parte da propaganda. A primeira razão para a adoção das formas chinesas de ser era prática: os agricultores chineses assentados não podiam ser governados da mesma forma que os nômades pastoris. O governo de estilo chinês não havia evoluído por acaso, com sua ênfase numa eficiente administração fiscal e mobilização em massa de mão-de-obra para obras públicas, e sim buscava servir às necessidades de assentamentos densamente povoados, de agricultura intensiva. Em segundo lugar, a China atraía naturalmente imitadores e acólitos, como civilização notavelmente avançada em comparação com suas contemporâneas. (Isso continuou a ser o caso até o século XVIII. Ao contrário da impressão popular de que a China governou o mundo até 1500, quando sua insularidade e atraso a levaram a ser sobrepujada pelo Ocidente, o país se manteve como superpotência global até cerca de 1800, quando a Revolução Industrial finalmente impeliu o Ocidente adiante.) No início do século I de nossa era, a China possuía inovações técnicas, tais como o papel e o carrinho de mão, mil anos antes da Europa, e graças a sua antiga preocupação com o protocolo e o ritual, era uma sociedade pelo menos teoricamente mais decorosa do que a de seus vizinhos. Para muitos observadores asiáticos, com sua civilização erudita e cerimoniosa a China representava um exemplo cinti-

123

GRANDE MURALHA

lante a ser imitado e tomado de empréstimo. Finalmente, a aura da superioridade chinesa derivava de sua eficiente máquina de propaganda, altamente alfabetizada, de um sentimento de autoconfiança cultural — alimentado pela realidade de suas façanhas — de que ela verdadeiramente ocupava o centro do mundo civilizado.

Porém tão logo as hordas de conquistadores começaram a abandonar a herança da estepe — nomadismo analfabeto, peles de animais, leite fermentado de égua e tendas — em favor de agricultura, poesia, sedas, vinho e casas com telhado, tornaram-se alvos fáceis para outras tribos da estepe, tal como a China já havia sido para elas próprias. Em breve, também elas precisaram olhar ansiosamente para sua retaguarda a oeste e ao norte, preparando-se para ataques de forças menos decadentes e ainda genuinamente nômades. Isso porque logo que um povo anteriormente da estepe deixava de lado a intensa cultura marcial que originalmente lhe permitira derrotar os chineses, em poucas décadas tornava-se efetivamente incapaz de lançar com êxito campanhas punitivas ao estilo nômade contra insurgentes.

Isso levou o Wei do norte, um dos mais poderosos e duradouros estados bárbaros dentre os que governaram o norte da China entre os séculos III e VI d.C., a adotar um recurso profundamente chinês contra as incursões vindas da estepe: a construção de muralhas. Na época, essa idéia parecia excelente: que melhor afirmação física poderia existir a respeito do hiato entre os recém-civilizados governantes confucionistas da China e as tribos ainda ignorantes e analfabetas que haviam sido deixadas para trás na estepe? Mas para o Wei as muralhas acabaram sendo pouco mais do que isso: uma afirmação física e não uma defesa eficaz.

∎∎∎

Os Xianbi, ancestrais tribais do Wei, nem sempre tinham sido admiradores da cultura chinesa. Por volta da época de sua ascensão, durante o século II d.C., estavam baseados em torno das montanhas Xingan — uma cadeia

124

FRONTEIRAS MÓVEIS E BÁRBAROS DECADENTES

longa e estreita de picos de granito erodidos e cobertos de florestas na fronteira entre as atuais Mongólia e Manchúria —, para onde haviam fugido das hordas conquistadoras dos Xiongnu de Maodun na virada do século III a.C. No entanto, três séculos e meio depois de Maodun, os Xiongnu eram uma sombra do que haviam sido. Por volta do ano 50 d.C., sob ataque concentrado de tribos vizinhas, o novo líder dos Xiongnu havia sido obrigado a prostrar-se humilhantemente diante dos chineses e obedecer à ordem do imperador Han de transferir sua capital para Meiji, dentro da extremidade nordeste da curva do rio Amarelo. No ano 89 d.C., uma força chinesa atravessou a fronteira murada em Shuofang, a noroeste da curva, e destruiu eficazmente, por enquanto, o que restava do poderio dos Xiongnu setentrionais.

A estrela dos Xianbi entrou em ascensão como resultado direto do declínio dos Xiongnu. "Durante os reinados dos imperadores Ming e Zhang (58-88), os Xianbi se mantiveram junto à muralha e por isso não houve problemas", segundo registra uma crônica do final do período Han. "Durante a época do Imperador He (89-105)... os Xiongnu foram dizimados. O Shanyu do norte fugiu e os Xianbi invadiram e ocuparam suas terras. O restante dos Xiongnu que não os acompanharam ainda eram mais de 100 mil tendas e todos foram adotando o estilo dos Xianbi. Estes, a partir daí, foram ganhando mais poderio."[2]

Na altura da década de 140 d.C., enquanto os Xianbi tratavam de tomar a Mongólia e ocupar o Ordos, dentro da curva do rio Amarelo, os chineses reagiram ao surgimento dessa nova potência da estepe com uma interpretação claramente deficiente dos fatos. Conscientes de uma estratégia tradicional e admirada para a fronteira, "usar os bárbaros para controlar os bárbaros",[3] os chineses persistiram em procurar atraí-los como aliados contra os Xiongnu, com dinheiro e comércio — o "tributo" dos Xianbi em forma de peles de zibelina e cavalos foi retribuído pelos chineses com presentes que valiam o dobro —, e ao mesmo tempo deixaram de compreender que a ameaça dos Xiongnu era mínima comparada à dos Xianbi, que estavam ocupados

GRANDE MURALHA

expandindo-se no território anteriormente dominado pelos Xiongnu. Os chineses tiveram até mesmo a generosidade, ou o descuido, de armar os Xianbi, após haver fracassado no controle dos passos nas muralhas de fronteira, permitindo assim o contrabando de ferro chinês. O imperador Han da época, Ling, subestimou visivelmente a natureza da ameaça dos Xianbi, patrocinando uma moda sofisticada de tendas bárbaras, que usou em seu palácio. Longe de sentir-se lisonjeados com a predileção imitadora da corte chinesa pelas coisas bárbaras, os Xianbi continuaram a constituir uma ameaça incontrolável na fronteira, pouco se importando com o prestígio da civilização chinesa.

Aos olhos dos chineses, as leis e costumes tribais dos Xianbi faziam os Xiongnu parecerem quase civilizados. Embora na opinião dos chineses os Xiongnu fossem decididamente bárbaros, sua organização e administração causavam impressão na visão ordenada e burocrática dos chineses: existia uma sucessão hierárquica e hereditária, pois os descendentes de Maodun afirmaram sua supremacia sobre a liderança dos Xiongnu durante quinhentos anos, mais de um século além da mais duradoura das dinastias chinesas, a dinastia Han. Os Xianbi, ao contrário, adotavam um sistema mais anárquico para a sucessão, baseado no mérito. A lealdade era dirigida ao líder que conseguisse demonstrar maior competência na batalha. Em vez de sucessivos nomes de família, "somente os nomes pessoais dos chefes mais valorosos eram usados". Assim, os fracos ou pacíficos eram esquecidos, enquanto os beligerantes eram elogiados. O resultado era uma sociedade tribal ainda mais endemicamente violenta do que a dos Xiongnu. Estes pelo menos reconheciam a possível existência da paz, mais do que a da guerra; qualquer Xiongnu que desembainhasse a espada em tempo de paz era punido com a morte. Entre os Xianbi, no entanto, "se houvesse assassinatos, as tribos recebiam o conselho de vingar-se"; somente quando "a vingança continuava indefinidamente" é que eles apelavam ao chefe para que "resolvesse o assunto".[4] O entendimento com os chineses e o reconhecimento de uma fronteira marcada por uma muralha não eram do interesse dos chefetes poderosos dos Xianbi. Desde que fossem gene-

FRONTEIRAS MÓVEIS E BÁRBAROS DECADENTES

rais de sucesso, o prestígio pessoal e o poder dos líderes dos Xianbi cresciam durante as épocas de guerra. Não admira, portanto, que estivessem mais interessados no extermínio do que na negociação.

■ ■ ■

Embora a morte prematura do primeiro grande líder dos Xianbi, Tanshihuai, na década de 180 d.C., tivesse trazido alívio temporário à fronteira norte do Reino do Centro, nessa altura a China Han se desintegrava por si mesma, caindo nas mãos dos senhores chineses da guerra mais agressivos, oportunistas e dispostos a correr maiores riscos do que os próprios nômades. Estando assim confundidas as distinções culturais e militares entre chineses e bárbaros, a antiga fronteira marcada por muralhas ficou também indistinta, e durante três séculos e meio, entre o colapso do Han em 220 d.C. e a reunificação da China sob a dinastia Sui em 581, os regimes políticos e as fronteiras se modificaram constantemente, e a anarquia e a guerra civil nunca estiveram longe. Os "Três Reinos" — Wei no norte, Shu-han no oeste e Wu no sul e sudeste — foram sucedidos primeiro pelo Jin do ocidente, que reunificou brevemente a China entre 280 e 316, e em seguida pelo Jin do leste, e depois pelos Song, Qi, Liang e Chen, todos derrubadas sucessivamente por uma série de rebeliões de aristocratas, exércitos e magos.[5]

As tribos do norte continuaram a comprazer-se em servir os chineses como guerreiros de aluguel até 304, quando, cansados desse circo de alianças de senhores da guerra, começaram pela primeira vez a fundar seus próprios estados pelo norte da China. A decisão foi em parte provocada por considerações financeiras: durante as épocas de guerra civil na China, os lucros das alianças tributárias eram profundamente insatisfatórios: com efeito, no caos seguinte ao colapso do Han, longe de conseguir manter os nômades com as sedas e o chá, a China ficou tão empobrecida que os Xiongnu haviam restituído seus subsídios ao outro lado da fronteira. Esses novos acontecimentos foram também influenciados pelo êxito do processo de civilização dos

GRANDE MURALHA

Xiongnu por parte dos chineses. Desde que se reassentaram dentro da curva do rio Amarelo no ano 50 d.C., algumas tribos Xiongnu ficaram cada vez mais expostas ao modo de vida e ao tipo de governo da China. Num esforço adicional por manter a fronteira sob controle, governantes chineses dentre os senhores da guerra a partir da queda do Han haviam mantido o Shanyu como refém na corte. O resultado líquido dessa política foi um líder Xiongnu absolutamente confiável e achinesado: o primeiro imperador Xiongnu, Liu Yuan, descendia de Maodun, havia tido instrução chinesa clássica e — mais praticamente — comandara 50 mil soldados Xiongnu. Após fundar seu próprio estado em 304, os Xiongnu trataram de destruir o controle chinês do norte, capturando ambas as capitais — Luoyang em 311 e Chang'an em 316 —, e de executar imperadores, sem dar nenhuma importância à recente onda de construção de muralhas chinesas nas fronteiras.

Um ano após haver nominalmente reunificado a China em 280, a dinastia chinesa Jin começou a construir muralhas no nordeste, contra atacantes vindos do norte, nas atuais províncias de Hebei e Liaodong, próximo à costa leste de Bohai. A história dinástica relata que um funcionário do setor de defesa "reabriu a antiga fronteira e tomou 1.000 *li* de território. A antiga muralha Qin foi reconstruída, estendendo-se por 3.000 *li* de montanhas e ravinas... Ele dividiu o exército em guarnições de defesa, construindo torres para vigiar a região. Depois disso, a paz passou a reinar nas fronteiras nacionais, e nem mesmo um cão ladrava para dar alarme".[6] Quase nada resta hoje dessa muralha vagamente descrita, a qual, apesar da sensação de segurança que dava aos cães da dinastia, fracassou em protegê-la tanto do lado de dentro quanto do de fora. Depois que o Jin tentou dispersar seus exércitos após a reunificação, os soldados desmobilizados buscaram rendimentos vendendo as armas para o outro lado das fronteiras ao norte, enquanto a dinastia era destruída pelos Xiongnu já facilmente infiltrados. Após o golpe Xiongnu, a China foi dividida entre os estados bárbaros ao norte do rio Yangtze e a dinastia Jin oriental ao sul do rio. Até 70% dos integrantes das classes superiores chinesas fugiram para o sul, para a capital meridional em Nanjing, expondo-se

FRONTEIRAS MÓVEIS E BÁRBAROS DECADENTES

na fuga a uma grave crise espiritual que obrigou muitos deles a procurar conforto em uma crença nova e estrangeira: o budismo.

Mas para governar a China era preciso mais do que uma educação confucionista e um grande exército, como rapidamente descobriram os Xiongnu e os 15 outros grupos bárbaros que fundaram estados no norte da China entre 304 e 439. Alguns duraram apenas dez anos, nenhum mais do que 62, e todos enfrentaram o problema de governar dois tipos de terras, os campos e a estepe, e de como reconciliar o hábito chinês de agricultura e governo assentados com o modo de vida nômade e pastoril, que era ideal para fazer a guerra, porém menos adequado à administração territorial após a conquista. Os princípios chineses de governo se concentravam em estimular o desenvolvimento agrícola de longo prazo e aumentar a receita dos impostos, a fim de financiar assentamentos maiores, mais densos e mais sofisticados. As tribos nômades — inclusive até mesmo os Xiongnu achinesados — estavam mais interessadas na exploração da terra a curto prazo (para pastagens ou ataques predadores), seguindo em busca de novas pastagens a intervalos de poucos meses. Outra dificuldade era a antiga hostilidade entre nômades e chineses; estes últimos consideravam as tribos do norte como bárbaras e predadoras, enquanto para os nômades os chineses representavam somente um alvo para pilhagens. A tradição política chinesa afirmava a autoridade e o interesse do imperador sobre "tudo o que existe sob o céu", enquanto que os interesses políticos dos líderes tribais eram muito mais estreitos, limitados ao bem-estar de seus próprios povos. Um Shanyu que pretendesse ter as preocupações universais de um imperador chinês certamente criaria descontentamento entre os membros de sua tribo.

Nos estados ao longo de toda a extensão da massa continental chinesa — desde os planaltos e vales do Tibete no oeste às estepes e florestas da Manchúria a nordeste — esses mesmos conflitos surgiram e ressurgiram. Quando o modo de vida tribal predominava, os chineses se sentiam explorados e aterrorizados; quando o estilo chinês de governo era o dominante, e os burocratas começavam a sobrepujar os soldados, os exércitos nômades dos quais a força militar do estado dependia sentiam-se alienados e se rebelavam contra a corte imperial. Fan Shi, nômade de alta categoria de um reino do noroeste, assim se queixou ao loquaz ministro chinês contratado por seu estado: "Nos tempos antigos, meu grupo participava com os líderes para lançar um empreendimento, mas agora não temos poder. Os senhores nunca fazem seus cavalos suarem, como têm a audácia de tomar o controle? É como se nós fizéssemos o trabalho de arar e semear, e os senhores comem o produto." "Neste caso", redargüiu o ministro, sem se perturbar, "temos de fazer do senhor também um chefe. Por que o senhor teria de simplesmente arar e semear?" "Ainda que seja a última coisa que eu faça", retorquiu o furioso nobre, "hei de pendurar sua cabeça no portão de Chang'an!"[7] (As tendências do tempo eram contrárias ao descontente Fan, que foi executado pouco depois por seu rei.)

As tribos de apenas uma região — os Xianbi da Manchúria — conseguiram governar tanto a China quanto a estepe com grande êxito, em grande parte porque geográfica e economicamente a área reunia os modos de vida da estepe e da agricultura. Na baixa Manchúria, a planície do rio Liao permitia a agricultura ao estilo chinês; mais ao norte eram a estepe e a floresta que sustentavam a atividade pastoril e de criação de animais. A região tinha também boa situação estratégica, adjacente às planícies do norte da China, porém dela geograficamente isolada por montanhas e por um único passo litorâneo que, na dinastia Ming, se tornou a principal fortificação de fronteira que dava acesso à Manchúria a partir do restante da China. Numa retirada, a Manchúria podia converter-se em bastião defensivo; num ataque, oferecia rápido acesso ao resto da China. Seu relativo isolamento da China e seu caos político deram à Manchúria tempo e espaço para desenvolver sua forma dúplice de governo, dividindo a administração entre uma burocracia de estilo chinês para as regiões agrícolas e uma liderança tribal para os militares.

Já em 294 uma tribo Xianbi começou a introduzir com sucesso formas chinesas de organização a seu território na Manchúria: construção de uma capital murada, estímulo à agricultura, produção de seda e contratação de burocratas chineses, além de dar a seu estado o nome de Yan, imitando o

FRONTEIRAS MÓVEIS E BÁRBAROS DECADENTES

reino chinês do antigo estado guerreiro do nordeste. Porém foi somente em 352, quando os funcionários lhe pediram que se tornasse imperador, que o líder Xianbi Murong Jun demonstrou até que ponto havia assimilado os costumes chineses. Respondeu com convincente fluência na linguagem untuosa e autodepreciativa da liderança confucionista: "Nosso lar foi originalmente o deserto e a estepe, e éramos bárbaros. Com tais antecedentes, como poderia eu ousar colocar-me na ilustre linhagem dos imperadores chineses?"[8]

No início do ano seguinte, declarou-se imperador.

■■■

A dinastia Yan — que desapareceu 18 anos apenas depois de sua fundação — não durou mais do que a maioria de suas competidoras, mas demonstrou a outras tribos da fronteira de que modo, em princípio, deveria ser organizado um governo ao mesmo tempo para nômades e para chineses. Quando a tribo tibetana que havia destruído o Yan também sucumbiu a fricções internas relativas a questões de sucessão, o cenário estava pronto para a emergência de outra tribo de origem Xianbi, a Tuoba, que fundou um estado — o Wei do norte — mais consistente, mais duradouro e no fim das contas mais chinês do que qualquer de seus antecessores bárbaros.

Obrigada a refugiar-se após haver apoiado o lado (chinês) errado na luta de 311 pela conquista de Luoyang, a tribo Tuoba, de caçadores, criadores de gado e habitantes de yurts, liderados por seu chefe Tuoba Gui, conseguiu por meio de lutas evoluir de seu quartel-general improvisado no oeste da Manchúria para o governo de um império que abarcava a metade norte da China. Entre 396, quando Tuoba Gui declarou-se imperador do Wei do norte, e 410, os Tuoba haviam conquistado o nordeste da China. Em 439 já tinham se apoderado também do noroeste.

Quanto mais territórios conquistavam, mais precisavam do sistema assentado e burocrático chinês a fim de controlar as novas aquisições. Dono de riquezas fabulosas com os despojos de guerra (pelo menos em termos de gado

GRANDE MURALHA

de várias espécies; somente uma campanha em 396 rendeu 4 milhões de cabeças, inclusive carneiros e cabras), Tuoba Gui tratou de conduzir-se cada vez mais como um respeitável governante chinês: promulgou leis escritas, proibiu o nomadismo e reorganizou seus subordinados em guarnições estatais, com distribuição fixa de terras. Porém a mais emblemática característica da conversão dos Tuoba à idéia de permanência chinesa foram as construções: primeiro, capitais — com palácios, estradas e templos — e depois muros de fronteira, para proteger seus domínios dos nômades ambiciosos mais ao norte.

Durante os primeiros 11 anos de seu reino de conquista, Tuoba Gui estabeleceu capitais ao estilo nômade. Em outras palavras, possuía somente capitais temporárias, transportando sua corte para as cidades aonde o levavam suas batalhas, principalmente na região de Yinshan da Mongólia Interior central. Mas a captura da capital de um estado rival, em 398, despertou em Gui a vontade de possuir sua própria cidade, e prontamente escolheu Pingcheng, no norte de Shanxi, não longe da provável linha de fronteira Qin e Han anterior. Local histórico de muitas batalhas de fronteira, ataques e defesas (incluindo a humilhação de Gaozu nas mãos de Maodun em 200 a.C.), em termos estratégicos Pingcheng era boa escolha para um império que englobava tanto estepes quanto terras de cultivo, por estar encravada entre o antigo baluarte dos Tuoba, a cadeia de montanhas Yinshan, ao norte, o Ordos a oeste e Shanxi e Hebei ao sul. Com seu clima severo (no inverno as temperaturas chegam a −15ºC) e topografia inóspita (Shanxi atinge uma altitude média de 1.000 metros acima do nível do mar) a região conserva até hoje seu aspecto desolado de fronteira. Mais para o sul, a diligente irrigação transformou o solo macio de Shanxi, constituído de terraços amarelos de loesse, em férteis campos para culturas como a do trigo e outros cereais. Na parte norte da província, no entanto, a terra se abre em frestas ermas, cuja única variedade são as aldeias de casas de barro do mesmo tom marrom, algumas das quais ainda conservam suas antigas torres de vigia. Mas, se o assentamento de Pingcheng era antigo, a capital Tuoba era nova em folha. A capital de Gui foi construída por meio da imigração: cerca de 360 mil pessoas, entre funcionários, gente comum, homens da tribo e outros

132

FRONTEIRAS MÓVEIS E BÁRBAROS DECADENTES

"bárbaros sortidos" trazidos para o norte das campanhas em Hebei. Mil quilômetros quadrados da região setentrional de Shanxi foram convertidos em domínio imperial, e parte dessa área foi entregue aos imigrantes forçados para que a cultivassem e assim abastecessem a nova cidade.[9]

Pelos padrões bárbaros, a Pincheng de Gui era uma cidade imponente, com subúrbios, canais, diversos palácios e um imenso parque de caça construído por prisioneiros de guerra. Os chineses, no entanto, não se impressionaram, considerando desdenhosamente a cidade não como uma capital assentada, mas como um acampamento nômade que "se movia em busca de água e pastagens e não era cercado de muralhas".[10] Pingcheng também tinha problemas logísticos: por estar muito ao norte, era vulnerável a penúrias causadas pela geada e pela seca. Levar a capital mais para o sul, porém, teria deixado a região norte da estepe perigosamente exposta a ataques de tribos nômades menos afeitas ao conforto chinês. Existia também a preocupação, como advertiu um funcionário chinês, de que a familiaridade poderia produzir desprezo. Se os Tuoba se deslocassem mais para o sul, a fim de passar a viver em terras mais densamente povoadas por chineses, perderiam a mística aterrorizante que ainda era útil para amedrontar seus novos súditos.[11] Durante algumas décadas a questão não foi tratada.

Com o assentamento dos Tuoba ao norte, abriu-se na estepe um espaço para o surgimento de novos predadores: a tribo Rouran, às vezes transcrita em chinês de forma insultuosa como *ruru* (literalmente, "vermes coleantes").[12] Mas, se os Rouran imaginavam que os Tuoba haviam entrado em decadência, estavam redondamente enganados. Durante a maior parte do século V o exército Tuoba viveu no melhor dos mundos chinês e nômade, construindo uma muralha ao longo da fronteira norte a partir da qual eram lançadas campanhas punitivas contra os Rouran. Em 423, irritado por causa dos ataques de fronteira contra importantes colônias agrícolas localizadas ao norte de Pingcheng, um príncipe Tuoba "construiu uma longa muralha... Começando em Chicheng e estendendo-se para o oeste até Wuyuan, corria por mais 2.000 *li* com guarnições defensivas estacionadas em todo o comprimento". Chicheng fica na atual província de Hebei, a pouco mais de 100 quilômetros ao norte de Pequim, enquanto Wuyuan era uma cidade fortificada de fronteira fundada pelo general Huo Qubing, do Antigo Han, num ponto mediano da curva do rio Amarelo. A nova muralha passava pelo antigo baluarte de Tuoba Wei, a região que estes haviam ocupado antes de dirigir-se a Pingcheng, mais ao sul, refazendo, em linhas gerais, o traçado seguido pela velha muralha Zhao da época dos Estados Guerreiros, que penetrava nos desertos da Mongólia Interior.[13]

Um ano depois, em 424, cerca de 60 mil Rouran atravessaram a muralha e atacaram Shengle, antiga capital Tuoba a nordeste do corredor oriental da curva do rio Amarelo, a cerca de 40 quilômetros ao sul de Hohot, na Mongólia Interior. Seguiram-se dois anos de campanhas do Wei, durante os quais os Rouran foram obrigados a recuar para bem longe, no deserto. Em 429, os exércitos Wei novamente se dirigiram ao norte, derrotaram os Rouran e os reassentaram nas planícies de pastagens ao sul do deserto mongol, porém ao norte da muralha. Ao mesmo tempo, os imperadores Wei começaram a manter uma linha de guarnições a fim de controlar os nômades da estepe, desde a curva do rio Amarelo a oeste até Chicheng, ponto terminal da muralha Wei. Mais ofensiva do que defensiva, a Longa Muralha inicial do Wei ao norte cumpria claramente sua finalidade: salvaguardar, e até mesmo expandir, os confins setentrionais de um império.[14] Em 429, o imperador Wei, Shizu, iniciou orgulhosamente campanhas para tomar a bacia do rio Amarelo, sentindo-se invencível em relação aos inimigos ao sul e ao norte:

> Os chineses são soldados de infantaria e nós somos cavaleiros. Que pode fazer uma manada de potros e vitelas contra tigres ou uma alcatéia de lobos? E, quanto aos Rouran, pastam no norte durante o verão, no outono vêm para o sul e no inverno atacam nossas fronteiras. Basta que os ataquemos no verão em suas pastagens. Nessa época os cavalos deles são inúteis: os garanhões cuidam das manadas e as éguas cuidam dos filhotes. Em poucos dias não encontrarão relva nem água, e entrarão em colapso.[15]

FRONTEIRAS MÓVEIS E BÁRBAROS DECADENTES

Ao contrário das dinastias chinesas, muitas das quais tinham a obsessão de afirmar sua superioridade cultural sobre os nômades "de rostos humanos mas corações de animal", os habitantes do Wei do norte, que não eram chineses, concentravam-se pragmaticamente na análise e na exploração dos pontos fortes e fracos de seus antagonistas da estepe.

Durante a maior parte de seu reinado, Shizu resistiu à idéia de construções mais luxuosas, menos funcionais. As muralhas eram admissíveis quando projetadas para apoiar novas extensões de um império militar obtido com dificuldade. Desviadas para capitais e palácios, ao contrário, as construções se transformavam em símbolos de fútil decadência (Shizu tinha especialmente em mente o colapso, em 431, do estado de Xia, a noroeste, em guerra com o Wei, apenas 14 anos depois que uma esplêndida capital, com tripla muralha, havia sido construída). Mas finalmente, a partir de 450, Shizu — nos últimos dois anos de seu reinado — e seus sucessores cederam às aspirações de grandeza e começaram a enfeitar Pingcheng. A capital em breve se transformou em um enorme complexo de palácios e guarnições, uma massa de prédios imperiais — três somente para o imperador, um para o herdeiro presuntivo, com construções separadas para as mulheres do palácio — e quartéis militares. Com efeito, a cidade representava um casamento bizarro e supostamente harmônico entre a cultura militar, com a qual os Tuoba haviam conquistado a China, e o estilo de vida assentado e protocolar chinês que o Wei começava a ambicionar. Embora Pingcheng, aos olhos de Tuoba Wei, provavelmente parecesse profundamente civilizada, os observadores chineses não a admiravam e tinham especial desprezo pela persistência dos cultos religiosos Xianbi: "A cada ano, no quarto dia do quarto mês, eles sacrificam novilhos e cavalos, com menestréis a cavalo galopando ao redor dos altares."[16]

Os visitantes chineses poderiam desprezar Pingcheng, mas os próprios Wei do norte consideraram necessário proteger sua capital por meio de uma nova linha de muralhas. Em 446, Shizu tratou de construir "uma barreira em volta da capital... trazendo 100 mil homens das províncias de Si, You, Ding e Dai [nas atuais Shanxi, Grande Pequim e Hebei]... Começava em Shanggu e se estendia para o oeste por milhares de *li* até chegar ao rio Amarelo... O trabalho de construção terminou no segundo mês de [448]".[17] Um arco projetado para essa muralha havia sido traçado desde as montanhas cobertas de florestas de Shanggu — atual Yanqing, a noroeste de Pequim — passando pelo sudoeste e entrando na amarelada Shanxi, chegando a talvez 125 quilômetros ao sul de Pingcheng antes de elevar-se para terminar nas encostas de loesse amarelo próximo a Pianguan, na margem oriental do rio Amarelo. Junto com a muralha externa construída na Mongólia Interior na década de 420, a muralha Wei em torno de Pingcheng prefigurava estrategicamente as duplas defesas da Longa Muralha do Ming que protegeria Pequim, com o muro interno destinado a salvaguardar a capital em caso de colapso do muro externo.

■ ■ ■

O delicado equilíbrio entre influências tribais e chinesas do Wei do norte foi desfeito pela ascensão ao poder da Imperatriz Feng após a morte do marido, em 465. Aristocrata chinesa de nascimento — o pai desempenhara o cargo de governador de província —, Feng havia sido levada ao harém Xianbi após a execução dele. Conservando, a partir de então, forte aversão aos costumes dos Xianbi, ela iniciou uma guerra total tão logo a morte do imperador e a menoridade do filho a colocaram no trono. Livrando-se do principal ministro Xianbi em 466 e substituindo-o nesse alto cargo por um chinês Han, começou a expedir decretos para apagar todos os traços de tradição tribal: expulsou xamãs e feiticeiros nos templos confucionista, proibiu os médiuns, adivinhos e alianças de sangue; estimulou a agricultura e substituiu os sacrifícios bárbaros aos céus por oferendas aos antigos imperadores chineses. Os camponeses sujeitos ao governo do Wei do norte foram organizados de maneira completamente chinesa, legalista e confucionista, e divididos em grupos de famílias subordinados a um chefe responsável pela entrega das quotas tributárias. O tempo livre nos meses de inverno, ordenou Feng, deveria ser empregado em freqüentar cursos sobre a moral confucionista.

FRONTEIRAS MÓVEIS E BÁRBAROS DECADENTES

A necessidade sentida pela dinastia em ser e parecer chinesa era provocada por sua preocupação com a legitimidade cultural e política de seu regime anteriormente bárbaro no norte da China, e aguçada por ansiosa observação do estado chinês ao sul do Yangtze. Antes do colapso do Han, o coração da ortodoxia cultural chinesa se localizava incontestavelmente no norte, especialmente ao redor das antigas capitais de Chang'an e Luoyang. Mas após a conquista dessas duas cidades em 311 e 316 por exércitos Xiongnu muitos membros da aristocracia nortista chinesa haviam fugido dos redutos tradicionais da civilização chinesa — Hebei, Henan, Shanxi e Shaanxi, em volta das capitais Chang'an e Luoyang — em direção ao sul, tradicionalmente considerado pelos nortistas como uma vastidão erma e úmida de florestas, assolada por enfermidades. No início, os emigrados se sentiam muito saudosos de sua terra. Tudo parecia diferente: o verde luxuriante das florestas e campos de arroz contrastava fortemente com as planícies poeirentas de loesse onde cereais, trigo e vagens cresciam no norte. Além dos assentamentos chineses estavam os "bárbaros" não-chineses do sul, os *man*; ainda hoje os chineses usam o antigo pejorativo *man*, que literalmente significa "selvagens", como termo geral para designar os sulistas.

Nos primeiros anos de seu exílio, os emigrados se mantiveram obstinadamente fiéis aos costumes do norte, que consideravam culturalmente "puros"; recusavam-se a apreciar a dieta do sul, baseada no arroz, lamentando a falta de seus favoritos bolinhos e panquecas de trigo. Na nova capital em Jiankang (atual Nanjing), conservaram os antigos rituais da corte e o dialeto de Luoyang, mesmo quando as águas das enchentes do Yangtze lhes lambiam a barra dos mantos. Mas por volta do século V as famílias nortistas já estavam aclimatadas e passaram a comer arroz, falar o dialeto local e despachar brigadas de trabalhadores para desbravar terras incultas. Em breve o sul prosperou, graças a suas terras úmidas, férteis por natureza, e aos cursos d'água que facilitavam as comunicações e o comércio. Com o sucesso surgiu uma nova confiança cultural chinesa que se definia por meio do desdém em relação ao norte: a maneira pela qual faziam tranças nos cabelos à moda dos bárbaros e sua vulgaridade rústica. A literatura nortista, zombavam os leitores do sul, era "como o zurro de jumentos e o ladrar de cães".[18] Para a sensibilidade sulista, as mulheres do norte eram escandalosamente livres; os observadores comentavam admirados que ao norte do Yangtze elas tratavam dos negócios públicos das famílias e das disputas judiciais. Tinham até mesmo o desplante de exigir monogamia aos maridos, ao contrário do sul, onde os homens sustentavam concubinas muito mais ativamente.[19]

A elite governante do norte da China — a maioria de cujos componentes, após a migração da aristocracia chinesa para o sul, era de origem Xianbi ou mista sino-bárbara — respondeu à soberba sulista com um desprezo estridente que traía uma inegável irritação quanto a sua própria convicção de ser ela a guardiã da verdadeira civilização chinesa. Ao engolir seus laticínios, os nortistas ridicularizavam a preferência dos sulistas pelo chá: "O chá", proclamou um funcionário Wei, "é o verdadeiro escravo do iogurte!"[20] Os jantares compartilhados por aristocratas do norte e do sul transformavam-se facilmente em disputas verbais de bêbados sobre qual dos dois lados era o mais civilizado. Numa ocasião especialmente turbulenta, uma breve referência de um sulista à dinastia Wei como sendo "bárbara" deflagrou uma torrente indecorosa de vitríolo nortista. "Vocês, peixes e tartarugas, são muito atrevidos... Sua terra é úmida; é amaldiçoada pela malária e cheia de insetos rastejantes. Os sapos e pererecas vivem nas mesmas tocas e os homens coabitam com pássaros." A gente do sul, prosseguiu o furioso nortista, são "raquíticos e tatuados", seus governantes "cruéis e violentos", inclinados ao assassinato e ao incesto, "e não são melhores do que os pássaros e animais... vocês usam chapéus pequenos demais e roupas superapertadas... engolem sopa de sapo e guisados de ostras como se fossem iguarias... afastem-se daqui o mais depressa possível!". Embora o cronista (do norte) que registrou essa conversa tenha dito que semelhante "fala elegante e culta" espantou tanto o sulista que o fez adoecer com dores no coração, a extensão e a violência da diatribe do nortista sugerem talvez que o semibárbaro tenha se excedido.[21]

FRONTEIRAS MÓVEIS E BÁRBAROS DECADENTES

Em pouco tempo a sensação de insegurança do Wei do norte começou a contaminar perigosamente a política de fronteiras. Em 484, Gao Lü, um dos chineses promovidos a altos cargos logo após a execução do ministro principal Xianbi por Feng, fez um discurso político que instava a corte e seus exércitos a abandonar completamente o estilo de luta da estepe que fora responsável pela conquista do norte da China e adotar um método de defesa que na verdade era simplesmente chinês. "Os bárbaros do norte", começava ele,

> são ferozes e ignorantes, como os pássaros ou animais bravios. Sua força é a luta em campo aberto; a fraqueza é o ataque a muralhas. Se nos aproveitarmos da debilidade dos bárbaros do norte, vencendo assim seus pontos fortes, ainda que sejam muito numerosos não trarão desastre a nossas portas, e mesmo que se aproximem não poderão penetrar em nosso território... Calculo que haja cinco vantagens em construir longas muralhas: extinguiria o problema das defesas móveis; os nômades poderão explorar o norte, e ficará eliminada a necessidade de seus ataques; podemos procurar os inimigos estando em cima de um muro, sem ter de esperar um ataque; acabaria a ansiedade quanto à defesa das fronteiras e à necessidade de montar defesas em momentos em que sejam desnecessárias; e permite o fácil transporte de suprimentos, evitando assim a insuficiência.

As muralhas, explicou Gao, adulando sua imperatriz, possuíam excelentes antecedentes chineses: "nos tempos antigos, o Zhou ordenou a Nan Zhong que construísse uma muralha na região norte; Zhao Ling e o Primeiro Imperador ergueram longas muralhas, e o imperador Wu, do Han, seguiu esses precedentes". Gao mergulhou ainda mais profundamente no passado da China, notando como o respeitado manual de adivinhações Zhou do século IX a.C., *O Clássico das Mudanças*, dizia que "o governante deve manter fortificações para defender seu reino... Quereria isso significar longas muralhas?".

GRANDE MURALHA

No presente momento, nosso melhor plano seria seguir os antigos construindo uma longa muralha ao norte das guarnições (de fronteira), para protegernos dos bárbaros nortistas. Embora isso represente um esforço temporário de mão-de-obra, trará vantagens permanentes. Uma vez construída, a muralha beneficiará cem gerações... Quando vierem os bárbaros, haverá fortificações para a defesa e os soldados nelas estacionados terão capacidade de fazê-lo. Como os bárbaros não sabem atacar fortificações, nada ganharão com o ataque. Depois que tiverem gasto as pastagens irão embora, e o problema desaparecerá.

O plano de Gao Lü comportava dois estágios: primeiro, "no sétimo mês, despachar 60 mil homens em suas divisões... para as guarnições do norte".

No oitavo mês, distribuir nosso poderio ao norte do deserto. Se os bárbaros vierem, devemos enfrentá-los numa batalha decisiva, e se isso não acontecer o exército poderá ser dispersado na área para construir longos muros. Calculo que o trecho coberto pelas seis guarnições não seja maior do que 1.000 *li*, e se cada soldado é capaz de construir três passos de muralha em um mês, nesse caso trezentos homens construirão 3 *li*, 300 mil homens construirão 30 *li* e 30 mil homens 300 *li*, de forma que seriam necessários 100 mil homens para construir 1.000 *li*. O suprimento de cereais durante um mês não será grande sacrifício.

"E como os homens compreenderão as vantagens da muralha a longo prazo", acrescentou ele esperançosamente, "trabalharão sem queixar-se."[22]

As fontes não esclarecem se o plano de Gao Lü chegou a ser executado. Uma possibilidade é que suas sugestões tivessem simplesmente a ver com reparos ou reforços da linha que já fora construída na década de 420. Outra é que tenha sido erguida uma extensão adicional de muralha a leste da anterior, descrevendo um arco desde o terreno acidentado e montanhoso em torno de Chicheng, no norte de Hebei, ponto final ocidental da primeira muralha, e entrando ligeiramente na Mongólia Interior para terminar nas colinas rochosas e cobertas de florestas da província de Liaoning e juntar-se

FRONTEIRAS MÓVEIS E BÁRBAROS DECADENTES

ao rio Liao, e dali ou seguindo ou utilizando esse curso d'água como fronteira natural até o litoral de Liaodong. A melhor prova disso é um tratado do século VI sobre os rios da China, que descreve a situação de uma muralha de fronteira no nordeste, em relação aos cursos d'água. Nas décadas de 1960 e 1970 arqueólogos encontraram trechos arruinados de muros — tanto com fachadas de pedra e recheados de cascalho e terra, quanto feitos de terra ou incorporando obstáculos naturais (montanhas e rios) — que talvez possam ser datados desse período.[23] O que as opiniões de Gao tornam assombrosamente claro, no entanto, é a transformação radical da visão de mundo dos Tuoba, passando do expansionismo nômade ao complexo insular de superioridade dos chineses. Tanto na forma quanto no conteúdo, todos os aspectos de seu discurso são completamente chineses, desde sua obsessão em construir barreiras excludentes entre o Wei do norte e os bárbaros em suas fronteiras até sua desumanização dos nômades como "pássaros ou animais bravios" e o desejo de olhá-los de cima de muralhas. Que Gao, como chinês, tivesse essa opinião é menos surpreendente; mais interessante é o fato de que ele apresentasse esse conselho a governantes de origem nômade, não-chinesa, presumivelmente confiando em que seria bem recebido. Vinte anos depois, o espírito militarista do Wei do norte havia declinado a ponto de que até mesmo generais veteranos sugeriam a mesma linha de pensamento a seus receptivos governantes:

> Defesas [muradas] são a melhor forma de separar os que comem cereais, vivem em cidades e casas, usam sedas e caminham como eruditos, daqueles de aparência selvagem, que se vestem de lã, bebem sangue e vivem com os pássaros e animais... Devemos juntar os antigos fortes entre o leste e o oeste, construindo muralhas e defesas e estacionando soldados para cuidar de distúrbios... Assim, nossa autoridade crescerá e o exército florescerá... os bandos predadores não ousarão atacar muralhas e fortificações, e nem se atreverão a penetrar ao sul da muralha, e portanto o norte ficará tranqüilo." O imperador seguiu este conselho [de seu general].[24]

■ ■ ■

GRANDE MURALHA

Qualquer que fosse a realidade das muralhas do Wei do norte, pouco depois das recomendações de Gao Lü a fronteira acabou por ser completamente abandonada pelos governantes que procuravam cada vez mais desesperadamente a credibilidade chinesa. Em 493, o imperador Xiaowen saiu de Pingcheng com um exército de um milhão de soldados, numa campanha contra o sul da China. Xiaowen enfrentou um clima horrível: as chuvas caíram com tal constância durante dois meses que seus generais mais antigos se prostraram diante de seu cavalo suplicando-lhe que lhes permitisse voltar para suas casas. O imperador, que se queixou firmemente de que seus conselheiros desejavam impedi-lo de unificar a China, ofereceu-lhes uma escolha: ou ele continuaria com a campanha ou eles o deixariam construir seu próprio cantinho na China — uma capital chinesa adequada no lugar em que se encontravam estacionados, em Luoyang, a capital do Antigo Han ainda em ruínas, que havia sido destruída pelos Xiongnu em 311. Satisfeitos em concordar com qualquer coisa que lhes permitisse secar-se, os conselheiros aceitaram a oferta do imperador.

Verdadeiro neto adotivo da imperatriz Feng, Xiaowen nunca se sentira feliz em Pingcheng. "Este lugar", confessara ele anteriormente a um príncipe real naquele ano, revelando sua intenção de transferir a capital, "é um ponto a partir do qual se pode fazer a guerra, e não de onde possa surgir um governo civilizado." O obsequioso príncipe aplaudiu a decisão, respondendo que a mudança certamente seria do agrado das massas porque "a região central... é o sustentáculo do mundo e é justamente o lugar de onde se pode governar os chineses e pacificar o império". O imperador era realista e previu problemas: "Os nortistas gostam de suas raízes, e quando ouvirem a inesperada notícia de uma transferência sem dúvida ficarão alarmados e nervosos"; mas não abandonaria seus planos.[25] Para Xiaowen, Luoyang possuía exatamente o tipo de *pedigree* chinês que ele desejava para seu regime: sendo o lugar em torno do qual os restos arqueológicos mais antigos de culturas reconhecivelmente chinesas foram encontrados, estava localizada no ponto que desde tempos remotos constituíra o próprio berço da civilização chinesa, ao longo do vale

142

FRONTEIRAS MÓVEIS E BÁRBAROS DECADENTES

do rio Amarelo. Desde que a mítica dinastia Xia havia feito daquele lugar a sede de seu poderio, segundo a lenda no terceiro milênio a.C., Luoyang havia sido a capital de casas imperiais sucessivas.

Luoyang também tinha diversas conotações menos auspiciosas, havendo sido erguida e arrasada diversas vezes, devido às depredações de senhores da guerra e bárbaros. A antiga capital que Xiaowen viu pela primeira vez ainda jazia em ruínas após o saque perpetrado pelos Xiongnu em 311, coberta de "ervas e espinhos tão espessos quanto em uma floresta", como escreveu uma testemunha plangente não muito depois da queda da cidade, cujos prédios principais e santuários haviam desmoronado e, com o antigo colégio imperial, se transformado em entulho.[26] Sem se deixar perturbar pelos precedentes históricos, no entanto, Xiaowen determinou a seus arquitetos e construtores que tratassem de recuperar Luoyang e adotar o modo de vida chinês como nunca antes: banir as vestimentas e a linguagem Xianbi e abandonar o bárbaro "Tuoba" em favor do sobrenome "Yuan", que era mais chinês. Em 494, vastas fileiras de homens e mulheres iniciaram a longa e difícil viagem para o sul a partir de Pingcheng, provavelmente obrigados a esperar em abrigos improvisados por entre as águas dos rios de Luoyang enquanto a capital crescia a sua volta. Durante nove anos os trabalhadores forçados transportaram diariamente dezenas de milhares de troncos até que as necessidades dos palácios da dinastia pudessem ser razoavelmente satisfeitas; durante as duas décadas seguintes foram construídos os portões pintados de vermelhão e os pavilhões amarelos das inúmeras residências de luxo para os aristocratas, eunucos e mercadores.

A corte do Wei do norte em Luoyang resplandeceu durante vinte anos, enriquecida pelo trigo que vinha dos campos em volta da capital. A riqueza de um dos príncipes "abarcava montanhas e mares"; aonde quer que fosse, era acompanhado por uma comitiva de músicos que tocavam gongos, trombetas e flautas, aos quais ele pagava para que tocassem dia e noite.[27] Outro príncipe, cujos cavalos persas tinham arreios de ouro, e que possuía também objetos preciosos de prata, cristal, ágata e jade vindos do oeste longínquo, ambicionava emular a extravagância de um dignitário chinês do sul que se vestia com roupas feitas de "pêlos das axilas de raposas".[28] Ainda outro passeava pelo palácio "com uma cigarra de ouro brilhando na testa e jade tilintando na cintura", compondo poemas de improviso nas refeições matinal e vespertina.[29] Tempo e dinheiro eram destinados a donativos religiosos: o pagode mais alto da cidade, segundo um relato, media 296 metros (somente quatro metros mais baixo do que a Torre Eiffel). Mosteiros e templos se erguiam entre pomares e suculentas e volumosas romãs e uvas, ao lado de tanques límpidos cheios de nogueiras aquáticas e lótus, onde cantavam pássaros raros e cigarras. Nos primeiros vinte anos do século VI, foram utilizados 802.366 dias de trabalhos forçados para escavar os monumentais templos em cavernas — cujos interiores eram povoados de esculturas de Budas de rostos dourados e lábios de rubi, com relevos de anjos, músicos e dançarinas em tons pastel — perfurados em penhascos de arenito para glória da família imperial.[30]

■ ■ ■

Enquanto Luoyang se divertia com suas aspirações luxuosas e protocolares à moda chinesa, os acontecimentos na murada fronteira norte conspiravam para destruir a dinastia e sua capital meridional. Desde a mudança para Luoyang, os governantes Wei haviam se rodeado de cortesãos que não viam com bons olhos os interesses do norte: em 494 Xiaowen demitira todos os funcionários que se opunham à mudança para o sul. Em 519, a corte de Luoyang havia até mesmo tentado impedir que os militares ocupassem postos elevados no governo, providência contra a qual a guarda imperial — um dos derradeiros bastiões do poder militar tribal — imediatamente se rebelou. Não admira que a antiga classe dos guerreiros Xianbi, da qual a corte dependia em caso de problemas na fronteira, passasse a sentir-se cada vez mais diminuída. A fronteira deixava de ser uma terra natal onde o prestígio e a glória deviam ser conseguidos em aventuras militares, tornando-se em vez disso o lugar para onde eram exilados os indesejáveis: condenados e funcio-

FRONTEIRAS MÓVEIS E BÁRBAROS DECADENTES

nários corruptos. As campanhas vigorosas na estepe haviam cessado após a morte do imperador Xiaowen em 499, substituídas por muralhas e pelo suborno das embaixadas portadoras de "tributo" para Luoyang. Mas a manutenção e guarnições das defesas estáticas eram dispendiosas, especialmente as situadas a grandes distâncias do centro político em Luoyang, e em última análise serviam mais para retardar do que para repelir ou aniquilar invasores decididos, por não estarem preparadas para lançar ataques contra a estepe.

Na altura de 523, essas mesmas guarnições de fronteira não estavam mais dispostas a levantar um dedo em favor da mimada corte do Wei do norte, e muito menos atirar-se na vastidão do deserto de Gobi. Naquele ano, apesar dos muros e presentes do Wei, uma força invasora dos Rouran havia atacado as linhas de defesa, tomando 2 mil cativos e centenas de milhares de animais, e desaparecendo em seguida, praticamente ilesa, nas regiões desertas. Maltratadas e famintas — seus corruptos superiores havia muito vinham reduzindo e até mesmo suprimindo completamente as rações do exército —, as guarnições se amotinaram. Rebeliões oportunistas se espalharam rapidamente a oeste e ao sul do império Wei. Logo surgiu um líder nômade das forças insatisfeitas, na pessoa de Erzhu Rong, chefete da tribo Erzhu da parte central e meridional de Shanxi, ex-criador de cavalos e de animais domésticos em geral para o Wei do norte.

Erzhu Rong havia permanecido fiel a seus senhores imperiais durante as primeiras rebeliões de fronteira, ajudando a reprimir insurreições e motins, ainda que somente para que seus cavaleiros tivessem alguma prática de batalha. Em 528, no entanto, quando o imperador adolescente morreu subitamente, deixando no trono um bebê e a imperatriz viúva no comando efetivo, Erzhu Rong aproveitou o pretexto de investigar as circunstâncias suspeitas da morte do soberano para liderar seus cavalarianos num ataque à capital. Quando sua força de 5 mil cavaleiros — com estandartes ao alto, todos vestidos de branco, cor tradicional do luto na China — se aproximou das muralhas da cidade de Luoyang, a resposta da corte imperial foi típica da ilusória soberba confucionista. "Erzhu Rong", sentenciou um dos conselheiros da imperatriz, "é um bárbaro nanico... homem de talento medíocre que voltou suas armas contra o palácio sem medir sua virtude e pesar sua força. É como um louva-a-deus que pretenda barrar uma carroça no final de seu percurso."[31] Pouco depois, o bárbaro nanico cruzou o rio Amarelo, acampou numa colina fora de Luoyang e convidou a aristocracia da capital para uma reunião em seu acampamento. Dali, após massacrar sem piedade todos os membros — talvez cerca de 3 mil — desse grupo oficial de boas-vindas e de afogar a imperatriz viúva e o menino-imperador no rio Amarelo, entrou a cavalo em Luoyang e tratou de gozar a vida da corte, até que em 530 foi por sua vez morto a facadas pelo novo imperador-fantoche que havia instalado no poder. Em seguida a uma corajosa porém fracassada tentativa de defender a cidade, o imperador acabou morto no garrote pelos sucessores do líder assassinado, pouco depois de haver orado a Buda para que não lhe permitisse ser reencarnado como rei.

Em 538, somente 15 anos repletos de guerras após a derrocada das muralhas de fronteira, a Luoyang do Wei do norte foi arrasada por ordem de um senhor da guerra nortista, e sua população de dois milhões obrigada a fugir da cidade, com a dinastia chegando a seu término.[32] O triste fim do Wei do norte — ameaçado externamente por guerreiros nômades e internamente por guarnições amotinadas — constitui trágico monumento à vaidade dos bárbaros, uma lição sobre os desvarios de capitais e muralhas que, em menos de cinqüenta anos, teve de ser novamente aprendida por seus sucessores.

CAPÍTULO 5

A reunificação da China

NA CHINA, ESCREVER HISTÓRIA SEMPRE FOI UMA QUESTÃO POLÍTICA. Durante grande parte do passado chinês, os historiadores foram funcionários públicos, designados e controlados pelo governo: desde que escribas foram inicialmente contratados pelo estado em 753 a.C. para "registrar os acontecimentos", a tarefa de escrever a história ficou ligada ao centro político, dedicada à narração e justificação dos atos dos governantes. Naturalmente também existia a história vinda de baixo, mas sempre em posição de subordinação aos registros da corte. A história dinástica era conhecida como *zhengshi*, "história correta, padrão"; qualquer olhar oblíquo afastado do centro podia ser desdenhosamente classificado como *yeshi*, "história selvagem", rótulo que se aproximava da categoria ainda menos respeitável da ficção. Para os chineses comuns, a única forma de entrar nos anais dinásticos e na notoriedade histórica era a perturbação da ordem política, por meio do lançamento de uma rebelião de camponeses, provocando assim a intervenção governamental.

No tempo da queda da dinastia Han em 220 d.C., os pensadores chineses haviam elaborado outro importante instrumento teórico para ajudá-los a orientar a história para diferentes objetivos políticos: a idéia de que a história humana (isto é, política) era regulada por ciclos que se repetiam sempre, que iam e vinham — bons e maus imperadores, ordem e caos, unidade e desunião: "o mundo deve unir-se quando permanece dividido por muito tempo,

GRANDE MURALHA

e dividir-se quando permanece unido por muito tempo".[1] O movimento desses ciclos era determinado por uma força cósmica denominada "Mandato dos Céus": os imperadores governavam somente quando convenciam os céus de sua virtude. Se o caráter moral de uma dinastia declinava profundamente, os Céus retiravam o Mandato — e publicavam sua decisão por meio de cataclismos nacionais tais como rebeliões, guerras civis e cometas —, passando-o a outras mãos. Seguindo essa lógica, as casas imperiais eram sempre destruídas por imperadores autocomplacentes, completamente indignos, fato que cada nova dinastia se apressava em apontar por meio da compilação da "história correta" de sua antecessora, poucos anos depois de subir ao trono. Por volta do fim do Han, os historiadores possuíam já uma pletora de características estereotipadas dos imperadores malévolos, que ofendiam os Céus — extravagância, ambição, falta de devoção filial, para mencionar somente três entre muitas —, que geralmente se materializavam no final das Histórias Corretas a fim de anunciar e justificar a aproximação do colapso da dinastia. Dois casos clássicos eram os imperadores do odiado e efêmero Qin, o tirânico Primeiro Imperador e seu vicioso filho, o psicopata Huhai.

A atração dessa macroteoria para os que tratavam da história da China e a processavam era evidente. Para os ocupados historiadores, vários milênios de registros históricos podiam ser organizados em poucas seqüências claras de ascensão e queda. Enquanto isso, para governantes e funcionários, a história oferecia, caso corretamente manipulada, um generoso tesouro de autojustificação. Se a história consistia em ciclos de ascensão e queda incessantemente repetidos, mantidos em movimento pelos fracassos pessoais de imperadores anteriores, a mudança de regime sempre podia ser convalidada por meio da demonização de um predecessor dinástico. Por isso, ao durar somente dois imperadores e trinta e sete anos, a dinastia Sui, que reunificou a China em 581, proporcionou uma dádiva em termos de relações públicas a sua sucessora, a dinastia Tang. Na unificação do país após séculos de fragmentação, em seu autoritário primeiro imperador e em seu lascivo e perdulário segundo monarca, em sua breve duração, em seus gigantescos projetos públicos de

A REUNIFICAÇÃO DA CHINA

construção e expansão imperialista, em sua destruição por meio de rebelião popular e, mais do que tudo, em seu amor pelo erguimento de muralhas de fronteira, o estado Sui nada mais parecia do que uma recapitulação do detestado Qin. O caos civil que se seguiu ao fim da dinastia somente serviu para reforçar, na mentalidade popular chinesa, a associação entre longas muralhas e tirania, opressão e desastre para todo o império.

■ ■ ■

Depois da destruição do Wei do norte, nenhuma tribo suprema da estepe emergiu imediatamente. Os Rouran — subjugados durante o tempo de fastígio de Tuoba Wei — aproveitaram o caos provocado pela rebelião das guarnições Wei para expandir-se até a Manchúria e Mongólia. Mas sua autoridade sobre a estepe nunca foi inteiramente convincente: demasiadamente divididos para que conseguissem criar um comando singular unificado comparável ao dos Xiongnu sob Maodun, os Rouran foram obrigados, em 546, a procurar o auxílio de outra tribo, a Tujue, para esmagar o povo Gaoche (literalmente, "carros altos"), baseado na Mongólia ocidental.

Após ter tido o trabalho de capturar 50 mil tendas inimigas em nome dos Rouran, o líder (ou *khaghan*) dos Tujue, Tumen, solicitou uma pequena recompensa: a mão de uma princesa Rouran em casamento. Sem sentir-se obrigados à reciprocidade, os Rouran responderam, por meio de mensageiros, que os Tujue eram escravos desavergonhados. Tumen por sua vez retrucou matando os enviados, fazendo uma aliança matrimonial com a dinastia que na época reinava no noroeste da China e liderando uma rebelião contra seus antigos senhores. Em 552 já havia derrotado os Rouran, provocado o suicídio de seu líder e estabelecido sua própria tribo como o novo poder preeminente na estepe.[2]

Alguns historiadores afirmam que o nome "Tujue" (transliteração chinesa de uma palavra do antigo turco) deriva de Türküt, plural de Türk, que literalmente significa "forte". Se isso for verdade, os Tujue fizeram jus ao

149

GRANDE MURALHA

nome: embora Tumen tenha morrido em 552, seus filhos juntos destruíram o restante da liderança Rouran, conquistaram outras tribos vizinhas e construíram um império que se estendia da Manchúria ao mar Cáspio.[3] Em inglês os Tujue são também conhecidos como Turks (turcos), a tribo que iria dominar a Ásia central e partes da Europa durante o milênio seguinte, e cujo nome continua a existir em seus descendentes longínquos que hoje habitam a atual nação da Turquia.

Uma vez estabelecida sua supremacia na estepe, o interesse dos turcos se dirigiu para o sul, com a intenção de transformar seu império em um instrumento de exploração das duas dinastias não-chinesas que haviam esquartejado o antigo império nortista Wei: o Zhou no oeste e o Qi no leste. Os turcos mantiveram ambos em aterrorizada tensão, como ficou claramente ilustrado pela rede de lendas assustadoras contadas pelos cronistas oficiais do Zhou do norte a respeito da história antiga da tribo. "Os turcos eram um ramo dos Xiongnu", conta o registro da dinastia, "que se transformaram em uma horda distinta e foram posteriormente esmagados por estados vizinhos, que aniquilaram completamente o clã."

> Havia um rapazinho de apenas 10 anos de idade a quem os soldados, ao verem que ainda era pequeno, não tiveram coragem de matar, e por isso amputaram seus pés e o lançaram à selva, onde uma loba o alimentou com carne: quando cresceu, manteve a ligação com a loba, que em conseqüência ficou grávida. O rei daquela região, ao ouvir dizer que esse rapaz ainda existia, mandou várias vezes matá-lo. O mensageiro, ao ver a loba a seu lado, ia matá-la também, mas ela fugiu para as montanhas do norte... Ali se escondeu... e deu à luz dez filhos... Seus descendentes se multiplicaram até que finalmente formaram cerca de cem famílias.

Outra versão, ligeiramente menos épica, dizia que os turcos descendiam de um certo Nishitu, também nascido de uma loba, que se casou com duas esposas, uma delas filha do Espírito do Verão e a outra do Espírito do Inverno. A

A REUNIFICAÇÃO DA CHINA

primeira se transformou em um cisne branco, e a segunda, mais convencional, ficou grávida e deu à luz quatro filhos, um dos quais fundou a tribo dos turcos. Embora, ao que afirma cautelosamente a crônica chinesa, "os relatos acima divirjam" sobre detalhes incidentais a respeito das origens dos turcos, "concordam no que diz respeito à progênie da loba".[4]

Assim intimidados, e ambos extremamente nervosos quanto à possibilidade de uma aliança entre turcos e alguma corte rival, o Qi e o Zhou trataram de encontrar soluções para a ameaça vinda do norte. Uma delas foi a construção de muralhas. Entre 552 e 564, o Qi construiu em trechos separados um total de cerca de 3.300 quilômetros de muros em Shanxi, Hebei e Henan, chegando a oeste até o rio Amarelo e a leste a Bohai, no litoral. Num só ano, o imperador Qi despachou o surpreendente total de 1,8 milhão de homens para construir mais de 450 quilômetros de muralhas desde o passo de Juyong, entre as montanhas ao norte de Pequim, passando pela região relativamente plana de Datong e subindo pela margem oriental do rio Amarelo. Esses muros foram claramente erigidos com rapidez, numa única temporada de trabalho: ou feitos a partir de montes de terra e pedras, retiradas de montanhas, ou formados por uma linha não murada de defesa constituída por postos fortificados, torres de vigia e barreiras naturais. Dois trechos de terra e pedras da muralha Qi ainda sobrevivem na atual província de Shanxi, com 3,3 metros de largura na base e uma média de 3,5 metros de altura.[5] Uma designação tradicional de uma das fortificações Zhou na atual província de Hebei era "Muralha Vermelha", devido à cor avermelhada do solo local com o qual presumivelmente fora feita.[6]

Nenhuma muralha, porém, parecia ser tão eficaz quanto o suborno. Tanto o Qi quanto o Zhou tornaram o *khaghan* turco tão fabulosamente rico por meio de pagamentos para evitar ameaças — entre 553 e 572 um dos sucessores de Tumen recebeu anualmente 100 mil rolos de seda somente do Zhou — que ele passou a ter a possibilidade de fingir desdém pela generosidade chinesa: "Meus filhos... são dedicados e obedientes", suspirou ele, complacentemente, "assim, por que motivo eu teria de temer a pobreza?"[7] Até mesmo os

GRANDE MURALHA

subsídios, no entanto, davam resultados limitados, pois os ataques predadores em larga escala continuavam. Em 563, por exemplo, os turcos penetraram profundamente em Hebei para saquear, a mais de 350 quilômetros ao sul de Pequim, "sem deixar atrás de si nem um ser humano ou animal".[8]

■■■

Essa política de apaziguamento parcialmente bem-sucedida começou a mudar quando o norte da China foi reunificado em uma única dinastia: primeiro, brevemente, pelo Zhou do norte em 578, e depois em 581 pelo Sui. Não muito depois de destruir o Qi em 577 — e nesse processo, presumivelmente atravessando em batalhas uma muralha Qi construída em 564 com o objetivo específico de conter o Zhou — o imperador Zhou morreu inesperadamente com a idade de 36 anos. Seu sucessor foi um autocrata desequilibrado que desejava assassinar a esposa a fim de substituí-la pela viúva de um príncipe a quem o imperador já levara à morte. Talvez o novo imperador tivesse conseguido realizar seu intento, se sua mulher não fosse a filha de Yang Jin, nobre Zhou de alta categoria de considerável inclinação para a violência. Após súplicas apaixonadas, a filha de Yang foi salva, o imperador adoeceu e morreu, e Yang resolveu tomar o poder, assumindo a regência em nome do novo imperador, de 6 anos de idade, obrigando as mulheres da família imperial a tornar-se freiras budistas e executando mais de sessenta príncipes Zhou. Em 181, Yang Jin proclamou-se primeiro príncipe e em seguida imperador Wen, da dinastia Sui, tudo no espaço de cerca de dois meses. Oito anos mais tarde, quando Wen destruiu os restos da dinastia sulista Chen, baseada na atual Nanjing, próximo à costa sudeste, a China foi reunificada pela primeira vez em quase quatro séculos.

A semelhança entre Wen e o seu antecessor Qin, o Primeiro Imperador, é bastante marcante em certos aspectos. Assim como o primeiro imperador Qin, Wen se tornara senhor da China e ao mesmo tempo continuava homem do norte, tanto em sua personalidade quanto como político, produto da aris-

A REUNIFICAÇÃO DA CHINA

tocracia semibárbara do noroeste (alguns membros da qual falavam tanto o turco quanto o chinês). Sua família, baseada a meio caminho entre as antigas capitais chinesas de Chang'an e Luoyang, haviam servido a famílias governantes não-chinesas do norte, dentro das quais se casaram. Wen tinha sido perfeitamente instruído em artes da cavalaria e da guerra, e casou-se com a filha de um poderoso chefe do clã Xiongnu, a qual, em estilo característico da forte personalidade da gente do norte, com a idade de 13 anos fez o marido jurar monogamia. Ao contrário das tímidas mulheres da aristocracia chinesa do sul, a esposa de Wen teve participação ativa na política imperial. Foi ela quem o instou a proclamar-se imperador após assumir a regência, citando o antigo provérbio: "Quando estiver montado num tigre, é difícil desmontar" (em outras palavras: ele já tinha ido longe demais para poder desistir). Depois de tornar-se imperador, ambos iam juntos ao salão imperial de audiências e ela ficava sentada atrás de um painel para acompanhar os acontecimentos, mandando seus eunucos censurar o imperador quando ele tomava uma decisão equivocada.

Mesmo assim, à semelhança de seus antecessores Qin, Wen continuou sendo um líder severo: sujeito a cóleras violentas (certa vez chicoteou um homem até matá-lo) e profundamente controlador — chegou a racionar os cosméticos das mulheres do palácio —, era também supersticioso em matéria de religião e claramente legalista em sua insistência na imposição tanto da lei quanto de fortes castigos. Certa vez um erudito cortesão confucionista teve a temeridade de interferir num ato de violência política, instando o imperador a não executar os príncipes Zhou, e Wen lhe disse: "Trate de sua vida, seu cupim de livros!"[9] Na corte de Wen, a conduta confucionista adequada somente era usada quando os conselheiros lhe faziam nervosas advertências. Em uma ocasião, enquanto espancava alguém na sala do trono, ele aceitou a observação de que aquilo não era conduta própria de um Filho do Céu e permitiu que o bastão lhe fosse confiscado. Pouco depois, seus instintos naturais prevaleceram novamente, quando chegou a matar um homem no salão de audiências. Diante da obtemperação de um militar, o volátil Wen matou-o

GRANDE MURALHA

também e depois foi tomado de remorsos, mandando condolências à família do oficial e zangando-se com seus conselheiros por não o haverem impedido.[10]

Em 581, ano em que se fez imperador e oito anos antes da reunificação do país inteiro, Wen adotou uma política de fronteiras francamente ao estilo Qin, a fim de manter os bárbaros do norte sob controle: a construção de muralhas. Antes de mais nada, mandou cessar os subsídios que haviam enriquecido os turcos. Estes, inevitavelmente, mostraram descontentamento. Como a maioria dos líderes tribais, o chefe dos turcos — o *khaghan* — dependia das recompensas pela chantagem diplomática para conseguir seguidores no sistema de governo altamente instável. Teoricamente, a hierarquia turca era organizada como havia sido a dos Xiongnu, com três níveis, cada qual supostamente controlada pelo *khaghan* que ocupava o posto central. Na realidade, no entanto, os *khaghans* secundários, nomeados pelo principal, freqüentemente tratavam de organizar bolsões de governo autônomo dentro dos domínios dos turcos. Depois da morte de Tumen em 552, a questão de sua sucessão complicou-se devido a sua decisão de abandonar a regra da primogenitura e dividir seu reino entre seus filhos (que governavam o leste) e seu irmão Istämi (que governava o oeste). Os filhos de Tumen morreram antes do tio e a parte oriental do império turco mergulhou em guerra civil; Istämi aproveitou a oportunidade para tornar-se em grande medida autônomo. Embora, na altura de 581, Shetu, neto de Tumen, tivesse conseguido triunfar no leste, precisava de todos os incentivos materiais que pudesse conseguir a fim de conservar a fidelidade de seus volúveis seguidores. A decisão do Sui de suspender os pagamentos ocorreu no pior momento possível.

Shetu achou que "o imperador Wen não se comportou corretamente com ele".[11] Prevendo problemas, o imperador voltou a atenção para a fronteira norte, onde encomendou a "bárbaros" locais a construção de barreiras em vinte dias, no noroeste de Shanxi. No final do mesmo ano, Shetu atravessou a fronteira e tomou a cidade de Linyu, no litoral de Hebei, na extremidade oriental da divisa. "Preocupado com isso", relata uma crônica, "o líder Sui

A REUNIFICAÇÃO DA CHINA

refez as defesas, ergueu longas muralhas na fronteira... e estacionou ali dezenas de milhares de soldados."[12]

Todo esse esforço, no entanto, nada mais conseguiu a não ser demonstrar claramente as limitações inerentes às muralhas: ao fortificar certos trechos, o inimigo procuraria os mais vulneráveis. Com as partes central e oriental — Shanxi e Hebei — defendidas por muros recentemente reparados, os turcos pragmaticamente desviaram a atenção para o oeste. Estimulado tanto pelas necessidades materiais quanto por sua mulher, uma princesa Zhou que havia jurado vingança contra os Sui por haver deposto e assassinado muitos de seus parentes, em 582 Shetu liderou 400 mil arqueiros num grande ataque no noroeste da China — Gansu e Shaanxi — após o qual "não restou sequer um animal doméstico".[13] O imperador reagiu à notícia com fúria caracteristicamente chinesa:

> Em tempos passados o destino do Wei declinou, e grandes desastres ocorreram rapidamente. O Zhou e o Qi se enfrentaram e dividiram as terras da China. Os bárbaros turcos traficaram igualmente com ambos os estados. O Zhou olhou ansiosamente para o leste, temendo a melhora das relações entre os turcos e do Qi, e estes miravam nervosos o oeste, temendo alianças do Zhou com os turcos. Em outras palavras: a guerra ou a paz na China dependia dos caprichos dos bárbaros.[14]

O imperador prosseguia condenando a prática do Zhou e do Qi de subsidiar os turcos, "dilapidando a riqueza de seus tesouros e atirando-a ao deserto, para desgraça da China". O Sui, ao contrário,

> havendo recebido dos Céus a ordem de cuidar paternalmente de todas as regiões, compadecendo-se da carga sustentada por todos os nossos súditos, aboliu os abusos do passado: recuperamos os objetos que costumavam ser entregues ao inimigo como recompensas extraordinárias por nossos oficiais e soldados. Devolvemos a tranqüilidade ao povo nas estradas, que agora pode dedicar-se à agricultura e à tecelagem.

GRANDE MURALHA

Mas o plano do imperador de desafiar os nômades cortando os subsídios e construindo muralhas não havia conseguido pacificar o norte e, na verdade, aumentara os problemas do país, por provocar ataques. "Os monstros ferozes, em sua estúpida ignorância", fulminou o imperador, "não compreenderam a profunda intenção de Nossa Vontade... e prosseguem na mesma insolência dos tempos passados. Recentemente surgiram de seus esconderijos em grande número e atacaram nossas fronteiras setentrionais." Frustrado com essa falta de êxito, o desesperado imperador depositou suas esperanças no sobrenatural. Na terra dos turcos, murmurou esperançosamente Wen, "há terríveis sinais de males iminentes. Durante o ano passado soube-se de casos de animais falantes e de homens que disseram coisas sobrenaturais, afirmando que o estado [deles] perecerá". Embora o imperador tivesse de admitir que "até agora nada aconteceu" em relação a essas predições, tinha certeza de que "agora é o momento em que a luz e as trevas terão de manifestar-se".[15]

Em certo sentido, a renovada e passiva fé imperial em forças além de seu controle deu resultados. Embora a frenética construção de muralhas fosse apenas contraproducente, acabou sendo mais proveitoso simplesmente esperar que os turcos digladiassem internamente. Dois ou três anos depois do grande ataque de Shetu, os turcos ficaram severamente debilitados por dissensões internas: Shetu atacou um primo, que fugiu para o oeste em busca do *khaghan* daquela região, que percebeu a oportunidade de declarar a independência em relação à autoridade de Shetu no leste. Em breve, acossado pelas hordas de compatriotas rebelados, Shetu não teve remédio senão procurar apoio dos chineses. A princesa anteriormente vingativa escreveu ao imperador Wen, suplicando-lhe que adotasse Shetu como seu filho. Tomando o pedido como uma oferta de vassalagem, o imperador graciosamente aquiesceu, permitindo que Shetu se estabelecesse com seu povo ao sul do deserto, próximo à fronteira chinesa. O segundo filho do imperador, o príncipe Guang, futuro imperador Yang, levou ao *khaghan* soldados, roupas, carros de combate e — com utilidade militar menos evidente — instrumentos musicais. Tudo isso, segundo os registros, lhe permitiu derrotar o primo no

A REUNIFICAÇÃO DA CHINA

ocidente. As fontes chinesas descrevem a atitude de Shetu com relação ao imperador como de sujeição abjeta, numa demonstração adequada de humildade bárbara diante do esplendor chinês: "Neste momento o clima é ameno e os elementos são propícios, simplesmente porque na China surgiu um grande sábio... Sentimos agora os efeitos de vossa influência purificadora... De manhã e à tarde meus serviços estão respeitosamente à disposição." Os verdadeiros motivos da reaproximação de Shetu com a China eram muito mais oportunistas e seu comportamento muito mais rude e evasivo. Quando o imperador exigiu uma demonstração mais concreta da vassalagem do *khaghan*, despachando um funcionário ante o qual Shetu recebeu ordem de prostrar-se, o turco tratou de evadir-se de suas obrigações fingindo estar enfermo e incapaz de ir ao encontro do enviado.[16]

A verdadeira medida da confiança que o imperador depositava em Shetu se encontra, talvez, na constante paixão do soberano pela construção de muralhas: por três vezes ele mandou funcionários e trabalhadores à região do Ordos — as atuais Ningxia, Shaanxi e Mongólia Interior. Em 585, cerca de 30 mil homens foram enviados a essas zonas a fim de construir mais de 700 *li* de muros "para evitar incursões de bárbaros", entre Lingwu, no lado ocidental do rio Amarelo, e Suide, próximo ao lado oriental, não muito distante da linha seguida pela muralha Ming posterior ao longo da superfície de cor ocre, áspera e coberta de vegetação rasteira do Ordos. No ano seguinte, 150 mil trabalhadores foram despachados para construir uma linha irregular de algumas dezenas de postos militares no deserto pedregoso da Mongólia Interior, pouco adiante da fronteira da atual província de Shaanxi. Em 587, mais de 100 mil homens foram encarregados de "trabalhos de reparos em muralhas" em localidade não especificada, presumivelmente trechos já iniciados, durante vinte dias.[17]

■ ■ ■

Na década de 590, a corte Sui começou a encher-se de sombras, afastando de sua amada fronteira os pensamentos do imperador. Para começar, houve inveja assassina. Quando, em 593, seu marido se desviou do voto de monogamia, a imperatriz tratou de agir diretamente, matando a infeliz mulher enquanto o marido dava audiência. Em seguida veio o conflito — talvez filicida — entre o casal imperial e seus filhos. A tendência da imperatriz à censura, combinada com a insegurança paranóica do imperador — assim como os membros das tribos das estepes, Wen não considerava seus filhos como aliados, e sim como rivais potenciais —, conspirou para eliminar ou banir da corte quatro de seus cinco filhos antes da morte de Wen. O primeiro a desaparecer foi o terceiro filho, Jun: demitido em 597 de sua posição a pretexto de extravagância, foi misteriosamente envenenado uma semana antes do sexagésimo aniversário do imperador, em 600. O segundo alvo da condenação imperial foi o príncipe herdeiro, Yong, que inicialmente caíra em desgraça em 591, quando a mãe suspeitou que ele havia envenenado a esposa a fim de instalar em seu lugar uma concubina favorita. Em breve, a imperatriz, que não costumava usar roupas de cores vivas nem tecidos bordados, pelo motivo prático de que eram difíceis de lavar, começou a criticar a predileção do príncipe por roupas e ornamentos esplêndidos. "Desde os tempos antigos", advertiu ela, "os reis e imperadores amantes do luxo nunca tiveram vida longa." [18]

Houve um beneficiário de todas essas suspeitas imperiais: o segundo filho do imperador, Guang, que tratou de aparecer aos olhos dos pais como modelo de frugalidade. Quando os genitores o visitavam, ele fazia questão de que os servos fossem velhos e feios, suas cortinas e estofados tivessem aparência simples, os instrumentos estivessem empoeirados e com cordas partidas, a fim de convencer o imperador de que não amava o luxo.[19] Por volta do final do ano 600, impressionado com essa demonstração de economia, o imperador já havia rebaixado o primogênito e promovido o segundo filho à condição de herdeiro presuntivo. Impedido por Guang de protestar por sua deposição em uma petição ao imperador, Yong subiu a uma árvore e queixouse aos gritos, esperando que o imperador, num palácio adjacente, ouvisse suas palavras. Isso, entretanto, somente favoreceu a Guang, que convenceu o im-

A REUNIFICAÇÃO DA CHINA

perador de que o irmão era mentalmente desequilibrado. O soberano nunca mais reviu Yong. Em 602, Guang completou o descrédito dos irmãos ao persuadir o pai de que o quarto filho, Xiu, estava envolvido em uma conspiração de magia negra contra outro dos irmãos, Liang. Como Liang possuía suficiente poder para merecer essa conspiração, deveria constituir uma ameaça segundo a lógica de Guang. Ambos foram demitidos de suas funções públicas.

A partir desse ponto, as crônicas chinesas — compiladas pela dinastia Tang, sucessora do Sui — são ainda menos lisonjeiras em relação a Guang, acusando-o de todo tipo de hipocrisia e infâmia, indignas do respeito filial. Em 604, com o imperador em seu leito de morte — enfraquecido, ao que diz uma das fontes, pela superatividade sexual com suas concubinas após a morte da esposa e o fim de sua monogamia forçada, em 602 —, relata-se que o príncipe Guang propôs casamento à concubina favorita do pai, Xuanhua, que prontamente denunciou-o ao genitor enfermo. Wen mandou buscar seu primogênito, tencionando reinstaurá-lo como herdeiro, mas a mensagem foi interceptada por Guang e seus sequazes, um dos quais foi ao quarto do imperador e mandou todos os demais saírem. Pouco depois, anunciou-se a morte de Wen, coincidência a respeito da qual, segundo registra laconicamente a história oficial do Sui, "as opiniões se dividiram".[20] Naquela noite, com o cadáver do velho imperador ainda morno, ao que dizem relatos lascivos, seu filho e herdeiro — o novo Imperador Yang — encontrou felicidade incestuosa com a madrasta, Xuanhua.

Após essa façanha edipiana, o novo imperador tratou de mostrar que nada tinha do puritano que seu pai imaginava nele. Sem dar atenção à relação entre essa atividade e o final desastroso do Wei do norte, Yang desviou hordas de trabalhadores forçados para a rápida construção de uma nova capital em Luoyang; sua impaciência com a velocidade dos trabalhos exigiu um ritmo tão rápido para a obra que, segundo os relatos, pereceu pelo menos a metade dos aproximadamente dois milhões de operários. Ele ordenou a escavação do Grande Canal, o sistema hidrográfico artificial que ligou o norte da China, a partir de Luoyang, com a capital meridional de Yang no litoral, na atual Yangzhen. Construído sob o pretexto oficial de que facilitaria o transporte de alimentos de uma metade do país para a outra, o canal parece ter servido para as luxuosas flotilhas de Yang tanto quanto para as chatas com arroz barato do sul: "barcos decorados com dragões, embarcações em forma de fênix, cruzadores vermelhos de batalha, transportes com vários conveses", puxados em direção ao sul "por cordas de seda verde".[21]

Tal como o pai, porém, os pensamentos de Yang rapidamente se voltaram para a fronteira. Os turcos continuavam divididos pela guerra civil durante a transferência de poder de Wen para o filho. Assim como anteriormente, a facção mais fraca — liderada por um bisneto de Tumen, Rang'an — buscou auxílio chinês e proteção contra tribos rivais. No quinto mês do ano 607, Rang'an enviou parentes seus ao imperador, que se encontrava acampado entre suas duas capitais, Chang'an e Luoyang, solicitando permissão para atravessar a fronteira e visitar a corte. O imperador recusou, mas no mês seguinte, durante uma caçada, Yang foi ao norte de Shaanxi e entrou na Mongólia Interior até a extremidade noroeste da curva do rio Amarelo, de onde abandonou a fronteira chinesa em direção aos domínios dos turcos.

Yang não se arriscou com os volúveis bárbaros, avançando com seus funcionários para o norte dentro de um contingente de soldados dispostos em forma de quadrado. A julgar pelo discurso de submissão feito pelo *khaghan* à chegada do imperador, no entanto, essas precauções eram desnecessárias. Comparando-se a "um simples grão de semente", o *khaghan* agradeceu a generosidade do Sui no apoio a seu governo, tanto econômica quanto politicamente, contra os ataques de tribos rivais: "O falecido imperador... penalizado com a vulnerabilidade de seu humilde servo, manteve-o em vida... e fez de vosso servo o Grande Khaghan."[22] Percebendo, pelas complexas cautelas, a desconfiança evidente do imperador, o *khaghan* apressou-se a assegurar-lhe: "Vosso humilde servo não é mais o antigo *khaghan* das fronteiras, vosso humilde servo é o vassalo de Vossa Adoração." Chegou até mesmo a suplicar permissão para abandonar os costumes turcos e adotar os chineses: "Quando

A REUNIFICAÇÃO DA CHINA

Vossa Adoração se apiedar de vosso servo, suplico que tudo seja como na China, segundo as roupas, ornamentos, leis e usos da nação superior." Fosse motivado por uma progressiva tolerância dos costumes indígenas ou por considerações econômicas mais concretas (o custo de vestir as hordas do *khaghan* com roupagens e adereços chineses não seria desprezível), o imperador recusou o pedido e solicitou simplesmente aliança: "Como a região ao norte do deserto não está pacificada e as guerras ainda são necessárias, tudo o que [o *khaghan*] tem a fazer é manter-se leal e respeitar seus deveres — para que mudar as roupagens?"[23] Mas o líder recebeu carros, cavalos, tambores, estandartes e um banquete para 3.500 de seus homens. Poucos meses depois, o imperador fez uma visita sem precedentes à residência do *khaghan* na estepe, em Yunzhong ("entre as nuvens"), nas pastagens mongóis um pouco a leste da margem mais ao norte da curva do rio Amarelo, viajando em um enorme palácio sobre rodas (protegido por muros móveis), o que, segundo os cronistas chineses, teve exatamente o efeito desejado de assombrar o povo local: "Os bárbaros imaginaram que um espírito havia chegado: quem quer que visse o acampamento imperial, à distância de 10 *li*, caía de joelhos e se prostrava." Depois que o próprio *khaghan* se ajoelhou e propôs um brinde, o imperador, ativo poetastro, ficou de tal maneira encantado com a recepção que escreveu uma ode rapsódica ao exótico norte:

> Numa tenda de feltro, observo os ventos que se erguem,
> As montanhas Qionglu se abrem em direção ao sol...
> Homens de tranças me trazem seu saboroso carneiro,
> Com as mãos vestidas de luvas de couro dos falcoeiros, oferecem-me a taça de vinho,
> Digam, que lhes parece a vinda do Filho dos Céus chinês
> Sem proteção, à estepe do Shanyu?[24]

Mas as expressões de despreocupação triunfal de Yang não são confirmadas pelo fato de que ambas essas incursões foram acompanhadas pela cons-

GRANDE MURALHA

trução de muralhas. Em 607, "mais de um milhão de homens foram mandados construir longas muralhas, desde Yulin, no oeste, ao rio Púrpura, no leste". Um ano depois, em 608, outro grupo, com 200 mil homens, foi enviado à mesma região para erguer muralhas.[25] Acompanhando aproximadamente em linha paralela a atual fronteira entre Shanxi e a Mongólia Interior, esse trecho foi construído a fim de proteger as terras ao norte da nova capital em Luoyang, que ficava diretamente ao sul. A leste e ao sul do ponto terminal oriental dessa muralha havia uma barreira montanhosa natural, mas a oeste e ao norte o relevo era bastante plano. O local escolhido pelo imperador Yang era a fronteira natural da planície amarelada, o trampolim para os ataques dos nômades do norte a Shanxi, em direção ao sul; teoricamente, a muralha barrava esse caminho. Parte de uma muralha Sui ainda sobrevive na atual Mongólia Interior, uma maciça extensão fortificada feita de terra, talvez com 2,5 metros de altura, que passa por entre sólidas torres duas vezes mais altas do que os panoramas típicos de Gobi: "não um deserto, semelhante ao Saara, simplesmente de areias móveis, e sim uma extensão de areia endurecida e cascalho misturado com argila, sempre coberto pelo menos de uma vegetação rala, e freqüentemente de moitas de arbustos folhudos", como o descreveu uma excursão automobilística norte-americana em 1923.[26] As marcas de um milênio e meio são visíveis na estrutura, que mostra erosão em vários trechos da terra amontoada. Hoje em dia, erguendo-se em meio às moitas eriçadas e esparsas da fímbria do Ordos, parece mais um muro infestado de cupins do que uma defesa feita pela mão do homem. Sua superfície granulosa e esburacada sem dúvida em nada se parece com as lisas placas de pedra das muralhas posteriores do Ming próximas a Pequim, embora tenha certa semelhança com as muralhas tradicionais de terra socada espalhadas pelo noroeste pelos estados e dinastias desde o primeiro milênio a.C.

O imperador Yang comemorou entusiasticamente sua muralha em versos:

A REUNIFICAÇÃO DA CHINA

O vento desolado do outono sopra forte,
Viajamos para longe, 10.000 *li*.
Viajando para tão longe, para onde vamos?
Vamos cruzar o rio e construir a Longa Muralha.
O grande imperador confiou em sua própria sabedoria para a construção?
Não; seguiu o precedente de seu sagrado ancestral.
Construir a muralha é um estratagema que beneficiará miríades de gerações.
Quem ousaria perturbar-se com pensamentos ansiosos?
Poderemos repousar tranqüilamente na capital.
Nossos regimentos tomam posição junto ao rio Amarelo
Por 1.000 *li* o estandarte dos bárbaros é recolhido.
Montanhas e rios aparecem e desaparecem no horizonte,
As planícies se estendem infinitamente na distância.
Nossos regimentos se detêm ao som do gongo,
Os soldados marcham novamente ao trovão dos tambores.
Dezenas de milhares de cavaleiros partem,
Dando de beber a suas montarias abaixo da Longa Muralha.
No crepúsculo do outono, as nuvens se juntam além da muralha,
O nevoeiro e as trevas escondem a lua das montanhas.
Avançamos pelos desfiladeiros a cavalo,
As fogueiras são acesas bem a tempo.
Perguntamos ao oficial da Longa Muralha
Se o Shanyu já chegou para a audiência com a corte.
O ar nevoento paira sobre as montanhas celestiais,
A luz da aurora enche o passo do norte.
...
Ao regressar beberemos satisfeitos
E relataremos nossos triunfos no templo de nossos ancestrais.[27]

A alegre pavana de Yang contraria todos os sentimentos melancólicos suscitados pela construção de muralhas. Embora a estrada seja longa, ensina ele, o empreendimento é abençoado pelos Céus e salvará vidas durante dezenas de milhares de anos vindouros. Ali, as torres de vigia com suas fogueiras, geral-

GRANDE MURALHA

mente símbolos de ataque iminente, pânico e temor, parecem simplesmente anunciar que o líder bárbaro chegou para uma visita social. A fronteira é geralmente associada com movimento caótico, com os redemoinhos da batalha, com as cargas de cavalaria e o frenético fragor da luta; a muralha de Yang, ao contrário, é tão tranqüilamente pacífica que o ar fica parado e seus soldados vitoriosos podem planejar libações no templo ancestral. Em seu entusiasmo pela glorificação das muralhas, Yang chega a oferecer um tributo controvertido a "seu sagrado ancestral" — o odiado primeiro imperador Qin. O uso do termo Qin "Longa Muralha" pelo Sui sem dúvida convida a comparações com o inauspicioso antecessor.

Tendo em vista que a história dinástica do Sui estima que meio milhão dos operários de Yang morreram na fronteira, a efusão autocongratulatória do imperador soa um tanto vazia.[28] Outros poemas da dinastia, menos politicamente carregados, sugerem que o ódio popular pela muralha não era facilmente esquecido: os soldados em serviço além dos muros são descritos como "almas flutuantes", exilados de seus lares e da civilização, sem ter direito a repouso durante o frígido inverno e as geadas do outono; as gélidas temperaturas da divisa "ferem profundamente até mesmo os gansos da fronteira" e "machucam os ossos dos cavalos"; as fogueiras "causam um caos de temor"; a água é tão fria que "rompe as entranhas".[29]

■ ■ ■

Mesmo durante a realização dos triunfos imperiais de Yang — suas Longas Muralhas, seu Grande Canal e a submissão das tribos do norte — havia sinais de problemas na fronteira que com ou sem as muralhas iriam destruir a dinastia Sui. Em 607, mais ou menos na mesma época em que o imperador Yang recebia o voto de fidelidade do *khaghan* turco, o líder bárbaro se sentia levemente desconfortável com a chegada de outro visitante: um emissário clandestino do estado de Koguryo, que se estendia além do rio Liao, na Manchúria, penetrando na atual Coréia. Embora o *khaghan* do leste procu-

A REUNIFICAÇÃO DA CHINA

rasse atribuir pouca importância a esse encontro, apresentando abertamente o enviado coreano durante uma audiência imperial, a existência de um contato secreto entre os turcos orientais e os coreanos era profundamente embaraçosa para todos os participantes: os chineses temiam uma aliança hostil no nordeste, enquanto os turcos orientais se sentiam nervosos ao alienar seus patrocinadores chineses. Os chineses tentaram tratar a situação com uma demonstração intimidadora de soberba, informando o enviado coreano de que seu rei "deveria vir prontamente e prestar homenagem" na corte chinesa.[30] Se deixasse de fazê-lo, os chineses invadiriam seu país com um exército. O rei coreano ignorou a convocação e o imperador Yang resolveu invadir. A decisão foi fatal, porque a guerra na Coréia — além do amplo programa de obras públicas do imperador — exigiu do Sui tanto esforço que acabou por destruir um regime exteriormente robusto. Os preparativos começaram com maus augúrios, com uma enchente do rio Amarelo que causou a deserção dos recrutas. Quando finalmente o imperador marchou, em 612, imaginava um rápido trajeto até a capital do Koguryo; em vez disso, cidades muradas ao longo do rio Liao resistiram aos ataques chineses até que as chuvas do verão obrigaram Yang a regressar a Luoyang. No ano seguinte, o imperador voltou a cruzar o rio Liao, mas ficou ocupado com revoltas internas, muitas das quais concentradas nas zonas recentemente inundadas pelo rio Amarelo. Sem se importar com a ameaça de distúrbios civis, Yang inexplicavelmente resolveu retornar à Coréia em 614, numa expedição após a qual o rei de lá ainda continuou a recusar-se a prestar homenagem na corte imperial e a China entrou em colapso numa série de rebeliões.

Longe de intimidar-se com novas muralhas do imperador, as tribos da fronteira norte aproveitaram a oportunidade para retomar a insubordinação. O entusiasmado *khaghan* oriental pró-China, Rang'an, havia morrido em 609 e foi sucedido por um filho, Duoji, muito menos ansioso por prestar vassalagem ao Reino do Centro. Quando Duoji suspendeu as visitas à corte chinesa, Yang sugeriu outra viagem imperial ao norte a fim de restaurar a amizade num encontro face a face; Duoji reagiu à idéia lançando um ataque

165

contra o norte da China, durante o qual o comandante Sui designado para enfrentar os turcos foi morto. Em 615, quando o imperador Yang passava férias no palácio Fenyang no norte de Shanxi, quase foi capturado por uma força de dez mil soldados enviados pelo novo *khaghan*, e teve de refugiar-se na cidade fortificada de Yanmen, a cerca de 150 quilômetros ao sul da muralha que percorria a fronteira norte de Shanxi, que era somente uma das duas guarnições ainda em poder dos chineses no distrito circunjacente. A corte entrou em pânico: o aterrorizado imperador "abraçou-se ao filho, com os olhos esbugalhados de medo", enquanto seus funcionários formulavam uma torrente de planos de fuga, o mais temerário dos quais supunha que o próprio imperador rompesse o cerco turco com alguns milhares de cavaleiros de elite. Após um sítio que durou 36 dias — numa cidade fortificada que dispunha somente de provisões de vinte dias para os soldados, sem contar os inesperados hóspedes imperiais — os homens do *khaghan* finalmente se retiraram, atraídos por notícias de problemas em outra fronteira.[31]

Permanentemente abalado por sua experiência em Yanmen, o imperador foi ficando cada vez mais deprimido e distanciado da realidade: enquanto camponeses famintos eram obrigados a comer cascas e folhas de árvores, terra e finalmente uns aos outros, ele concentrava a atenção em divertimentos particulares, como a captura de suficiente número de vaga-lumes para iluminar viagens noturnas de recreio. Convencido de que em Luoyan se encontrava demasiadamente próximo ao foco geográfico de rebeliões, Yang tomou uma última decisão equivocada: fugir da fronteira norte para sua capital meridional. A flotilha imperial havia sido integralmente incendiada durante a guerra civil que interrompera a segunda campanha da Coréia, mas apesar da precária situação nacional uma nova frota de barcos-dragão e palácios flutuantes foi construída às pressas. No sétimo mês de 616, Yang partiu para o sul, executando os funcionários que ousassem opor-se à fuga. Dois anos mais tarde, ele próprio foi assassinado em sua casa de banhos por Yuwen Huaji, líder rebelde que era filho de um de seus generais mais confiáveis, porém não

A REUNIFICAÇÃO DA CHINA

sem primeiro ser obrigado a assistir ao assassinato de seu bem-amado filho Wang Zhaogao.[32]

■ ■ ■

Duas décadas depois da morte de Yang, a nova casa reinante chinesa, o Tang, em sua *História* (Correta) *do Sui*, fazia alegremente comparações históricas pouco lisonjeiras que colocava os predecessores no ciclo moralístico chinês de ascensão e queda:

> As realizações e deficiências da dinastia Sui, sua preservação e destruição, são análogas às do Qin. O Primeiro Imperador unificou o país; o mesmo fez o imperador Wen. O segundo imperador Qin era tirânico e usou a força e castigos severos. Também o imperador Yang era malévolo e cruel. Em ambos os casos a ruína começou com levantes de rebeldes, e ambos perderam a vida em mãos de plebeus. Do início ao fim, foram semelhantes como as duas metades de uma vara de cálculo.[33]

Ansioso por justificar a usurpação do trono, o Tang patrocinou a difamação do caráter do imperador Yang, transformando-o em um dos lendários imperadores perversos, tão malvado quanto Huhai, do Qin. Páginas e páginas e mais páginas de vilezas caracterizavam sua perversidade: o parricídio e o fratricídio; o custo humano de seus projetos de construções, inclusive 50 mil pessoas enterradas vivas nos baixios de seu Grande Canal, seus excessos sexuais — seu prazer em deflorar virgens e obrigar belas mulheres a puxar suas embarcações ao longo do canal; suas extravagâncias (mandar tecer com pestanas de animais raros as cortinas para os barcos de sua frota).[34] Embora o Tang, como quase todas as dinastias que o precederam e sucederam, modificasse os fatos históricos para servir a seus próprios objetivos políticos, em um aspecto importante a analogia era legítima. Para o Sui, assim como para o Qin, as muralhas não proporcionaram garantia de permanência.

CAPÍTULO 6

Sem muralhas: a expansão das fronteiras da China

TAL COMO SEU PREDECESSOR, O PRIMEIRO IMPERADOR QIN, TAMBÉM o imperador Yang, do Sui, ouvia com atenção as vozes dos augúrios. Quando o Primeiro Imperador foi avisado de que "Hu" traria a ruína da casa do Qin, imediatamente enviou seu melhor general, Meng Tian, numa campanha contra os bárbaros Hu do norte, com 300 mil soldados e ordens para construir uma Longa Muralha, a fim de proteger seu império. Da mesma forma, quando um adivinho profetizou em 615 que um homem de nome Li substituiria a dinastia Sui, Yang tratou diligentemente de executar as pessoas assim chamadas (Li é o equivalente chinês de Silva ou Souza), inclusive um de seus mais antigos generais e 32 membros de sua própria família.

O ataque preventivo do Primeiro Imperador foi obviamente equivocado, pois o perigoso Hu estava muito mais próximo dele, na figura de Huhai, o desequilibrado filho de Qin Shihuang. Os esforços de Yang também foram inúteis: embora lhes faltasse apenas a necessária universalidade, também não eliminaram Li Yuan — duque de Tang e primeiro imperador da dinastia Tang, com o nome de Gaozu — antes que Li Yuan aniquilasse o Sui. Após a deposição do último imperador-criança, que era apenas um fantoche, em 618, Li fundou a dinastia que, em seu apogeu, estenderia a autoridade chinesa desde o vale do Oxus, nos limites da Pérsia, a noroeste, até a fronteira coberta de geada da atual Coréia, a nordeste. Nenhuma outra dinastia etni-

GRANDE MURALHA

camente chinesa levou a China tão longe quanto o Tang; o único governo que a ultrapassou nesse particular foi a dinastia Qing, da Manchúria, que por sua vez havia iniciado sua existência como potência da estepe e portanto obteve uma vantagem territorial ao conseguir juntar suas antigas terras natais do norte à China propriamente dita. O império do clã Li forneceu uma valiosa lição em gerência de fronteira que as dinastias seguintes, mesmo reverenciando o Tang como um período áureo, tanto político quanto cultural, repetidas vezes deixaram de lado: as conquistas, a riqueza e a vivacidade do Tang foram obtidas sem longas muralhas.

■ ■ ■

Embora os chineses modernos conservem um forte orgulho nacional devido às glórias da China do Tang, a maioria dos êxitos, ironicamente, foram conseqüência do fato de que a dinastia ficou exposta a uma cultura estrangeira, a da estepe. Após a fundação da dinastia Tang, os genealogistas pagos pelo poder imperial construíram uma linhagem chinesa impecavelmente pura para o Tang, traçando uma linha de descendência que vinha de Li Guang, um dos mais audaciosos generais do imperador Han, Wu, nas lutas contra os Xiongnu. A realidade da linha familiar, no entanto, era cosmopolita, com proximidade bárbara. Como muitos dos sobreviventes políticos mais audaciosos da China, o Tang vinha originalmente de uma origem mista, chinesa e da aristocracia nortista: o pai de Li Yuan havia se casado na mesma família Xiongnu do primeiro imperador Sui. No final da dinastia Sui, a base de poder do clã ficava concentrada em Wuchuan, um posto militar próximo à fímbria interior da muralha de fronteira junto a Datong, no norte de Shanxi.

Como alto funcionário Sui e extraordinário general — grande favorito do imperador Wen e sua esposa —, Li Yuan permaneceu leal ao Sui nos estágios iniciais das rebeliões que estouraram durante as expedições do im-

SEM MURALHAS: A EXPANSÃO DAS FRONTEIRAS DA CHINA

perador Yang à Coréia, defendendo a capital e a fronteira dos ataques de bandidos e dos turcos. Mas quando a sorte do Sui entrou em fase descendente terminal, Li Yuan aproveitou a ocasião, sentindo-se estimulado ao ouvir uma versão popular, em forma de balada, da profecia favorável aos Li. "Tenho de erguer-me e marchar mil *li* para torná-la realidade!" Assim se afirma que Li Yuan exclamou em 617, prestes a reunir 10 mil soldados em torno de seu baluarte em Shanxi.[1]

Já no oitavo ano do reinado de Li Yuan como imperador Gaozu, a herança tribal do Tang ressurgiu quando, em 626, disputas sucessórias se tornaram homicidas. Durante alguns anos, os filhos de Gaozu vinham-se tratando com suspeitas mútuas: o segundo filho, Li Shimin, mostrou ser um general mais competente do que o herdeiro presuntivo, conquistando vitórias importantes sobre senhores da guerra rivais nos anos seguintes a 618. Percebendo uma ameaça real, o príncipe herdeiro, junto com outro irmão mais moço, seu aliado, reagiu procurando fazer a opinião da corte voltar-se contra Shimin. Finalmente, diante de um boato de que o irmão estava planejando assassiná-lo, Shimin acusou seus dois irmãos de terem ligações amorosas com as concubinas do pai.

A fim de defender-se diretamente com o imperador, ambos os irmãos chegaram à entrada do palácio, onde Shimin e 12 sequazes haviam preparado uma emboscada. Shimin matou o irmão mais velho, e um de seus funcionários cuidou do mais moço. Em seguida Shimin mandou um de seus generais ao palácio a fim de informar o pai de que a questão da sucessão havia sido simplificada. Dois meses depois, Gaozu foi "convencido" a abdicar em favor de seu único filho sobrevivente, que se proclamou imperador com o nome de Taizong.

A maneira pela qual Taizong havia organizado sua ascensão ao trono revelou claramente as influências não-chinesas que havia nele e em seu clã. Sua propensão a considerar os membros da família como rivais e inimigos mortais refletia uma preocupação tribal característica, enquanto que o assassinato dos irmãos e a destituição do pai contrariavam o princípio mais fundamental da ordem moral chinesa: o mandamento confucionista da piedade filial.

■ ■ ■

Mestre do estilo político fluido e abertamente violento da estepe, Taizong naturalmente desprezava as muralhas de fronteira, transformando por meio de audaciosas ações militares a situação nas fronteiras, herdada do pai. Desde 618, enquanto a China se aprumava após anos de guerra civil, os turcos vinham atacando ou chantageando a nova dinastia, conforme seus caprichos, recebendo em um ano 30 mil "peças de materiais" como presentes do Tang e em outro retirando dos assentamentos de fronteira quase todas as mulheres atraentes. Em 625, depois de prolongados ataques nas vizinhanças de Chang'an — de que participaram 100 mil cavaleiros liderados pelo *khaghan* Xieli, em pessoa —, a temerosa corte chinesa pensou até mesmo em mudar-se da vulnerável Chang'an e refugiar-se numa zona mais montanhosa de Shanxi.[2]

Em 627, enquanto preparavam outro ataque dirigido contra a capital, os turcos enviaram um espião à corte de Chang'an, que logo demonstrou incompetência ao declarar que o exército de seu *khaghan* tinha um milhão de homens e se aproximava rapidamente. Taizong reagiu com decisão, encarcerando o enviado e condenando-o à morte e em seguida saindo dos portões do palácio à frente de suas tropas para enfrentar Xieli, que inocentemente imaginava estar o exército chinês dizimado por dissensões internas. A demonstração comedida de força por parte de Taizong — nem uma só espada foi desembainhada — teve o efeito de conferir-lhe uma vantagem psicológica crucial. Assim raciocinou ele: "Os turcos acreditam que somos incapazes de levantar um exército, porque recentemente tivemos conflitos internos. Se eu fechasse completamente a cidade, eles saqueariam nosso território. Por isso sairei ao encontro deles para mostrar que nada tenho a temer, e farei uma demonstração de força para que saibam que estou disposto a lutar." Os turcos

SEM MURALHAS: A EXPANSÃO DAS FRONTEIRAS DA CHINA

se retiraram, fizeram propostas de paz e receberam muitos presentes dos chineses, com os quais Taizong planejava torná-los descuidados e decadentes e depois destruí-los em batalha no momento que considerasse adequado. "Tudo isso", exclamou impressionado um dos principais ministros de Taizong, admirando a percepção de seu sobreano sobre a diplomacia da estepe, "está além da capacidade de minha burrice."[3]

A oportunidade esperada chegou no ano seguinte, quando tribos vassalas se rebelaram contra Xieli e o inverno na estepe foi extraordinariamente frio, durante o qual "muitos carneiros e cavalos morreram de inanição e houve penúria para o povo".[4] Um ano mais tarde, os problemas dos turcos se agravaram devido a uma disputa entre Xieli e seu subordinado imediato, Tuli. Um dos conselheiros de Taizong, notando que Xieli havia concentrado tropas na fronteira, presumivelmente com a intenção de lançar ataques a fim de minorar os problemas de seu povo, sugeriu a reconstrução e proteção de longas muralhas. O imperador não concordou.

> Os turcos tiveram geadas no auge do verão; cinco sóis apareceram de uma só vez; durante três meses o tempo tem sido constante, e uma aura lúgubre cobriu as estepes... Eles se deslocam de maneira incerta, a maior parte dos rebanhos e manadas morreu, o que significa que não estão fazendo uso da terra... Xieli não tem boas relações com Tuli, e ambos estão em discórdia interna... vão certamente perecer, e eu os capturarei para os senhores. Não creio que seja necessário reforçar as defesas.[5]

Exatamente como previra Taizong, na altura de 629 a máquina militar turca já havia sido destruída por disputas internas. Naquele ano, Taizong mandou cinco generais, com um total de 100 mil soldados, que tomaram dezenas de milhares de prisioneiros e gado e aos quais praticamente toda a liderança turca se rendeu, com exceção de Xieli, que escapou por algum tempo num rápido cavalo, mas acabou sendo capturado e levado a Chang'an por um oficial chinês. Ao receber Xieli na capital, o imperador o censurou severa-

GRANDE MURALHA

mente em público por seus crimes, mas finalmente desistiu de executá-lo, preferindo em vez disso "alojá-lo" (linguagem diplomática que significava encarceramento) na cidade. Xieli passou os anos remanescentes de sua vida em depressão, perambulando por Chang'an, desprezando a casa que lhe tinha sido destinada e preferindo uma tenda armada no pátio. "Durante muito tempo mostrou-se apático e desinteressado", registra a *História do Tang*, "cantando canções melancólicas com os membros de sua família e chorando em companhia deles." O imperador procurou alegrá-lo presenteando-o com uma propriedade que dispunha de campo de caça, mas Xieli grosseiramente recusou. Após sua morte em 634 recebeu o apelido póstumo de "ingovernável".[6]

No mesmo ano da capitulação de Xieli, 630, os demais líderes turcos derrotados viajaram à corte de Chang'an e pediram que o imperador assumisse o título de "*Khaghan* Celestial". Era algo inédito: durante mais de um milênio a China e a estepe haviam permanecido em estado de hostilidade constante, e embora tribos do norte tivessem conseguido conquistar fatias substanciais da China, antes de Taizong os chineses nunca haviam podido desfazer-se do sentido de superioridade cultural que os tolhia e da conseqüente predileção por muralhas durante um intervalo suficiente para compreender os nômades segundo suas próprias características. Taizong percebeu seu novo papel, demonstrando ser um modelo de multiculturalismo tolerante. "Desde a Antigüidade", disse ele, "todos homenagearam os chineses e desprezaram os bárbaros; somente eu os amei a ambos como se fossem um só, e o resultado é que as tribos nômades me consideram como pai e mãe."[7] Uma inscrição turca fala de maneira diferente a respeito de seu relacionamento com o "pai e mãe" chinês: "Os filhos dos nobres turcos se tornaram escravos do povo chinês, e suas filhas inocentes foram reduzidas à servidão."[8]

De qualquer forma, Taizong não perdeu tempo em ajustar sua retórica a suas ações, e em vez disso concentrou-se em estimular lutas e assassinatos internos entre os turcos do oeste. Até 630, o *khaghan* dos turcos do ocidente comandava um império que se estendia da extremidade do Portal de Jade, no

SEM MURALHAS: A EXPANSÃO DAS FRONTEIRAS DA CHINA

oeste da China, até a Pérsia sassânida, em torno do mar Cáspio, e se orgulhava de alianças que alcançavam Bizâncio. Um ano ou dois antes que esse império começasse a esfacelar-se, um monge budista chinês chamado Xuanzang atravessou casualmente os domínios do *khaghan* numa peregrinação à Índia, e deixou um relato pormenorizado da esplêndida corte localizada na cidade de Al-beshim, hoje uma ruína tostada pelo sol no oeste do Quirguistão, mas que no século VII era um movimentado elo da Rota da Seda, com 3,5 quilômetros de circunferência, cheia de bazares e caravanas em trânsito. Descreveu um governante vestido de cetim verde, com os cabelos presos em muitos metros de seda, rodeado de funcionários com roupagens de brocado e uma multidão de soldados montados, tão grande

> que o olhar não percebe seus limites... O *khaghan* vive em uma grande tenda ornamentada com flores douradas que ofuscam os olhos... Embora fosse um governante bárbaro numa tenda de feltro, não era possível vê-lo sem admirá-lo... Enquanto isso, os acordes da música dos bárbaros do leste e do oeste soavam estridentemente. Embora essas melodias fossem semi-selvagens, encantavam os ouvidos e alegravam o coração. Pouco depois, foram trazidos alimentos frescos, quartos de carneiro e vitela cozidos, apresentados em abundância aos que se divertiam.[9]

Felizmente para o imperador Tang, esse florescente império iria entrar em colapso em uma das repentinas reviravoltas típicas da política das estepes. Após o assassinato do *khaghan* por uma tribo rival, em 630, Taizong semeou constantemente a discórdia, apoiando alternadamente uma ou outra das facções em litígio, e fazendo com que a liderança desprezada assassinasse a favorita. Depois de dez anos do que na prática era uma guerra civil, um dos pretendentes ao posto de *khaghan* dos turcos ocidentais — ainda sem haver compreendido a influência destruidora dos chineses — solicitou uma aliança por meio de casamento com uma princesa Tang. Taizong astutamente exigiu, como modesto presente de noivado, cinco oásis na bacia do rio Tarim, ao sul

GRANDE MURALHA

das montanhas Tianshan. Combinada com sua política de intervenção militar — dizia-se que em 638 o rei de um oásis havia morrido de medo ao receber a notícia de que um exército chinês se aproximava de seu reino —, a diplomacia de Taizong permitiu-lhe estabelecer a suserania chinesa sobre os reinos dos oásis da Ásia central, através dos quais passava a Rota da Seda em direção à Pérsia e ao império romano do oriente. Entre 640 e 648, Taizong ampliou seu controle à maior parte da bacia do Tarim, estabelecendo em 649 um protetorado geral que ia até Kucha, no meio do deserto de Taklamakan, ao qual confiantemente deu o nome de Anxi (literalmente, Pacificação do Ocidente). Havia guarnições estacionadas nesses postos avançados do império chinês, mas Taizong continuou a desprezar as muralhas, jubilantemente proclamando a seus generais que "em vez de destinar soldados para a proteção das fronteiras, o imperador Yang exauriu o país construindo longas muralhas para defender-se de ataques. Agora eu uso os senhores para proteger o norte e os turcos não ousam vir para o sul — os senhores são muito melhores do que uma longa muralha!"[10]

■ ■ ■

Na altura da primeira metade do século VIII, a China do Tang colhia os benefícios materiais de sua política externa. Sob o reinado do imperador Xuanzong (712-56), artigos exóticos de luxo convergiam para a China de todas as direções; decorações iranianas, indianas e turcas aparecem em todos os tipos de objetos caseiros. Os chineses do norte se acostumaram de tal forma ao transporte de animais estranhos vindos do sul que, quando o fornecimento ao norte se reduziu devido a uma insurreição de eunucos em Cantão, em 763, o poeta Du Fu observou desconsoladamente que "recentemente o aparecimento de um rinoceronte vivo, ou mesmo de penas de martim-pescador, tem sido coisa rara".[11] As grandes cidades hospedavam numerosas populações estrangeiras: árabes, cingaleses e, acima de tudo, comerciantes de Sogdiana (atual Uzbequistão), cuja presença era visivelmente notada numa

SEM MURALHAS: A EXPANSÃO DAS FRONTEIRAS DA CHINA

tendência característica em esculturas da era Tang que representavam figuras levemente caricaturais de pele escura e narizes proeminentes. Segundo estimativas, a capital, Chang'an, continha cerca de 25 mil estrangeiros, e Cantão talvez 120 mil, alguns dos quais chegaram a desempenhar cargos elevados. Enquanto a aristocracia se encantava pelo jogo de pólo e o imperador tomava uma jovem de Tashkent para concubina, dançarinas ocidentais de olhos verdes e cabelos louros ofereciam vinho em taças de âmbar aos desocupados ricos de Chang'an:

> A *houri* bárbara de rosto de flor
> Cuida das chaleiras de vinho, e ri com o hálito da primavera
> Ri com o hálito da primavera, e dança vestida de gaze.[12]

Os homens usavam chapéus de pele de leopardo; as mulheres expunham os rostos sob bonés turcos e caminhavam em público vestidas com roupas masculinas de montaria. (Provavelmente as mulheres gozaram de maior grau de liberdade na era Tang do que sob qualquer outra dinastia etnicamente chinesa; a prática deformadora das ataduras nos pés somente começou na dinastia Song, dois séculos mais tarde.)

Poucos indivíduos tinham mais apreço às maneiras estrangeiras, e especificamente às turcas, do que o filho mais velho de Taizong, Li Chengqian, que escolhia somente empregados turcos ou que falassem a língua turca, vestia-se como um *khaghan* e ergueu uma *yurt* no pátio de seu palácio, que tinha até mesmo estandartes com cabeças de lobo, e no qual se deixava ficar, cortando fatias de carne de carneiro com sua espada. As cidades e vilas do oeste da China eram, inevitavelmente, as mais cosmopolitas de todas, onde viviam iranianos adoradores do fogo, mercadores, músicos, acrobatas, magos, contorcionistas e dançarinas de Sogdiana — as favoritas do imperador Xuanzong — que se equilibravam sobre esferas rolando pelo palco.[13]

Durante os primeiros 150 anos, o império Tang freqüentemente se assemelhava a nada menos do que um mundo antípoda de fantasia, no qual todas

GRANDE MURALHA

as convenções e valores da China imperial podiam ser subvertidos com êxito espetacular. As muralhas, com sua capacidade de fixar em terra e pedras as características claramente exclusivistas que o complexo de superioridade cultural dos chineses considerava tão atraentes, foram desprezadas em favor de táticas — campanhas militares e astutos truques diplomáticos — que vinham diretamente da estepe. Embora não completamente erradicada, a visão de mundo típica do Império do Centro — a crença de que a China ocupava o centro do mundo civilizado — era sem dúvida desafiada pelo amor às coisas exóticas do estrangeiro, e o Tang até mesmo abriu as portas, ainda que temporariamente, a uma revolução sexual na política. Durante os primeiros tempos do Tang a China foi governada por sua primeira e última imperatriz, Wu Zetian, a qual, tomando o poder após a morte do marido em 690, inverteu todas as convenções do patriarcado confucionista em prol de seus objetivos protofeministas: eliminou a maior parte da linhagem masculina Tang, formando sua própria dinastia matrilinear; tomou concubinos do sexo masculino e gastou recursos do estado em busca de afrodisíacos tão poderosos que, ao que se relata, lhe fizeram nascer sobrancelhas e dentes novos à idade de setenta anos, a fim de obter o máximo proveito de um novo par de amantes que arranjara. Talvez o que mais tenha enraivecido seus contemporâneos aristocratas do sexo masculino fosse a sua decisão de despachar um sobrinho-neto como noivo-refém para a filha do *khaghan* turco oriental, em vez da costumeira princesa como havia sido a oferenda normal desde os tempos do Han. Essa mais recente e ultrajante reversão da política sexual tradicional parece haver causado alguma revolta nos amedrontados cortesãos masculinos do Wu, até então mantidos sob controle mediante o terror da polícia secreta. "Nunca, desde os tempos antigos, houve um caso de um príncipe imperial casar-se com uma mulher bárbara!", protestou o mais franco e corajoso dentre eles, que foi imediatamente relegado ao serviço na fronteira.[14]

■ ■ ■

SEM MURALHAS: A EXPANSÃO DAS FRONTEIRAS DA CHINA

Mesmo assim, apesar dos êxitos e abundância do período de fastígio do Tang, as rodas da história da fronteira chinesa, impelidas pelo antigo preconceito contra as práticas do norte bárbaro, iriam em breve girar novamente. Durante o século VIII, o foco político do poder do Tang deslocou-se constantemente para o sul, afastando-se da pátria-mãe setentrional e do modo de vida que ajudara a dinastia a dominar as tribos da estepe. À medida que ocorria uma migração em massa em direção à China central e meridional, a posição da aristocracia sulista se fortalecia à custa da antiga elite de guerreiros nortistas semiturcos, o que acarretou negligência em relação à fronteira setentrional em favor do clima e das atividades mais amenas do sul.

No início da dinastia, a defesa da fronteira estava a cargo de equipes de milicianos ainda ligados à terra, que serviam em turnos alternados na capital e na fronteira, respectivamente de um mês e de três anos. Além disso, no início da dinastia Tang, o serviço na milícia era uma honra e não uma imposição, em geral restrita aos membros das classes altas. O resultado foi que o poder militar ficou centralizado em torno da capital, assegurando que não se formassem bases de poder em províncias distantes, e a carreira militar continuou sendo uma escolha prestigiosa aos olhos das classes dominantes. À medida que a aristocracia se deslocava para o sul, no entanto, a responsabilidade pela guarnição dos postos de fronteira foi cada vez mais passando a forças profissionais de elite, muitas das quais eram compostas e lideradas por rudes centro-asiáticos, de discutível fidelidade ao governo chinês.

O mais importante desses, do ponto de vista histórico, foi o general de Sogdiana, An Lushan. Nascido por volta de 703, após uma atividade inicial de ladrão de carneiros, ele subiu rapidamente na hierarquia do exército chinês até que, na qualidade de favorito pessoal do ditatorial primeiro-ministro Li Linfu, recebeu o encargo de comandar uma numerosa força no posto fronteiriço de Yingzhou, no extremo nordeste da fronteira — os confins meridionais da Manchúria —, região estrategicamente crucial, com longa história como trampolim de bem-sucedidas conquistas do norte da China. Enquanto o imperador Xuanzong se deixava levar por uma paixão cada vez mais profunda por sua concubina favorita, a famosa beldade Yang Guifei, An Lushan galgava a hierarquia militar e também a política, considerado pela corte como sendo demasiadamente tolo e analfabeto para que pudesse constituir ameaça política. (Como sinal de zombeteira consideração pelo comandante, Yang Guifei exibiu em público o corpulento An com roupas de bebê no aniversário deste em 751, numa cerimônia em que, por brincadeira, adotou-o como filho.)

An, no entanto, ambicionava muito mais do que fraldas imperiais. Percebendo a relativa fragilidade do exército do imperador em comparação com seu próprio comando de fronteira, liderou em 755 uma força de 200 mil homens e 300 mil cavalos contra as capitais chinesas, Chang'an e Luoyang. Ambas se renderam sem luta. O imperador fugiu para o oeste, antes de ser obrigado por suas tropas amotinadas a executar, a contragosto, sua concubina Yang Guifei, a quem os soldados culpavam de haver afastado Xuanzong de seus deveres políticos. Embora a rebelião fosse finalmente contida em 763, com o auxílio de mercenários da tribo dos Uighur, a China do Tang nunca mais recuperou o poderio, esfacelando-se progressivamente em protetorados militares provinciais. A defesa das fronteiras do império se desintegrou: os Uighurs se apoderaram de Gansu, os tibetanos entraram nos oásis da Ásia central e em 763 avançaram contra a China, chegando a Chang'an. A partir de 790, a China já perdera todos os territórios a oeste do Portão de Jade. Ao mesmo tempo, a dinastia começava a afastar-se do cosmopolitismo que lhe proporcionara grande parte de seu vigor inicial, e passou a voltar-se para dentro de si mesma, numa visão cada vez mais xenófoba segundo a qual a pureza da cultura chinesa havia sido corrompida e debilitada pelo budismo. Em 836, os chineses foram proibidos de ter relações com "pessoas de cor" — sogdianos, iranianos, árabes e indianos.[15] Nove anos depois, iniciou-se a proscrição do budismo em todo o império, com a secularização de 260 mil monges e freiras, confisco de suas propriedades, transformação de mosteiros em prédios públicos, fusão de sinos e estátuas para fazer moedas que o povo mais fiel, aterrorizado com a idéia de sacrilégio, recusava-se a utilizar. Mas

SEM MURALHAS: A EXPANSÃO DAS FRONTEIRAS DA CHINA

esses esforços para sustentar a espinha dorsal chinesa mediante a perseguição ao que era estrangeiro não impediu que o império fosse apodrecendo. Na altura dos séculos X e XI os imperadores da família Tang, outrora grandiosos, viam-se à mercê de senhores da guerra, invasores turcos e mongóis, bandos de salteadores e hordas de eunucos revoltosos, até que em 907 a dinastia, exaurida, chegou a seu final.[16]

■ ■ ■

Embora a dinastia Tang não tivesse erigido muros, a idéia de uma Longa Muralha não foi esquecida durante sua existência. Muito ao contrário: a fronteira e suas muralhas surgiam na consciência popular como nunca no passado, indiretamente graças a uma reforma burocrática do século VII — a restauração dos exames para o serviço público.

Devido a um preconceito antigo contra os negócios e o comércio, a carreira do serviço público continuou a ser, durante a história imperial da China, a opção socialmente mais atraente para os chineses instruídos do sexo masculino. O caráter sagrado da posição de imperador — por ser fruto de um Mandato Celeste — assegurava que trabalhar para o estado imperial seria uma atividade invariavelmente considerada honrada e virtuosa, exceto em circunstâncias muito excepcionais (por exemplo, quando os Céus estivessem providenciando a transição do mandato de uma pessoa indigna para outra mais digna). E além do salário fixo, um cargo oficial oferecia aos burocratas criativos e corruptos oportunidades abundantes de enriquecimento em proveito próprio.

Desde o século II a.C. os imperadores chineses vinham utilizando os exames de maneira pouco sistemática para selecionar seus funcionários, testando o conhecimento, por parte dos candidatos, das obras canônicas essenciais à cultura política dominante: os textos da dinastia Zhou venerados por Confúcio e coleções dos ditados dele e de seus discípulos mais famosos. Reintroduzido nas dinastias Sui e Tang, após séculos de desunião pós-Han, os

GRANDE MURALHA

exames para o serviço público se tornaram gradativamente o principal meio de recrutamento para os ambicionados postos na burocracia imperial. No final do período imperial, o sistema havia evoluído até transformar-se em uma tortura educacional sofisticada e detalhada e em uma forma de controle confucionista do pensamento, na qual os examinadores se deliciavam em exigir dos candidatos obscuros e inúteis limites extremos de erudição confucionista, pedindo às vítimas, por exemplo, que identificassem em que ponto dos *Analectos* Confúcio havia empregado determinada palavra. Durante as dinastias Ming e Qing (1368-1911), os exames para o serviço público viraram uma tirania intelectual que absorvia as energias mentais de um imenso número de homens instruídos do império, desde a concepção até a idade adulta. Manuais pré-natais informavam as mulheres grávidas sobre a postura correta para o melhor desenvolvimento de um bacharelando ainda embrião, enquanto no extremo oposto do ciclo de vida humana, apesar de um limite de cinqüenta anos de idade, septuagenários ou mesmo homens mais velhos tentavam persistentemente a sorte nos exames, procurando passar por mais jovens, às vezes com tal eficiência que nem mesmo suas mulheres os reconheciam.[17] Já no século XIX a minúscula proporção de aprovações em relação às reprovações, combinada com a falta de opções prestigiosas de profissões para homens de instrução superior, havia criado uma sociedade tipo "panela de pressão", pronta a explodir com a frustração masculina pela busca de *status*. A rebelião popular mais destruidora do século XIX, a Taiping, foi liderada por um mestre-escola de província que, cheio de desilusão e desespero após fracassar pela segunda vez no exame para o serviço público, sofreu um colapso nervoso durante o qual teve uma alucinação em que Deus lhe dizia que ele era irmão mais novo de Jesus Cristo. Ao ser finalmente aniquilado pelo governo chinês depois de 14 anos de guerras, seu Reino Celestial revolucionário já deixara milhões de mortos e quase levou a dinastia reinante ao colapso. (Embora o sistema de exames tenha sido finalmente abolido na China em 1905, substituído controvertidamente por testes de conhecimento em matérias mais modernas como a ciência e a tecnologia, seu espírito ainda

SEM MURALHAS: A EXPANSÃO DAS FRONTEIRAS DA CHINA

sobrevive nos exames para o serviço civil britânico, baseados no modelo imperial chinês.)

No entanto, no século VII o sistema se encontrava num estágio ainda menos maduro de desenvolvimento e era uma instituição mais descontraída. A mudança mais importante, introduzida pelo Tang em 681, foi a reorganização do currículo, de maneira que o êxito dependesse menos da detalhada exegese dos clássicos e mais da composição literária, principalmente poética. Associada ao ritual estatal desde pelo menos o período Zhou, quando eram cantadas odes para acompanhar as cerimônias da corte, a poesia tornava-se agora o caminho para o poder político ortodoxo. Em 722, o imperador Xuanzong proibiu os príncipes imperiais de sustentar grandes comitivas de poetas, por considerar tais grupos uma ameaça direta a seu próprio prestígio político. A poesia continuou entrelaçada com a política chinesa durante os 1.500 anos seguintes, embora, como Platão, que desejava expulsar outros poetas de sua República, o próprio Mao Tsé-tung fosse um entusiástico versejador amador.

Graças à preferência universal pela carreira na burocracia imperial, e como a capacidade de versejar era pré-requisito para o progresso profissional, o hábito de escrever poesia prosperou durante o período Tang: a maioria dos poetas, inclusive os grandes — que ficaram famosos na China Tang —, ou eram funcionários públicos ou aspirantes, freqüentemente mais conhecidos por sua habilidade nas trovas do que na administração dos departamentos. Até mesmo os poetas mais desvairados ambicionavam ser excêntricos patrocinados pelo estado, em vez de boêmios autônomos. Li Bo, que foi talvez o mais famoso dos poetas do período Tang — bêbado, amante de duelos, andarilho romântico que segundo se conta morreu afogado ao saltar num rio, intoxicado de bebida, para abraçar o reflexo da lua —, tratou de avançar na carreira administrativa enquanto construía sua reputação de gênio exótico, casando-se com uma parente de um ministro de alta categoria e conquistando um lugar de poeta oficial da Academia Imperial.[18]

183

Infelizmente para as massas de aspirantes a poetas-burocratas, a oferta de bons empregos em locais atraentes e centrais era muito menor do que a demanda. Em conseqüência, numa cultura em que ser mandado até mesmo à distância de poucas centenas de quilômetros da capital era considerado um exílio, muitos funcionários foram obrigados a aceitar postos indesejáveis na remota fronteira norte da China com a esperança de acabar sendo promovidos a posições menos sacrificadas próximas à capital Tang de Chang'an. Assim, as fronteiras ficaram povoadas por poetas tristonhos e saudosos confinados a um panorama estrangeiro e dramático — receita segura para um grande transbordamento de sentimentos líricos. Os poetas chineses mais conhecidos dentre os exilados expressam principalmente horror e solidão à vista dos desertos e montanhas setentrionais — encolerizando-se como turistas descontentes com a extrema frigidez dos invernos na fronteira, o calor ofensivo de seus verões, a violência das guerras na divisa e a inutilidade das longas muralhas, confessando facilmente que prefeririam gozar do conforto de seus lugares natais no interior da China. Desde os tempos do Zhou existia poesia a respeito das fronteiras e muralhas do norte, mas foi o surto de poesia institucionalizada na era Tang que a transformou em um gênero literário independente: o *sai shi* (versos da fronteira).

Cen Shen (715-70), que passou nove anos servindo como funcionário subalterno nas fronteiras, em meados do século VII, é típico dessa classe de servidores *literati* frustrados. Com a idade de 29 anos, desesperado por uma promoção após dez anos de esforços geralmente inúteis para progredir na hierarquia oficial, arriscou-se a uma mudança para Anxi, no Turquestão chinês, onde serviu no corpo de funcionários de dois generais da fronteira, durante oito e três anos, respectivamente. Figura moderadamente trágica, jamais conseguiu a posição mais elevada a que aspirava. Ainda estava abandonado em seu oásis no deserto em 756, quando as perspectivas de sua carreira desmoronaram com a rebelião de An Lushan e suas caóticas conseqüências. Com a corte em torvelinho, recebeu depois de 757 uma série de designações para postos insignificantes na capital ou próximo a ela, antes de ser enviado

SEM MURALHAS: A EXPANSÃO DAS FRONTEIRAS DA CHINA

para governar a anárquica província de Sichuan, na China centro-ocidental. Ao ser finalmente chamado de volta a Chang'an, em 768, teve o regresso bloqueado por uma insurreição de bandidos. Morreu dois anos depois, ainda em Sichuan.[19] No tempo em que definhava, nas décadas de 740 e 750, num poeirento destacamento a noroeste de Duanhang, Cen exprimiu sentimentos queixosos e representativos:

> Vejo o sol nascente por sobre o deserto
> Vejo o sol poente por sobre o deserto.
> Como me arrependo de ter viajado para cá — ao longo de dez mil *li*!
> Fama, sucesso — que são essas coisas que nos impelem?[20]

Seus versos da fronteira contêm uma poesia mergulhada em tristonha lamentação, assombrada pelas melodias fúnebres das flautas bárbaras:

> Já não ouviste dizer que o som da flauta bárbara é o mais triste de todos,
> Quando tocada pelos bárbaros de barbas avermelhadas e olhos verdes?
> Sua canção sem fim
> Mata de tristeza nossos jovens em campanha ao noroeste.
> Durante o frígido outono, no oitavo mês, no oeste distante,
> O vento do norte sopra e arranca as ervas das montanhas Tianshan.
> Nos Himalaias, a lua está pronta para descer obliquamente,
> Quando os bárbaros apontam para ela suas flautas.
> ...
> Nas vilas de fronteira terás tristes sonhos todas as noites,
> Quem desejaria ouvir a flauta bárbara tocada à luz da lua?[21]

Cen deixa claro repetidas vezes que somente desejaria estar de volta junto a amigos agradáveis no centro da civilização, a capital Tang em Chang'an. Seu breve poema "Encontro com um enviado que retorna à capital" transborda de saudades lacrimejantes:

> Contemplo o leste na direção de minha terra natal, não longe da estrada que
>   se estende interminavelmente,
> Com as duas mangas de minha roupa encharcadas de lágrimas que jamais secam.
> Encontrando-te aqui, a cavalo, não tenho pincel nem tinta;
> Confio em que dirás, ao voltar, que tudo está bem.[22]

Tão grande era a nostalgia dos poetas da fronteira em relação a sua terra natal na China que seus poderes literários de visão eram às vezes cegados pela negação nostálgica. Apesar das óbvias diferenças físicas entre a geografia da China propriamente dita e a de suas fronteiras, muitas das imagens usuais da poesia da fronteira — suas plantas, animais e clima — vinham do repertório simbólico padrão da poesia chinesa de panoramas: gansos voando em direção ao céu para denotar solidão, tufos de vegetação rolando ao vento para simbolizar o poeta arrancado de suas raízes natais. Ainda quando o poeta se obrigasse a enfrentar a realidade estrangeira da fronteira em sua poesia, sublinhava o poder de sua saudade mapeando as circunvizinhanças somente em termos de sua falta das características convencionais associadas à descrição poética do panorama chinês. "As montanhas não são verdes, as águas não são cristalinas", nota tristemente um escritor: "O hálito da primavera não passa pelo Portal de Jade." "Não há flores", suspira outro, "Não se vêem os tons da primavera."[23]

Mais do que a maioria dos poetas da fronteira, no entanto, Cen Shen esforçou-se por descrevê-la em seus próprios termos, assim como suas guerras, vendo que de pouco lhe valia o repertório de imagens relativamente sóbrias inspirado pelas paisagens da China propriamente dita quando confrontado com os extremos climáticos dos desertos de Gobi e Taklamakan:

> ...
> As areias lisas são amplas e ermas, seus tons amarelados chegam ao céu,
> No nono mês, o vento uiva à noite
> ...
> A grama dos Xiongnu é amarela, seus cavalos são gordos.
> A oeste das montanhas, a fumaça e a poeira da fuga se erguem.

SEM MURALHAS: A EXPANSÃO DAS FRONTEIRAS DA CHINA

O Grande General da China comanda suas tropas em direção ao oeste,
Mesmo à noite, ele veste sua armadura dourada,
E suas tropas avançam com o fragor das lanças,
O vento corta nossos rostos como uma faca.
Os cavalos estão cobertos de neve, seu hálito e seu suor fumegam,
Os pêlos estão duros de gelo.
Na tenda, redige-se uma declaração de guerra, mas a água dos tinteiros está
    congelada.
Ouvindo isso, os bárbaros respondem com temor, não com bravura.
Suas armas curtas, eu prevejo, não ousarão nos engajar em combate corpo a
    corpo.
Esperemos os relatos de vitória.[24]

Quando os pensamentos de Cen abandonavam o frio — os outonos nevados, os trechos de 90 metros cobertos de gelo espalhados pelo deserto de Gobi, os gélidos ventos e tempestades de neve que faziam os mantos de pele de raposa parecerem tênues e leves, e que congelavam os arcos e as armas, tornando-as imprestáveis —, corriam exageradamente para sua antítese climática, o escaldante calor da atual Xinjiang e das repúblicas centro-asiáticas:

Ouvi os bárbaros na montanha Yin comentarem
Que na margem ocidental do Lago Quente* a água parece ferver.
Os bandos de pássaros não ousam sobrevoá-lo,
Sob a superfície, as carpas crescem e engordam.
Junto à margem, a grama verde nunca murcha,
No céu, as nuvens brancas partem para o olvido.
As areias fumegantes e rochas derretidas incendeiam as nuvens bárbaras,
Ondas ferventes, vagas flamejantes torram a lua chinesa.
Fogos ocultos esquentam os fornos do Céu e da Terra.
Por que teriam de incinerar este recanto do mundo?
    ...[25]

---

*Lago Issyk-kul, no noroeste do atual Quirguistão, porém dentro do Protetorado Anxi do Tang.

GRANDE MURALHA

Às vezes, naturalmente, os poetas da fronteira — que afinal de contas eram representantes do estado, embora de menor categoria — tinham de trocar seus sentimentos de melancolia e alienação por um entusiasmo triunfalista que glorificava o militarismo imperial chinês e louvava a coragem dos generais e soldados. A "Canção do Exército" de Wang Changling dá às questões da fronteira uma fisionomia oficial:

O grande general parte com seu exército em campanha,
A luz do dia desmaia sobre o Passo do Olmo.
As armas douradas faíscam em todas as direções[26]
O Shanyu recua, já sem coragem.

Em "Sob a Muralha", no entanto, o poeta revela seus sentimentos íntimos:

As cigarras chiam no bosque vazio de amoreiras,
No oitavo mês, o passo é desolado.
Entrando e saindo da fronteira,
Há torrentes amareladas por toda parte.
...
Meu cavalo atravessa o rio no outono,
O vento frio por sobre a água corta como faca.
Pelas planícies do deserto, o dia ainda não terminou,
Posso ver ao longe Lintao.
Nos tempos antigos, as batalhas junto à Longa Muralha
Eram descritas com louvores e admiração.
Mas hoje, o passo nada mais é do que poeira amarela
E ossos esbranquiçados que jazem por entre a grama.[27]

Nos poemas de fronteira do Tang, a muralha era reinventada como alusão estereotipada destinada a evocar a absoluta solidão de sua localização, a inutilidade da expansão que ela sustentava.

SEM MURALHAS: A EXPANSÃO DAS FRONTEIRAS DA CHINA

A oeste das torres de vigia chinesas, onde acampam os turcos derrotados,
A Longa Muralha se ergue sobre as areias amarelas e ossos esbranquiçados.
Inscrevemos nossas façanhas nas montanhas da Mongólia,
Mas as terras jazem desertas, a lua brilha para ninguém.[28]

Nas mãos seguras dos melhores poetas do Tang, no entanto, o estereótipo poeirento era facilmente transformado em polêmica pacifista, como expressado pelo par de canções de Li Bo, "Guerra ao sul da Muralha":

No ano passado lutamos na nascente do rio Sanggan
Este ano lutamos nos caminhos à margem do rio Cong.
Lavamos nossas armas nos mares do oeste distante
Nossos cavalos pastaram na grama coberta de geada da Montanha Celestial.
Guerras de marchas de dez mil milhas,
Os Três Exércitos estão idosos, exaustos.
Os Xiongnu não vivem pelo arado, e sim matando,
E assim tem sido desde a antiguidade, somente campos de ossos calcinados e
     areia amarela.
O imperador Qin construiu a muralha para barrar os bárbaros,
O Han manteve acesas as fogueiras das torres,
E elas ainda queimam, incansáveis,
Marchas e guerras intermináveis.
No campo de batalha a luta é corpo a corpo, até a morte,
Cavalos feridos relincham tristemente para os céus,
Gaviões e corvos arrancam as entranhas dos cadáveres,
E depois saem voando e as penduram em árvores secas.
Os soldados estão espalhados pela vegetação selvagem,
Mas os generais persistem em sua futilidade.
Em verdade os instrumentos de guerra nada mais trazem senão brutalidade,
Os sábios somente as usaram como último recurso.[29]

O campo de batalha escureceu com a confusão,
Os soldados vagueiam como formigas.
O sol é uma rodela vermelha suspensa no ar turvo,
Os caniços espinhentos tingidos de vermelho púrpura.
Com os bicos cheios de carne humana, os corvos
Agitam as asas inutilmente, gordos demais para conseguirem voar.
Os homens na muralha ontem
Se tornaram fantasmas hoje.
Bandeiras brilham como estrelas esparsas,
Tambores continuam a rufar, a carnificina é interminável,
Nossos homens — maridos, filhos,
Estão todos ali, entre o rufar dos tambores.[30]

Em 880, um bandido transformado em líder rebelde, chamado Huang Chao, entrou na capital Tang, Chang'an, numa carruagem dourada, seguido por uma comitiva vestida de brocado composta de várias centenas de milhares de homens, enriquecidos com o lucro do saque de Cantão e Luoyang. Após haver escapado, pouco antes, durante a noite, da capital já perdida, o penúltimo imperador Tang nessa altura já atravessava os penhascos e gargantas das montanhas Jinling a fim de refugiar-se em Sichuan, onde se tornaria virtual prisioneiro de seu poderoso eunuco principal. Apesar de sua entrada cheia de pompa, as forças rebeldes em breve começaram a tratar Chang'an como haviam tratado outras duas grandes metrópoles da China: pilhando, matando, castigando a cidade por seu luxo e privilégio.

Dois anos mais tarde, na primavera de 882, surgiu um poema no portão do departamento de Assuntos de Estado em Chang'an. Mais satírico do que lírico, ridicularizava os novos líderes da cidade, em cujo anárquico regime os literatos burocratas haviam sido obrigados a trabalhar. Os rebeldes reagiram rapidamente, matando todos os funcionários do departamento ofensor, arrancando-lhes os olhos e pendurando os cadáveres. Em seguida passaram a executar todas as pessoas capazes de escrever poesia na capital, para onde durante séculos a elite dos funcionários públicos poetas da China haviam sido atraídos.

O ano 907 é a data tradicional que marca o fim da dinastia Tang — quando um senhor da guerra regional assassinou o último imperador-criança da dinastia —, mas talvez os acontecimentos da primavera de 882 tenham sido os que traçaram a linha do encerramento daquela era que proporcionara o apogeu da poesia chinesa. Depois que o imperador abandonou a capital aos bandidos e os comandantes imperiais se transformaram em senhores da guerra independentes, os estrangeiros que viviam ao longo das fronteiras da China começaram a infiltrar-se em direção ao sul e fundaram seus próprios estados na Manchúria, Shanxi e Hebei.

Foi graças aos mais bem-sucedidos dentre esses povos, o Liao Khitan e o Jin Jurchen, que apesar dos esforços do Tang para romper barreiras, no sentido físico e no figurado, as muralhas começariam novamente a erguer-se; mas elas fracassariam num momento crítico para a China: a invasão mongol liderada por Gengis Khan.

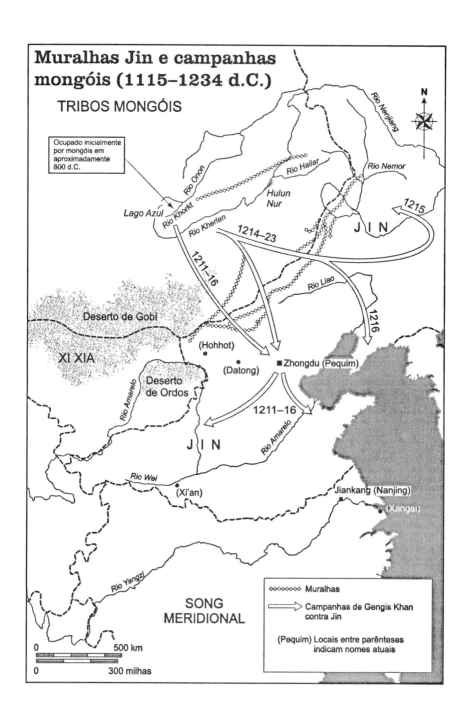

CAPÍTULO 7

A volta dos bárbaros

DURANTE OITO ANOS, ENTRE 1194 E 1202, O ESTADO JIN, QUE NA época controlava a maior parte do norte da China, debateu a questão de decidir qual dos cinco elementos cósmicos — terra, madeira, metal, fogo ou água — deveria representar a dinastia. Cortesãos, funcionários e eruditos dividiam-se em facções, alinhavam argumentos e elaboravam diagramas ilustrativos, antiqüíssimo recurso dos burocratas. Como a palavra *jin* significa "ouro", em chinês, diziam alguns que a dinastia deveria escolher o metal. Mas outros contra-argumentavam com lógica impecável que como a dinastia Song, a rival do Jin que governava o sul da China, já era representada pelo fogo, e como o fogo derrete o metal, essa escolha não seria auspiciosa: seria preferível a água, extintora natural do fogo. E assim corria o debate. No final, a facção que propunha a terra triunfou, argumentando que segundo padrões milenares de seqüências cósmicas, a terra inevitavelmente sucedia ao fogo, assim como o Jin inevitavelmente sucederia o Song. Já adiantado o século XIII, o problema ainda sobrevivia, com os debates sendo reabertos em 1214. Desta vez, os proponentes do metal tomaram a ofensiva, afirmando que os fogos moribundos do Song, militarmente débil, não seriam capazes de destruir o metal forte e temperado, enquanto um elemento dissidente defendia o fogo com o pretexto menos sinuoso de que nos primeiros dias de sua existência o Jin já usara o vermelho para cor de sua bandeira. O debate prosseguiu.[1]

GRANDE MURALHA

Em circunstâncias normais na China, essa discussão não constituía excentricidade e nem velhacaria. A Teoria dos Cinco Elementos na sucessão dinástica era simplesmente a resposta do Império do Centro ao problema de legitimação da liderança numa era pré-democrática, o equivalente chinês da idéia européia do direito divino. Desde o primeiro milênio a.C., durante os séculos de formação do estado chinês, a consecução da legitimidade política havia sido racionalizada num conjunto de princípios quase religiosos, que harmonizavam as mudanças políticas com o funcionamento do universo natural. Poucas centenas de anos depois que a dinastia Zhou firmou a interpretação de que os imperadores governavam por haver obtido o místico Mandato dos Céus, Zou Yan, pensador do século III a.C., propôs a teoria de que o mandato percorria um ciclo dos cinco elementos básicos, cujo poder crescia e se reduzia numa seqüência — tal como revelado pelos fenômenos cosmológicos e augúrios celestes — e cada qual dominava o mundo durante períodos fixos de tempo. Na medida em que cada dinastia se ligava a um elemento específico, seu poder cresceria e declinaria segundo os processos naturais do cosmo.

A idéia de Zou Yan ganhou força, e a partir do imperador Qin em diante, os governantes da China hesitavam ansiosamente ao decidir a que elemento ligariam seu reino; quem quer que pretendesse dominar a China — conquistadores, usurpadores, rebeldes — precisaria tornar-se competente na leitura das intenções cósmicas dos céus. Por isso, quando a China se desintegrava em guerras civis — por exemplo, durante a queda do Han — os grupos rebeldes se enfrentavam com igual vigor usando tanto a propaganda cósmica quanto armas, cada qual adotando um elemento específico e bombardeando os rivais com manifestações cósmicas e profecias que provariam a ascendência de sua própria energia cósmica.

Mas para a corte Jin, as circunstâncias não eram nem normais e nem chinesas. Para começar, o Jin não era uma dinastia chinesa, e sim uma tribo manchu — Jurchen — que menos de um século antes havia descido das montanhas cobertas de florestas de coníferas no frígido nordeste a fim de

A VOLTA DOS BÁRBAROS

conquistar pedaços do norte da China. Teoricamente, estava em perfeita liberdade para ignorar os complexos dilemas cosmológicos da tradição política chinesa. Em segundo lugar, e mais importante, pairava sobre o estado Jin uma ameaça muito mais inquietante do que a descontinuidade dos elementos. Dez anos antes, em 1190, um membro anteriormente marginal e pobre de uma tribo da estepe nortista havia convencido seu povo a escolhê-lo para seu líder. Na época em que o Jin já se dedicava a seus eruditos debates, esse homem se encontrava prestes a sobrepujar seus rivais nômades remanescentes e atraí-los a uma nação mongol unida. Não muito depois, em 1206, seu povo o proclamou Gengis Khan, líder supremo dos mongóis e arquiteto de um império que em seu apogeu em 1290 se estenderia por quase toda a Ásia, desde o litoral leste da atual Rússia até as costas do mar Negro; ao longo das décadas intermediárias, os mongóis iriam saquear terras e dizimar populações com insana aplicação, o que provocou o seguinte comentário de um observador da China pós-Gengis Khan: "Se durante os próximos mil anos nenhuma desgraça acontecer a este país, mesmo assim não será possível reparar os danos e trazê-lo de volta ao estado em que se encontrava anteriormente."[2] De fato, em 1214, enquanto as facções do metal e do fogo continuavam a debater o assunto na corte Jin, Gengis Khan já batia à porta de Pequim, havendo capturado a maior parte da China do Jin ao norte da capital e atravessando nesse processo milhares de quilômetros de muralhas. O que teria levado o Jin a desperdiçar seu tempo em abstrações filosóficas chinesas quando a Horda Dourada de Gengis Khan já corria em seu encalço?

Último entre uma série de clãs bárbaros da estepe a governar o norte da China após o colapso da autoridade imperial (neste caso, após a queda do Tang em 907), o Jin via-se preso entre os dois dilemas arquetípicos dos conquistadores estrangeiros do norte da China: como adaptar suas tradições pastoris da estepe a fim de governar os agricultores chineses e como, nesse contexto, evitar trocar a disciplina militar nômade que sustentava seu êxito contra os chineses por uma forma de vida mais sedentária que com o tempo os exporia a ataques de tribos mais rudes, genuinamente nômades. Nova-

GRANDE MURALHA

mente, como antes dele havia feito o Wei do norte, o Jin procurou enfrentar esse desafio por meio de um sistema de governo em dois estágios: um para os agricultores sob sua égide e outro para os nômades, e também mantendo uma presença militar intimidadora na estepe. No entanto, e no fim das contas demonstrando forte desprezo pelas lições da história, o estado Jin percorreu exatamente o mesmo caminho que havia enfraquecido e, em seguida, destruído o Wei: primeiro, tratando energicamente de transformar-se em chinês (a ponto de considerar-se herdeiro cosmológico da dinastia chinesa Song); segundo, adotando uma solução tipicamente chinesa para a política de fronteiras — a construção de muralhas; e terceiro, sofrendo aniquilação por parte de forças da estepe, nesse caso os mongóis comandados por Gengis Khan.

■ ■ ■

A progressão do Jin em direção ao poder completou-se em 1124, ao derrotar e expulsar de volta à estepe a dinastia bárbara Liao, que havia adotado costumes chineses. Em 907, ano em que seu líder, Abaoji, assumiu o poder, o Liao possuía uma linhagem da estepe tão impecável quanto a do Jin, havendo iniciado sua existência como nômades da tribo Khitan, da Manchúria, no nordeste. Os Khitan vinham perturbando o império chinês desde a dinastia Sui, porém somente conseguiram expandir-se para o sul no início do século X, sob a liderança de Abaoji, que juntou seus divididos seguidores e suas conquistas no nordeste da China formando um estado, por meio de uma mistura criativa de modos tribais e chineses: havendo inicialmente exterminado todos os seus rivais e adversários, contratou em seguida um grupo de conselheiros chineses que o ajudaram a explorar as terras agrícolas, escolher um título chinês para seu reino, introduzir uma sucessão linear e endossar publicamente a filosofia confucionista. Em 913, um tio seu expressou sarcasticamente o sentimento dos Khitan a respeito do choque cultural: "Inicialmente não percebi o quanto um Filho dos Céus é sublime. Em seguida Vossa Majestade

196

A VOLTA DOS BÁRBAROS

subiu ao trono. Com seus guardas e acólitos Vossa Majestade tornou-se extremamente nobre e ingressou em uma classe diferente das pessoas comuns."[3]

Com uma breve pausa necessária para executar seu parente rudemente crítico, o primeiro imperador Liao construiu cidades muradas, introduziu uma escrita baseada nos caracteres chineses e dividiu seu reino em metades sul e norte, a primeira governada à maneira nômade e a segunda à chinesa. Sua dinastia chegou mesmo a adotar o sistema chinês de exames para recrutar funcionários, embora o conhecimento da estepe, mais do que de Confúcio, parecesse ser a chave do sucesso. Em um dos temas do exame, os candidatos tinham de redigir um texto sobre "Como Matar 36 Ursos em Um Só Dia", e a habilidade de um funcionário para atravessar três lebres com três flechas sucessivas tinha tanto valor quanto sua capacidade como poeta.[4] Essa linha parecia funcionar bem: na altura de 937, o Liao adquirira partes do norte de Hebei e alguns passos estratégicos em direção ao norte da China, inclusive Datong, em Shanxi.

Em poucas décadas o Liao lançou seus olhares para territórios mais ao sul. As regiões da China além do controle do Liao haviam conhecido um breve período de reunificação durante as décadas de 960 e 970, quando um general bem-sucedido estabeleceu sua própria dinastia, a dos Song. Em seus três séculos de existência a dinastia Song utilizaria a fértil riqueza dos campos de arroz do sul para estimular uma movimentada economia urbana, um comércio florescente de produtos básicos e um renascimento da arte, poesia, ciência, matemática e filosofia chinesas, auxiliada pelo desenvolvimento da impressão por meio de blocos de madeira. Nunca conseguiria, porém, reunificar o império chinês. Em 979, eufórico com uma campanha que destruíra o último bolsão de resistência de senhores da guerra independentes na província de Shanxi, o imperador Song levou seu exausto exército mais adiante, ao norte de Hebei, com a intenção de recuperar territórios conquistados pelo Liao em 937. A expedição transformou-se em fiasco: as forças Song foram derrotadas fragorosamente a sudeste de Pequim, com o imperador ferido por uma flecha e obrigado a escapar num carro puxado a

GRANDE MURALHA

burro. O Song jamais recuperou o domínio militar sobre o Liao, que em 1004 invadiu o norte da China e anexou trechos da região do rio Amarelo. Em seu auge, o império Liao se estendia ao sul até as planícies cultivadas, de tom marrom claro, da atual Tianjin, e mais para o leste já em Hebei; a oeste, cortava quase pelo meio a parte oriental da curva do rio Amarelo e seguia para o norte, inclusive na Manchúria e no norte da Coréia até as margens do rio Sungari. Séculos depois do colapso da dinastia o domínio do Liao no norte da China ainda era festejado na Europa, onde a China era identificada como Catai, designação derivada de Khitan, nome original da tribo.

Coerentemente com sua ambição de tornar-se tanto China quanto chinês, já em 908 o Liao construiu muralhas no nordeste, a fim de proteger-se de povos mais fortes da estepe mais ao norte, na Manchúria. Mas a manutenção da fronteira, com muros e guarnições de 22 mil soldados regulares, mostrou ser uma pesada carga. O custo da defesa era suportado em parte pela dinastia Song, que havendo enriquecido pela introdução de duas colheitas anuais de arroz, sucumbiu em 1005 à chantagem do Liao, a quem pagava 200 mil fardos de seda e 100 mil onças de prata. Mas as fortificações do Liao também repousavam sobre um severo sistema de recrutamento, altamente impopular. Todas as famílias que perdiam seus homens válidos ficavam economicamente arruinadas devido à necessidade de contratar substitutos, o que muitas vezes tinha de ser financiado por meio da venda de crianças e terras. Enriquecida pelos generosos subsídios do Song, a dinastia Liao, anteriormente agressiva, passou a ser defensiva em sua fase senil. Embora essa política fosse do agrado da corte, gerava descontentamento entre os soldados das guarnições de fronteira, por reduzir a oportunidade dos exércitos nômades de obterem butins e lucros.

A verdadeira debilidade das muralhas Liao ficou inteiramente evidente quando o império foi conquistado por uma de suas vassalas, a tribo Jurchen — outro povo manchu, da região limítrofe com o império Liao ao norte. Ressentido por ver seus homens espancados e enganados por funcionários da fronteira, numa festa organizada para que as tribos vassalas prestassem suas

A VOLTA DOS BÁRBAROS

homenagens ao Liao em 1112, um líder do Jurchen chamado Aguda simplesmente recusou um convite do imperador Liao para dançar. A recusa era coisa séria: na etiqueta das tribos do nordeste, a dança era um sinal tradicional de submissão. Enraivecido, o imperador Liao queria executar o impudente vassalo, mas foi finalmente dissuadido por seu primeiro-ministro, mais comedido e, ao que depois se revelou, pouco clarividente.

Hábil na luta a cavalo e enrijecido pela dura vida de caçadas e armadilhas para animais nas florestas e montanhas no norte da Manchúria, em menos de três anos, após o desafio de Aguda ao imperador, o Jurchen já havia vencido um exército Liao de 700 mil homens, conquistado a maior parte da Manchúria e fundado sua própria dinastia. Na altura de 1126, o Jin e o Liao haviam na prática trocado de posição geográfica e política: o Jurchen conquistou o estado Liao e o povo deste fugiu para a antiga terra natal dos vencedores. Acreditando poder explorar o Jurchen a fim de enfraquecer o Liao, o Song ajudou o Jurchen no ataque. Porém, uma vez deslocado o Liao, Aguda prontamente exigiu do Song quase o dobro do subsídio anual pago ao Liao: 200 mil onças de prata e 300 fardos de seda. Não contente com esse grau de extorsão, em 1125 o Jin expulsou a dinastia Song para o sul de sua capital, Kaifen, na atual província de Henan, aprisionando um imperador Song que abdicara e seu filho, aos quais chamavam, por zombaria, "Marquês da Virtude Enlameada" e "Dupla Lama", respectivamente. Impelido para uma nova capital meridional, em Hangzhou, próximo à costa oriental, o Song foi salvo da exterminação total em grande parte pelos campos de arroz inundados de água, nos quais a temível cavalaria do Jin não conseguia avançar com eficácia.

Uma vez instalados no poder, os cavalarianos do Jin começaram também a reinventar-se em forma de chineses, conservando uma curiosa mistura de hábitos nômades e chineses (afinal, a inferioridade numérica do Jurchen em seu novo império expandido era de dez para um). O quarto imperador Jin, por exemplo, continuava ligado aos desafios de sangue de estilo nômade: sua decisão de executar todos os parentes sobreviventes, do sexo masculino, das famílias Liao e Song que permaneciam em seu território, assim como seu

GRANDE MURALHA

hábito de transferir para seu próprio harém as mulheres e concubinas dos rivais assassinados, conquistou-lhe um duradouro lugar de libertino sanguinário na história da pornografia da China. Ao mesmo tempo, no entanto, era grande admirador da cultura chinesa e ávido leitor de clássicos chineses, e seu entusiasmo pelo jogo de xadrez e pelo chá fez com que o Jurchen o apelidasse de *Boliehan* — Imitador dos Chineses.

O Jin em breve começou a erguer suas próprias muralhas no norte de seu reino, muito além da linha da Grande Muralha levantada em pedra pela dinastia Ming: foram construídas na Manchúria e na Mongólia em 1166, 1181, 1188, 1193, 1196 e 1201, mobilizando em certo momento até 750 mil homens.[5] As muralhas Jin constituíam um avanço técnico em relação a construções anteriores e possuíam, em sua versão mais complexa, um fosso e paredão externos, um fosso interno e uma muralha principal; esse fosso podia medir de 10 a 60 metros de largura. As muralhas Jin também utilizavam torres de vigia que davam o alarme à noite com fogueiras e com fumaça durante o dia; havia plataformas semicirculares na parte externa do muro, de onde era possível lançar ataques contra inimigos, e fortificações e parapeitos na própria muralha, para proteção dos defensores. Em vez de construir uma única linha de muralha — cujo fracasso poderia colocar em perigo o império inteiro —, o Jin erigiu uma complexa rede de defesas. A muralha externa se estendia por cerca de 700 quilômetros a partir de Heilongjiang, no norte da Manchúria, correndo para o oeste e penetrando na Mongólia. A rede interna de muros atravessava 1.000 quilômetros ao norte e a nordeste de Pequim, perfazendo um conjunto de fortificações em forma de elipse por cerca de 1.400 quilômetros em sua diagonal mais longa e 440 quilômetros na mais curta.[6]

A posição remota e erma de algumas das defesas em relação à China, muito ao norte da linha por onde hoje passa a Grande Muralha, a cerca de duas horas de automóvel de Pequim, transparece numa crônica de viagem feita pelo discípulo de um sábio daoísta, que partiu do norte da China em 1222 com seu mestre a fim de encontrar-se com Gengis Khan no Afeganistão. Sete dias depois de iniciar a viagem em direção ao norte, partin-

A VOLTA DOS BÁRBAROS

do de Dexing, vila a cerca de 160 quilômetros a noroeste de Pequim, o grupo "chegou a Gailibo, cujo solo consiste inteiramente em montículos de sal".

> Ali encontramos os primeiros sinais de habitação humana, um grupo de cerca de vinte casas ao norte de um lago salgado que se estende a considerável distância para o nordeste. Depois desse ponto não há rios, e sim freqüentes poços escavados na areia, de onde se obtém água suficiente. Também é possível viajar em linha reta para o norte durante muitos *li* sem encontrar uma só colina. Após cinco dias a cavalo cruzamos a linha fortificada pelo Jin... e depois de seis ou sete dias atingimos de repente o grande deserto de areia.[7]

A cerca de 1.800 metros acima do nível do mar, essa é uma das mais ermas e menos convidativas dentre as fronteiras históricas do norte da China. Ali, quase todos os abrigos feitos pelo homem são os *yurts* de estilo mongol ou os tetos de terra dos celeiros dos pastores de gado, como caixas parcialmente submersas agachadas no deserto por entre as neves do inverno, com as entradas marcadas por portões de madeira trancados colocados na baixa parede fronteira e que são visíveis acima do solo como grandes olhos quadrados e cobertos com um xale. Em algumas partes a muralha continua a existir com certo volume — cerca de 2 metros de altura e outros tantos de largura no topo —, em outras praticamente desapareceu, erguendo-se como uma veia inchada por baixo da cobertura de entulho, obrigando o deserto pedregoso a formar montes sobre ela.[8] No inverno fica muito mais fácil localizar essa fortificação arrasada, quando a neve soprada pelo vento se acumula a um lado, revelando a leve elevação da parede. Tanto no nome quanto na realidade, as defesas Jin têm pouca semelhança com o que agora chamamos *Changcheng*, ou Grande Muralha: com efeito, as fontes contemporâneas evitam cuidadosamente esse termo Qin, preferindo "fortaleza de fronteira", "barreira", "fortificação" ou simplesmente "muro".[9]

A questão da construção de muralhas provocou controvérsia: grande número de funcionários participou do processo de consultas, alguns deles de-

GRANDE MURALHA

monstrando abertamente seu desprezo às muralhas. Ao ocorrer, por circunstâncias econômicas e naturais, uma interrupção na construção de muralhas, em decorrência de uma forte seca, um funcionário da defesa argumentou que aquela pausa deveria ser permanente: "O que foi iniciado já está destruído por tempestades de areia, e obrigar o povo a esses trabalhos de defesa nada mais fará do que exauri-lo." Mas os cálculos econômicos do primeiro-ministro da época prevaleceram: "Embora o gasto inicial para as muralhas seja de um milhão de bolsas de dinheiro, quando a obra estiver terminada a fronteira poderá ser defendida com a metade do número de soldados atualmente usados para isso, o que significa que a cada ano economizaremos três milhões de bolsas de dinheiro... Os benefícios perdurarão para sempre." O imperador prontamente aprovou, talvez já distribuindo em pensamento, para projetos alternativos, os três milhões economizados.[10]

■ ■ ■

Embora milhares de quilômetros de muralhas tenham sido construídos por sobre as montanhas cobertas de areia e as planícies do norte, evidentemente o imperador Jin e seus funcionários jamais pensaram em construir defesas ao sul, contra o Song. Ao contrário, para o Jin o sul era um saco de pancadas, que servia para ser insultado, invadido e pilhado conforme a necessidade. Em um novo tratado em 1141-2, negociaram-se ainda maiores subsídios ao Jin, que dali em diante passou a dirigir-se ao Song como um estado vassalo. Essa mudança retórica era praticamente inédita na história dinástica chinesa: embora o sistema tributário freqüentemente representasse uma perda para os chineses, estes pelo menos sempre se consideraram em plano moral superior. Afinal, a principal significação das relações tributárias era a de que os bárbaros reconheciam sua inferioridade prostrando-se diante dos chineses; o fato de serem presenteados com dinheiro e bens muito mais valiosos do que as mercadorias que ofereciam à China tinha importância secundária. No acordo de 1141-2, os chineses perderam até mesmo essa forma de "salvar a repu-

A VOLTA DOS BÁRBAROS

tação": os papéis tradicionais do sistema de tributos foram revertidos, com o Song sendo chamado "o estado insignificante" cuja existência era tolerada pelo Jin, e este denominado "o estado superior", com a indenização anual paga pelo Song caracterizada como "tributo". Não é de admirar que as fontes do Song tentassem excluir do registro histórico esse humilhante episódio, mediante a desaparição de sua cópia do tratado; felizmente para a posteridade, os funcionários Jin não eram tão descuidados e o inscreveram nos registros de sua dinastia. Até mesmo em 1206, quando a força do Jin se reduziu drasticamente devido a desastres naturais — em 1194 o curso do rio Amarelo mudou catastroficamente, o que acarretou graves inundações na China central e oriental, enquanto que regiões de Shandong foram assoladas por secas e gafanhotos —, uma ofensiva Song foi facilmente neutralizada por meio de um tratado de paz.

Na fronteira norte do Jin a situação parecia ser muito diferente; a dinastia reinante observava incomodamente sua própria origem, vendo a existência precária e nômade de tribos que tinham pouco a perder e muito a ganhar com as guerras contínuas. Felizmente para o Jin, no entanto, durante a maior parte do século XII a massa territorial hoje conhecida como Mongólia foi palco de inúmeras rivalidades tribais, que o Jin conseguia controlar com relativa facilidade por meio de campanhas, fortificações e diplomacia. Até o século XIII, o povo mongol, estabelecido em torno do rio Onon no nordeste da Mongólia por volta do ano 800 d.C., era apenas um grupo étnico entre muitos — os Naiman, os Kerayit e os Tártaros —, na estepe setentrional, que viviam do pastoreio e da caça, abrigando-se em tendas de feltro nas planícies ou de galhos de bétula nas florestas. Se a região em torno do rio Onon fosse no ano 800 mais ou menos como é hoje, os mongóis se veriam num ambiente relativamente hospitaleiro: uma savana de gramíneas altas, bem servida de águas, com boa caça de veados nos profundos vales mais ao norte.

O Jin logo tratou de assegurar suas fronteiras setentrionais com os povos da estepe por volta de 1140, quando o *khaghan* mongol, Kabul, bisavô de Gengis, foi convidado a vir à capital Jin, Zhongdu (hoje Pequim), e home-

GRANDE MURALHA

nageado com lautos banquetes, com o objetivo de forjar algum tipo de aliança. À vontade devido ao poderoso lubrificante diplomático de leite de jumenta fermentado, e num ponto já avançado dos trabalhos, Kabul curvou-se para o imperador Jin e puxou-lhe a barba. Quaisquer que fossem suas intenções, foram interpretadas de forma negativa pelos vigilantes funcionários imperiais, que estavam em meio a um processo de transformação pessoal em chineses confucionistas amantes da etiqueta, e em conseqüência recusaram-se a entrar em qualquer tipo de acordo com o presunçoso *khaghan*. Deixaram-no partir em paz, mas em breve despacharam uma força para emboscá-lo. Embora Kabul tivesse conseguido escapar e regressar a seu quartel-general na estepe, as relações entre as duas potências se deterioraram a partir daquele momento. Pouco depois, o Jin dirigiu seus desejos de vingança contra o sobrinho e sucessor de Kabul, Ambakai, o qual, ao ser capturado pelos Tártaros, tribo-tampão localizada entre o Jin e os mongóis, foi entregue ao Jin e posteriormente executado de maneira particularmente brutal: crucificado numa armação conhecida como "jumento de madeira".[11]

Durante os sessenta anos seguintes o Jin levou a cabo com êxito uma política de dividir para governar, certificando-se de que nenhuma tribo permanecesse poderosa durante tempo suficiente para constituir ameaça importante. Após a traição ao seu líder, os mongóis atacaram os tártaros. Quando estes os repeliram, tornando-se a força dominante da estepe, o Jin se uniu aos mongóis para destruir os tártaros. Foi devido a essa campanha contra os tártaros que o Jin inicialmente se aproximou de Gengis Khan, na época um dos rivais que competiam pela liderança dos mongóis, pedindo que se juntasse a eles. Nascido em 1162 e filho de um chefe de clã chamado Yesugei, o jovem Gengis tinha fortes motivos pessoais para odiar os tártaros. Depois de comer alimentos oferecidos por um tártaro, Yesugei adoecera e morrera, deixando mulher e seis filhos. Considerando os filhos jovens demais para herdar a posição do pai, o clã abandonou toda a família, obrigando-a a subsistir comendo frutas, raízes e peixes às margens do Onon. Coisa pior aconteceria quando Gengis, aos treze anos, após resolver uma disputa infantil com um de seus

A VOLTA DOS BÁRBAROS

irmãos matando-o por causa de uns peixes e pássaros, foi capturado e escravizado por um clã rival. Escapou de um pelourinho de madeira e de um bando de perseguidores e voltou ao seio da família, passando os anos seguintes reunindo aliados e irmãos com juramentos de sangue. Não admira que aceitasse imediatamente o convite para atacar seus antigos inimigos, os tártaros, cujo *khaghan* capturou pessoalmente em 1196. O Jin recompensou seu novo vassalo Gengis dando-lhe o título de "Guardião da Fronteira", ato que vinte anos depois começou a ser considerado uma decisão altamente temerária.

Em 1206, após eliminar os rivais na liderança dos mongóis, Gengis convocou um *kuriltai*, assembléia nacional, no Lago Azul, na Mongólia central, união natural de águas e límpido céu azul com grama luxuriante que oferecia todas as amenidades necessárias a um membro de tribo do século XII: proteção meio de colinas próximas, água, bom pasto e um pico de 100 metros de altura de onde o comandante podia supervisionar suas tropas. Ali ele contemplou generosamente seus seguidores com títulos e honrarias e se proclamou "unificador do povo das tendas de feltro".[12]

O regime de Gengis na estepe não agradava à dinastia Jin por dois motivos. Primeiro, criava um novo modelo de sociedade mongol, no qual o poder já não seria herdado — o que levava inevitavelmente a rivalidades entre famílias — e sim garantido por meio da lealdade a um líder aclamado por todos (ele próprio). Em vez de ocupar suas consideráveis energias militares liquidando-se uns aos outros, as tribos da estepe agora unidas estavam prontas para lançar-se, numa formação assustadoramente coesa, contra os estados além da estepe. Dali em diante, o Jin teria de enfrentar, como força unificada, as tribos que até recentemente tratava de dividir para governar. Segundo, a nova aliança mongol tornava seus componentes mais abertamente agressivos. Gengis reconheceu que, não estando mais divididas, cada tribo da estepe havia perdido uma fonte importante de pilhagens representadas por todas as demais, e que somente se conservariam sob um comando mongol unificado caso este pudesse assegurar recompensas em forma de butins. Seria necessário encontrar novos alvos de rapinagem mais adiante.

GRANDE MURALHA

Tão grande é o fascínio histórico provocado pelo império de atrocidades de Gengis Khan que a motivação de seu rastro devastador de conquista fica às vezes obscurecida pela simples enumeração dos lugares em que esteve, dos povos e cidades aniquilados e das modalidades de sua derrota: os milhões de muçulmanos mortos na Ásia central, comandantes russos morrendo asfixiados sob as mesas de banquete dos vitoriosos generais mongóis, cidades chinesas inteiramente massacradas com exceção de um punhado de artesãos e atores (até mesmo os bárbaros, ao que parece, às vezes precisavam de distração). A variedade geográfica de seus objetivos — a China, a Ásia central, a Pérsia, a Rússia — torna difícil elucidar uma causa única para suas agressões, como por exemplo um ódio racial específico. Seu desejo de conquista provavelmente fica mais bem explicado como o impulso predador de um líder pastoril nômade levado ao extremo: a lealdade de seus homens dependia de recompensas generosas mais luxuosas do que as existentes nas planícies de relva da estepe. A brutalidade de Gengis com as populações encontradas em suas campanhas — conta-se que mais de 1,3 milhão de pessoas na cidade de Merv, num oásis da Ásia central, foram mortas em poucos dias, com cada soldado mongol despachando quatrocentas almas — indica uma obsessão com a instantânea satisfação da pilhagem e uma falta fundamental de interesse na aquisição de território para si próprio; qualquer conquistador que pretenda auferir de um império lucros a longo prazo trata de assegurar que os produtores permaneçam vivos para trabalhar. A conquista mongol, portanto, aconteceu quase por acidente. Com Gengis Khan, os mongóis começaram simplesmente como uma versão fenomenalmente mais bem-sucedida dos predadores da estepe que vinham acossando a China e outras sociedades sedentárias desde o primeiro milênio a.C. A diferença era que os mongóis levavam suas incursões mais a sério do que seus predecessores, tornando completamente erma qualquer região contra a qual dirigissem seus cavalos. Após desnudar completamente uma área, não tinham outra opção senão seguir adiante. Daí a conquista gradual da China, entre 1213 e 1279.

■ ■ ■

A VOLTA DOS BÁRBAROS

Não demorou muito para que Gengis percebesse as oportunidades de pilhagem representadas pelo Jin, que por sua vez vinha saqueando lucrativamente a China do Song durante anos. Surpreendemente desejoso de achar um pretexto moral para a invasão, ele tratou de encontrar transgressões de seu código de honra militar por parte do Jin (durante toda a sua vida de guerreiro, Gengis afirmou constantemente que somente atacava em reação ao que considerava afrontas ou falta de lealdade). Embora seu desejo de batalha possa ser historicamente pesquisado na crucificação de seu tio-avô Ambakai pelo Jin, numa perspectiva mais imediata Gengis achou que permanecer como vassalo do Jin tornara-se um insulto a sua dignidade. Quando um embaixador de um novo imperador Jin que ascendera ao trono em 1208 chegou a seu quartel-general na estepe, exigindo tributo para confirmar o prosseguimento do *status* de vassalo de Gengis, este replicou que o imperador era um imbecil: "Por que eu teria de prostrar-me diante dele?"[13] Após cuspir na direção do sul — onde ficava a capital Jin — afastou-se a galope. Gengis passou os três anos seguintes preparando-se para a invasão, e na primavera de 1211 comandou 100 mil homens e 300 mil cavalos em direção ao sudeste, partindo de Gobi para a capital Jin em Zhongdu.

O Jin não conseguiu reagir de forma eficaz, prejudicado tanto pela debilidade militar quanto pela psicológica. Já em 1210 seu receio dos mongóis havia sobrepujado a razão: aterrorizada por relatos da força dos mongóis, a corte Jin "proibiu o povo de espalhar rumores sobre assuntos de fronteira".[14] Quer fosse uma medida sensata contra a histeria pública, quer uma demonstração negativa à maneira dos avestruzes, isso pouco contribuiu para sustar o avanço dos invasores. Cruzando o limiar entre a China e a estepe a noroeste de Pequim, os mongóis rodearam as muralhas Jin e infligiram severa derrota a um exército Jin muito mais numeroso, deixando os cadáveres dos soldados do Jurchen "empilhados como troncos podres" ao longo de 50 quilômetros de vales da fronteira.[15] Dez anos depois, peregrinos daoístas que passavam pela antiga zona fronteiriça a caminho da corte de Gengis notaram que os despojos ainda estavam espalhados pela paisagem. "Ao norte não há nada exceto areias varridas pelo vento e relva murcha. Aqui, a China — seus costumes e seu clima — termina repentinamente... [Os discípulos] apontavam os esqueletos que jaziam no campo de batalha e diziam: 'Caso cheguemos em segurança a nossos lares, rezaremos missas em favor de suas almas...'".[16]

Enquanto os mongóis se aproximavam da capital, deixando as linhas externas de defesa do Jin a vários dias a cavalo atrás de si — o grupo daoísta, que sem dúvida cavalgava mais lentamente do que a horda mongol, levou dez dias para chegar à muralha, vindo do campo de batalha na fronteira —, o Jin procurou reforçar suas fortalezas e tentar um acordo de paz. Mas os generais mongóis se deslocaram com demasiada rapidez para que as providências tomadas pudessem surtir efeito, e tomaram com facilidade as bases e cidades muradas insuficientemente guarnecidas ao norte de Pequim; enquanto isso, os aterrorizados emissários de paz rapidamente desertaram e revelaram os planos de batalha do Jin.

Às vezes se supõe que o Jin foi derrotado porque as longas muralhas da fronteira estavam desmoronando após séculos de falta de manutenção, e que na época já eram uma instituição do um milênio de idade que necessitava restauração assídua. Mas depois do Tang, praticamente todas as dinastias que exerceram autoridade sobre o norte da China haviam construído e guarnecido suas próprias muralhas, e bem mais recentemente o Liao e o Jin haviam feito o mesmo. Não havia grandes problemas com os muros e fortificações do Jin, além das duas limitações militares fundamentais das defesas estáticas. Primeiro, a eficiência defensiva das muralhas, como Gengis Khan ao que se diz gostava de afirmar, dependia da coragem daqueles que as defendiam. Muitas das guarnições de fronteira Jin eram compostas pelos pouco confiáveis Khitan (anteriormente Liao), mais do que soldados Jurchen, cuja lealdade ao Jin logo se dissipou diante do assédio mongol. Uma fortaleza a nordeste de Pequim em Gubeikou caiu sem qualquer tipo de combate, graças à traição de um comandante Khitan.[17] Segundo, os muros e fortes criam fronteiras ilusórias; podem ser inexpugnáveis em si mesmos, mas esse não é o caso dos hiatos defensivos existentes além de seus limites. A resistência de suas

A VOLTA DOS BÁRBAROS

fortificações muitas vezes deu ao Jin uma falsa impressão de segurança, quando os soldados se abrigavam por trás de seus muros enquanto os mongóis saqueavam incansavelmente os campos adjacentes, deixados sem defesa. Somente um passo fortificado foi invadido durante o avanço de Gengis Khan contra Pequim — a poderosa fortaleza Juyong, que bloqueava uma passagem entre duas montanhas ao norte da cidade. Vendo-se brevemente detido, o mais antigo general de Gengis, Jebe, empregou uma de suas táticas preferidas: fingindo retirar-se, atraiu em sua perseguição a guarnição Jin, e em seguida emboscou-a, atravessando os portões abertos do forte. Os mongóis também tinham à sua disposição um formidável repertório de técnicas para rompimento de cerco. Uma era exigir em resgate todos os animais da cidade ou vila. Depois que a população, aliviada, os entregava, os mongóis atavam tochas acesas em cada animal e os soltavam. As criaturas, aterrorizadas, fugiam de volta a seus abrigos, espalhando chamas e pânico por toda a povoação e dificultando a resistência ao ataque mongol. Outra tática, ainda mais devastadora, era transformar os prisioneiros chineses em escudos humanos no avanço em direção à cidade, debilitando assim a decisão dos defensores dos muros.

Em 1214, encontrando Pequim e seus 43 quilômetros de muralhas de defesa da cidade bem guarnecidas e difíceis de derrotar senão mediante um prolongado cerco, Gengis concordou em retirar suas forças, não sem antes exigir do Jin uma polpuda indenização em seda, ouro, cavalos, meninos e meninas, além de uma das filhas do imperador. Em breve, porém, surgiu outro pretexto para retomar a invasão: a fuga da corte e do governo Jin para o sul, em direção a Kaifeng, antiga capital setentrional do Song. Gengis reagiu em tom de ofensa: "O imperador Jin fez um acordo de paz comigo, mas agora transferiu sua capital para o sul; evidentemente não confia em minha palavra e usou a paz para enganar-me!"[18] Em 1215, os mongóis voltaram ao cerco e em seguida saquearam Pequim — o incêndio de algumas partes da cidade durou um mês — massacrando seus habitantes esfomeados e traumatizados. O destino da capital Jin tornou-se uma advertência amedrontadora a governantes futuros que contemplassem a resistência às hordas de

GRANDE MURALHA

Gengis. Quando, um ano depois, um embaixador de um dos futuros alvos do conquistador mongol veio investigar a verdade sobre a devastação total de Pequim, mandou dizer a seu soberano que havia ossos humanos amontoados por toda a cidade, que a terra estava encharcada de gordura humana e que o tifo espalhado pelos cadáveres em decomposição havia causado uma epidemia.

Em 1217, após rápidas ofensivas finais contra a Manchúria, antiga terra natal do Jurchen, Gengis Khan, ex-"Guardião da Fronteira", já era o guardião de toda a China ao norte do rio Amarelo. O Jin não seria completamente expulso de Kaifeng até 1234; para os mongóis, os vinte e poucos anos entre uma data e a outra foram cheios de outras ocupações, como a conquista da extensão de terras entre a China e a costa oriental do mar Negro. Seu colapso, no entanto, foi uma questão de tempo. Uma canção da época das invasões mongóis resume o sentimento da futilidade das muralhas Jin: "A Muralha foi erguida, com gritos de dor e tristeza; a Lua e a Via Láctea parecem mais baixas em comparação. Mas, se todos os brancos ossos dos mortos fossem empilhados diante dela, chegariam à mesma altura da Muralha."[19]

■ ■ ■

Tão logo os mongóis assumiram o controle do norte da China, a queda do sul tornou-se inevitável. Os mongóis eram invencíveis nos combates a cavalo, especialmente agora que já controlavam o comércio setentrional de cavalos do qual o Song dependia, e portanto certificavam-se de que o Song recebesse somente animais doentes e atrofiados, às vezes não maiores do que cachorros grandes. Nos terrenos em que a cavalaria era inútil — os alagadiços de cultivo do sul —, os mongóis se adaptaram ao novo terreno inundado criando uma marinha e expulsando o Song ainda mais para os próprios confins do sul da China, até que o último imperador-criança fosse morto em uma batalha naval em Cantão, em 1279.

■ ■ ■

A VOLTA DOS BÁRBAROS

De tal forma os primeiros governantes mongóis da China, filhos e netos de Gengis Khan, resistiam à idéia de qualquer acomodação com a maneira chinesa de viver e a suas influências suavizantes — a queda de tantas dinastias não-chinesas anteriores — que um extremista nômade chegou a sugerir o despovoamento (massacre) do norte da China para transformá-la em pastagem. Felizmente, um conselheiro Khitan convenceu o *khan* de que mais dinheiro, e conseqüentemente poder, podia ser conseguido permitindo que os habitantes vivessem, pois as pessoas costumam pagar mais impostos do que os cavalos. Embora não tivesse havido uma liquidação em massa dos chineses, o novo regime procurou assegurar-se de que os nativos ficassem afastados dos assuntos de governo por meio de um sistema de classificação étnica — mongóis, asiáticos do centro e do oeste, chineses do norte e chineses do sul —, segundo o qual eram distribuídos os cargos oficiais. As primeiras duas categorias — cerca de 2,5% de toda a população da China — ocupavam a maioria dos cargos de maior poder.

Embora Kubilai Khan, neto de Gengis e primeiro mongol imperador de toda China, tivesse sucumbido a um certo grau de achinesamento, afirmando — contra a opinião da antiga elite tribal — que para governar a China seria necessário mais do que as habilidades guerreiras dos mongóis, ele conseguiu evitar a construção de muralhas de fronteira. Marco Polo, que segundo se diz passou alguns anos na corte de Kubilai, admirado com as dimensões e a magnificência de tudo, desde palácios até as peras, significativamente não menciona nenhuma muralha de fronteira em suas *Viagens*. Os que duvidam de Marco Polo utilizaram essa omissão para argumentar que ele nunca chegou próximo à China, mas que em vez disso enfeitou relatos esparsos que ouvira de mercadores árabes ou persas. No entanto, ainda que haja muito material suspeito nos relatos de Marco Polo — por exemplo, suas afirmações de que esteve presente em um cerco que terminou dois anos antes de ele supostamente ter chegado à China, e de que foi feito governador da metrópole meridional Yangzhou, designação que causa perplexidade por estar ausente em minuciosos registros burocráticos chineses —, existem não obstante observações factuais confirmadas, como as relativas à prática de ataduras nos pés e cerimônias fúnebres, que as fazem convincentes ao menos em parte.

Quando se tratou da construção de sua capital, Dadu, no local da atual Pequim, Kubilai se mostrou mais suscetível à influência chinesa, erguendo seu palácio, segundo Marco Polo, dentro de quatro paredes: as muralhas da cidade, de 9,5 quilômetros quadrados, um muro externo do palácio (caiado e com parapeitos), um muro interno e finalmente uma parede de mármore que formava uma espécie de terraço em torno do palácio propriamente dito. No interior, Kubilai se curvava brevemente a sua herança tribal — ao cobrir os interiores com cortinas de arminho —, mas em outros pontos desprezava a simplicidade mongol ditada pelo nomadismo de seus ancestrais. Segundo relata Marco Polo, as paredes dos salões e câmaras eram "completamente recobertas de ouro e prata e decoradas com figuras de dragões, pássaros e cavaleiros, além de vários tipos de animais e cenas de batalha".

> O teto é adornado de maneira semelhante, de modo que tudo o que se pode ver é ouro e desenhos. O salão é tão vasto e largo que é possível servir nele uma refeição para mais de 6 mil homens. O número de câmaras é impressionante... O telhado brilha com reflexos escarlates. Verdes, azuis e amarelos, de todas as cores que existem, e de um verniz tão brilhante que fulge como cristal e cuja irradiação pode ser vista de muito longe.[20]

Fora do palácio, a cidade em si não era um conglomerado de yurts improvisados, mas sim "cheia de mansões de qualidade, hospedarias e moradias... todo o interior da cidade é distribuído em quadrados como um tabuleiro de xadrez, com precisão tão apurada que nenhuma descrição lhe faria justiça".[21]

Curiosamente, os mongóis, mais conhecidos como incendiários e saqueadores do que como estetas, contribuíram com uma das mais primorosas edificações que hoje formam parte das fortificações muradas próximas a Pequim: o Terraço das Nuvens (*Yantai*), um arco de pedra branca de 7,3 metros de altura, construído no passo Juyong ao norte da capital. Coberto de

A VOLTA DOS BÁRBAROS

inscrições budistas em diversas línguas, com entalhes de pedras preciosas, animais e dragões, o arco é um monumento à *Pax Mongolica* cosmopolita que surgiu da poeira e carnificina da construção do império mongol, um portal aberto que repete zombeteiramente, com suas inúteis decorações cerimoniais, o fracasso funcional das defesas supostamente robustas diante das quais foi erguido. Mais do que muralhas para obstrução, os mongóis preferiam o livre fluxo comercial e rotas de comunicação através de seu imenso império: no final do reinado de Kubilai Khan, a China mongol possuía 1.400 postos de correio, cujo funcionamento era assegurado por 50 mil cavalos à disposição. O Terraço das Nuvens era o portal através do qual imperadores e gente comum passavam para chegar a Pequim ou para regressar à estepe, circulando em todas as direções dentro do império mongol pan-eurasiano.

Mas a própria ausência de muralhas pode haver contribuído para o colapso do governo mongol em 1368. A partir de 1300, a pobreza generalizada no sul da China provocou rebeliões antigoverno com crescente freqüência e intensidade. Historiadores da medicina propuseram a teoria de que o empobrecimento da China se deveu em parte ao declínio demográfico causado, ou pelo menos agravado, pelo deslocamento das rotas comerciais, que passaram dos desertos da Rota da Seda para as estepes de vegetação rasteira, trazendo a peste para a China nos alforjes cheios de pulgas dos nômades mongóis. Assim como os povos indígenas do Novo Mundo foram dizimados pela chegada de doenças ocidentais como a varíola e o sarampo durante a era das explorações européias, em certas partes da China até cerca de dois terços das populações locais foram arrasados pela pestilência espalhada durante a conquista mongol.[22] Segundo esse raciocínio, a ausência de muralhas na China mongol foi responsável pela derrocada de uma dinastia, pela primeira vez na história chinesa. Pois foi por meio de uma dessas insurreições — a revolta dos Turbantes Vermelhos — que Zhu Yuanzhuang surgiu para fundar a dinastia Ming, os maiores construtores de muralhas da história da China e arquitetos da Grande Muralha tal como hoje é visitada.

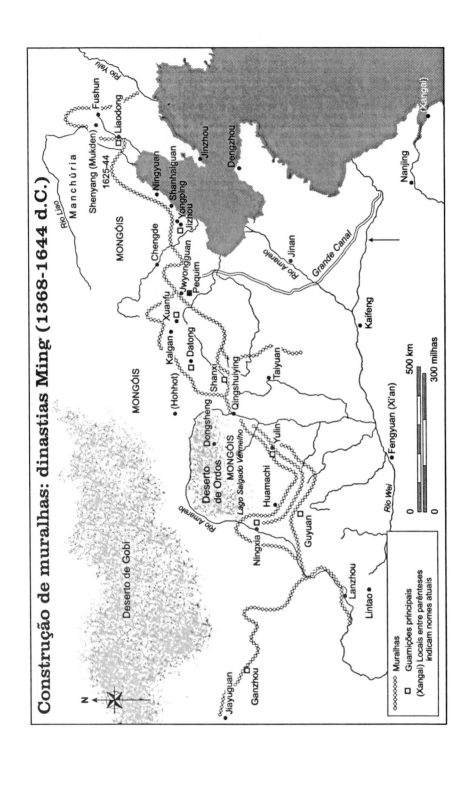

CAPÍTULO 8

Uma questão de abrir e fechar:
a primeira muralha Ming

NO DIA DO ANO-NOVO CHINÊS, 2 DE FEVEREIRO DE 1421, APÓS 16 anos de laboriosa construção por mais de 200 mil trabalhadores, o imperador Yongle, da dinastia Ming, inaugurou sua nova capital, Pequim, no mesmo local da antiga cidade mongol de Dadu. Na prática, a primeira obra a ser erguida foram os muros da cidade, de 10 metros de altura e 23 quilômetros de perímetro, recinto no qual foram construídas aos poucos as estruturas que ainda a definem e simbolizam hoje em dia: a Cidade Proibida, em tom de vermelhão, o portal maciço, pintado de vermelho, que separa o palácio da ampla Praça Tiananmen, e os portões da cidade, enormes portas de madeira engastadas em arcos de pedra que se erguem sobre vias sempre engarrafadas.

Rejeitando a moderação da moda arquitetônica chinesa do século XIII, os prédios Ming tendiam, ao contrário, a uma formidável monumentalidade. Embora os cartões de visita da arquitetura de períodos anteriores estivessem ainda muito visíveis no estilo do alto Ming — teto curvo, beirais em balanço —, a arquitetura Ming se tornou uma imagem distorcida do passado, substituindo a preocupação dos primeiros construtores chineses com a harmonia das proporções por uma adoração da escala gigantesca e sacrificando a altura das paredes em prol do comprimento e de tetos exageradamente profundos. Na Cidade Proibida, os resultados foram excessivos: enormes telhados de cerâmica deslizavam, como imensos chapéus, por sobre paredes rebaixadas,

GRANDE MURALHA

que pareciam gemer sob o peso de sua própria imponência. O vívido esquema de cores imperiais — as amplas áreas de mármore branco, telhas amarelo-douradas, paredes de um vermelho profundo, mosaicos azuis, verdes e dourados — dá extraordinária ênfase aos contornos de todo o conjunto. A atração da Cidade Proibida nada tem de sutil: ela impressiona pelas dimensões do orgulho imperial, por sua sucessão de pátios imensos, calçados com pedras brancas, sua série de salões elevados para audiências, suas pontes e escadarias de mármore, tudo colocado com rígida simetria dentro de um retângulo de 1,1 quilômetro no lado mais longo. Suas proporções reduzem os visitantes ao tamanho de anões, obrigando a um lento avanço ao longo do complexo, forçando-os a submeter-se a uma visão imperial opressiva do tempo e do espaço. Sem nunca haver sido intrinsecamente bela, a Cidade Proibida impressiona principalmente por sua pompa autoritária, com sua estética de brutal grandiloqüência.

Os planos arquitetônicos de Yongle rivalizavam com os de seu antigo predecessor, o Primeiro Imperador do Qin, e talvez os superassem, em seu desejo de instilar na instituição do governo imperial absolutista uma grandiosidade e santidade exclusivas, expressamente destinadas a intimidar tanto chineses quanto estrangeiros. Os imensos espaços públicos, salões protocolares e labirintos de aposentos para moradia e departamentos administrativos que enchiam a Cidade Proibida se organizavam em três conjuntos concêntricos de muros: os internos, os da cidade imperial mais ampla (em que se incluíam os ministérios imperiais, os celeiros e as feitorias) e os da cidade de Pequim propriamente dita. Ao sul de Pequim ficavam os Templos do Céu e da Terra, um complexo de santuários e altares construídos pelo estado e localizados dentro de parques quase tão extensos quanto a área reservada à Cidade Proibida. Todos os aspectos da arquitetura da nova capital exibiam, assim, um pesado simbolismo autocrático. A situação da Cidade Proibida no centro de um triplo conjunto de muros quadrangulares excludentes, orientados para os pontos cardeais, obrigava os visitantes a uma conclusão quase inexorável: a de que o imperador chinês, o Filho do Céu, entronizado, encerrado, aprisio-

UMA QUESTÃO DE ABRIR E FECHAR...

nado no centro de sua capital — o universo em harmonioso microcosmo —, representava, tanto física quanto espiritualmente, o centro cósmico do mundo.[1]

A escolha de Pequim para sede imperial, cidade muito mais próxima da Mongólia do que a antiga capital meridional de Nanjing, projetava uma mensagem definidora do novo império Ming. Após mais de 450 anos de ocupação estrangeira da China antes de 1368, ano da fundação da dinastia Ming, a decisão de Yongle de levar a capital para Pequim, tão próxima à estepe, emanava uma confiança nova e total a respeito da capacidade da dinastia de manter a segurança do império e conservar a fronteira pacificamente dominada.

Yongle desejava tantas testemunhas de suas cerimônias do primeiro dia do ano quantas fosse possível conseguir. Em 1421 reuniram-se em Pequim milhares de embaixadores da Ásia e da costa do oceano Índico, todos obrigados a executar o *kowtow* diante do Filho do Céu chinês. A veneração desses dignitários era fruto de duas décadas da política externa do imperador. Na altura de 1421 ele já havia liderado duas campanhas contra os mongóis, de um total de cinco, e convencido as tribos do oeste longínquo a manter neutralidade. Desde 1405, explorando uma tecnologia marítima muito adiantada em relação à que o Ocidente possuía na época, Yongle havia despachado seis frotas distintas de enormes juncos — cada qual com mais de 60 metros de comprimento, várias vezes maiores do que o *Santa Maria* de Cristóvão Colombo — que partiram da costa oriental da China em missões de exploração e diplomacia para Java, Ceilão (atual Sri Lanka) e até mesmo o leste da África, trazendo de volta objetos exóticos, animais e hordas de representantes diplomáticos de reinos distantes, ansiosos por estabelecer relações tributárias e, portanto, de comércio com a China Ming. Os navios chineses eram chamados "barcos de tesouro" e zarpavam carregados com as riquezas que simbolizavam a civilização chinesa — porcelanas, sedas e jade — destinadas a fascinar os governantes e os povos das dezenas de países que o almirante da frota, o eunuco Zheng He, afirmava haver visitado. Quase um século antes da

GRANDE MURALHA

partida de Colombo para a América, a China já havia inventado sua própria forma de imperialismo marítimo sem fronteiras, com uma visão expansionista diametralmente oposta à construção insular de muralhas preferida de tantos dentre os predecessores de Yongle.

■ ■ ■

Cerca de duzentos anos mais tarde, a China do Ming tinha uma aparência muito diversa. A política de expansionismo aberto dirigida pessoalmente por Yongle fora abandonada por imperadores que preferiam permanecer em seus redutos, sujeitos a ataques freqüentes e constantes de agudo isolacionismo político. A Cidade Proibida já não era um ímã cosmopolita para coisas estrangeiras e exóticas, e sim uma prisão de cor vermelhão para seus residentes imperiais, enquanto Pequim era uma cidade tão assolada por predadores mongóis em busca de saque quanto por admiradores portadores de tributo. Na altura do século XVII, a dinastia Ming se havia voltado para si mesma, procurando cercar as fronteiras da China com um ferrolho: em seu extenso litoral, por meio de uma proibição do comércio; em sua fronteira norte, por meio do mais robusto, dispendioso e elaborado sistema de fortalezas muradas erguido por qualquer dinastia chinesa anterior, algumas com a forma de torreões fortificados feitos de tijolos e argamassa com que a Grande Muralha é hoje conhecida de seus milhões de visitantes. Mas, mesmo enquanto trechos dessa muralha se encontravam ainda em construção ou em reparos em 1644, invasores estrangeiros do nordeste a atravessavam a fim de conquistar o império que ela pretendia proteger.

Para quem estivesse disposto a percebê-las, as sementes da destruição da China do Ming já haviam sido semeadas nos planos grandiosos de Yongle. Em sua Cidade Proibida de tríplice muralha, Yongle havia construído um símbolo do protocolo rigidamente circunscrito do governo Ming, o ataúde em que sua dinastia mais tarde seria asfixiada. Apesar de seu aparente cosmopolitismo, as empresas marítimas de Yongle constituíam tanto um exercício

UMA QUESTÃO DE ABRIR E FECHAR...

ae auto-adoração imperial chinesa quanto uma iniciativa pragmática de empreendimento colonial. Um dos objetivos principais dessas expedições parece haver sido uma busca internacional sistemática de súditos para prostração: convencer tantos estrangeiros quantos fosse possível a reconhecer a supremacia cultural da China, a confirmar e comemorar a posição da China no centro do mundo, rodeada por vassalos tributários. Quando os recursos para essas expedições se esgotaram, os imperadores chineses simplesmente se entrincheiraram cada vez mais em sua visão sinocêntrica do mundo, cada vez mais encerrados em seus muros — tanto no sentido físico quanto no figurado — por suas próprias convicções de supremacia.

■ ■ ■

Nos primeiros anos da dinastia Ming, não obstante, essas coisas eram muito pouco visíveis. Para começar, a muralha de fronteira não existia, e nem sequer sua idéia. Em 7 de setembro de 1368, ano em que o governo Ming foi fundado, os representantes da dinastia mongol Yuan na época partiram de Dadu, passando pelo arco de pedra branca do Terraço das Nuvens em direção à "cúpula de vilegiatura do estado" de sua capital de verão em Shangdu (ou Xanadu, na transliteração de Coleridge), nas estepes meridionais da atual Mongólia Interior. Anualmente, os imperadores mongóis alternavam as estadas em suas capitais, fazendo a viagem de 23 dias no final da primavera a fim de escapar do sufocante calor do verão de Pequim, em busca das vizinhanças mais temperadas de Shangdu, como seu palácio de mármore, vastos campos de caça e pastagens com éguas e vacas brancas especialmente criadas, cujo leite era privativo dos *khans* e suas famílias.

Desta vez, porém, a partida tinha de ser rápida, sem grandes cerimônias, pois a família real mongol procurava escapar de algo mais do que o quente e seco verão de Pequim, cujo auge de qualquer maneira já teria praticamente passado no início de setembro. No dia da partida, Xu Da, general do primeiro imperador Ming, havia derrotado o exército da capital a leste de Dadu;

GRANDE MURALHA

uma semana depois, as forças Ming escalaram os muros da cidade e a tomaram. Num gesto enfático final de vitória, o Ming mudou o nome escolhido
pelos mongóis para a cidade, de Dadu (literalmente "Grande Capital") para
Beiping ("O Norte Está Pacificado"), e transferiu sua própria capital para o
sul, em Nanjing ("Capital do Sul").

Zhu Yuanzhang, que em 1368 se proclamou primeiro imperador Ming
com o nome de Hongwu (literalmente "Força Militar Avassaladora"), havia
subido à custa do desespero. Nascido em 1328 numa família indigente, ascendera lentamente da camada mais baixa da sociedade chinesa até o topo,
sobrevivendo às pestes, fome, bandidos, piratas e guerras civis que haviam
feito perecer milhões de seus compatriotas durante o século e meio precedente. Aos 16 anos ele perdeu a maioria dos membros de sua família a intervalos
de três semanas uns dos outros, por uma combinação de fome e doenças. O
último refúgio de Zhu, paupérrimo e órfão — um templo budista no qual se
tornou monge mendigo —, foi destruído por soldados mongóis e ele ingressou em uma seita rural rebelde chinesa chamada Turbantes Vermelhos, culto
milenar que arrebanhava camponeses sofredores para rebelar-se contra as autoridades mongóis em preparação para a iminente vinda à Terra de Maitreya,
o Buda da riqueza e rei do esplendor. O culto se espalhou por grande parte do
centro e do sul da China, obtendo bases regionais de poder e líderes, entre os
quais Zhu Yuanzhang emergiu triunfante após uma série de vitórias espetaculares sobre seus rivais, inclusive numa batalha naval em 1363 na qual seus
batalhões de guerrilheiros dinamitaram uma força inimiga de talvez 300 mil
homens no sudeste da China.

Em 1368, sem dar atenção a sua fadiga — e à de seus generais —,
Hongwu quase imediatamente enviou Xu Da ao norte de Pequim, a fim de
fortificar passos da fronteira, no encalço do fugitivo Yuan. Seu alvo inicial foi
o primeiro passo ao norte da cidade, Juyongguan, o único que detivera significativamente os mongóis em seu avanço em direção à capital 150 anos antes,
e que a dinastia mongol havia privado de suas características defensivas ao
instalar nele o Terraço das Nuvens, aberto e decorativo. Desde a época dos

UMA QUESTÃO DE ABRIR E FECHAR...

Estados Guerreiros o passo de Juyong havia sido classificado como uma das principais "fortalezas sob o céu", um vale de 15 quilômetros de extensão a apenas 60 quilômetros ao norte da capital, aninhado entre montanhas verdejantes, das quais a maior e mais próxima era Badaling, que fechava o lado oriental do vale. Segundo uma fonte, o forte construído por Xu Da "ficava a cavaleiro de duas montanhas", numa área de 13 *li* e chegava a uma altura de 13,5 metros.[2] Em outros registros, fala-se que Xu Da "empilhou pedras formando um forte, que em três semanas recebeu uma guarnição defensiva de mil soldados".[3] A mensagem de Hongwu era clara: os chineses estavam novamente no domínio e barravam firmemente o caminho do lobo das estepes.

Os imperadores Ming nunca esqueceram a humilhação da ocupação mongol. A lembrança da conquista pelos mongóis os perseguia, transformando a segurança em relação ao norte em uma obsessão que acabaria por paralisar a dinastia e levá-la à bancarrota. A hostilidade do Ming aos estrangeiros era de âmbito universal, porém em graus diferentes. Hongwu desprezava japoneses, coreanos e os naturais de Anam* por não serem "mais do que mosquitos e escorpiões", mas os bárbaros do norte eram um constante e vital "perigo para nossos corações e estômagos".

> Desde os tempos antigos, soberanos governaram o império. Sempre a China ocupou o interior e cuidou dos bárbaros, ficando estes no exterior e submetidos à China. Não houve ocupação da China por bárbaros que governassem o império. Depois que a sorte do Song declinou, a presença dos bárbaros do norte na China resultou na vitória do Yuan. Quanto a nosso povo chinês, deve ter sido o desígnio dos céus que fossem pacificados por nós, chineses. Como poderiam os bárbaros governar os chineses? Temo que a pátria tenha sido manchada por muito tempo com o mau odor da carne de carneiro e que o povo esteja preocupado. Por isso liderei exércitos a fim de fazer uma limpeza. Meu objetivo é expulsar os escravos mongóis, eliminar a anarquia e dar segurança ao povo, para que a China fique limpa da vergonha.[4]

---

*Antigo reino na costa leste da Indochina, hoje parte do Vietnã. (*N. do T.*)

GRANDE MURALHA

Mas, apesar do ódio da China do Ming aos "bárbaros do norte", e seu poderoso sentimento de vergonha por haver sucumbido à dominação estrangeira, o caráter sanguinário dos mongóis mudou para sempre a cultura chinesa, removendo a suave cobertura protocolar do absolutismo chinês para revelar sua ossatura cruel e despótica. A conquista mongol injetara na sociedade chinesa uma nova aceitação da violência extrema, acostumando seus habitantes a níveis de brutalidade sem precedentes. Patologicamente desconfiado de conspirações à sua volta, a partir de 1380 e até o fim de seu reinado Hongwu lançou uma série de expurgos, a começar por seu primeiro ministro Hu Weiyong, suspeito de conspirar com os mongóis, e terminou com a execução ou suicídio forçado de muitos de seus melhores generais. Ao término dos expurgos, nos quais até mesmo seu genro foi obrigado a suicidar-se após ser acusado de venda ilegal de chá, cerca de 40 mil pessoas e muitos de seus funcionários mais competentes haviam perdido suas vidas. Não muito depois do início do reinado, os homens instruídos passaram a ter horror de serem convocados para servir ao governo, e os infelizes que já tivessem sido arrebanhados para isso tomavam a precaução de fazer suas despedidas finais às famílias caso fossem chamados a uma audiência com o imperador, e trocavam congratulações com os colegas caso suas cabeças continuassem grudadas ao pescoço ao cair da noite.

Novamente, tais como os mongóis, os primeiros governantes Ming tinham pouquíssimo interesse por extensas fortificações na fronteira, e, portanto, quase não houve construção intensa de muralhas até o final do século V. Embora a dinastia permanecesse sempre preocupada com os mongóis, os primeiros imperadores preferiram não se esconder atrás de muros e sim imitar as táticas do inimigo, atacando profundamente a partir da estepe. O principal motivo para que esses governantes iniciais deixassem de construir muralhas era que simplesmente não necessitavam delas. Com um exército bem organizado, endurecido nas batalhas, Hongwu e seu filho Yongle eram capazes de lançar campanhas na estepe para manter os mongóis bem-comportados. Em vez de muralhas, os primeiros imperadores Ming confiavam na

UMA QUESTÃO DE ABRIR E FECHAR...

qualidade menos tangível, porém bastante mais eficaz, da "atemorização" militar (*wei*) para controlar os povos das estepes do norte.

A principal contribuição de Hongwu às defesas da fronteira foi a fortificação de duas linhas de pontos mais robustos — uma interna e outra externa — espalhadas pela Mongólia e norte da China, destinadas a funcionar não como uma fronteira fixa, mas como bases a partir das quais fosse possível lançar novas campanhas e influir nos assuntos da estepe. Os subordinados mais fiéis de Zhu foram mandados a zonas de fronteira a fim de construir fortes de apoio entre os dois extremos lineares de Jiayuguan, no oeste (literalmente Passo do Vale Ameno) e Shanhaiguan (Passo Entre as Montanhas e o Mar), no leste. Ambas as localizações possuem evidentes vantagens estratégicas, sendo a primeira um oásis arenoso apertado entre duas cadeias de montanhas no final do corredor de Gansu e a segunda uma barreira na passagem ao longo da costa, entre a China e a Manchúria e Coréia. Mas não se tratava de uma Longa Muralha; mais tarde, imperadores Ming uniriam pontos fortificados e passos estratégicos individuais ao longo da linha interna de fortalezas do norte mediante trechos sinuosos de muralhas — em alguns pontos duplas ou mesmo triplas —, mas não ainda. Enquanto isso, a linha externa de fortes, que ia da extremidade leste de Liaodong ao topo da curva do rio Amarelo, subindo no ponto mais setentrional até 250 quilômetros ao norte de Pequim, representava o principal foco da política do Ming em relação à estepe. Por estar muito longe da linha que mais tarde se tornaria a da muralha de fronteira Ming — no ponto mais remoto quase 200 quilômetros —, ela era demasiado distante da China propriamente dita para que tivesse significação puramente defensiva; em vez disso, esses fortes formavam a espinha dorsal do expansionismo inicial do Ming, constituindo em si mesmos uma maneira de governar tanto a estepe quanto a China, ao estilo mongol.

Os comandantes enviados por Hongwu à fronteira a fim de supervisionar a construção de fortes tornaram-se obcecados com o afã de cumprir suas missões sem sofrer reparos de seu exigente soberano. As lendas contam a ansiedade de um general mandado construir uma muralha de 6 metros de

GRANDE MURALHA

altura e cerca de 700 metros de comprimento em torno de Jiayuguan enquanto se esforçava por ater-se ao calendário e esquema de custos que anteriormente submetera ao imperador, para assim evitar terrível castigo. Seu
triunfo ficou marcado por um só e lendário tijolo — o único que sobrou do
material de construção que ele encomendara de antemão e que foi colocado
sobre um dos telhados do forte.

O confiante início da dinastia por parte de Hongwu continuou em espírito com seu filho Yongle, que liderou pessoalmente campanhas no território
mongol. Mas Yongle prejudicou decisivamente as defesas Ming ao retirar as
guarnições de sete dentre os oito fortes estabelecidos por seu pai na estepe,
deixando somente a de Kaiping, diretamente ao norte de sua nova capital,
Pequim. Essa guarnição foi também recolhida seis anos após sua morte. O
estabelecimento de uma magnífica capital tão próximo à estepe, seguido pelo
abandono das estruturas militares necessárias à manutenção de uma presença
segura e dinâmica na região, transformou Pequim num alvo óbvio para os
predadores mongóis e obrigou imperadores Ming posteriores a recorrer, em
última instância, a uma política de defesas estáticas que levava ao empobrecimento: a construção de muralhas.[5]

■ ■ ■

Embora, ao mover sua capital para uma localização ao alcance de ataques dos
nômades mongóis, Yongle tivesse criado os alicerces geopolíticos sobre os
quais mais tarde milhares de quilômetros de muros iriam ser construídos pelo
Ming, os responsáveis pela atual fisionomia da muralha foram três outros
indivíduos: um jovem tolo que se tornou imperador da China em 1436, um
eunuco ávido e um mongol ambicioso e carismático. Nenhum dos três jamais
empunhou uma pá nem pegou num tijolo, mas sua colisão em 1449 destruiu
a possibilidade de diálogo diplomático útil entre os dois lados, levando os
chineses ao isolacionismo obstinado e os mongóis a novas agressões.

UMA QUESTÃO DE ABRIR E FECHAR...

Em 1488, um grupo de 2 mil mongóis chegou a Pequim. O objetivo de sua missão era ostensivamente pacífico: tinham vindo participar em algo que na China do Ming passava por diplomacia — a grande charada, de complexa coreografia, do sistema Ming de tributos. As esperanças de lucro de parte dos mongóis eram elevadas. Desde que o sistema de tributos havia sido instituído na dinastia Han — a subordinação ostensiva dos estrangeiros ao imperador chinês por meio da entrega de presentes e a execução de rituais prescritos de vassalagem —, o resultado da operação eram perdas econômicas para a China. Os chineses conservavam a "reputação" e sua visão sinocêntrica do mundo ficava confirmada; os não-chineses recebiam efetivamente dinheiro e mercadorias chinesas essenciais e de luxo a preços muito reduzidos, em troca de meia dúzia de *kowtows* e alguns de seus próprios produtos.

Na altura de 1488, o sistema tributário Ming era menos bem financiado do que já o fora anteriormente, mas certamente persistiam os relatos das riquezas oferecidas em décadas passadas àqueles que estivessem dispostos a tocar a terra com suas frontes diante do Filho do Céu. O relato de uma embaixada persa que teve a felicidade de estar presente em Pequim em 1421, na época da inauguração da capital, está cheia de menções a banquetes fabulosos — um suprimento aparentemente inexaurível de "gansos, aves, carnes assadas, frutas frescas e secas", e de "avelãs, jujubas, nozes, castanhas descascadas, limões, alhos e cebolas em conserva de vinagre", ingeridas com "diversos tipos de bebidas intoxicantes, como vinhos e licores" —, dos quais o de maior esplendor foi uma festa de mil iguarias em que os alimentos do imperador eram preparados por trás de uma cortina de cetim amarelo e levados com o acompanhamento de uma orquestra, com guarda-chuvas giratórios protocolares e uma espetacular exibição de acrobatas. Após um número suficiente de prostrações (oito), os presentes foram distribuídos à embaixada: para um único sultão, oito bolsas de prata, três conjuntos de mantos reais com forro, 24 roupas de baixo, 91 gaviões, dois cavalos, cem flechas, cinco lanças e 5 mil cédulas de dinheiro. Após cada banquete, os viajantes se retiravam para fazer a digestão em acomodações faustosas, com travesseiros, colchas e almofadas de brocado, e eram atendidos por "servos dotados de grande beleza". A embaixada mongol sem dúvida esperava coisa semelhante.[6]

No entanto, por trás da decorosa muralha de cetim das relações tributárias — os cursos de treinamento em ritos chineses, obrigatórios para as embaixadas "bárbaras", as procissões imperiais, os *kowtows*, orquestras, acrobatas, banquetes e trocas de presentes —, as tensões entre mongóis e chineses vinham se exacerbando havia vários anos. Nenhum dos dois lados considerava que o sistema de tributos produzia o desejado. Para os mongóis, os lucros das embaixadas começavam a parecer ínfimos. Suas expectativas sem dúvida cresciam com a lembrança dos presentes extravagantes distribuídos nos tempos de Yongle, tanto que em 1439 os mongóis começaram a reclamar que os presentes aos portadores de tributos eram muito mais parcos do que costumavam ser. Para os chineses, essas queixas pareciam simplesmente gananciosas e pouco nobres, inadequadas a vassalos que deveriam exibir gratidão abjeta por quaisquer migalhas celestiais caídas da mesa do Filho do Céu. A política mongol, no entanto, impedia os impulsos de negociação quanto ao tamanho dos donativos. Na década de 1430, as tribos mongóis foram reunificadas pela primeira vez desde o colapso do poderio mongol na China, sob um único líder, Esen. Em dez anos Esen assumira o controle de uma imensa extensão territorial que ia do atual Xinjiang à Coréia. A unidade acarretava tremenda pressão econômica sobre o chefe mongol. A fim de manter unida sob sua liderança aquela grande quantidade de povos tribais esparsos, Esen precisava proporcionar incentivos materiais. Dada a relativa escassez de recursos naturais na Mongólia do século XV, tornou-se prioritária a necessidade de obter em abundância mercadorias chinesas, e a maneira mais direta e pacífica de fazê-lo era através do sistema de tributos.

Em pouco tempo, Esen começou a enviar missões de "tributos" à China, ostensivamente para curvar-se diante da suserania chinesa, mas na realidade para receber produtos da China, incluindo mercadorias básicas como roupas e cereais — em troca de certo grau de subordinação de sua parte e de produtos da estepe, como cavalos e peles. (A missão de Esen à China em 1446

UMA QUESTÃO DE ABRIR E FECHAR...

levou, entre outras mercadorias, 130 mil peles de esquilo.) Muito em breve, os chineses começaram a achar que Esen estava levando vantagem no sistema de tributos. Primeiro, costumava trazer quantidades exageradas de produtos da estepe para a China, pressionando dessa forma os chineses para que oferecessem presentes ainda mais extravagantes em troca; na altura de 1446, o governo chinês passou a recusar milhares de peles de animais. Segundo, para os chineses uma das grandes despesas subsidiárias do sistema tributário era o entretenimento das embaixadas — banquetes, alimentação diária, acomodações. Quanto mais numerosa a embaixada, e quanto mais longa a sua permanência na China, maior seria a despesa com diversões. Na década de 1430 os chineses tiveram fortes suspeitas de que os mongóis estavam se aproveitando de sua hospitalidade: em suma, o sistema de tributos se transformara em um conto-do-vigário dos bárbaros à custa dos chineses. Já em 1424 um registro dinástico se queixava de que "como os bárbaros são gananciosos, não se passa um mês sem algum movimento para apresentação de tributos, e os soldados e pessoas comuns... têm de acompanhá-los e servi-los".[7] Em 1437, uma missão especialmente descarada do nordeste despachou entre trinta e quarenta homens para escoltar não mais do que cinco cavalos como tributo. Antes da década de 1440, as missões mongóis eram em geral compostas de não mais do que algumas centenas de pessoas; entre 1442 e 1448, no entanto, Esen passou a mandar uma média de mil homens por ano, todos os quais necessitavam de alimentação e recompensas, e muitos deles — na opinião dos funcionários chineses — comportavam-se de maneira inteiramente inadequada e traziam tributos de qualidade inferior.

As suspeitas mútuas se intensificaram drasticamente em 1448, quando uma embaixada de dois mil participantes declarou mais mil inexistentes, a fim de arrancar maior número de presentes dos chineses pouco dispostos a isso. A descoberta da fraude deu à corte Ming um pretexto perfeito para reduzir em 80% a quota de presentes. Ainda mais encolerizado após um mal-entendido pelo qual fora levado a acreditar que seu filho seria autorizado a casar-se com pessoa da família imperial, Esen mobilizou suas forças contra as regiões noroeste e nordeste de Pequim.

Os chineses reagiram de maneira incompetente, passando da indiferença à militância vociferante. Começaram ou a ignorar relatos de que Esen estava reunindo suas forças para um ataque ou, pouco melhor, simplesmente despachando enviados gentis para indagar-lhes se tais relatos eram verdadeiros. O imaturo imperador Tianshun, de apenas 21 anos, anunciou repentinamente planos de uma expedição de retaliação contra Esen, no noroeste. Seus funcionários disfarçaram cuidadosamente a oposição com humildes clichês confucionistas, mas seu horror à idéia era evidente: "o Filho do Céu, embora seja o mais excelso dos homens, não deveria envolver-se pessoalmente nesses perigos. Nós, funcionários, mesmo sendo os mais tolos entre os homens, insistimos em que isso não ocorra".[8] Infelizmente, as ilusões do imperador quanto a suas qualidades de general eram estimuladas por seu antigo tutor Wang Zhen, um dos primeiros e catastróficos eunucos superzelosos da dinastia Ming.

Embora a serviço de todas as dinastias chinesas desde o Shang — principalmente como machos de confiança para guardar o harém do palácio, e mais tarde como factótuns pessoais, funcionários e até mesmo primeiros-ministros *de facto* —, os eunucos sempre foram mal considerados durante toda a história chinesa, com uma reputação de perpetração de infâmias políticas somente igualada pela das mulheres. Um poema do *Clássico da Poesia* (*Shijing*), um dos textos canônicos Zhou do início do primeiro milênio a.C., expressa a visão histórica ortodoxa:

> O caos não nasce dos céus
> E sim das mulheres.
> Nada de bom, nenhuma educação, nenhuma instrução
> Jamais vem de esposas ou de eunucos.[9]

Essa antiqüíssima imputação de vilania se deve em parte às fontes. Durante a maior parte do passado chinês, os que empunharam penas ou pincéis e tinta

UMA QUESTÃO DE ABRIR E FECHAR...

têm sido funcionários-eruditos confucionistas do sexo masculino, arqui-rivais naturais de eunucos e mulheres quanto ao exercício do poder. No entanto, ainda que a história escrita sem dúvida revele um preconceito contra os eunucos, pode-se argumentar com suficiente base a respeito do efeito corruptor que alguns deles tiveram sobre a prática política.

Essa influência de fato se tornou um problema particularmente intratável durante a dinastia Ming, quando numerosos eunucos ascenderam extraordinariamente, em parte devido a privações sociais (as castrações voluntárias se tornaram comuns, pois as famílias consideravam a carreira dos emasculados no palácio imperial mais segura do que uma existência precária no campo castigado pela pobreza), em parte por causa da moda na cultura imperial de presentes (servos eunucos se tornaram um elemento cobiçado nas trocas entre o imperador e sua família mais ampla) e em parte pelas ações de certos imperadores. Quando Yongle usurpou o trono em 1403, teve de confiar fortemente num exército de eunucos — um grupo de homens que lhe eram pessoalmente fiéis — mais do que em funcionários públicos e conselheiros, a fim de lutar, administrar e espionar em seu nome, a fim de eliminar da hierarquia tradicional de funcionários imperiais os que se opusessem a seu golpe assassino contra o herdeiro designado. Esse modelo de dependência foi seguido pela maioria de seus sucessores: em breve, a cidade imperial, e o império como um todo, estava entupido de eunucos e repartições dirigidas por eunucos. A cidade imperial por si só era um enorme conjunto de departamentos, tesouros, depósitos e fábricas geridos por eunucos, que produziam tanto bens cotidianos quanto de luxo. Não existia em todo o império nenhum setor de governo destituído de eunucos, que competiam com seus correspondentes no serviço público e os espionavam.

Em teoria, nada havia de errado com uma classe de funcionários em duplicata: quanto mais funcionários do estado houvesse, maiores podiam ser as realizações. Na prática, no entanto, embora existissem eunucos diligentes e talentosos, o aumento de seu poder levou à ineficiência e dissensão. O principal problema em relação aos eunucos, como o das mulheres do palácio, era

GRANDE MURALHA

que não entravam no corpo de servidores imperiais por meio de um sistema regulamentado de recrutamento — ao contrário dos burocratas confucionistas, que se esforçavam duramente nos exames para o serviço público —, e sim segundo os caprichos do imperador. Isso significava que não havia uma hierarquia estável e segura que pudessem galgar, e suas possibilidades pessoais dependiam do favor imperial e do que pudessem obter da corte. Para os imperadores, sua atração repousava exatamente nesse relacionamento pessoal de dependência: os soberanos os utilizavam como um círculo íntimo de leais servidores pessoais a serem atirados contra os funcionários públicos. Os eunucos se transformaram num instrumento do absolutismo, cuja manifestação mais perversa era a polícia secreta composta de eunucos, organização com amplas ramificações em todo o império e que torturava com sombria assiduidade qualquer pessoa suspeita de insurreição antiimperial.

Um dos efeitos mais danosos de longo prazo dessa dispersão de agentes *ad hoc* de despotismo pela sociedade e governo chineses era a desestabilização política. Qualquer decisão ou orientação passava pelo capricho do imperador ou dos agentes por ele pessoalmente designados, tornando extraordinariamente difícil estabelecer qualquer sistema racional de avaliação política. Levar a melhor num debate sobre decisões de política dependia de identificar e captar o favor do imperador ou de seus favoritos do momento; como esses últimos poderiam variar mais de uma vez durante uma prolongada discussão sobre determinada política a ser seguida, o planejamento cuidadoso de longo prazo tornou-se quase impossível. A cultura Ming de violência, enquanto isso, significava que as penalidades por fracassar ou desagradar ao imperador eram aterrorizantes: somente entre 1641 e 1644 três ministros de categoria elevada foram levados ao suicídio pela vontade imperial. Servir ao governo Ming provocava tensão e risco de assassinato.

Acima de tudo, no que toca às questões de fronteira, os dois requisitos para o sucesso na carreira de eunuco — ganancioso interesse próprio e necessidade de satisfazer aos caprichos imperiais — juntavam-se com efeitos particularmente deletérios. Embora os perigos das campanhas militares —

UMA QUESTÃO DE ABRIR E FECHAR...

despesas, superioridade do inimigo, impossibilidade de perseguir os mongóis até uma vitória final decisiva nas vastas extensões da estepe — fossem evidentes para muitos, a idéia de uma numerosa, espetacular e arriscada expedição à estepe era especialmente atraente para um eunuco palaciano como Wang Zhen. Antes de tudo, uma grande campanha na fronteira oferecia a um eunuco ambicioso e avarento uma clara oportunidade de acumular butins e glória, assegurando assim sua preeminência como favorito da corte. Segundo, a própria carreira de um eunuco dependia de lisonjear o imperador, e muito freqüentemente, durante a dinastia Ming, isso fazia com que eles encorajassem seus soberanos militarmente incompetentes em suas ilusões belicosas de grandeza em relação à Mongólia, assegurando-lhes que eram absolutamente qualificados para dar aos traiçoeiros mongóis uma lição na batalha.

No entanto, as pretensões militares de um imperador e seu eunuco não representavam automaticamente um risco de desastre. Quando combinadas com um drástico declínio da capacidade bélica, contudo, podiam fazer desmoronar a dinastia e forçar uma revisão radical da defesa das fronteiras. Na altura de 1499, a máquina militar Ming, outrora impressionante, não tinha condições de enfrentar forças mongóis unificadas. Já no final do século XIV, os planos de Hongwu para garantir a segurança militar haviam consistido na criação de uma classe hereditária de soldados, que recebiam a propriedade de terras de cultivo. Enquanto os oficiais e soldados continuassem a procriar, pensava Hongwu, estaria garantido um suprimento constante de militares, que cuidaria de sua própria alimentação e vestuário.

Depois de cinqüenta anos de existência da dinastia Ming, esse plano se defrontava com graves problemas. A política de procriação consangüínea não foi capaz de isolar um gene de talento militar: tanto ele quanto a maioria de seus generais fundadores deixaram de transmitir a seus descendentes as qualidades de guerreiros. Tanto os imperadores quanto os oficiais Ming foram ficando cada vez menos vigorosos à medida que a dinastia prosseguia, com o exército sendo progressivamente administrado por funcionários civis e com

GRANDE MURALHA

freqüência adversamente influenciado por interesses políticos, mais do que estratégicos, pelos caprichos imperiais mais do que mediante planejamento racional. Além disso, para os que possuíam recursos sempre era possível evadir as obrigações militares: as famílias ricas pagavam às pobres para que as substituíssem. Comandantes corruptos transformaram o estabelecimento militar Ming em uma quadrilha, anexando terras militares a suas propriedades particulares, fazendo com que soldados rasos trabalhassem como servos em suas terras ou construíssem seus palácios, falseando pagamentos de salários, rações e uniformes com fundos do estado. Embora em teoria os efetivos do exército devessem aumentar com o aumento das famílias de militares hereditários, na verdade a maioria dos pertencentes às fileiras militares desaparecia sem deixar traços. Na metade do século XV, a qualidade do exército Ming — corrupto, indisciplinado, mal treinado e subequipado — já demonstrava claros sinais de deterioração.

A expedição punitiva contra Esen no noroeste, em 1449, apoiada com grande entusiasmo pelo eunuco Wang Zhen, sedento de lucros e glória, foi um desastre do início ao fim, atolada em fortes chuvas, incompetência e melodrama.[10] Em 4 de agosto, quando o imperador partiu de Pequim em direção à região fronteiriça de Datong, à testa de um exército de meio milhão de soldados e organizado em dois frenéticos dias, um funcionário público de alta categoria lançou-se diante do palanquim de seu sobreano, suplicando-lhe que pensasse no país e não somente em si mesmo. O imperador permaneceu em silêncio, deixando que Wang Zhen gritasse invectivas ao indesejável portador de conselhos, antes de prosseguir no rumo da fronteira.[11]

Quando o exército cruzou o passo de Juyong, sob chuvas e tempestades torrenciais, o ministro da guerra, de 65 anos — funcionário civil sem experiência militar —, já tinha se ferido gravemente por cair diversas vezes de seu cavalo.[12] Quando finalmente completaram a marcha de 340 quilômetros em de 13 dias até Datong, no oeste, perseguidos agourentamente ao longo de todo o trajeto por nuvens negras relampejantes, os chineses chegaram a um

UMA QUESTÃO DE ABRIR E FECHAR...

campo de batalha juncado de cadáveres de compatriotas: as baixas de uma fragorosa derrota já infligida por Esen à guarnição de Datong. "O frio do terror", relata a crônica da expedição, "encheu todos os corações."[13] Finalmente, acedendo a rogos de um de seus lugares-tenente eunucos, Wang Zhen decidiu declarar a expedição um sucesso triunfante, determinando o regresso do exército a Pequim. Talvez tivesse sido possível aos chineses retirar-se em segurança caso Wang Zheng lhes houvesse permitido utilizar um caminho mais ao sul, através de sua terra natal. Mas temeroso de que os soldados pudessem causar danos a suas imensas propriedades pessoais, Wang insistiu numa rota a noroeste, mais exposta.

Mantendo-se até então ocultos como fantasmas aos chineses cada vez mais desanimados, os homens de Esen atacaram a retaguarda do exército em 30 de agosto. Os bravos oficiais chineses lutaram até a última flecha, até mesmo usando os arcos vazios como porretes, antes de serem dilacerados pelos mongóis. A dois dias de marcha adiante, a comitiva do imperador poderia haver conseguido escapar em segurança pelo passo de Juyong e regressar à capital caso Wang Zheng — preocupado com a demora de sua bagagem pessoal composta de mil vagões — não tivesse comandado uma pausa no posto mal defendido de Tumu a fim de verificar onde estariam seus valiosos bens. Quando o ministro da guerra, que já sofrera muito, protestou dizendo que era vital escapar rapidamente, Wang Zheng gritou: "Seu idiota, rato de livraria! Que sabe de assuntos militares? Mais uma palavra e mandarei cortar sua cabeça."[14] O ministro passou a noite de 14 de agosto chorando em sua tenda com os colegas, enquanto Esen e sua cavalaria rapidamente cercaram o acampamento.

Apesar das fortes chuvas anteriores, os chineses encontraram Tumu privada de suprimentos de água, com o único rio próximo bloqueado pelos homens de Esen. Sedentos, famintos e aterrorizados, foram destruídos por um ataque total dos mongóis em 1º de setembro de 1449.

GRANDE MURALHA

O exército chinês se rompeu, cedeu terreno em forma caótica e transformou-se em uma debandada. "Deponham suas armas e serão poupados", gritavam os mongóis. Sem dar atenção a seus oficiais, os soldados chineses enlouqueceram, arrancaram suas roupas e correram ao encontro da cavalaria mongol, sendo dizimados. As flechas enchiam o ar quando os mongóis se aproximaram. Os guardas da cavalaria pessoal do imperador formaram um círculo em seu redor e procuraram romper o cerco, mas não conseguiram avançar. Desmontando, o soberano ficou sentado no chão em meio a uma chuva de flechas que matou a maior parte de seus defensores.[15]

Os mongóis o encontraram calmo e miraculosamente ileso, e assim o capturaram.

■ ■ ■

Nem tudo estava perdido para os pragmáticos chineses, que se recuperaram extraordinariamente bem do choque de perder o Filho do Céu. Raciocinando rapidamente, os funcionários em Pequim deram ao cativo Tianshun o título de "Grande Imperador Mais Velho" — em outras palavras, chutaramno para cima — e elevaram o irmão mais novo à posição de imperador mais jovem, ou real. O único cortesão que imprudentemente protestou foi sumariamente executado. O novo regime passou, então, a preparar-se para a defesa de Pequim contra um ataque mongol. Quando Esen chegou aos portões da cidade, planejando restaurar o antigo imperador como fantoche, casando-o com sua filha — naturalmente em troca de um espantoso resgate —, foi cortesmente informado: "O importante são os altares da Terra e do Cereal, mas o governante não."[16] Dito de outra maneira, os interesses do estado sobrepujam os de um líder individual, e um imperador substituto era mais ou menos o mesmo do que o anterior. Esen despejou sua frustração sobre o campo circunvizinho, mas não conseguiu penetrar nem em Pequim e nem em outras cidades muradas e acabou retirando-se novamente para o norte.

UMA QUESTÃO DE ABRIR E FECHAR...

Como os chineses haviam aberto mão de Tianshun, com pouco mais do que moderadas lamentações, seu valor como refém caiu drasticamente e em 1450 Esen o devolveu em troca apenas da retomada das relações tributárias e alguns presentes insultuosos por seu pequeno valor. O antigo imperador foi imediatamente escondido em um canto da Cidade Proibida por ordem de seu irmão mais jovem, que não ficou exatamente feliz ao revê-lo. Sem haver colhido o rico resgate que pretendia ganhar com o imperador, Esen perdeu grande parte de seu prestígio junto às tribos subordinadas e foi assassinado em 1455 por um membro de seu próprio povo.

Os adversários originais de Esen, os eunucos, também sofreram em conseqüência dos acontecimentos de Tumu. Após a morte de Wang na batalha, os funcionários vingaram-se de maneira terrível de Ma Shun, um dos eunucos da corte e lugar-tenente sobrevivente de Wang. Numa cena extraordinária, sem precedentes e jamais repetida na história política da China, uma sangrenta luta corporal explodiu durante uma audiência imperial, quando um censor, sem conseguir controlar por mais tempo seu ódio aos eunucos seus rivais, avançou para Ma, derrubou-o ao chão e mordeu-o. Outros funcionários imediatamente abandonaram todo o sentido de decoro e lançaram-se à batalha. Privados de armas convencionais, a luta selvagem prolongou-se com instrumentos improvisados: os funcionários acabaram por cegar e espancar o eunuco com seus calçados até matá-lo. O novo imperador, nervoso, tentou escapar do sangrento embate saindo furtivamente do salão de audiências, mas o recém-nomeado ministro da guerra agarrou-o pelo manto e obrigou-o a coonestar aquela cena de execução espontânea.[17]

Apesar da recuperação do governo e da morte de Esen, o desastre de Tumu lançou a política Ming de fronteiras num rumo autodestruidor. Nunca mais os mongóis iriam assustar-se com a perspectiva de ação militar de parte do Ming. Com poucas e notáveis exceções, o processo de decadência militar que já se encontrava adiantado em 1449 continuou celeremente nas décadas posteriores. No final do século XV, os imperadores chineses eram ainda menos manifestamente incapazes do que Tianshun para a liderança de

235

campanhas na estepe. Quando o atento, porém débil, imperador Hongzhi (reinou de 1488 a 1501), talvez o mais improvável de todos os comandantes militares da dinastia inteira, aventurou-se a dizer: "O imperador Taizong [Yongle], de nossa dinastia, liderou freqüentemente campanhas além da Grande Muralha: há alguma razão para que eu não faça o mesmo?", seu perplexo ministro da guerra teve suficiente presença de espírito para responder, diplomaticamente: "As divinas qualidades militares de Vossa Majestade sem dúvida não são inferiores às do imperador Taizong, mas no momento nossos generais e suas forças de infantaria e cavalaria são muito inferiores."[18] Tumu aniquilou a reputação militar do Ming no norte e deu aos mongóis coragem para redefinir a fronteira. Tanto Hongwu quanto Yongle haviam se esforçado por criar uma zona-tampão em torno das fronteiras, fazendo tratados com tribos amigas e estacionando guarnições e torres de vigia a centenas de quilômetros no interior da estepe, mas, depois de 1449, tribos mongóis voltaram a infiltrar-se na região do Ordos, estabelecendo-se em torno da curva do rio Amarelo e aproximando-se cada vez mais da China propriamente dita.

Em segundo lugar, embora Tumu haja revelado um grave conflito de relações internacionais — o desejo mongol de relações comerciais e a aversão chinesa a elas — que os chineses agora não podiam resolver pela força por se encontrarem demasiadamente debilitados, a corte Ming tampouco tinha condições de aceitar uma solução diplomática. Enquanto os ataques e o comércio, atividades levadas a efeito por tribos individuais, continuaram a ocorrer por todo o restante do século, o imperador chinês e seus funcionários cada vez mais se inquietavam e se assustavam devido à crescente presença mongol na região do Ordos. Tumu agravou e aprofundou os sentimentos negativos chineses da época Ming contra os mongóis. Depois de 1450, ataques físicos e retóricos aos mongóis — especialmente os que habitavam a China — cresceram em freqüência e virulência. Até aquele ano, apesar da memória histórica traumática da ocupação mongol, a China Ming se satisfazia em aceitar o serviço de soldados mongóis em seus exércitos e permitia aos

UMA QUESTÃO DE ABRIR E FECHAR...

mongóis leais assentar-se nas zonas da fronteira norte e até mesmo na capital: a Pequim do século XV abrigava uma população de talvez 10 mil mongóis. No caos que se seguiu a Tumu, as atitudes endureceram a ponto de afirmar-se que os mongóis problemáticos deveriam ser executados para exemplo público. "Se eles não são de nosso tipo racial", sentenciou sombriamente um alto funcionário civil, "seus corações devem ser diferentes."[19] Estabelecia-se uma nova ortodoxia política, segundo a qual qualquer contemporização com os mongóis significava traição, enquanto uma atitude ofensiva ou defensiva de desafio — por maior que fosse seu custo em termos de vidas na fronteira e de onças de prata — representava o auge do patriotismo virtuoso.

Talvez mais significativo seja o fato de que a corte Ming mostrou-se incapaz de aprender alguma coisa com a debacle de Tumu, de tirar qualquer lição proveitosa da influência destrutiva do facciosismo virulento no governo, ou de promover um espírito de maior conciliação e cooperação na esfera política. A sangrenta vingança dos funcionários civis contra seus rivais eunucos nada mais fez senão aumentar o sentimento de acrimônia mútua entre os dois grupos de poder; outro banho de sangue se seguiu ao golpe palaciano de 1457 que restaurou o antigo imperador cativo, no qual os que haviam intervindo para salvar o estado Ming em 1449 foram estrangulados, decapitados ou exilados. As intrigas na corte se intensificaram, levando a uma paralisia quase total da aplicação de políticas. A política de fronteiras tornou-se uma bola de futebol passada entre as facções da corte, cada qual vociferando clichês patrióticos, cada qual disputando o favor do imperador que estivesse no trono, enclausuradas na Cidade Proibida e cultivando raivosamente um fútil sentimento de superioridade sobre os estrangeiros que rondavam a fronteira.

Contra esse pano de fundo de arrogância racista, incompetência militar e facciosismo assassino somente um curso de ação começou a parecer ao mesmo tempo defensivamente viável e psicologicamente satisfatório: a construção de muralhas.

■ ■ ■

GRANDE MURALHA

Enquanto os cortesãos se espancavam uns aos outros com seus calçados, os funcionários em serviço na fronteira sofriam as conseqüências da paralisia política do centro. Embora, depois de Tumu, tivesse havido ordens de fortalecimento das defesas na divisa, um relatório desesperadoramente franco de 1464 lamentava o estado da fronteira:

> Os mongóis são conhecidos por sua propensão a atacar, mas nossos comandantes na fronteira seguem as rotinas e se tornam completamente indolentes. As cidades e fortificações não foram reparadas, as munições e armas se encontram em estado lamentável. Abusos flagrantes estão sendo praticados: os soldados ricos subornam todos os meses seus superiores, escapando assim a seus deveres. Mas os pobres têm de enfrentar o frio e a fome, ou desertar. Por isso é que a guarda da fronteira se encontra em estado tão deplorável.[20]

Entre esses governadores locais que há muito se desesperavam estava Yu Zijun, funcionário diligente que se empenhava em melhorar as condições na região do noroeste sob sua supervisão. E para os habitantes das províncias que se estendiam na base da curva do rio Amarelo a vida era em geral miserável. Partes dessas províncias — o leste de Gansu, Ningxia, Shaanxi — sempre figuraram entre as regiões mais pobres da China: montanhosas, muitas vezes extremamente secas, sofrendo um regime de chuvas insuficiente e acossadas periodicamente por areias levadas para o sul por ventanias na Mongólia Interior. A agricultura era possível, mas a irrigação bem-feita era uma necessidade constante. Na China da década de 1930, assolada pela guerra, Mao Tsé-tung escolheria essa região como sede relativamente segura para sua guerrilha comunista sitiada; uma parte do país cuja pobreza e isolamento deteve tanto as forças nacionalistas de direita, que procuravam assiduamente aniquilar os comunistas desde 1927, quanto os invasores japoneses do nordeste, conhecidos pela brutalidade constante e direta com a qual procuraram conquistar a China nos anos anteriores à Segunda Guerra Mundial e durante esse conflito. No período Ming, as condições econômicas na região eram ainda piores, e

UMA QUESTÃO DE ABRIR E FECHAR...

atacantes estrangeiros vindos do Ordos, ao norte, não tinham dificuldade em lutar nas secas colinas de loesse, roubando os povoados de tudo o que fosse útil (tecidos, cereais, metais, animais, mulheres e crianças) e destruindo o que não pudessem facilmente utilizar ou escravizar — as casas e a população masculina. O povo que Yu Zijun encontrou era pobre, acossado e muito necessitado de segurança. Seus vários anos de obras meritórias nessa região pobre e isolada — fundação de uma escola, estímulo a estudantes, instrução ao povo local em agricultura, promoção de autodefesa por meio da fabricação de armas de metal, pacificação dos mongóis mediante comércio —, tudo isso dirigiu os pensamentos do governador para a necessidade de resolver decisivamente os problemas causados pela perigosa proximidade daquela zona com o Ordos, que havia sido conquistado pelos mongóis. Em 1471, ele levou ao governador um memorial recomendando a construção de uma muralha, de cerca de 9 metros de altura, entre os assentamentos chineses e o Ordos, a fim de proteger a população local.[21]

Em Pequim, o ministro da Guerra não mostrou entusiasmo, porém não teve outras idéias melhores. Naquela época os debates sobre a fronteira já vinham ocorrendo, de forma indecisa, durante bem mais de uma década. Ainda lamentando a perda do Ordos, a corte se recusava a ver na ocupação da região pelos mongóis algo mais do que uma derrota temporária, e produziu uma torrente de esquemas militares irrealistas — como por exemplo enviar uma numerosa força ao longo da fronteira de Shaanxi, ou despachar um destacamento de elite composto de 3 mil homens para caçar e massacrar os líderes mongóis — muitos dos quais eram aceitos pelo imperador porém jamais implementados. As muralhas, no entanto, ainda não eram uma opção atraente, por estarem tisnadas pela ligação com suas entusiastas ultrapassadas e pouco duradouras, as dinastias Sui e Qin, e também por seu custo e sua tendência a desmoronar. (Na primeira referência a Longas Muralhas — o termo usado pelo Qin — no registro dinástico de 1429, uma das relativamente poucas menções, afirma-se de maneira pouco lisonjeira que elas caíram por causa de chuvas fortes.[22]) Sempre obstinadamente irrealistas, os

GRANDE MURALHA

planejadores em Pequim continuavam a achar que seria menos dispendioso, melhor e — o que era ainda mais fantasioso — mais fácil resolver o problema expulsando os nômades do Ordos pela força. Em maio e junho de 1472, quando as tempestades de areia daquela rápida primavera de Pequim iam se transformando na morna e parada umidade do verão, os ministros se viram incapazes de concordar com uma solução em mais uma reunião sobre o problema da fronteira.

Mas na reunião e no impasse geral irrompeu o talentoso militar-funcionário Wang Yue, que tinha cerca de vinte anos de experiência no serviço público, mas ainda procurava ansiosamente uma dramática vitória militar que lhe granjeasse reputação como general, proporcionando-lhe fama, fortuna, e ao que ele esperava também um seguro título hereditário para si e seus descendentes. Embora tivesse iniciado a carreira nos degraus inferiores da hierarquia do serviço civil, sendo aprovado no sistema de exames na idade relativamente jovem de 25 anos, Wang era por temperamento um militar enérgico, pouco cerimonioso e prático. Mesmo ao ser convocado a uma audiência com o imperador, manteve seu hábito de encurtar as mangas de seu manto de mandarim, normalmente longas, recusando-se a abdicar de sua costumeira liberdade de movimentos para agradar à etiqueta imperial. Talvez por detectar em Wang uma ambição de glória, ou talvez simplesmente porque não houvesse ninguém mais suficientemente ansioso por aceitar o posto, a corte o designou para a posição de subcomandante de uma campanha para expulsar os nômades da curva do rio Amarelo. Wang Yue foi nomeado chefe do estado-maior e seu superior imediato foi otimisticamente saudado como "O General que Pacifica os Bárbaros".[23]

Wang Yue era ambicioso, mas não era louco. Embora o instruíssem a aniquilar de uma vez por todas e expulsar do Ordos — uma região de cerca de 80 mil quilômetros quadrados — todos os bárbaros do norte, os burocratas de Pequim lhe forneceram somente 40 mil soldados para esse fim. As perspectivas de suprimentos eram também pouco animadoras: as províncias do norte, Shaanxi e Shanxi, estavam amarelecidas pela seca e atravessavam

240

rapidamente o outono em direção ao frígido inverno. Os recrutas potenciais, como era de se esperar, fugiam da desanimadora perspectiva de ou morrer de fome ou de frio antes mesmo de chegar ao gélido e desolado Ordos. Mas quando Wang, estacionado em campo aberto e enregelado na faixa de 800 quilômetros da fronteira noroeste, ousou requisitar maior número de soldados, foi acusado de covardia pelos políticos abrigados por trás de duas, se não três muralhas de proteção em volta de Pequim. Bai Gui, ministro da Guerra, zombou de dentro da cidade imperial que um único mongol seria capaz de assustar milhares de soldados Ming.

O resultado foi o impasse, e Wang recusou-se a mover-se sem mais soldados enquanto o governo se recusava a fornecê-los. Foi nesse momento que Yu Zijun recordou ao governo as vantagens de construir uma muralha cortando a região, informando que exigiria somente 50 mil trabalhadores, comparados com os 150 mil soldados e 110 mil carregadores necessários para uma campanha (todos os quais teriam de conseguir alimentar-se de alguma forma nas terras empobrecidas do noroeste); que a muralha poderia ser construída com materiais locais; e que a obra poderia ser terminada em cerca de dois meses. Finalmente, talvez como isca para os partidários da guerra no governo de Pequim, Yu acrescentava que isso daria tempo para que a região se recuperasse até que pudesse ser lançada uma nova ofensiva de larga escala contra o norte. Em janeiro de 1473, Yu, Wang e seu superior, o General que Pacifica os Bárbaros, conseguiram fazer uma aliança de compromisso entre as facções que defendiam a guerra e as que propunham a muralha, planejando um breve ataque punitivo para intimidar temporariamente os mongóis tirando-os da região, seguido por uma temporada de construção de muralha.

A nova estratégia tornava desnecessárias as tropas, pois Wang Yue resolvera não lutar à moda chinesa, baseada em imensos exércitos que transportavam enormes vagões de bagagem, vulneráveis e difíceis de manejar, e que davam a conhecer suas intenções semanas e até mesmo meses antes que chegassem próximos ao inimigo — e sim com a astúcia dos nômades. Em outras palavras, uma guerra suja. Em 20 de outubro de 1473 levou 4.600 rápidos

GRANDE MURALHA

cavaleiros, escolhidos a dedo, num galope de dois dias e duas noites pelo deserto até o Lago Vermelho Salgado, no limiar da zona onde o Ordos se transformava em deserto. Ali, como esperava, Wang encontrou não uma força de guerreiros nômades preparando seus arcos para a batalha, e sim um cenário doméstico mongol, um acampamento de tendas de feltro por entre as quais as mulheres tratavam de suas tarefas cotidianas: buscar água, lavar, cozinhar, cuidar dos animais, transformá-los em comestíveis e objetos de subsistência (tecidos, peles, carne, leite). Praticamente todos os mongóis capazes de lutar haviam seguido para o sul a fim de atacar uma guarnição chinesa. Sem contar um pequeno destacamento de vigia, os únicos homens deixados no acampamento eram incapazes de oferecer resistência: os muito jovens ou muito velhos. Ninguém no acampamento — guardas, mulheres, crianças e idosos — tinha condições de lutar contra os cavalarianos de Wang Yue. As tendas estavam armadas junto a um lago, impedindo qualquer caminho de fuga. Centenas foram mortos, as tendas foram saqueadas e incendiadas e os animais — 133 camelos, 1.300 cavalos, 5 mil cabeças de gado e 10 mil carneiros — capturados como butim. As perspectivas para os sobreviventes eram terríveis, privados de abrigo e meios de subsistência numa região em que o inverno chegava cedo e as temperaturas podiam chegar ao congelamento mesmo em outubro. Quando o grupo atacante de mongóis, mais ao sul, teve notícia do que acontecera, voltou galopando para junto de suas mulheres e imediatamente caiu em uma emboscada Ming. Intimidados pelos militares chineses pela primeira e última vez em muito tempo, os sobreviventes mongóis se arrastaram para o norte, temporariamente expulsos do Ordos.

Com o campo breve e excepcionalmente limpo, Yu Zijun entrou em ação para construir a mais longa muralha contínua jamais vista na dinastia Ming. "Com os problemas dos territórios internos assim diminuídos", recorda a *História do Ming*, "Zijun recebeu o comando de uma equipe de trabalhos forçados."

UMA QUESTÃO DE ABRIR E FECHAR...

Escavou trincheiras, construiu muros e preparou fossos numa linha contínua de mais de 1.770 *li*, de Qingshuiying no leste a Huamachi no oeste. A cada 2 ou 3 *li* ele ergueu torres e barreiras para instalar um sistema de advertência, e fez muros mais curtos diante das barreiras, formando recintos em forma de cestos que abrigavam os vigias das flechas inimigas. Com 11 fortes, 15 torres de fronteira, 78 pequenas torres e 719 estacadas no topo de penhascos, a obra empregou 40 mil trabalhadores forçados durante menos de três meses. As terras defendidas pela muralha foram dedicadas à agricultura, e forneciam 60 mil *tan** de cereais a cada colheita.[24]

A muralha de Yu serpenteava ao longo de 910 quilômetros de leste a oeste, marcada por mais de oitocentos pontos fortificados, postos de sentinela e torres de vigia, cobrindo a zona natural de fronteira demarcada pelo rio Amarelo, através da qual a China ia se transformando em Mongólia. Essa, no entanto, ainda não era a construção permanente de tijolos e argamassa que está entronizada na imaginação popular como a Grande Muralha da China: uma crônica posterior se refere a pessoas que duvidavam da muralha de Yu, temendo que "muralhas feitas de terra arenosa desmoronariam com facilidade e não podem ser confiáveis quando chegarem os atacantes".[25] O próprio Yu, em um de seus memoriais sobre a construção de muralhas submetido ao soberano, sublinhava que a que propunha não seria feita de tijolos e pedras, e sim escavando o solo de loesse para transformá-lo em barreira. "Hoje", escreveu ele no início da década de 1470, "da antiga fronteira somente restam pedras, mas as montanhas altas e os penhascos íngremes ainda permanecem. Devemos construir um muro de fronteira que siga o relevo dessas montanhas e os contornos do solo, às vezes amontoando terra com pás e picaretas, às vezes erguendo barreiras, outras vezes escavando trincheiras, e juntar tudo numa linha única e contínua."[26] Note-se o uso cuidadoso do termo "muro de fronteira" (*bian qiang*), evitando cautelosamente o termo *changcheng*, Longa Muralha, que ainda estava comprometido com o cataclismo dinástico do Qin.

---

*Um *tan* = 3.990 toneladas.

GRANDE MURALHA

Se a muralha foi erguida com a altura de 9 metros originalmente recomendada por Yu Zijun, relativamente pouco sobrevive hoje na forma em que foi inicialmente construída. Assim como a muralha Han no oeste longínquo, areias sopradas por fortes rajadas de vento há muito erodiram ou submergiram grande parte desse muro, também construído de loesse e sobre um solo do mesmo tipo, apenas um pouco menos friável do que as partículas que o cobririam. (Setenta e cinco por cento da terra onde se localiza Yulin, uma das cidades-guarnição cruciais ao longo da linha da muralha de Yu, são arenosos.) O processo de desintegração começou cedo: no século XVII, um turista jesuíta francês observou que a muralha em torno de Yulin estava de tal maneira coberta de areia densa que era possível galopar sobre ela a cavalo.[27] O que resta são extensões de bancos marrom-amarelados de terra batida, que divide a extremidade das terras altas de loesse do planalto mongol deserto em que elas se transformam mais ao norte. Praticamente todos os muros feitos anteriormente com pedras, ou protegidos por elas, acabaram sendo destruídos por camponeses em busca de materiais de construção para uso privado, deixando apenas os recheios de terra socada. Aqui, as ruínas das muralhas parecem formar parte orgânica da própria paisagem, como fortificações em forma de castelos de areia que se erguem do chão em montes e retornam pouco a pouco a sua origem, como um tecido que cicatriza e desaparece. Nenhum dos fortes maiores e mais impressionantes da região parece ter sido parte da obra de Yu: a Torre Para Reprimir o Norte — vasta fortaleza em forma de bolo de noiva, com quatro andares e 30 metros de altura, de 78 metros de comprimento por 64 metros de largura — foi construída com tijolos somente em 1608.

Não obstante, apesar de pouco duradoura, a muralha de Yu forneceu um modelo físico para o surto de construção de muralhas do século XVI, prefigurando em todos os aspectos as circunstâncias nas quais a muralha de tijolos da fronteira seria erguida durante os 150 anos seguintes: declínio militar geral, intransigência diplomática, intrigas palacianas e ilusões políticas paralisantes. Mas os fatores negativos que permitiram a construção da mura-

UMA QUESTÃO DE ABRIR E FECHAR...

lha do noroeste foram rapidamente esquecidos. Na altura de 1482, a muralha de Yu já parecia haver provado seu valor quando um grupo de predadores mongóis ficou preso dentro do complexo de muros e trincheiras. "Confusos, sem conseguir encontrar a saída, foram expulsos com os narizes sangrando, e o povo da fronteira passou a admirar mais ainda as façanhas de Zijun."[28] Por enquanto, as muralhas de fronteira haviam afastado a má reputação histórica e começavam a interessar o Ming.

■■■

Se tivesse podido decidir, Yu Zijun não teria terminado sua muralha no noroeste, logo antes do lado oriental da curva do rio Amarelo. Depois do constante declínio militar do Ming no final do século XV, a capital em Pequim, que já fora símbolo da confiança da dinastia em relação à estepe, transformara-se numa desvantagem defensiva, destino preferido de predadores nômades do norte, protegida por apenas duas guarnições, Xuanfu a oeste e Datong ao norte. As condições em Xuanfu e Datong eram em geral comparáveis às que existiam na curva do rio Amarelo antes que Yu tivesse exercido sua influência benigna: camponeses e soldados se viam desesperadamente empobrecidos e as fortificações eram deficientes, tanto as naturais quanto as feitas pela mão do homem (a maior parte da terra entre Datong e a estepe ao norte é plana, sem oferecer barreiras protetoras naturais). Em 1484, Yu foi encarregado das guarnições militares de Xuanfu e Datong, e previsivelmente advogou a construção de novas muralhas de terra.

Mas em 1484 o ambiente já não era de moderação. Mesmo na década de 1470 a combinação conciliadora de muralhas de terra socada e comércio escapou por pouco do veto dos que decidiam a política, enquanto ministros belicosos abrigados em segurança em Pequim discutiam incessantemente não sobre se era necessário enviar tropas contra os mongóis, e sim sobre o número de soldados a serem mandados. Uma década mais tarde, os novos planos de Yu Zijun para a construção de muralhas esbarraram em intrigas da corte e em

245

GRANDE MURALHA

Wang Zhi, o todo-poderoso chefe da polícia secreta de eunucos que, como antes dele Wang Zhen, pretendia elevar seu *status* com o imperador conquistando glória militar numa campanha de fronteira e apoiou na corte os que propugnavam a guerra. O antigo aliado de Yu, Wang Yue, dedicou alegremente suas energias em favor de outra campanha, enquanto Yu protestava contra atos de comandantes militares de fronteira que provocavam as populações dali com ações violentas. Desta vez, o equilíbrio de poder na corte se voltava contra ele. Convencido de que os eunucos eram "seres humanos defeituosos", que iludiam "governantes jovens e de pouco talento", imprudentemente afirmou essas coisas em um memorial ao imperador, instando-o a rebaixar os eunucos aos deveres domésticos do palácio.[29] Pouco depois, as obras da nova muralha de Yu foram interrompidas quando os eunucos descobriram um relatório de uma inspeção que afirmava ser a construção cara demais e motivo de descontentamento popular, e que acusava Yu de corrupção e nepotismo. Yu morreria em 1489, tendo passado os últimos oito anos de sua vida ocupando intermitentemente postos de governo, entre o serviço ativo e a aposentadoria, e procurando evitar ataques caluniosos e cair em desgraça. Ele havia oferecido à corte Ming uma das últimas oportunidades de escapar de uma espiral descendente de confrontações dispendiosas com o norte, por meio de uma combinação moderada e eficiente de defesa e diplomacia. Porém, uma vez rejeitada essa via de compromisso, os imperadores Ming dos séculos XVI e XVII iriam exaurir primeiro seus exércitos, e depois seus tesouros e seus recursos de mão-de-obra, com intermináveis guerras e muralhas.

Uma das visões românticas da muralha Ming na fronteira produzidas pelo tenente Henry William Parish durante a missão diplomática de Macartney em 1793

Muralha construída pelo estado de Zhao na Mongólia Interior, *c.* 300 a.C.

Vista de um pastor e seu rebanho nas pastagens da Mongólia, no início do século XX

Desenho chinês do período Ming mostra dois bárbaros Xiongnu

Qin Shihuang, Primeiro Imperador e construtor da primeira Longa Muralha (*Changcheng*) cortando o norte da China

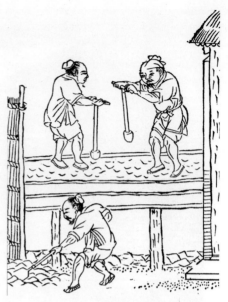

Desenho mostrando a técnica de terra socada na construção das muralhas chinesas

Operários de Aurel Stein fazem pausa para ser fotografados junto à muralha Han recém-escavada no deserto. Note-se a aparência estratificada da muralha, feita em camadas de galhos e juncos

Muralha Jin na Mongólia, hoje quase imperceptível, revelada pela neve acumulada de um dos lados

Pintura persa mostrando soldados mongóis em treinamento

O Terraço das Nuvens, caprichosamente decorado, construído pelos mongóis em forma de arco num passo ao norte de Pequim

Desenho do período Ming mostrando um forno e uma vara de carregador, instrumentos importantes para a construção da muralha Ming da fronteira

Foto recente tirada da janela de uma torre de vigia em ruínas, mostrando a muralha Ming de pedra, parcialmente restaurada, que corre pela crista dos montes em Jinshanling, próximo a Pequim

Mapa Ming das Nove Guarnições de Fronteira, em torno das quais foi organizada a muralha de fronteira

Muralha Ming de fronteira na região do Ordos, no noroeste da China. Note-se o contraste entre os alicerces de barro e a sólida muralha de tijolos e pedra ao norte e nordeste de Pequim

Foto do início do século XX mostrando a muralha Ming, que atravessa uma aldeia no nordeste da China

Vista do início do século XX do Primeiro Passo Sob o Céu em Shanhaiguan, o portal nordeste por onde os exércitos Qing e japoneses avançaram a partir da Manchúria em suas tentativas de conquistar a China

Foto de Aurel Stein mostrando Jiayuguan, o passo mais ocidental da muralha Ming de fronteira, que se ergue das areias do noroeste da China

Rendição de Li Yongfang a Manchus, primeiro general da fronteira nordeste da China a render-se durante o avanço do Qing para a conquista da China

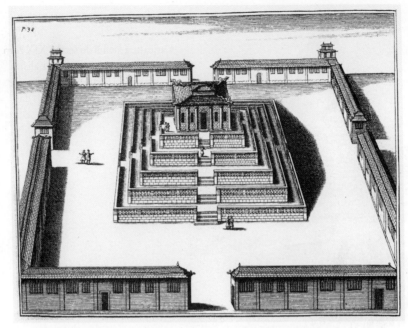

Representação do trono imperial chinês, colocado no interior de vários muros, extraída de um relato jesuíta do século XVII

Desenho de Parish mostrando a audiência de lord Macartney com o imperador chinês Qianlong, em Jehol

Caricatura alemã do século XIX com os exércitos ocidentais imperialistas preparando-se para atacar o gigante chinês, que se protege por trás da Grande Muralha

Vista das colinas de areias argilosas (*loess*) do noroeste da China no século XX, nas quais foram escavadas cavernas para habitação e onde Mao e os comunistas estabeleceram seu quartel-general em meados da década de 1930

Soldados chineses marchando sobre a Grande Muralha no início de 1937

Ao lado do vice-primeiro-ministro chinês, Richard Nixon observa com admiração, em fevereiro de 1972, a Grande Muralha restaurada em Badaling

(Daniel Schwartz/Lookatonline)

Parte da muralha Ming próxima a Pequim durante as obras de restauração feitas
pelos comunistas

CAPÍTULO 9

Ergue-se a muralha

EM 1507 NASCERAM DOIS MENINOS: UM EM HUBEI, A PROVÍNCIA CENtral e maior produtora de arroz da China continental; o outro, na Mongólia. O primeiro, Zhu Houcong, tornou-se imperador da China; o segundo, Altan Khan, foi o grande unificador das tribos mongóis no século XVI. Embora jamais tivessem se encontrado — o primeiro nunca aceitaria rebaixar a esse ponto sua majestade imperial —, o choque das visões de mundo de ambos gerou o impasse diplomático responsável pela criação da Grande Muralha de tijolos e pedras que tanto encantou Lord Macartney no final do século XVIII.

Seus ministros talvez jamais esperassem ou imaginassem que Zhu Houcong viesse a expressar algo tão afirmativo como uma visão do mundo. Foi escolhido para imperador justamente por sua aparente falta de personalidade. Quando subiu ao trono em 1522, como Imperador Jiajing, o governo ainda estava se recuperando das idiossincrasias de seu antecessor, Zhengde, namorador, fútil e excêntrico, muito dado ao excesso de bebida, jogos de guerra com tigres e rapto de mulheres para seu harém, porém alérgico à rotina cotidiana que faz funcionar os governos: audiências com funcionários, encontros com embaixadores, cerimônias simbólicas complexas. Ao morrer repentinamente, aos 39 anos, após um acidente de barco, sem deixar herdeiro nem sucessor designado, seu sobrinho Zhu Houcong foi a solução improvisada por um enérgico secretário principal, sem dúvida na esperança de que

GRANDE MURALHA

ele se mostrasse mais facilmente maleável do que seu rebelde predecessor. A família de Zhu Houcong tinha pouca presença no palácio e nenhuma influência nas intrigas da corte que geralmente decidiam o resultado das lutas de poder imperial: na época de sua ascensão ao trono, a avó cega e idosa havia sido exilada na lavanderia imperial, enquanto a mãe, filha de um guarda do palácio, era uma viúva da província que herdara um dote e vivia na propriedade da família em Hubei.

Foi, no entanto, a própria obscuridade de Jiajing que o tornou um governante rigidamente intolerante e inflexível com seus funcionários, mulheres e, sobretudo com os "bárbaros" mongóis, cuja simples existência ele considerava uma afronta pessoal absurda. Jiajing sofria de uma obsessão mesquinha com a etiqueta e aparições em público, que caracteriza somente as pessoas de fato socialmente inseguras. Na raiz de suas ansiedades estava a irregularidade de seu caminho à sucessão. Sem poder demonstrar um direito inegável de sangue ao trono, e destituído do natural carisma extrovertido da liderança (Zhu Houcong tinha sido um menino calado e amante dos livros), o novo imperador procurou ancorar sua legitimidade num pedantismo incessante a respeito de questões de ritual e protocolo, distorcendo ou subvertendo os precedentes a fim de projetar sua própria posição, e eliminando implacavelmente a oposição às alterações que fazia em busca de *status*. Com dois anos de reinado, 17 funcionários já haviam sido mortos por espancamento e outros 163 foram banidos por discutir o desejo do imperador de promover sua obscura mãe natural à categoria de imperatriz viúva. Embora essa maneira de agir fortalecesse sua autoridade como imperador, permitindo-lhe gozar o segundo reinado mais longo do período Ming — 44 anos —, também o tornou introvertido, rabugento e pomposamente superzeloso de sua própria dignidade.

As implicações disso para as relações da fronteira foram graves. A preocupação do imperador com o prestígio pessoal exacerbou em sua personalidade o tradicional complexo de superioridade cultural dos chineses e seu desprezo com relação ao norte. À medida que envelhecia, seu sentimento de animosi-

ERGUE-SE A MURALHA

dade intensificou-se, chegando a extremos ainda maiores de mesquinhez: nos anos finais, começou a exigir que sempre que fossem mencionados em éditos ou memoriais, os caracteres para "mongóis do norte" fossem escritos tão pequenos quanto possível. Se a simples existência dos mongóis o enraivecia, a idéia de comerciar ou tratar com eles era algo violentamente fora de propósito. E acima de tudo, o que os mongóis mais desejavam e necessitavam naquele momento era o comércio, que havia sido interrompido em 1500 em sua forma regular. O resultado foi um círculo vicioso diplomático: quanto mais o imperador considerava os mongóis ofensivos, menos permitia o comércio; e quanto mais eles atacavam, mais ele os odiava; e assim por diante.

Na década de 1530, Altan Khan, o menino nascido no mesmo dia que Zhou Houcong, já crescera e se tornara a *bête noire* mongol para o imperador chinês. Após herdar o comando das tribos ao norte de Shanxi, Altan transformou seus súditos predadores, dispersos e maltrapilhos em uma força unificada de invasores. Criou um novo centro de operações na estepe em Hohhot, atual capital da Região Autônoma da Mongólia Interior, a apenas 200, 300 e 400 quilômetros a noroeste de Datong, Xuanfu (as duas principais guarnições defensivas do norte) e Pequim, respectivamente. Muito mais do que um acampamento principal na estepe, a Hohhot de Altan era uma aglomeração impressionante de prédios de estilo chinês, construídos com auxílio de chineses que haviam fugido para a Mongólia, dos quais o mais magnífico era um palácio imperial murado baseado no estilo arquitetônico Ming. Uma inscrição sobre um dos portões do palácio, "amedrontar chineses e bárbaros", dava idéia das dimensões das ambições de Altan, e sua nova cidade o colocava em posição de avançar rapidamente para os centros de poder da China de uma forma que a antiga capital mongol de Caracorum nunca possibilitara.[1]

Na verdade, porém, Altan não era Gengis Khan; seus ataques buscavam sedas chinesas, roupas e alimentos, e não territórios, e uma política chinesa conciliatória que permitisse o comércio e os tributos poderia ter reduzido drasticamente as tensões na fronteira. Altan não possuía o poderoso sentimento de superioridade racial mongol e nem a idéia de missão que impeliram Gengis ao sul da estepe, que haviam levado a dinastia Yuan a adotar legislação que expurgava do governo todos os chineses natos e que fizeram a primeira geração de governantes mongóis da China propor o massacre da população e o aproveitamento das terras para pastagens. Altan nunca teve interesse em adquirir territórios na China propriamente dita além da zona limítrofe pastoril-agrícola do Ordos, e chegou a demonstrar admiração pelos fundamentos da cultura política chinesa. Se Jiajing tivesse tido a idéia de dar um passeio por Hohhot, teria lido com aprovação, no portão principal do palácio, uma inscrição que traduzia o sentimento inconfundivelmente sinófilo "Governo Civilizador e Promotor do Desenvolvimento".

As décadas de meados do século XVI foram tempos de penúria na estepe — raramente as tribos de Altan puderam livrar-se da ameaça da fome —, fazendo da questão de tributos e comércio (cavalos e peles em troca de cereais e feijão) verdadeiramente um assunto de vida e morte. "Na primavera", observou um funcionário Ming falando das tribos de Altan, "eles muitas vezes suplicam a nossas patrulhas que comprem seu gado: um boi por um *picul* de arroz e feijão, ou algo assim... Os mais pobres tiram os casacos de peles ou trazem peles e crinas de cavalo tentando evitar a fome por mais um dia."[2] Yan Song, secretário principal na década de 1550, provavelmente acertou ao descrever Altan e sua horda como "nada mais do que um grupo de bandidos ladrões de comida — nada que deva nos preocupar".[3] Mas, quando o imperador se recusou a aceitar o comércio que, para os mongóis, fazia a diferença entre sobrevivência e inanição, eles descarregaram sua frustração e mataram a fome por meio de ataques em todo o norte da China.

Em 1541, e não pela primeira vez, Altan enviou uma petição, por meio de um embaixador, propondo apresentar tributo. Jiajing ordenou que fosse rejeitada, reforçou as guarnições de Xuanfu e Datong e colocou a prêmio a cabeça de Altan. No ano seguinte, Altan enviou novo embaixador a Datong, repetindo o pedido. Avaliando com precisão os ventos políticos que sopravam de Pequim, o governador prendeu o enviado e arrastou-o ao bazar da

ERGUE-SE A MURALHA

cidade, onde foi esquartejado. Satisfeito com essa traição diplomática, o imperador demonstrou imediatamente sua aprovação e prazer promovendo e recompensando todos os envolvidos no incidente.

Altan Khan ficou furioso com essa falta de decoro e as províncias chinesas do norte, especialmente Shanxi, sofreram as terríveis conseqüências da intransigência do imperador chinês durante os oito anos particularmente negros que se seguiram ao massacre do embaixador de Altan em 1542. "Os bandidos ficaram indignados", relata a *História do Ming* de maneira um tanto anêmica, "e executaram uma grande invasão, massacrando povoados e fortalezas."[4] Eram ataques nômades em sua forma mais punitiva, trazendo uma tempestade de destruição sobre os alvos inermes, destruindo vilas inteiras em busca de objetos úteis: "Todas as vezes que invadem a China eles levam cada metro de ferro e de tecidos de algodão",[5] suspirou um funcionário. Em breve, a província de Shanxi devastada, quase no limite da subsistência, passou a ter fome. À medida que a década de 1540 avançava, os mongóis penetravam cada vez mais fundo na China, incendiando, matando e acima de tudo levando consigo tudo o que consideravam ter podido conseguir pelo comércio, mas que lhes tinha sido negado pela obstinação do Ming: cereais e objetos, tanto para o dia-a-dia (metais e vasos) quanto de luxo (embora, sem dúvida, para sua decepção, pouca coisa de luxo pudesse ser encontrada nas províncias secas da fronteira chinesa). Em 1545, o ciclo de fome, petição, violência e vingança começou novamente: fome e enfermidades no norte impeliram Altan a pedir comércio; na esperança de recompensas semelhantes às distribuídas em 1542, um servo de um funcionário chinês assassinou os enviados mongóis. O imperador não o castigou de maneira significativa. Em 1547, outras cabeças de embaixadores mongóis foram mandadas à corte Ming. Dois anos depois, ao retirar-se depois de um ataque a Xuanfu, a oeste de Pequim, as forças mongóis lançaram uma terrível ameaça, numa mensagem presa a uma flecha atirada contra um acampamento chinês: se o comércio não fosse restabelecido, os mongóis atacariam a capital naquele outono.

Esse grau de impasse entre o império chinês e a estepe era praticamente inédito. Nenhuma outra dinastia havia recusado com tanta constância o contato com o norte; basta comparar, por exemplo, as freqüentes missões tributárias recebidas pela corte Han, as entregas de princesas e as viagens protocolares do imperador Sui. Tampouco tardou muito para que a intransigência diplomática tomasse forma mais tangível. Enquanto o quartel-general mongol em Hohhot olhava raivosamente a planície em direção a Datong, os comandantes Ming da década de 1540 começaram a construir muralhas a noroeste da capital, nos campos planos ermos ao norte de Datong e Xuanfu, muros duplos que formavam uma elipse defensiva que partia do lado oriental da curva do rio Amarelo, subia para o norte até Datong e em seguida fazia um arco para o sul, antes de chegar ao lado norte, não longe do passo de Juyong. A idéia era proteger as regiões de Shanxi que haviam sido assoladas nos ataques das décadas de 1530 e 1540, e fortalecer de maneira dupla, e mesmo tripla, o caminho até Pequim para quem viesse de Hohhot ou do Ordos, preenchendo o hiato nas defesas deixado pelas barreiras de Yu Zijun a noroeste (as quais, desde as décadas de 1520 e 1530, já estavam desmoronando). Embora o terreno onde se erguia a muralha externa, mais ao norte, fosse elevado — a uma altitude média de mil metros — e por conseguinte frio, seco e inóspito, era em vários trechos plano e destituído de obstáculos naturais. Mais ao sul, a linha interna passava por terrenos de relevo mais drasticamente montanhoso e deles fazia uso estratégico; o passo de Yanmen, diretamente ao sul de Datong, fica entre uma série de picos de 1.500 a 3.000 metros de altura. Alguns desses são montanhas sagradas da China — o monte Wutai e o monte Heng —, destino de peregrinos onde hoje se erguem templos com telhados budistas; um deles, o Templo no Ar, é tranqüilamente sustentado por traves enfiadas em orifícios na face de um penhasco.

Na altura de 1547, o comandante encarregado das construções comentava que com mais alguns meses de trabalho estaria terminada uma barreira de 500 quilômetros de comprimento separando "os chineses e os bárbaros".[6] Em combinação com obras executadas por outros comandantes na região, o

ERGUE-SE A MURALHA

losango de defesas organizado ao norte e a oeste de Pequim iria aumentar gradativamente, durante as décadas remanescentes da dinastia Ming, até cerca de 850 quilômetros de muros, às vezes em seções duplas, triplas e até quádruplas, numa linha interrompida a cada poucas centenas de metros por torres e plataformas de vigia. Hoje em dia relativamente pouco resta da obra original da década de 1540 que possa ser visto com facilidade: nenhuma das fortalezas de terra em torno de Datong recebeu muros de tijolos, no estilo da Grande Muralha dos turistas, até a década de 1570. Atualmente, por entre as profundas fissuras ressecadas da paisagem de tom marrom em volta de Datong, correm muros arruinados, predominantemente feitos de terra, e de comprimento máximo de algumas dezenas de quilômetros, batidos pelo vento, chuva e areia, e também, mais uma vez, pelas depredações dos camponeses locais — que reciclaram pedras e terra para construir suas próprias casas ou que cavaram túmulos nas paredes originais — e pelas invasões japonesas da década de 1930. Porém, nos lugares em que sobrevivem, as fundações originais, de 8 metros de largura, exageradamente largas para sustentar ruínas que hoje não têm mais do que 3 ou 4 metros de altura, dão idéia do porte físico das muralhas originais, quando se erguiam das desoladas planícies do norte de Shanxi. Os nomes dos fortes que ainda existem repetem a linguagem bombástica característica do imperialismo defensivo da China dos Ming: "Amedrontar os Bárbaros de Cara de Bode", "Alcançar a Vitória".[7]

Durante o resto do ano de 1549 a corte permaneceu em Pequim confiante na virtude de sua obstinação e na firmeza de suas novas muralhas de fronteira. Até certo ponto, as fortificações construídas durante a década de 1540 cumpriram sua missão: os nômades de Altan Khan não conseguiram atravessar as várias centenas de quilômetros de muros que defendiam os caminhos do noroeste que levavam a Pequim. Porém, depois desse ponto — o ponto até o qual os nômades galopavam para chegar à extremidade oriental ou ocidental das muralhas —, elas fracassaram. Enquanto os chineses não resolvessem cercar com uma barreira contínua todo o perímetro de seus territórios — plano adotado, ao menos em teoria, na parte final do século — e mobilizar praticamente todos os homens do império para vigiá-la (isso o Ming nunca conseguiu fazer), os nômades encontrariam forma de rodeá-la em uma das extremidades ou em ambas, correndo, como água, na rota de menor resistência.

Em 1550, Altan Khan e seus mongóis compreenderam que para circundar a muralha bastava galopar até suficientemente distante em direção ao vazio a nordeste de Pequim. A oeste, Datong e Xuanfu resistiam, em parte porque o comandante de Datong subornava os nômades — famintos após cinco meses de seca — para que não atacassem. Mas na altura do final de setembro, época principal para os ataques de predadores, quando as colheitas e os camponeses enchiam os campos da região setentrional da China, expostos e vulneráveis além dos muros de suas aldeias e vilas, os mongóis já haviam galopado até o norte da capital e acampado a pouco mais de 30 quilômetros a leste de Pequim, em Tongzhou, última cidade na qual os exércitos Ming haviam parado para descansar antes de avançar para expulsar os mongóis de Pequim em 1368. Em seguida saquearam e incendiaram os subúrbios da capital durante três dias. É verdade que os subúrbios não eram a cidade propriamente dita, o centro do governo com seu conjunto de prédios imperiais, mas eram vitais para a cidade, tanto estratégica quanto simbolicamente. A região imediatamente ao norte de Pequim era lugar favorito de passeios para os turistas Ming — onde se espalhavam em campos verdes e agradáveis, levemente ondulados, pavilhões, mansões, córregos, templos e lagos cobertos de lótus ao lado de povoados aglomerados, nos quais a vida cotidiana e a produção se estendiam por algumas dezenas de quilômetros, até que essa paisagem tranqüila se transformasse nas montanhas selvagens, de vegetação agreste, sobre as quais serpenteia a Grande Muralha da imaginação popular. Como insulto final, em 30 de setembro Altan liderou pessoalmente um grupo de setecentos homens até a face norte dos muros da cidade, chegando ao portão Anding — literalmente, o Portal da Segurança —, originalmente concebido como ponto triunfal de entrada para os imperadores que retornassem de campanhas vitoriosas no norte.

ERGUE-SE A MURALHA

O pânico e as recriminações se espalharam por toda a capital. Enquanto os habitantes da cidade observavam impotentes das torres os incêndios nos subúrbios além dos portões, os mais ricos dentre eles — pensando em suas propriedades setentrionais — queixavam-se de que os funcionários retardavam a partida dos soldados, permitindo que os mongóis saqueassem à vontade. Tinham razão: o secretário principal, Yan Song, havia aconselhado o ministro da guerra a não enviar o exército da capital, argumentando que enquanto os desastres militares na estepe ou perto dela, a centenas de quilômetros de testemunhas chinesas civis, podiam ser reinventados na corte como grandes vitórias, uma derrota nas proximidades imediatas dos muros da cidade seria impossível de ocultar às multidões que observavam dos parapeitos. Além de calculado para salvar a reputação, o argumento de Yan se baseava também em considerações práticas. Embora, segundo registros oficiais, os efetivos das guarnições da capital fossem de 140 mil soldados, bem menos da metade desses estava destinada a funções militares, sendo os demais desviados para trabalhos de construção (não necessariamente para o estado: freqüentemente os soldados eram arbitrariamente requisitados por nobres graduados ou eunucos de categoria elevada para seus próprios objetivos pessoais).[8] Os que foram convocados para lutar em 1550 eram um grupo lamentável: a *História do Ming* relata que os 50 a 60 mil homens que saíram para enfrentar o inimigo "começaram a choramingar e lastimar-se ao ver os mongóis, e recusaram-se a lutar. Os oficiais empalideceram e não podiam fazer senão olhar-se uns aos outros, aterrorizados".[9] Apesar da chegada de reforços, a cidade não tinha provisões para eles, e os recrutas famintos simplesmente se juntaram às hordas de predadores, saqueando tudo o que encontravam.

Jiajing foi implacável na atribuição de responsabilidades. Em 2 de outubro, fez saber, por meio de emissários, que partiram do portão sul da Cidade Proibida — na fachada que hoje fica diante da vasta Praça Tiananmen —, que todos os seus oficiais eram irresponsáveis e negligentes. Em 6 de outubro, o ministro da Guerra, que abominava as batalhas, foi executado e substituído pelo pragmático governador de Datong, que havia subornado os mongóis

GRANDE MURALHA

para que poupassem a fortaleza sob seu comando. Talvez somente uma desgraça pessoal tenha salvado Weng Wanda — o oficial supervisor das muralhas em torno de Datong — da decapitação durante as recriminações do imperador: após a morte do pai ele havia abandonado a corte e sua posição oficial em 1549, regressando à província natal de Guangdong, no sul, para o período de luto.

Altan despachou um prisioneiro chinês para entregar mais uma mensagem solicitando novamente permissão para apresentar tributo (na prática, comerciar). Contrária, como sempre, às relações com os bárbaros, a corte retardou a ação de Altan com um truque diplomático. Primeiro, evitou o pedido direto contido na carta lançando dúvidas sobre sua autenticidade, sob o pretexto de que não estava escrita em língua mongol. Em seguida respondeu a Altan que regressasse à Mongólia e fizesse o pedido de comércio por meio dos canais burocráticos corretos — o governador da cidade fronteiriça de Xuanfu.

Apesar de haver dominado o norte da China, Altan surpreendentemente concordou com essa exigência e docilmente deixou o perímetro da capital. Como era de esperar, o imperador jamais concordou com o desejado acordo comercial. Sucumbindo a um breve ataque de realismo diplomático após o ataque do Khan sobre Pequim, Jianjing permitiu a abertura de mercados em 1551 e 1552.[10] Mas em 1552, sentindo-se novamente nauseado pela humilhação de comerciar com os bárbaros, renegou a nova política, executou o funcionário responsável pela abertura dos mercados e proibiu qualquer pessoa de mencionar dali em diante a possibilidade de comércio com as hordas mongóis, decretando que qualquer funcionário que permitisse o estabelecimento de mercados seria punido com a morte.[11] Os ataques continuaram freqüentes, e os funcionários das fronteiras que tinham de lidar com as conseqüências da obstinação imperial e que argumentavam contra essa política inflexível temiam por suas vidas. Yang Shouqian, oficial militar do noroeste, recordava-se de como "o governador de Datong foi severamente punido por permitir a comunicação com os bárbaros estrangeiros... os que têm cargos de

ERGUE-SE A MURALHA

responsabilidade estão assustados".[12] Até mesmo os funcionários relativamente moderados, favoráveis ao comércio, absorveram a cultura contemporânea de desprezo racista, referindo-se aos mongóis como "cães e carneiros" gananciosos, que abrigavam "desejos animais, profundos como gargantas".[13]

A conseqüência final dessa política, além do derramamento de sangue — somente em 1567 dezenas de milhares de chineses morreram em ataques mongóis em Shanxi, Hebei e na região de Pequim —, foi a finalização da fronteira murada da China, ao longo do hiato defensivo vulnerável a leste da capital, por onde os mongóis haviam penetrado em 1550, uma fronteira anteriormente aberta de 1.200 quilômetros de extensão.[14] E enquanto esse vazio ia sendo preenchido, com fortificações de pedra e 1.200 torres, os fortes existentes no oeste eram reforçados com materiais tão duros quanto a linha política do governo: a Grande Muralha de tijolos e pedra, em vez de terra socada, finalmente surgiu durante a segunda metade do século XVI.[15] Mesmo assim, seus construtores evidentemente se impressionaram menos com sua obra do que os turistas de épocas posteriores: assim como ocorrera no passado com Yu Zijun, os contemporâneos identificaram a muralha já madura dos Ming não como "Grande", e nem mesmo "Longa", mas simplesmente como "Muro da Fronteira", ou "Nove Guarnições de Fronteira", vista como nove baluartes que iam de Liaodong a Hebei no leste e a Gansu no oeste, interligados por muralhas.

As partes derradeiras acrescentadas à muralha no nordeste estão entre as mais espetaculares de toda a estrutura de cerca de 6.000 quilômetros, proporcionando os panoramas do muro de tijolos e pedras que serpenteia sobre os cumes de montanhas agrestes, famosos em todo o mundo. Ao mesmo tempo, foram encomendados extensos e dispendiosos reparos em muralhas mais a oeste: três anos a um custo de cerca de 14,62 quilos de prata por quilômetro em Xuanfu, cinco anos a um total de 15.162 quilos em torno de Datong.[16] Na altura de 1576, considerou-se necessária a restauração da muralha a nordeste. A partir desse ponto e até a queda da dinastia Ming em 1644, algumas das maiores, mais impressionantes e espetaculares seções sobreviventes da

GRANDE MURALHA

muralha foram erguidas com tijolos: em 1608, a "Torre para derrotar o Norte", de 30 metros de altura, próxima a Yulin, no noroeste; em 1574, "o grande portal do norte para a capital", um arco de tijolos de 12 metros de altura sobre Zhangjiakou — a meio caminho entre Hohhot e Pequim, a cavaleiro entre a China e a Mongólia — na linha externa da muralha; no mesmo ano, o portal sul do Forte para Consecução da Vitória, próximo a Datong, também de 12 metros de altura, com os caracteres que significam "Garantia" atrevidamente esculpidos na face externa e os de "Consecução da Vitória" confiantemente gravados na interna.

■ ■ ■

A partir de seu extremo ocidental, entre os oásis do deserto de Jiayuguan até o ponto terminal a leste, onde mergulha no litoral em Shanhaiguan, todas as fortificações, fortalezas, torres e placas da muralha Ming parecem feitas de propósito como afirmação física a respeito do país sobre o qual montam guarda e sobre o governo Ming que determinou sua construção: definir, encerrar e excluir.

Aquelas duas fortalezas das extremidades eram originalmente anunciadas por placas quase idênticas, que refletiam uma inconfundível autoconfiança cultural ao longo dos milhares de quilômetros de fronteira que as separavam. No portão de Jiayuguan, no oeste longínquo, uma placa (destruída no século XX) proclamava a todos que viessem que ali ficava o "Primeiro Passo Fortificado sob os Céus"; em Shanhaiguan, no leste, uma inscrição sobrevivente voltada para o mar ainda diz às ondas e aos rochedos que esse é o "Primeiro Passo sob os Céus". Os arquitetos da muralha a conceberam para que projetasse uma mensagem clara: marcar os limites do mundo (chinês e civilizado). Com seus telhados curvos e muros retos e limpos, tanto Jiayuguan quanto Shanhaiguan asseguram que a muralha se encerra com típica fanfarra chinesa: ainda que na verdade as fortificações se estendam além desses dois passos, entrando pelo deserto ocidental até desaparecerem e serpenteando em dire-

ERGUE-SE A MURALHA

ção à Manchúria no nordeste, ambos os passos marcam os limites dramáticos que ficam na memória. Ambos são complexos fortificados elaborados: o do oeste ocupa 2,5 quilômetros quadrados, o do leste quase 1,5 quilômetro quadrado, formados por um conjunto de portões, torres, repartições governamentais e até mesmo templo, no caso de Shanhaiguan. Jiayuguan, com os telhados entalhados de suas torres triplas colocados no quadrado perfeitamente regular de muros fortificados, se ergue estranhamente do deserto ocidental como um castelo de areia chinês premiado em algum concurso, transplantado das regiões muito distantes que compõem o mosaico rural da China propriamente dita. No leste, os tijolos marrom-acinzentado — cor característica produzida pela têmpera a fogo dos tijolos chineses — das principais fortalezas de Shanhaiguan montam guarda sobre o litoral e as montanhas ao norte, com seus muros sombrios, sem janelas, que lembram uma penitenciária, encimados também, de forma um tanto incoerente, pelos telhados curvos entalhados característicos da arquitetura chinesa. Em Jiayuguan, um portão voltado para o leste traz a inscrição "Portal para a Gloriosa Civilização"; outro portão, voltado para o oeste, advoga com paternalismo imperialista: "Tratar as terras distantes com bondade".[17] Em sua extensão de 6.000 mil quilômetros, em sua arquitetura, em suas fortalezas componentes, a fronteira Ming completada é um monumento à auto-imagem do país que o erigiu: à psicologia cultural unificada que, ao menos em teoria, conservou coesa uma terra de dramáticos contrastes naturais, de desertos e oásis a oeste e montanhas e bosques a leste.

Mas não se deve imaginar que a muralha, hoje coberta de vegetação e freqüentemente em ruínas — atualmente, os severos andares sem janelas da Torre para Dominar o Norte mostram tufos de plantas e até mesmo uma ou outra árvore valente —, sempre se estendeu de maneira uniforme e nem mesmo completamente por sobre esse terreno. O termo "Grande Muralha", raramente ou nunca usado por seus construtores Ming, evoca uma barreira fortificada monolítica que se estendesse de oeste a leste, à semelhança dos trechos mais conhecidos a nordeste. Mas, como indica um dos nomes con-

GRANDE MURALHA

temporâneos dados à muralha Ming, "Nove Guarnições de Fronteira", as defesas ao longo da direção geral seguida pelas muralhas eram organizadas em torno de pontos-chave regionais, em certas partes um muro simples, duplo ou triplo, às vezes dispersando-se em rumos intrincados, com hiatos e debilidades defendidos por torres, fortes e bastiões, alguns dos quais ficam ao norte ou ao sul da linha geral.

Passando para o leste a partir das areias de Jiayuguan, a muralha vigia milhares de quilômetros de fronteira, a zona da interface entre chineses e não-chineses. Em Shaanxi e Shanxi, províncias onde ocorreu o grosso do comércio e a maioria dos ataques, erguem-se torres em volta da muralha, que eram os postos de sentinela que policiavam o tráfico com os bárbaros do norte, tolerado no máximo com relutância oficial. As paredes opressivamente elevadas, sem qualquer ornamento, da Torre para Dominar o Norte, construída para supervisionar as transações entre chineses e mongóis nas feiras de cavalos, constituem um monumento adequado à suspeita oficial em relação ao comércio. Esse trecho centro-oeste da muralha freqüentemente lembra o clássico território selvagem de fronteira: a terra nua, plana, que por vezes afunda em brechas drásticas, marcada por vestígios já não guarnecidos de uma muralha há muito abandonada, ruínas de um sistema falido de relações externas.

Se a muralha, em suas manifestações ocidentais, parece às vezes uma construção levemente pedestre, perambulando pelas planícies e planaltos cujos materiais foram a base de sua construção, ao norte e leste de Pequim ela sucumbe a um exibicionismo pomposo, como se não resistisse a exibir a capacidade dos arquitetos e engenheiros chineses. Aqui, corredores fortificados com paredes de pedra e tijolos, às vezes com até 14 metros de altura e quase 6 de largura no topo, com aberturas estreitas para arqueiros e espiões, e eriçadas com fortalezas e torres a intervalos, alteiam-se e mergulham, agarrando-se de alguma maneira às cristas das montanhas semeadas pela paisagem, serpenteando em direção ao mar, pendurando-se nos terrenos elevados e cheios de picos e às vezes desviando-se do rumo geral para a costa em ramos auxiliares

ERGUE-SE A MURALHA

de fortificações que dão maior consistência à linha principal. Essas são as vistas admiradas da Grande Muralha, que aparecem nos guias de turismo, como exemplificado pelos trechos mais famosos e mais visitados, os de Badaling e Mutianyu a poucas dezenas de quilômetros de Pequim.

Um desvio para outras partes próximas e mais maltratadas — em Jinshanling ou Simatai, por exemplo — dá uma idéia melhor e mais crua do virtuosismo dos construtores. Aqui, onde o caminho dos que vagueiam sobre a muralha não foi organizado em degraus regulares pelos trabalhadores recrutados por repartições estatais de turismo e onde as fortificações não estão inevitavelmente marcadas por borrões de cimento comunista, onde as árvores e arbustos nativos do terreno montanhoso regressaram lentamente do exílio por cima e através das pedras, onde o corredor pelo qual se caminha não é firmemente murado dos dois lados, mas às vezes desmorona pelas íngremes faldas dos montes, é possível ter uma visão mais clara dos obstáculos apresentados pelo terreno, da tenacidade da vegetação agreste que se espreme por entre as pedras, das estreitas cristas cheias de precipícios das montanhas por sobre as quais a muralha se estende. Aqui, onde não há teleféricos, onde as pessoas são obrigadas a subir como subiram os construtores originais — soldados e camponeses, ou condenados, cumprindo suas obrigações de trabalhos forçados. Para recordar uma versão muito branda de suas fadigas, basta pegar uma pedra de 20 quilos e a experiência fica ainda mais autêntica. Quando paramos a fim de recuperar o fôlego em uma das torres que se alçam a cada 60 a 200 metros, contemplando através das janelas em arco já arruinadas, é mais fácil perceber o isolamento dos trabalhadores na construção, a solidão dos vigias da muralha e o silêncio que deve haver precedido as carnificinas, ao imaginarmos predadores fictícios ocultos na densa vegetação mais abaixo, na encosta.

Como conseguiram construir aquilo?

A construção de muralhas sempre criou problemas logísticos para os governos chineses, especialmente a maneira de encontrar e prover a necessária mão-de-obra. A muralha Ming já madura, no entanto, apresentava uma escala

GRANDE MURALHA

de dificuldade completamente nova. No passado, até mesmo já na muralha de Yu Zijun do século XV, as muralhas chinesas haviam utilizado materiais disponíveis nos locais: terra ou juncos socados, com fachadas de madeira ou pedras das vizinhanças. Mas as muralhas Ming da parte final do século XVI eram coisa muito mais robusta, feitas de tijolos e blocos de pedra, eriçadas de torres auxiliares separadas a cada 250 ou 500 metros, plataformas para fogueiras sinalizadoras e grandes fortalezas de tijolos, coisas que exigiam mão-de-obra e recursos mais abundantes e mais qualificados — pedreiros competentes, uma rede extensa de fornos para fabricação de tijolos, pedreiras e estradas de transporte e, inevitavelmente, quantidades incomensuráveis da prata do governo.

Desde que começaram a ser erguidas muralhas no norte do império chinês, o processo de construção tornou-se obscurecido por uma espessa crista de lendas sobrenaturais — recordemos as antigas histórias do cavalo e do chicote mágicos do Primeiro Imperador, ou a criação de nove sóis para manter seus operários trabalhando constantemente, ou ainda a formação da Grande Muralha pelo corpo de um exausto dragão que se deixara cair ao solo — como se uma façanha de construção tão monumental quanto os longos muros de fronteira desafiassem as possibilidades da engenharia dos mortais. Nenhuma muralha, de nenhuma dinastia, ficou mais envolta em mito do que a do Ming, especialmente a versão fortificada com tijolos do século XVI.

As fabulosas explicações para as mais extraordinárias façanhas de engenharia da muralha Ming citadas pelos cronistas populares tendem a ser uma variante da seguinte fórmula. Um superintendente desesperado, sem conseguir comer nem dormir devido à preocupação com as terríveis punições que o esperavam por não ser capaz de terminar seu trecho de muralha no tempo prescrito, caminha inquieto pelos montes e rios em torno do local de sua obra e um dia encontra um misterioso velho que, perguntando-lhe a causa de sua evidente angústia, oferece-se para construir a muralha. A natureza exata da solução encontrada pelo velho varia de conto para conto. Num relato sobre a construção no passo de Zijing (literalmente, Arbusto Púrpura), a cerca de

ERGUE-SE A MURALHA

110 quilômetros a oeste de Pequim, o velho tece os ramos dos arbustos formando o muro que, depois de alguns dias, miraculosamente se transforma em pedra. Em outra história, um idoso daoísta convoca um exército de soldados fantasmas para ajudar um funcionário governamental que definhava de ansiedade ao tentar construir uma comporta num passo montanhoso particularmente traiçoeiro.

Às vezes, animais fantásticos vinham ajudar. Uma história resolve o mistério do transporte de materiais de construção para o trecho de muralha de Huairou, que passa por colinas e montanhas ao norte de Pequim. Ali, o terreno acidentado tornava impossível transportar para o alto enormes blocos de pedra, e tampouco havia trechos planos de terra nas proximidades onde fosse possível fabricar e temperar tijolos. O supervisor fica atônito até que um homem do local, Li Gang, o informa de um campo adequado a 10 quilômetros de distância, e é encarregado de fabricar os tijolos. Até aí o conto é plausível, mas chega o momento em que Li Gang enfrenta o problema de transportar os tijolos até o cume das montanhas, onde estão os operários. Felizmente ele adormece e sonha que a Fada do Lótus lhe entrega um chicote de couro de boi e o manda ir buscar um boi mágico atrás da Montanha do Lótus, que o ajudará a transportar os tijolos. Li Gang parte e, tal como prometido, o robusto boi em breve leva para o alto milhares de tijolos. Após congratular o boi, Li Gang acorda, percebe que os tijolos desapareceram e, correndo ao local da construção, vê que os operários já os estão utilizando. Outra lenda relata que uma divindade estala o chicote sobre alguns enormes blocos de pedra, que se transformam em cabras da montanha e escalam sozinhas as escarpas. Ao chegarem ao topo, o espírito estala novamente o chicote e elas voltam a transformar-se em pedras, esperando serenamente o momento de serem usadas para muralhas e torres.[18]

A partir da natureza do terreno e dos materiais usados na construção da muralha, é possível descrever as circunstâncias da obra em termos mais concretos. Quando disponíveis, os materiais eram trazidos das vizinhanças e usados da forma menos trabalhada possível: terra, pedras, madeira e junco eram

263

GRANDE MURALHA

usados para o enchimento ou acabamento dos muros. A técnica básica de construção era sempre a mesma antiga e conhecida: socar esses materiais na forma natural entre moldes feitos de madeira, pedras ou tijolos, estes de preferência fabricados com terra do local. Diversos tipos de argamassa eram utilizados para juntar os tijolos em paredes, mas um método especialmente preferido pelos chineses empregava principalmente arroz pegajoso. Em alguns lugares, particularmente nos espaços abertos e frios da bacia do rio Amarelo, só resta o enchimento de terra; a capa protetora externa foi objeto de erosão ou foi roubada pelo povo do local para seu próprio uso, ou então nunca existiu, sendo a muralha original pouco mais do que um dique de lama comprimida. Mais a leste, na época mediana e final do período Ming, essas muralhas amontoadas começaram a ser dotadas de fachadas de tijolos. Na área em torno de Datong, por exemplo, fortificada de maneira robusta pela primeira vez no século XVI, até 1425 somente haviam sido feitas 15 dentre as 72 grandes fortalezas construídas na região; 52 foram erguidas principalmente entre 1540 e 1570, e somente três dessas receberam tijolos antes de 1571; no restante, as fachadas rígidas foram feitas durante os últimos setenta anos da dinastia.[19] Em lugares mais abertos e planos, era possível escavar o solo local para transformá-lo em tijolos num processo que levava entre 15 e 18 horas em fornos pequenos, em forma de cúpula, levantados próximo aos locais de construção. Se não fosse encontrado um terreno adequado nas proximidades, os tijolos tinham de ser transportados de mais longe — um tijolo na extremidade oeste do sistema de muralhas, marcado com a data e lugar de têmpera, havia sido fabricado a 80 quilômetros de distância. Em terreno relativamente regular, os tijolos — os maiores mediam 60 x 24 x 18 centímetros — podiam ser carregados por humanos ou por animais: nas costas, em carroças, carrinhos de mão ou, onde houvesse rios adequados, em embarcações. Quando se tratava de humanos, o sistema de bastão era o predileto: duas cestas penduradas por cordas ou correntes dos dois lados de um cajado sustentado sobre os ombros. Quando o terreno era demasiadamente acidentado a ponto de tornar o transporte de cargas pesadas ineficientemente perigoso

ERGUE-SE A MURALHA

para um indivíduo, formavam-se cadeias humanas que passavam os materiais de mão em mão, subindo as encostas.[20] Se o relevo impossibilitasse quase completamente a construção, os construtores escavavam as muralhas nas próprias faldas do cume da montanha.

A altura das muralhas era determinada pela natureza do terreno: as paredes eram mais elevadas (7 ou 8 metros) em terrenos relativamente abertos do que nas montanhas, onde os cumes nos quais eram erguidos os alicerces conferiam às muralhas uma vantagem defensiva natural, fazendo com que o muro propriamente dito não precisasse ter mais do que 2 ou 3 metros de altura. Em todos os casos, no entanto, a terra de onde era levantada a muralha tinha de ser inicialmente nivelada por meio de camadas preliminares de pedras ou tijolos. Quando possível, a superfície do topo da muralha era sempre pavimentada de maneira a permitir que cavalos galopassem ao longo de sua extensão — nas partes mais largas, nas muralhas de pedra ao norte de Pequim, até mesmo cinco animais, lado a lado. Onde se usavam tijolos, estruturas fortificadas encimavam o arcabouço, proporcionando um escudo por trás do qual as patrulhas e sentinelas podiam vigiar.

Por toda a muralha havia plataformas elevadas, torres e fortes — para o norte ou para o sul, ou integradas na muralha — que serviam a diversas finalidades, mas formavam parte de uma rede complexa de defesa tática, usada para observação, comunicação, combate e abrigo. A freqüência desses postos dependia dos riscos de segurança decorrentes do terreno circunjacente: nos pontos sujeitos a sítio, as torres podiam estar separadas por apenas trinta ou cinqüenta passos, embora a norma fosse algo entre 500 metros e 4 quilômetros. As plataformas para fogueiras, naturalmente, tinham de estar à vista umas das outras, e a uma distância que permitisse a comunicação oral; os alarmes podiam ser feitos com fumaça (de dia), fogo (à noite) ou tiros de canhão.[21] Se esses sinais funcionassem adequadamente, as muralhas de fronteira se transformavam em um sistema de comunicações que, teoricamente, ligava os confins ocidentais da China ao extremo oriental; já na era Tang os sinais eram capazes de cobrir cerca de mil quilômetros em um dia e uma

GRANDE MURALHA

noite. Embora não se conheça bem o funcionamento do sistema de sinais —
as fontes do Ming revelam pouca coisa concreta sobre sua natureza, ou para
mantê-los em segredo ou porque os códigos fossem já bem conhecidos dos
operadores —, um manual do Tang diz algo a respeito, ao descrever três
"gaiolas" de fogo colocadas no alto das torres que transmitiam de manhã e à
noite mensagens de tranqüilidade (uma fogueira), possibilidade de perigo
(duas fogueiras) ou observação de batalhas (três fogueiras). Um manual da
era Ming explica a maneira de transmitir alarmes da fronteira aos centros
políticos:

> Em cada torre de observação, tanto de dia quanto à noite, três homens mane-
> jarão três tochas (duas armas portáteis e uma maior). Quando as patrulhas
> além da fronteira ou no litoral encontrarem uma força inimiga de ataque ou
> desembarque, o sinal será dado durante o dia por bandeirolas e tiros de canhão;
> durante a noite agitarão tochas ou darão tiros. Os que estiverem nas torres
> receberão facilmente os sinais, e durante o dia desfraldarão 12 bandeiras bran-
> cas, e as torres vizinhas içarão uma bandeira grande. Esses sinais numa direção
> seguirão diretamente para a sede da prefeitura e na outra direção até a cidade
> em que estiver localizado o comando militar. Se acontecer que durante o dia o
> céu esteja encoberto ou haja nevoeiro, e as bandeiras não possam ser avistadas,
> terão de acender uma pilha de gravetos preparados de antemão. Essas serão
> acesas seqüencialmente: se uma estiver acesa e a torre vizinha acender seu fogo
> em resposta, poderão deter-se; mas se a torre vizinha não acender seu fogo em
> resposta, nesse caso terão de acender outra pilha de lenha. Se houver um alerta
> durante a noite, as patrulhas nas torres de observação junto ao mar atirarão
> setas flamejantes, farão ruído ou acenderão somente um monte de grama, por-
> que à noite é preciso que o fogo seja brilhante, e não há necessidade de um
> segundo monte. As torres vizinhas também acenderão ao mesmo tempo um
> monte de grama. A torre mais próxima ao local exato da aproximação do ini-
> migo despachará um homem para dirigir-se por meio de atalhos à sede do
> comando e outros locais oficiais a fim de informar o número de inimigos e o
> momento e as circunstâncias do ataque.[22]

ERGUE-SE A MURALHA

As torres de sinalização também possuíam códigos para comunicar o número de soldados do inimigo em aproximação: uma fogueira e uma salva de canhão para até cem atacantes; duas de cada para entre quinhentos e mil; três para mil ou mais, e cinco para 10 mil.[23]

As torres variavam de tamanho: algumas deviam ser construídas até duas vezes a altura da muralha, outras teriam 9 metros de altura, e outras ainda a metade dessas dimensões. Existiam duas categorias principais: as maciças (pouco mais do que plataformas para vigilância e combate) e as ocas (que podiam servir de depósito, torres de sinalização ou alojamento). Embora de construção mais difícil, as torres ocas tinham funções mais variadas do que as maciças, e não possuíam as graves desvantagens de segurança destas: se uma patrulha tivesse de fugir rapidamente de um avanço inimigo, as torres maciças não ofereciam abrigo; os guardas somente podiam escapar subindo pelas paredes da muralha com o auxílio de cordas. Em 1553, após uma escaramuça com alguns mongóis perto de Datong, um soldado chinês por pouco não consegue escapar vivo, mas foi puxado para o alto, pelo lado de fora de uma torre, pelos soldados que estavam em cima. As torres ocas, destinadas a alojar sentinelas durante vários meses de serviço de cada vez, continham equipamento — cama, taças, pratos, água, cereais, legumes salgados, combustível (principalmente esterco de gato ou de lobo). As torres ocas também proporcionavam um abrigo com janelas de onde era possível atirar, com flechas ou armas de fogo, contra tropas que se aproximassem. As torres sinalizadoras abrigavam entre cinco e dez operadores de sinais, enquanto as de vigia ou combate funcionavam como guarnições em miniatura, com cinqüenta homens ou mais; entre as maiores estava a "Torre para Receber Nações Distantes", em Xifengkou, no trecho oriental da muralha, ampla estrutura capaz de acomodar 10 mil homens.[24]

Essa era a teoria, embora não necessariamente a realidade, dos grandiosos planos imperiais. Vejamos, por exemplo, a Torre para Receber Nações Distantes, que foi se deteriorando durante o último século do Ming até que aos olhos dos mongóis que passassem não pareceria mais do que um símbolo da

GRANDE MURALHA

decadência chinesa.[25] Durante todo o período de construção intensiva de muralhas do Ming, os pedidos de reparos eram tão freqüentes que a muralha jamais poderia ter funcionado eficazmente como unidade por toda a sua extensão.

Os custos eram inevitavelmente muito elevados: o trecho construído no oriente entre as décadas de 1560 e 1570 começaram com um orçamento projetado de 2.021 quilos de prata. Também foi necessário financiar constantes reparos de muralhas tanto a leste quanto a oeste; em 1574, quase 653 quilos de prata foram destinados ao reforço do trecho oriental. Outras fortificações foram projetadas em 1576 a um custo de 93.310 quilos de prata — muito acima de três quartos da receita anual do governo central na altura do final do século XVI. O governo Ming costumava não disponibilizar o total de recursos necessários a esses projetos — em 1576, o ministério adiantou parcos 1.698 quilos de prata —, o que sugere que os resultados certamente não poderiam ser inexpugnáveis como seus construtores teriam preferido.[26]

Essa parcimônia talvez explique a facilidade com a qual os manchus as ultrapassaram vindos do nordeste para conquistar a China entre as décadas de 1620 e 1644; a realidade das muralhas Ming sem dúvida muitas vezes se afastava muito do ideal. Mas essa linha de raciocínio ainda pressupõe muita confiança na solidez estratégica básica da construção de muralhas. A debilidade Ming estava mais nas autoridades que cuidavam da política de fronteiras e nos soldados que as guarneciam. Na altura do final do século XVI, o estabelecimento militar Ming se encontrava em estado de inatividade — sem recursos, mal organizado e com deficiências disciplinares — sem condições de enfrentar tropas manchus de elite. A proliferação de muralhas Ming comprometeu a China com uma política de defesa estática que era fundamentalmente inadequada para haver-se com seus adversários superiormente móveis, os quais, como Altan Khan demonstrara em 1550, inevitavelmente evitavam os caminhos altamente fortificados e preferiam os que não o eram.

■ ■ ■

ERGUE-SE A MURALHA

As conseqüências políticas e militares de um impasse murado entre chineses e mongóis ficavam óbvias para quem quer que passasse algum tempo próximo à fronteira. "Os cadáveres dos soldados ficavam expostos nos campos", recordava um funcionário da fronteira na década de 1570, "as pessoas vagavam sem teto, cidades e vilas ficavam em ruínas, os estoques de alimentos se exauriam, os funcionários das fronteiras eram incapazes de proteger até mesmo a si próprios e a corte estava tão ocupada que não havia tempo para comer."[27]

Em 1571, no entanto, apresentou-se aos chineses uma notável oportunidade diplomática que foi aproveitada por dois políticos inteligentes, pragmáticos e suficientemente corajosos para argumentar que simplesmente esconder-se por trás de muralhas jamais conquistaria a paz: somente a diplomacia e o comércio poderiam dominar o norte. Furioso porque uma noiva que lhe havia sido prometida acabara sendo entregue a outro rei nômade, o neto preferido de Altan Khan fugiu para a China e rendeu-se. O principal secretário Ming, Zhang Juzheng, e um governador do noroeste chamado Wang Chonggu, convenceram a corte a utilizar o neto como alavanca para mover Altan, obrigando-o a jurar fidelidade ao Ming como tributário e fazendo-o manter a boa fé por meio do suborno da abertura de mercados. Altan reagiu com entusiasmo à oferta, e chegou a concordar em trocar o nome de sua capital em Hohhot — o pouso de onde durante décadas haviam partido seus ataques contra a China — para a denominação condescendentemente escolhida pelos chineses: Guihuacheng — "A Cidade que Retorna à Civilização". Em 13 de junho de 1571, no Terraço para Soltar os Cavalos adjacente a Datong, a guarnição que durante anos ele aterrorizara, Altan recebeu o título de *Shunyi wang* — Príncipe Obediente e Virtuoso. "Ouçam, 800 mil soldados montados da China e 400 mil cavaleiros dos bárbaros do norte", proclamou Altan para quem quisesse ouvi-lo. "Nunca mais violaremos as fronteiras da China."[28] Houve troca de tributos e presentes e os mercadores foram convocados ao norte da China para comerciar na fronteira, enquanto Zhang Juzheng esperava utilizar o intervalo de alívio para racionalizar e aperfeiçoar as defesas da fronteira. "A partir de então", conta a *História do Ming*,

GRANDE MURALHA

"as regiões de fronteira foram libertadas de seus sofrimentos. De leste a oeste todos os soldados e civis dos sete distritos onde havia guarnições ao longo dos milhares de *li* da fronteira tiveram tempos felizes. Nenhuma arma foi usada e as despesas militares foram reduzidas em 70%."[29]

Em 1582, no entanto, tanto Zhang Juzheng quanto Altan Khan já estavam mortos, e com eles o desejo de entendimento. À medida que a confrontação crescia novamente, também aumentaram as guerras e os custos, deixando o exército Ming em deterioração terminal e indefeso contra uma nova potência que se erguia a nordeste. Ao redor dos rios, campos, florestas e estepes da Manchúria o chefe de uma tribo insignificante, de nome Nurhaci, começava a construir para si um império. Sessenta anos depois Pequim seria anexada às conquistas de sua dinastia, mas não sem o auxílio de uma brecha crucial na muralha da fronteira, criada por um certo Wu Sangui, guardião chinês do passo do acesso entre a China e a Manchúria, que em 1644 abandonou o moribundo reino Ming, cercado de muitas muralhas, e trouxe os invasores manchus para o Império do Centro.

CAPÍTULO 10

A grande queda da China

QUEM DESSE, POR OCASIÃO DO ANO-NOVO CHINÊS EM 1644, UM passeio a pé por Shanhaiguan, o passo da muralha de fronteira que controlava o acesso proveniente dos campos, florestas, estepes e rios da Manchúria semibárbara em direção às planícies agrícolas do nordeste chinês, poderia não haver percebido nada de especialmente estranho acontecendo em torno de seu conjunto de muros cinza-esverdeados e marrons. A vida para quem trabalhava na fortaleza murada provavelmente prosseguia mais ou menos como sempre fora, com alguns altos e baixos, desde 1381, ano em que a dinastia Ming havia começado a construção da fortificação na costa leste: socando terra, fabricando e transportando tijolos, construindo e reforçando muralhas. Ainda hoje, em condições de preservação apenas parciais, os muros em volta da cidade têm 4,3 quilômetros de comprimento, 14 metros de altura e 7 de espessura, convergindo para a peça central, a fortaleza de dois andares que se autoproclama "O Primeiro Passo sobre a Terra", com sua fortificação sem janelas, maciça e sólida, de 14 metros de altura, coroada com telhados fortemente encurvados. Em 1644, ainda seria mais temível. No século anterior, planejadores preocupados com a segurança haviam reforçado a retaguarda da fortaleza, a oeste, com o *Gongzhen men* — "O Portão ao Qual as Tribos da Fronteira Vêm para Render Homenagem". Começando em 1643 e prosseguindo durante o ano de 1644, operários trabalharam nos reforços do novo portão de hospitalidade imperial com mais um muro externo

271

GRANDE MURALHA

a oeste. (Ambas as estruturas já desmoronaram desde então.)[1] Presumivelmente, caso as circunstâncias e o tempo o tivessem permitido, várias camadas de muros externos teriam sido acrescentadas, a fim de acalmar as ansiedades dos planejadores Ming de defesas de fronteira.

A história não registrou o que se passava nas mentes dos convocados a trabalhar nesse mais recente reforço da muralha nas temperaturas abaixo de zero do nordeste da China em janeiro: nem se sabe se além dos demais motivos de descontentamento de operários (fadiga, dores nas costas, roupas e alimentação insuficientes, maus-tratos dos supervisores), eles tinham também uma certa sensação de futilidade de fim de dinastia em todo aquele empreendimento, ou se compreendiam que estavam construindo infindáveis e inúteis muralhas em torno de um centro político irremediavelmente decadente. Mas é possível, e até mesmo provável, que rumores começassem a filtrar-se para o leste a respeito de acontecimentos catastróficos que abalavam o centro do mundo, Pequim: que revoltas iniciadas em Shaanxi 15 anos antes haviam engolido a China central e do norte; que rebeldes estavam prestes a conquistar a capital; que a dinastia Ming, na bancarrota e abandonada por seus funcionários, estava nas últimas, e finalmente que um ex-pastor acabara de proclamar-se Filho do Céu. Ainda é mais provável que os operários de Shanhaiguan tivessem conhecimento de que aquele era praticamente o derradeiro posto avançado do Ming no nordeste da China e de que os bárbaros manchus vinham conquistando um após outro os bastiões chineses do nordeste durante os vinte ou trinta anos anteriores e que agora se preparavam para atacar Shanhaiguan, esperando o momento para avançar contra aquela última fortaleza e morder a carcaça do Ming. Mas mesmo assim continuavam as obras.

■ ■ ■

Naquele mesmo dia de Ano-novo, a 1.100 quilômetros a oeste de Shanhaiguan, na antiga capital de Chang'an, uma nova dinastia, o Shun, acabava de ser inaugurada. Após mais de oito anos de saques assíduos por

A GRANDE QUEDA DA CHINA

todo o norte da China, Li Zicheng, pastor que se transformara em carteiro e depois em líder rebelde em Shaanxi — o baluarte setentrional de tantos dentre os mais bem-sucedidos conquistadores, usurpadores e revolucionários chineses —, resolveu tomar para si o Mandato dos Céus, abandonado pelos decadentes Ming. Li, que gostava de chamar-se "Príncipe Audaz" (*chuang wang*), praticamente não tinha idéia de como governar um país, mas possuía uma causa que trouxera para seu lado quase todos os homens lutadores que suas forças haviam encontrado: justiça para o povo comum contra as extorsões do governo Ming. Entre ele e Pequim havia 800 quilômetros de campos de cultivo e aldeias cujos habitantes já começavam a entoar esperançosos hinos de louvor ao Príncipe Audaz, antecipando a libertação das pesadas cargas dos impostos e dos trabalhos forçados.[2]

Cerca de 375 quilômetros a nordeste de Shanhaiguan, na cidade de Mukden, na Manchúria, outra família de aspirantes a imperador se preparava para seu próprio ataque à capital Ming. Assim como Li Zicheng, as origens da dinastia Jin manchu eram humildes: somente algumas gerações antes, a família era de comerciantes de ginseng seminômades que descendiam de bárbaros decadentes expulsos da China pelos mongóis na década de 1230. A ambição, a audácia e uma rigorosa disciplina, no entanto, haviam transformado em três décadas seu líder Nurhaci, de um guerreiro secundário, com apenas 13 couraças com que proteger seus seguidores, em fundador e governante de um estado manchu completamente independente da China Ming. Em breve, Nurhaci — como muitos candidatos manchus antes dele — começou a lançar olhares cobiçosos sobre a própria China. Em 1629, os manchus haviam avançado até os arredores da capital, recuando por falta de tropas e de canhões, mas recolhendo, na retirada para o nordeste, peritos chineses em artilharia cujo conhecimento lhes forneceria a chave para sobrepujar as fortificações Ming que até então os haviam detido. Durante o tempo disponível na década seguinte — anos empregados principalmente em ataques e lenta destruição das fortalezas e muralhas que constituíam a linha de defesa Ming no nordeste, além de Shanhaiguan — os manchus iriam con-

273

GRANDE MURALHA

centrar-se em mostrar-se qualificados para governar a China: estimulando os chineses sob sua jurisdição a trabalhar nos campos, mais do que caçar e pescar; estabelecendo um governo que copiava o do Ming; organizando exames para o recrutamento da burocracia; escolhendo um novo nome dinástico, Qing, que soava tranqüilizadoramente parecido com Ming. Chegaram mesmo a construir uma réplica em menor escala da Cidade Proibida em sua capital, Mukden. Embora ali o complexo de palácios de 48.000 metros quadrados tivesse menos de um décimo do tamanho do original em Pequim, seus baixos muros vermelhos e telhados encurvados, de telhas amarelas, exibem a mesma auto-imagem de importância de seu antecessor chinês, maior e mais antigo. Bastava agora que os manchus se preparassem para avançar enquanto a China se dilacerava. Não tiveram de esperar por muito tempo.[3]

■ ■ ■

A cerca de 300 quilômetros a oeste de Shanhaiguan, em Pequim, a situação era tão cataclísmica quanto desejavam os inimigos da dinastia Ming no leste e no oeste. Enquanto Li Zicheng, com um exército de um milhão de homens, se preparava para o avanço final cruzando o norte da China, uma mortalha apocalíptica parecia estender-se sobre a cidade. Com suas inclinações românticas despertadas pelo álcool e aumentadas pelas vicissitudes do inverno de Pequim — temperaturas que desceram até -20ºC, acompanhadas por ventanias devastadoras, trazendo chuvas de areia —, os pedestres que passavam os portões da Cidade Proibida afirmavam ouvir ruídos espectrais de batalhas e gritos de desespero. Para os funcionários reunidos do lado de fora do portão principal do palácio, na madrugada do dia de Ano-novo, havia uma explicação mais mundana para os gemidos audíveis: um imperador que choramingava, encolhido na Cidade Proibida, sentindo-se demasiadamente deprimido com o desastre que o envolvia para poder receber os votos de Ano-novo de seus zelosos funcionários. Ao regressar a suas residências quando rompia a aurora, os funcionários e outros transeuntes deveriam

274

A GRANDE QUEDA DA CHINA

abaixar fortemente as cabeças procurando abrigar-se da tempestade de areia que dilacerava a manhã e defender-se da peste — provavelmente sarampo — que na época grassava no norte da China e na capital.

O imperador tinha motivos para sentir-se deprimido: seu governo estava em frangalhos a seu redor, seus funcionários paralisados pela bancarrota financeira e estratégica, o exército praticamente sem receber pagamento e sem funcionar. Em meados de abril de 1644, o ministro das Finanças estimou que "são necessários 16.173 quilos de prata por mês para pagar as provisões aos militares que defendem as fronteiras. No primeiro mês, ainda tínhamos as receitas [fiscais]... no segundo, as entradas cessaram completamente".[4] Uma auditoria oficial do Ministério das Finanças naquele ano revelou que os tesouros imperiais continham somente 130 quilos de prata; no início de 1644, o governo devia vários milhões de onças somente em salários militares. Enquanto as forças de Li Zicheng se aproximavam de Pequim, as guarnições da capital não recebiam pagamento e nem alimentos adequados durante meses. Quando o imperador exigiu inspecionar em pessoa o conteúdo de sua câmara pessoal de tesouro na Cidade Proibida, o porteiro procurou retardá-lo fingindo não encontrar as chaves. Ao conseguir finalmente ultrapassá-lo, o soberano encontrou somente uma caixa vermelha contendo um punhado de recibos.[5]

A principal razão da bancarrota dos militares Ming foi a ausência histórica no orçamento do estado de verba para o pagamento do exército. O plano original do fundador da dinastia Ming, Hongwu, tinha sido o de que os militares deveriam auto-sustentar-se; como parte de seu projeto de repovoamento e revitalização da China rural, Hongwu concedeu ao exército grandes extensões de terras temporariamente devastadas, porém de boa qualidade para a agricultura. Em seguida deu a cada uma das famílias de militares hereditários até 50 *mu* (cerca de 28.000 metros quadrados) de terrenos aráveis, com os quais eles deveriam prover a sua subsistência. Durante o século XV, no entanto, enquanto os imperadores Ming governavam pelo exemplo, tornando-se cada vez mais amantes da paz e nada belicosos, o prestígio social do serviço no exército desapareceu e os militares hereditários acabaram se transformando em uma quadrilha ineficiente. As famílias mais poderosas do exército fizeram dos soldados rasos servos pessoais, e oficiais empreendedores lucravam "vendendo lazer" a seus homens, isto é, cobrando uma taxa mensal que assegurava a isenção dos deveres militares. Os que não podiam pagar o "lazer" simplesmente desertavam, deixando somente os que eram demasiadamente débeis ou incapazes de escapar. Embora, na altura do final do século XVI, os efetivos militares contassem oficialmente com 1,2 milhão de soldados, muitas guarnições funcionavam com 20% de seu pessoal registrado. Em nenhum lugar o declínio militar do Ming foi mais evidente do que na guarnição da capital, em 1644. Quando Li Zicheng marchou sobre Pequim somente puderam ser encontrados 10% a 20% dos 700 mil soldados que figuravam nos quadros oficiais. A maior parte desses era de gente idosa, fraca ou faminta.[6]

A única maneira de fazer com que os homens lutassem era por meio de pagamento e provisões adequadas. Mas o pouco dinheiro oficialmente disponível era dissipado antes de chegar aos soldados que mais necessitavam; certa vez o imperador acompanhou o caminho de 1.617 quilos de prata enviados às guarnições ao norte da fronteira e descobriu que todo o dinheiro desaparecera sem deixar traços durante a viagem até o destino. Não admira que faltasse à soldadesca a energia física e a decisão para enfrentar os inimigos da dinastia. "Quando açoitamos um soldado", queixava-se um general Ming, "ele se levanta, mas outro se deita."[7] O exército semimercenário, semi-recrutado resultante dessa situação tinha os piores defeitos de ambos os mundos: uma ralé dispendiosa e, na maioria, constituída de incompetentes sem dedicação. "Todos os homens em armas", escreveu Matteo Ricci, o sacerdote jesuíta que viveu na China entre 1583 e 1610, "têm uma vida miserável, pois não abraçaram a profissão por amor a seu país, devoção a seu rei ou desejo de honra e glória, e sim por servirem a um empregador."[8]

Os cofres do Ming esvaziaram-se por dois motivos muito claros: havia muito dinheiro saindo e o que entrava não era suficiente. Desde o século XV,

A GRANDE QUEDA DA CHINA

mas, especialmente no XVI, os imperadores Ming gastavam dinheiro em projetos pessoais e políticos — 323.476 quilos de prata despendidos no túmulo do imperador Wanli, 1.051.297 quilos na guerra contra a Coréia, no final do século XVI, ambas as coisas num período de poucos anos; os custos exorbitantes da construção de muralhas já foram mencionados. Os imperadores Ming nunca separaram o que era público do que era privado na destinação do orçamento imperial: no século XVI, os palácios imperiais foram reconstruídos pelo menos quatro vezes devido à destruição causada por incêndios resultantes de descuidos; a última reconstrução sozinha custou mais de 22.705 de prata. Os imperadores governavam mediante exemplo: quando eles não se continham seus parentes também não o faziam. No início da dinastia, membros da família imperial receberam imensas propriedades e generosas mesadas em lugares suficientemente distantes da capital, para neutralizá-los como ameaças políticas ao imperador. À medida que a dinastia prosseguia e o clã inevitavelmente se multiplicava, a lista de nobres aumentava, até que, no final do século XVII, os subsídios para a família imperial engoliam a metade da receita de impostos de duas províncias importantes, Shanxi e Henan. O governo chegou a tomar a desesperada medida de suspender as licenças de casamento para os príncipes, presumivelmente para frear a alarmante taxa de reprodução.

Mas a China Ming era um país grande e muito rico em certas regiões e deveria ter sido capaz de prover seu governo com a receita fiscal necessária para financiar seus projetos. Na altura do final da dinastia, a China era provavelmente o principal fornecedor do comércio global de bens de luxo, principalmente cerâmicas e têxteis, porcelana e sedas, sugando grandes quantidades de prata do Novo Mundo e da Europa por meio dos comerciantes portugueses, espanhóis e holandeses que atracavam seus navios nas zonas periféricas do país. Embora os benefícios desse comércio filtrassem através de todas as camadas da sociedade chinesa — a chegada de culturas resistentes do Novo Mundo, especialmente a batata-doce, freqüentemente representou diferença vital para os que viviam das terras mais pobres e mais secas da China —,

277

GRANDE MURALHA

quem lucrava mais eram os habitantes das cidades. À medida que a prata cada vez mais se tornava o principal meio de pagamento, aumentando a mobilidade de recursos e trabalhadores, a economia agrária — cujo comércio se fazia em espécie — declinou em relação à urbana e mercantil. As vilas e cidades prosperaram, quando os mais abastados passaram a desviar seu capital da agricultura para a produção industrial: artefatos e processamento de culturas lucrativas como a cana-de-açúcar, o algodão e o tabaco. Mas essa atividade econômica frenética e altamente lucrativa teve um grave efeito de empobrecimento e desestabilização para a maioria rural da população chinesa. Os que podiam abandonar o campo o faziam: os proprietários de terras se tornaram cada vez mais absenteístas, mudando-se para as cidades; os trabalhadores qualificados conseguiam salários decentes nas oficinas urbanas e os não-qualificados faziam filas para serem admitidos nas indústrias mediante retribuição miserável. Os membros das comunidades rurais chinesas que não conseguiam emigrar para as cidades entraram em colapso: com o foco de seu capital desviado para as cidades, a elite de proprietários rurais já não investia em projetos comunitários como obras de irrigação, cruciais para o cultivo do arroz. Para essa elite, as propriedades rurais se tornaram fornecedores de recursos — com os camponeses arrendatários financiando a vida e os projetos de negócios nas cidades, e com a prata que estes geravam sustentando as lucrativas atividades de agentes financeiros como os comerciantes e casas de penhor — e não mais uma comunidade viva e funcional que sustentasse as vidas dos indivíduos. As rendas do campo desabaram: enquanto a economia urbana prosperava e os preços subiam, o valor da terra arável caía; e enquanto a população crescia — crescimento sustentado pelos gêneros vindos do Novo Mundo — os salários rurais também declinaram.

Embora fosse angustiante do ponto de vista humano, o declínio das comunidades rurais não deveria necessariamente ter significado penúria para os cofres imperiais. Afinal, havia tanto dinheiro em circulação quanto sempre existira (e talvez mais); simplesmente o fulcro da riqueza havia passado do campo para as cidades. O governo, no entanto, deixou de adaptar-se a essa

A GRANDE QUEDA DA CHINA

nova realidade. O fundador da dinastia Ming conhecia por experiência própria os horrores da pobreza rural, havendo perdido toda a família devido a fome e enfermidades. Depois da expulsão dos mongóis, a reconstrução da economia rural ocupou a maior parte de suas energias: irrigação, reflorestamento, repovoamento da terra, ajuda aos camponeses com subsídios e isenções fiscais. (Entre 1371 e 1379, a área de terra utilizada quase triplicou.) Mas no fim das contas os camponeses da China pagaram elevado preço por esse tratamento inicial favorável: o interesse de Hongwu pela economia rural fez com que seus sucessores inevitavelmente considerassem o campo como principal fonte de renda para o estado. Em conseqüência, o sistema impositivo Ming nunca se adaptou à maciça injeção de recursos nas cidades e continuou a procurar obter cada vez mais dinheiro do campo: impostos sobre cereais e trabalhos forçados para projetos públicos, ou pagamento em dinheiro para evitar a *corvée*. Os que tinham maior capacidade de pagamento haviam emigrado ou obtinham justificativas; o governo dava grande quantidade de isenções de trabalhos forçados para os eruditos e grandes senhores locais — candidatos bem-sucedidos nos exames burocráticos — e suas comitivas. À medida que a extração de recursos do campo ia ficando mais difícil, porque tanto o dinheiro quanto as pessoas o abandonavam, o governo passou a concentrar suas energias em conseguir suas cotas de impostos, desviando a atenção de alguns de seus outros deveres importantes relativos à manutenção das comunidades, como as obras públicas e as instituições.

A frágil economia chinesa foi ainda mais prejudicada pelas depressões globais das décadas de 1620 e 1640. Um bloqueio holandês, uma proibição de exportações espanholas da prata de Acapulco e distúrbios políticos nas ilhas dos mares do Sul (Filipinas, Sumatra, Indonésia) reduziram drasticamente o fluxo de prata para a China. Como o aumento das entradas de metais preciosos havia sido o único fator responsável pelo controle da inflação por parte de certos setores da população, o resultado do súbito estancamento do fluxo foi a depressão imediata, mesmo nas regiões mais ricas.

GRANDE MURALHA

Assim, em 1644, quando o último imperador Ming afundava em autocomiseração devido ao estado da economia e do governo, um secretário do Ministério da Guerra sem dúvida tinha razão ao explicar desta forma o problema ao imperador:

> A pequena nobreza e as pessoas abastadas atualmente se vestem com o produto de aluguéis e se aproveitam dos impostos, permanecendo indolentes enquanto sugam o sangue da população. Em tempo de paz eles manipulam o comércio a fim de subordinar o povo e monopolizar os grandes lucros. Quando há distúrbios, devemos esperar que o povo compartilhe as vicissitudes dos nobres e dos ricos, esforçando-se por resgatá-los? Quando os ricos ficam cada vez mais ricos, explorando os pobres, e os pobres cada vez mais pobres, até que sejam incapazes até de sobreviver?[9]

O problema fundamental da China Ming foi que o país havia deixado de funcionar como uma unidade imperial única. A permanência do imenso orgulho político chinês dependia de que seus administradores mantivessem a impressão de que o governo existia para o benefício de uma comunidade unificada. Quando as instituições imperiais — sistema fiscal, exército e governo, tanto nos níveis elevados quanto nos mais baixos — desmoronaram na busca frenética de lucros, no interesse próprio e na ineficiência, o sentimento de lealdade com a autoridade Ming se desgastou, destruindo o sentido de unidade psicológica vital para a coesão política da China nos séculos anteriores ao uso da eficiência da tecnologia moderna para ajudar os sistemas totalitários a controlar populações em grande crescimento. Quando não agiam ativamente para sua destruição, como foi o caso de Li Zicheng, os servos e o povo da China do Ming nada mais faziam a não ser remendar pacientemente as vestes esfiapadas do estado, esperando que se apresentasse uma alternativa melhor.

No entanto, ainda restava uma última oportunidade para Pequim. Embora a qualidade dos exércitos imperiais viesse declinando constantemente ao

A GRANDE QUEDA DA CHINA

longo de dois séculos, e embora a fidelidade ao Ming se desintegrasse por toda parte, uma força guerreira final se manteve miraculosamente firme em qualidade e lealdade: a guarnições sobreviventes ao longo da muralha nordeste em torno de Shanhaiguan. A muralha Ming e seus defensores estavam prestes a passar por seu mais importante teste.

■■■

No início do ano de 1644, enquanto a China se desintegrava em caos, deslealdade e incompetência, Li Zicheng marchava para o leste com seu exército em direção à capital e as exauridas guarnições de Pequim se dispunham nos muros da cidade, com apenas um soldado para cada 9 metros, a defesa do nordeste no passo crucial de Shanhaiguan dependia do último grande general Ming, Wu Sangui. Com apenas 32 anos em 1644, Wu — natural de Liaodong, a província do nordeste que faz fronteira entre a China e a Manchúria — havia galgado com excepcional velocidade a hierarquia militar em sua província natal. Desde a declaração de guerra dos manchus contra o Ming, o nordeste se tornara o trecho de fronteira mais pressionado do império, mais ameaçado do que a divisa com os mongóis. Wu começara a servir no nordeste com a idade de 22 anos; cinco anos depois, comandava 1.600 soldados, e três anos mais tarde, em 1642, foi nomeado general-de-brigada da província, posto de comando extraordinário criado em tempos de guerra.

A rápida promoção de Wu ocorreu em parte devido a seu talento militar e em parte porque alguns dos comandantes mais antigos abandonaram abruptamente o exército em Liaodong. Quando os manchus começaram a intensificar as campanhas contra o Ming em 1618, as defesas nordestinas do império se espalharam num grande arco de guarnições muradas ao longo da parte norte de Shenyang, a antiga capital manchu Mukden, para depois voltarem ao sul até o rio Yalu, na fronteira sino-coreana. A partir de 1618, os manchus foram derrotando uma a uma essas remotas guarnições de fronteira, a começar por Fushun, dez quilômetros a leste de Mukden, em 1618. Em vez de lançar suas tropas, que naquele momento não possuíam artilharia, a um assalto contra a guarnição murada, o líder manchu, Nurhaci, ofereceu uma alternativa a Li Yongfang, o general chinês que comandava Fushun, numa carta de tom tranqüilo. "Se houver batalha, as flechas atiradas por nossos soldados atingirão tudo o que estiver visível. Se o senhor for atingido, certamente morrerá... os velhos e os jovens da cidade correrão risco, os salários oficiais serão retirados e suas tropas em breve ficarão reduzidas." Se, ao contrário, "o senhor se render, permitirei que viva como vivia antes... Darlhe-ei uma posição mais elevada do que a atual e o tratarei como um de meus oficiais de primeira linha".[10] Em suma, Nurhaci oferecia a Li — enterrado em um gélido posto avançado do decrépito estado Ming, sem recursos e acossado por bárbaros — um caminho pacífico para a colaboração. O general aceitou a oferta de Nurhaci logo depois de um novo ataque manchu.

A rendição de Fushun — a primeira de muitas defecções chinesas semelhantes no nordeste — foi um golpe fortíssimo para a corte chinesa, tanto em termos estratégicos quanto psicológicos. No plano militar, a única vantagem chinesa sobre os manchus era defender-se atrás de muralhas. Caso se rendesse, uma fortaleza jamais poderia ser recuperada pelos chineses em batalha, pois nisso os manchus eram evidentemente superiores. No plano psicológico, ao concordar tão facilmente em colaborar, o comandante de Fushun zombava do imperialismo chauvinista que marcava todos os aspectos da política chinesa em relação ao norte e que levara à construção de muralhas e as enchera de estruturas e fortificações como a "Torre para Dominar o Norte", o "Portão Onde as Tribos da Fronteira Vêm Prestar Homenagem", e o "Oficial que Pacifica os Bárbaros". A afoita defecção de Li Yongfang mostrava claramente que nada havia de especial na cultura chinesa (Ming) em comparação com o regime "bárbaro" do nordeste, e sem dúvida nada em cuja defesa valesse a pena perder a vida.

A lealdade com o governo não era coisa que a guarda das muralhas Ming tendesse a estimular, tanto nos escalões elevados quanto nos mais baixos do exército. Para todos, o serviço na fronteira era na melhor das hipóteses uma

A GRANDE QUEDA DA CHINA

tarefa fria, solitária e ingrata, e muito mais ainda para os soldados rasos. A linha avançada da muralha ficava a cargo das guarnições dos milhares de torres espaçadas ao longo de seus mais de 6.000 quilômetros. Dentre essas torres, as mais confortáveis — embora, no que toca ao serviço na fronteira, esse adjetivo somente possa ser entendido num sentido relativo — eram as ocas, que ofereciam abrigo dos ventos e neves da Manchúria e da Mongólia e permitiam o armazenamento de suprimentos básicos. Para os que não tivessem a felicidade de ser destacados para esses abrigos rudimentares, os quartos de guarda eram passados ao relento, no topo das torres maciças, construídas e enchidas com terra. "Em cada distrito da fronteira", explicava com loquacidade um manual militar Ming, "a maioria das torres é construída de terra maciça; de um lado há uma escada de corda que facilita à equipe subir e descer. Porém acontece com regularidade", prosseguia o manual, com cautela e contraditoriamente, "que, quando os bárbaros se aproximam, nossos soldados não conseguem subir ou descer a tempo, e o resultado é que deixam de dar o alarma."[11] Tanto dentro quanto fora das torres, as guarnições eram sempre vulneráveis. Em 1573, um grupo de vinte mongóis começou a subir uma torre enquanto os guardas dormiam; os soldados chineses somente perceberam o perigo ao ouvir os relinchos dos cavalos mongóis que tinham ficado embaixo.[12] Alternativamente, os soldados que permaneciam dentro das torres podiam ser obrigados a sair por meio de fumaça, ou morrerem sufocados quando os mongóis faziam furos nas paredes de tijolos e acendiam fogo que lançava a fumaça para dentro. Com freqüência os guardas da fronteira se sentiam demasiadamente isolados ou em desvantagem numérica para oferecer resistência eficaz. Como disse um inspetor compreensivo: "Como poderiam ter enfrentado dragões e serpentes com as mãos nuas?"[13]

As causas do sofrimento dos soldados podiam vir tanto do lado de dentro quanto do de fora da muralha: como o exército Ming, a partir do século XV, foi se transformando aos poucos em uma grande quadrilha de ladrões, os guardas da fronteira ficavam à mercê de seus oficiais, que constantemente desviavam para os próprios bolsos os salários da soldadesca ou faziam dos

GRANDE MURALHA

soldados servos pessoais. Os oficiais, no entanto, estavam sempre prontos a aceitar ofertas e sempre era possível comprar o alívio dos sofrimentos — pelo menos por algum tempo. Um manual militar Ming ordenava severamente, e também significativamente, que as guarnições das torres não subornassem os oficiais.[14] Com temperaturas que baixavam dezenas de graus abaixo de zero no inverno, o congelamento de partes do corpo era provavelmente um perigo maior do que o dos predadores, e as instruções governamentais faziam publicamente muita propaganda sobre o fornecimento de casacos de pele e túnicas, calças e botas forradas aos soldados. Relatórios de inspeções indicam o contrário: as roupas proporcionadas eram deficientes e talvez a cada três anos chegava um novo suprimento de peças de roupa e calçados mofados e de tamanhos inadequados. Quanto mais remota a região, naturalmente, menos confiáveis eram as linhas de suprimento. Independentemente do motivo da interrupção do fornecimento, ganância e corrupção ou incompetência e ineficiência, o fornecimento inadequado tinha efeito devastador sobre as tropas de fronteira. Em 1542, um relatório lamentava os sofrimentos específicos dos soldados vindos do sul para servir na fronteira — não aclimatados, despreparados para as agruras do inverno do norte —, 80% ou 90% dos quais morriam nas guarnições das torres durante os quartos de vigia. A alimentação, que na melhor das hipóteses podia ser simplesmente o mínimo suficiente, era também problema grave: relatórios de inspeções dão a entender que a desnutrição e a lenta inanição eram a norma. De qualquer modo, especialmente quando as hostilidades entre os que se enfrentavam de cada lado da muralha se intensificavam, os soldados chineses freqüentemente utilizavam seus salários para subornar os mongóis a fim de que não atacassem.[15]

Mas a vida de soldado raso era risonha comparada com os sacrifícios dos que mais se arriscavam dentre os membros das guarnições das muralhas, os *yebushou* (literalmente, "os que não voltam durante a noite"), ou espiões. Teoricamente, os espias tinham um papel crucial no apoio às tarefas defensivas, fazendo incursões em território inimigo durante a noite disfarçados de mongóis, detectando ou sabotando ataques ou insurreições planejadas — às

A GRANDE QUEDA DA CHINA

vezes executando assassinatos — muito antes que os cavalos dos mongóis pudessem ser ouvidos relinchando ao pé da muralha. Na prática, no entanto, as terríveis condições em que exerciam suas funções prejudicava a qualidade de seu desempenho. Embora a natureza da missão — operações noturnas nas fronteiras inóspitas do norte da China — exigisse dos espias grandes sacrifícios, o estabelecimento militar Ming não parecia pensar em recompensá-los de maneira especial, nem tentar atrair batedores qualificados e dedicados com gratificações adicionais, e nem dar-lhes salários adequados. "Podem passar meses ou anos sem voltar à base, e suas mulheres e filhos, sem roupas e comida, encontram-se em condições desesperadoras", observa um relatório. "É verdade que recebem um salário mensal, mas muitas vezes têm de gastá-lo com armas ou cavalos, e sofrem indescritivelmente com o frio e a fome."[16] Em conseqüência, os oficiais se queixavam quase constantemente de que os espias eram preguiçosos, indolentes, negligentes, "gente vadia e ladina, que usa substitutos".[17]

Como insulto final, não parecia existir um calendário rígido para o serviço na fronteira, nenhum limite de tempo em que os guardas pudessem confiar: fontes diversas falam em um mês de serviço, quatro meses, três meses, dez dias, 19 meses e assim por diante. Em suma, provavelmente nem o comando Ming e nem os indefesos soldados da fronteira tinham a menor idéia de quando conseguiriam uma licença. O serviço na muralha era uma forma de tortura especialmente elástica.

A dureza da vida na fronteira era ainda maior quando a muralha se encontrava em reparos e oferecia pouca proteção contra os elementos e os atacantes. Requerimentos constantes e urgentes das fronteiras para o governo mostram o ritmo de desintegração das fortificações, batidas pelo vento, chuva, ataques e depredações. No final do século XVI, um funcionário de Liaodong relatou que os muros locais haviam se encolhido até a altura dos ombros de um homem. "Durante anos o povo manchu e chinês das fronteiras vem destruindo sistematicamente as muralhas", retirando tijolos e madeira para construções particulares.[18] Em 1552 um relatório informava que

285

GRANDE MURALHA

próximo a Datong e Xuanfu os mongóis de passagem haviam derrubado "cinco a seis décimos da muralha".[19] Em 1609, um comandante-em-chefe descreveu o estado das defesas em Liaodong, dez anos antes do ataque final dos manchus:

> Os fossos estão cheios de areia e se encontram ao nível do solo, nunca mais tendo sido escavados. As fortalezas muradas estão em estado de ruína ainda maior. Muitas não têm portões e já não é possível percorrer a parte superior dos muros. Quem quiser fazê-lo tem de agarrar-se aos parapeitos, muitas vezes com as pernas penduradas no vazio.[20]

À medida que as torres se deterioravam, os soldados as abandonavam. Muitas vezes, as guarnições não ousavam dar o alarma — por sinais de fumaça ou tiros de canhão — quando o inimigo se aproximava, presumivelmente porque as torres eram tão vulneráveis que o inimigo em breve as alcançaria e a cooperação tácita parecia ser opção mais atraente do que uma resistência inútil.

A combinação de negligência e insatisfação produzida por perigos físicos e desconforto tão extremos significava que os soldados que guarneciam as muralhas Ming adotavam, na melhor das hipóteses, uma atitude de viver e deixar viver em relação aos agressores potenciais além das muralhas e torres da fronteira; na pior, colaboravam ativamente como aliados, espias e porteiros atenciosos. Embora a muralha, com suas torres e soldados, fosse destinada a obstruir e policiar a entrada de mongóis na China, permitindo o acesso somente em determinados lugares e épocas, muito freqüentemente eram descobertos mongóis rompendo ou escalando os muros quando bem lhes apetecia. O tráfego no sentido oposto passava com igual facilidade: prisioneiros que retornavam à Mongólia faziam o possível para evitar servir nas torres; apesar da impressão de uma linha contínua de defesa, havia amplas brechas.[21] Quando Esen atravessou o noroeste da China em 1449 com seus mongóis, chegando até Pequim, os guardas da fronteira simplesmente abandonaram

A GRANDE QUEDA DA CHINA

suas torres antecipadamente. Cem anos depois, observadores notaram que as guarnições das torres fugiam apavoradas enquanto os mongóis cruzavam a fronteira. Quando os guardas mantinham suas posições à aproximação dos mongóis, olhavam para o outro lado ou fingiam não vê-los, dando o alarma somente quando o perigo já havia passado. Freqüentemente, no entanto, os contatos eram mais amigáveis e estreitos: como as torres ficavam localizadas na extremidade do território chinês, junto ao dos mongóis ou manchus, o contato freqüente entre ambos os lados era inevitável. Em 1570, o governador-geral do nordeste se referia às guarnições de 12 homens das torres ao longo da fronteira simplesmente como "os doze traidores".[22] Em 1533, um oficial afirmou que os espias *yebushou* chineses na verdade serviam de guias para bandos de predadores mongóis. A causa dessa insubordinação era óbvia para quem tivesse experiência das condições da fronteira, como um inspetor em 1553: "Precisamos tratar melhor as guarnições, para que em vez de ser olhos e ouvidos do inimigo, elas voltem a ser nossos olhos e ouvidos."[23]

Embora os oficiais não tivessem de suportar o agudo sofrimento cotidiano dos soldados rasos, enfrentavam outro tipo de pesadelo, ainda mais grave: a desgraça pública, e freqüentemente a execução, decorrentes dos fracassos e derrotas. O fundador da dinastia Ming e seu filho, Yongle, haviam anunciado seu tom despótico ao perseguir, entre os oficiais, traidores e críticos imaginários, criando uma cultura aterradora de responsabilidade e recriminação. Quando os desastres militares se acumularam em séculos posteriores, seus sucessores mantiveram esse precedente, tratando implacavelmente os bodes expiatórios, onde quer que se encontrassem. Entre 1619 e 1625, três comandantes do nordeste foram executados sob acusação de traição por haverem se retirado para o sudoeste abandonando posições em que haviam ficado isolados devido a defecções de outros oficiais Ming. A cabeça da última dessas três vítimas foi exibida ao longo da fronteira como advertência aos demais sobre o castigo por "traição". Em 1630, o ministro da Guerra em exercício na ocasião em que os manchus atravessaram a muralha a leste de Pequim e se aproximaram da capital, no ano anterior, foi esquartejado na praça do mercado, e

GRANDE MURALHA

toda a sua família executada, escravizada ou exilada. Outros dois comandantes foram executados em 1643, um terceiro foi misericordiosamente autorizado pelo imperador a acabar com sua própria vida, evitando assim a execução por meio de lenta asfixia. Em 1621, dois generais que haviam fracassado, reconhecendo o destino que inevitavelmente os aguardava, cometeram suicídio em Liaoyang. Com esse nível de castigo para o fracasso em uma guerra que se tornava cada vez mais desesperada e destruidora para o exército Ming em rápido declínio — 45 mil soldados Ming foram massacrados somente em uma campanha em 1619 —, não admira que após o dócil exemplo de Fushun os comandantes da fronteira, junto com seus homens mal-equipados, aproveitassem a oportunidade de sobrevivência sob os manchus.[24]

Para os que enfrentavam a morte no cumprimento do dever, a natureza da guerra no nordeste parecia indicar que o fim seria rápido ou indolor. Como o poderio dos chineses estava nas fortificações, a única forma de resistir aos manchus era refugiar-se nas vilas muradas onde houvesse guarnições e tratar de durar mais do que qualquer cerco. Um dos sítios mais prolongados e brutais ocorreu em 1631 em Dalinghe, uma fortaleza a cerca de 150 quilômetros a nordeste de Shanhaiguan. Após um cerco que durou 82 dias, sobreviveram somente 11.682 habitantes, de um total de 30 mil; quase 20 mil morreram de fome e sua inevitável conseqüência, o canibalismo. À medida que o tempo avançava, os menos aptos para o esforço de guerra foram sistematicamente assassinados para serem comidos: primeiro os operários, seguidos pelos comerciantes e, finalmente, pelos mais débeis entre os soldados. Os oficiais acabaram por manter-se vivos matando e devorando os próprios soldados. Quando o general chinês finalmente resolveu render-se aos manchus, somente um oficial se recusou a abandonar sua lealdade aos Ming. Os manchus lhe proporcionaram uma execução digna, mas quando seu corpo foi levado para dentro dos portões da fortaleza, as massas famintas se digladiaram para rasgar as carnes de seu corpo a fim de comê-las.[25]

Na altura de 1642, todos os principais fortes e baluartes ao norte de Shanhaiguan haviam se rendido, menos um. Sob o comando de Wu Sangui,

288

A GRANDE QUEDA DA CHINA

somente Ningyuan, a cerca de 75 quilômetros a mordeste, deteve o avanço dos manchus, montando guarda sobre Shanhaiguan,[26] o gargalo de espessas muralhas que dava acesso às planícies da China. Quando os conselheiros o instaram a prosseguir no avanço contra a capital chinesa, o líder manchu recusou. "Shanhaiguan", disse ele, sacudindo a cabeça, "não pode ser tomada." Wu era o mais jovem de uma dinastia de soldados profissionais bemsucedidos de Liaodong, e quase o último general em seu clã do nordeste — na verdade, em todo o nordeste — ainda leal ao Ming. (Um de seus tios foi o comandante que se rendeu em Dalinghe; nos 13 anos seguintes àquele horrendo cerco, seus outros tios e primos o imitaram, entregando o nordeste aos manchus até o baluarte de Wu em Ningyuan.) Wu Sangui, em cujas mãos repousava o destino do império, enfrentava agora uma opção: lutar pela causa perdida do Filho do Céu Ming, como o obrigavam suas responsabilidades profissionais, ou sacrificar o imperador à lealdade com a família e à autopreservação, acrescentando seus homens às fileiras crescentes dos bárbaros manchus em ascensão.

■ ■ ■

Em Pequim, a capital começava a sentir um sopro do calor da primavera em abril de 1644 e o exército de Li Zicheng se preparava para romper a dupla linha de muralhas em Shanxi, a oeste da capital, enquanto o imperador pesava suas opções. Primeiro, tentou designar um novo comandante militar para resistir à invasão vinda do noroeste. O comandante escolhido reagiu ao convite explodindo em lágrimas. "Ainda que eu vá", protestou ele, "será inútil."[27] Em 7 de abril, a guarnição da muralha em Datong caiu ante Li Zicheng; em dez dias, Xuanfu também se rendeu. Em ambos os casos, praticamente não houve resistência firme: os militares Ming há muito haviam perdido a confiança em si mesmos. Somente o passo de Juyong protegia agora a capital.

Em 10 de abril, outro golpe mortal foi desferido. O departamento de Astronomia informou prudentemente que a Estrela Polar — tradicional-

GRANDE MURALHA

mente um símbolo do imperador — havia desaparecido dos céus. Talvez reagindo a essa notícia o soberano tomou a decisão a respeito da qual vinha hesitando havia meses: convocar seu general leal, Wu Sangui, para que viesse do noroeste a fim de defender Pequim. Doze dias depois, quando o imperador realizava sua audiência matinal normal na Cidade Proibida, um mensageiro sem fôlego entrou correndo no salão com uma nota urgente e confidencial para o imperador. "Ao lê-la, sua expressão mudou. Levantou-se e foi para as salas íntimas do palácio. Depois de muito tempo, mandou uma ordem para que os funcionários se retirassem. Foi a primeira notícia que tiveram sobre a queda de Changping."[28] Colocada ao sul do trecho final de muralha ainda controlado pelo Ming, Changping ficava a apenas 65 quilômetros ao norte da Cidade Proibida. Duas semanas antes, sem receber pagamento, a guarnição havia se rebelado.[29] O colapso de Changping significava que o passo de Juyong também estava em poder dos rebeldes; os comandantes Ming enviados para defendê-lo haviam simplesmente permitido que passassem. A muralha Ming, como uma guirlanda decorativa por sobre as montanhas agrestes, observara impotente a abertura de seus portões para os inimigos da dinastia.

Um dia depois, o imperador realizou sua audiência final, na qual anunciou aos ministros reunidos seu plano de último recurso: "Os funcionários civis estão liberados para cometer individualmente o suicídio."[30] No dia seguinte conduziu sua negociação final como imperador, recebendo seu antigo favorito, o eunuco Du Xun, que dois dias antes havia entregado o passo de Juyong aos rebeldes de Li Zicheng. Em troca de um milhão de onças de prata e um reino para si no noroeste da China, Li se oferecia para derrotar outros grupos rebeldes, assim como os manchus. Relutando em passar à história como contemporizador com os rebeldes, o imperador recusou. Quando Du Xun se foi, o imperador revirou violentamente seu trono.[31]

Não muito depois da meia-noite de 25 de abril, o último imperador Ming apareceu, bêbado, desorientado e possivelmente manchado de sangue, para a audiência da madrugada. Havia passado a noite anterior encharcando-se

A GRANDE QUEDA DA CHINA

de álcool e despachando suas consortes: uma imperatriz lhe havia facilitado a tarefa ao cometer suicídio, e outras se aferravam obstinadamente à vida, obrigando-o a matar uma e decepar o braço de outra. Felizmente para a dignidade da pessoa imperial, nenhum dos funcionários imperiais apareceu para vê-lo naquele estado. Culpando "erros de ministros traidores" pelo que acontecera, o imperador saiu cambaleando, passou pelo jardim imperial de delícias da Cidade Proibida, feito de pedras e árvores retorcidas, atravessou o portão dos fundos do palácio e subiu uma colina artificial chamada Monte de Carvão, a pequena distância ao norte.[32] No Monte de Carvão — ainda um lugar muito visitado por turistas hoje em Pequim — pode haver feito uma curta pausa a fim de contemplar sua capital em que predominavam as casas baixas — os vastos pátios e pavilhões da Cidade Proibida e a cobertura de telhas azuis do Salão de Preces Para Boas Colheitas, o prédio circular do complexo do Templo do Céu ao sul dos muros da cidade, que se ergue, como um foguete espacial, surgindo do parque que o rodeia. Pode ter ouvido também o zumbido do pânico da população civil e os passos de um exuberante exército de camponeses quando Li Zicheng e seus seguidores penetraram na cidade. Pouco antes da uma da manhã ele entrou no pavilhão vermelho que havia na colina, sede do Departamento Imperial de Chapéus e Cintas, e enforcou-se com sua faixa. Três dias depois foi descoberto seu cadáver, vestido de manto azul de seda e calças vermelhas, identificado por uma nota que continha dois caracteres explicativos escritos de próprio punho: *Tian zi* — o Filho do Céu.[33]

■ ■ ■

Assim como muitas outras coisas que ocorreram na China naquele ano, não se sabe bem em que momento preciso Wu Sangui resolveu juntar-se a seus tios e primos, abandonando a dinastia Ming a seu próprio destino. Embora ele não tenha contemplado publicamente a deslealdade senão após os dramáticos acontecimentos de 24 de abril, tampouco, na verdade, apressou-se em correr em auxílio do imperador nas semanas intermediárias do mês. Surpreen-

GRANDE MURALHA

dentemente, após receber o chamado de 10 de abril, somente no dia 26 completou o percurso de menos de 100 quilômetros de Ningyuan a Shanhaiguan com seus 40 mil soldados da fronteira, e em seguida já havia chegado à metade das monótonas planícies marrom-amareladas de Hebei até Pequim, cerca de 140 quilômetros adicionais, quando recebeu a informação da queda da capital, poucos dias depois que isso tivesse ocorrido. Outras fontes, no entanto, afirmam que o imperador pode ter esperado até 22 de abril para mandar chamar Wu Sangui, e nesse caso a explicação para que ele sequer tivesse podido se aproximar da capital a tempo do ataque de Li Zicheng é mais inocente.[34]

Mesmo depois do suicídio do imperador e da queda da capital, nem tudo estava perdido para o Ming. Embora Pequim estivesse em mãos inimigas, provavelmente haveria suficientes adeptos leais do Ming no sul com capacidade de montar uma contra-ofensiva contra os rebeldes do norte. Sabendo disso, porém pessoalmente isolado, Wu Sangui regressou a Shanhaiguan para meditar sobre o que fazer em seguida.

Reconhecendo a importância de Wu Sangui como comandante do último exército Ming importante no norte, Li Zicheng imediatamente tratou de atraí-lo para seu lado por meio de duas cartas. A primeira, escrita por um general Ming que se rendera, louvava o caráter moral de Li Zicheng. A segunda, provavelmente ditada por um dos asseclas de Li, era apresentada como sendo do pai de Wu Sangui, Wu Xiang, ex-general Ming e no momento refém de Li Zicheng em Pequim. A carta do pai, na verdade uma mal-disfarçada nota de resgate, tratava de um belo argumento do moralismo confucionistas. Em tempos normais de harmonia, Confúcio considerava os deveres de amor filial inteiramente compatíveis com a lealdade devida ao imperador. "Que o governante seja governante, o pai seja pai e o filho, filho." Com efeito, a execução correta de cada papel social era necessária para espalhar a paz e a prosperidade por todo o império. Mas os tempos não eram de harmonia e as regras normais de lealdade ao imperador já não se aplicavam: buscar o favor do soberano, segundo a carta, já não era a principal obrigação

A GRANDE QUEDA DA CHINA

de Wu. Se ele se rendesse para salvar a vida do pai, ganharia fama eterna por sua devoção filial. A carta, além disso, lhe oferecia título e posição no novo regime Shun de Li Zicheng; o mensageiro militar que levou a carta melhorou a oferta entregando 10 mil onças de prata e mil de ouro.[35]

A continuação da história é também confusa. Uma versão afirma que Wu Sangui enviou ao pai uma carta pedante, censurando-o por sua submissão a Li Zicheng e parafraseando Confúcio em resposta, contrariando os argumentos de Wu Xiang sobre amor filial e justificando sua recusa em submeter-se e o conseqüente sacrifício do pai. "Se meu pai não pode ser um ministro leal, como posso eu cumprir o dever filial?"[36]

Em outra versão dos acontecimentos, mais romântica e popular, Wu Sangui se mostra menos moralista como filho e mais apaixonado como amante. Enquanto pensava no que fazer, afirma-se que Wu Sangui ouviu rumores de que sua amada e lendariamente bela concubina, Chen Yuan (cultuada por um de seus enlevados admiradores como "uma fênix solitária flutuando por trás de uma cortina de névoa"), havia sido raptada por Li Zicheng. Louco de ciúmes, Wu teria esquecido as agruras do pai e começado a imaginar planos desesperados para vingar-se de Li.[37] Esse conto sobre amantes separados pela guerra encantou várias gerações de chineses, transformando Chen Yuan em outra Yan Guifei, "uma mulher tão bela que causou a queda de uma cidade ou de um império", e Wu Sangui em uma versão mais dinâmica do imperador Tang, Xuanzong.[38]

Mas esse cenário foi provavelmente imaginado por autores posteriores de romances históricos, desejosos de desacreditar Wu Sangui como volúvel e indigno de confiança, movido por suas paixões e incapaz de subordinar seus desejos físicos ao bem-estar político geral. É muito mais possível que, como diz outro relato, após receber a carta e os presentes de Li Zicheng, ele tenha deliberado durante vários dias e resolvido transferir sua lealdade para o novo senhor de Pequim. No entanto, pouco antes de partir para a capital, teve um encontro perturbador, que mudou tudo. Em Yongping, a pouco mais de 50 quilômetros a sudoeste de Shanhaiguan, teve a surpresa de encontrar uma das concubinas do pai, que lhe deu notícias horrendas dos acontecimentos recentes em Pequim: Li Zicheng, interpretando o silêncio de Wu Sangui como desafio, havia mandado assassinar quase toda a família Wu — num total de 38 pessoas —, pendurando a cabeça ensangüentada de Wu Xiang nas muralhas da cidade. Wu fora simplesmente a mais recente vítima do reinado de terror do líder rebelde contra os funcionários Ming sobreviventes, que Li Zicheng desprezava como covardes por não haverem se suicidado quando Pequim caiu em mãos dos rebeldes. Uma semana depois de entrar em Pequim, as pressões financeiras intensificaram a linha dura de Li contra os funcionários-eruditos. Esperando ansiosamente ricos tesouros imperiais para pagar seu exército, Li ficara surpreso ao não encontrar nada. Em 1º de maio, começou a procurar extorquir dezenas de milhares de onças de prata de antigos funcionários Ming; os que não pagavam era constantemente torturados pelo sádico general principal de Li. Alguns milhares morreram em prensas construídas especialmente para esmagar ossos humanos; um secretário principal pereceu após cinco dias de torturas, com os ossos das maças do rosto despedaçados por constantes espancamentos. As tropas rebeldes, que após entrarem em Pequim haviam se mantido relativamente tranqüilas, em breve seguiram o brutal exemplo de seus chefes, arrombando "portas, arrebanhando ouro e prata e violando esposas e filhas. O povo começou a sofrer. Ao cair da noite, tudo se repetia".[39]

Wu imediatamente voltou atrás de sua decisão, interrompeu a viagem a Pequim e regressou a Shanhaiguan, onde havia deixado a maioria de seus 40 mil soldados, preparando-se para a batalha com Li Zicheng, que ocorreu em menos de três semanas. Em 18 de maio, com fanfarra característica — a decapitação de 16 funcionários Ming no portão leste da Cidade Proibida —, Li Zicheng saiu da capital com 60 mil soldados a caminho de Shanhaiguan. Desta vez, em inferioridade numérica de 50%, Wu Sangui precisava pensar rapidamente. Com o pai e o imperador mortos, a única lealdade que lhe restava era com seus tios e primos que haviam se aliado aos manchus. Em 20 de maio, Wu despachou uma carta para os manchus a nordeste, em Mukden:

A GRANDE QUEDA DA CHINA

"Há muito admiro profundamente a autoridade soberana de Vossa Majestade, porém segundo as obrigações dos Anais da Primavera e do Outono, não se deve cruzar as fronteiras, e, portanto, não me comuniquei diretamente com Vossa Majestade até este momento." Passando rapidamente a explicar a natureza crítica da situação, Wu afirmava que "bandidos predadores... uma multidão de pequenos ladrões" haviam derrubado o imperador. Embora Wu estivesse certo de que poderiam ser derrotados por "exércitos virtuosos", suas próprias forças não eram suficientes para garantir o êxito, e ele havia "chorado lágrimas de sangue em busca de auxílio". Se os manchus se dispusessem agora a ajudá-lo, apenas "libertariam o povo do fogo e da água", mas também partilhariam "do ouro e das sedas, meninos e meninas" em poder dos bandidos. "Tão logo cheguem as tropas virtuosas, isso será delas."[40]

A carta de Wu Sangui chegou à Cidade Proibida manchu em Mukden num momento importante: o dia em que os manchus finalmente tomaram conhecimento do suicídio do imperador, ocorrido um mês antes. Com o Mandato dos Céus à disposição de quem o agarrasse, e o oferecimento da entrada em Shanhaiguan, os manchus agora estavam prontos para intervir, porém com suas próprias condições, e não com as de Wu Sangui. O regente manchu Dorgon, que era o verdadeiro poder por trás do jovem imperador, respondeu a Wu: "Caso esteja disposto a trazer seu exército e render-se a nós, conceder-lhe-emos seu antigo território e um título de príncipe." Sem esperar pela resposta de Wu, as tropas manchus, com cerca de 45 mil a 100 mil homens, marcharam sobre Shanhaiguan mais ou menos com a mesma velocidade da carta, estacionando no antigo baluarte de Wu em Ningyuan. Em 25 de maio, com a maior parte do exército de Li Zicheng às portas de Shanhaiguan e os nervos de seus aliados nobres locais estremecendo diante da demonstração de força de Li, Wu Sangui aceitou as condições dos manchus.[41]

Ao nascer do sol em 27 de maio, após passar a noite a 8 quilômetros de Shanhaiguan, dormindo vestidos com suas armaduras e com as armas ao lado, os soldados manchus chegaram aos portões da cidade fortificada. Após uma rápida rendição, formal e secreta — não havia tempo para cerimônias

GRANDE MURALHA

elaboradas, com os canhões de Shanhaiguan troando nas primeiras escaramuças da batalha —, Wu ordenou a seus homens que amarrassem pedaços de pano branco nas costas de suas armaduras, para que os manchus pudessem facilmente reconhecê-los na batalha, distinguindo-os das outras tropas Han de Li Zicheng.[42] Dispôs então seus soldados na vanguarda do exército manchu e liderou os primeiros ataques contra o exército de Li Zicheng, que ocupava um amplo arco a oeste de Shanhaiguan. As tropas rebeldes lutaram e iam praticamente derrotando as de Wu, fazendo-as recuar à muralha ocidental da fortaleza, enquanto os soldados manchus aguardavam propositalmente, deixando que os dois lados se exaurissem para que Wu ficasse ainda mais dependente de reforços. Quando Li estava a ponto de proclamar a vitória, no entanto, o tempo interveio dramaticamente, em forma de uma tempestade de areia que escureceu tudo. Perscrutando no nevoeiro arenoso, os soldados de Li de repente viram no flanco esquerdo o brilho das cabeças raspadas dos guerreiros manchus. Aos gritos de "as tropas tártaras chegaram!", o exausto exército de Li Zicheng começou a ceder, em seguida a recuar e finalmente a entrar em debandada, correndo de volta a Pequim, com Li Zicheng entre eles.[43]

Pequim atravessaria mais uma semana de terrível e sangrenta incerteza, enquanto o exército de Li, bêbado e derrotado, saqueava e incendiava grandes trechos da cidade com o indiferente e descuidado espírito de destruição de quem compreende instintivamente que em breve deixará de existir. Com os manchus temporariamente demasiado exaustos para poder persegui-lo imediatamente, Li teve apenas o tempo para organizar uma apressada cerimônia de coroação em Pequim — anteriormente, assumira o título de príncipe, mas não de imperador — e em seguida, em 4 de junho de 1644, mandou incendiar a Cidade Proibida e partiu para o oeste, longe dos muros da cidade "com fumaça e chamas enchendo o céu".[44]

Os habitantes da capital rapidamente se vingaram dos soldados rebeldes que, embriagados ou desorientados, deixaram de acompanhar seus chefes para além da cidade, atirando-os nas casas em chamas ou cortando-lhes as cabeças nas ruas. Em breve, no entanto, outra nuvem de terror desceu sobre a

A GRANDE QUEDA DA CHINA

cidade, quando os cidadãos se perguntavam nervosamente quem seriam seus próximos senhores imperiais e espalhavam boatos ansiosos sobre um "grande exército" que vinha do leste e uma proclamação que anunciava um "grande País Qing".[45] Por força inconsciente do hábito, ainda que a cidade estivesse em chamas a seu redor, as classes superiores passaram a noite de 4 de junho escavando as ruínas de suas propriedades em busca de vestimenta cerimonial adequada para receber os vencedores de Li Zicheng, que muitos automaticamente imaginavam ser o ainda leal Wu Sangui e o príncipe herdeiro Ming.

No dia seguinte, bem cedo, os ministros sobreviventes se postaram no acesso à entrada de Pequim, até cerca de 10 quilômetros fora da cidade, a fim de saudar o novo governante. Quando o grande exército se aproximou, no entanto, o que os inquietos funcionários viram não era uma restauração da antiga dinastia, e sim dezenas de milhares de testas raspadas e rabichos negros e brilhantes que pertenciam aos guerreiros bárbaros manchus. Sem dúvida, após certa perplexidade embaraçosa, um dos membros do grupo de boas-vindas destacou-se dele e nervosamente ofereceu-se para acompanhar os estrangeiros até a cidade. Atravessando as ruas ao longo das quais cidadãos atiravam flores e queimavam incenso, em sinal de regozijo, as tropas chegaram ao portão leste da Cidade Proibida, onde um funcionário havia "preparado as insígnias da dignidade imperial". "Um dos bárbaros desmontou e subiu à carruagem imperial. Falou ao povo: 'Sou o Príncipe-regente. O herdeiro presuntivo Ming chegará dentro de algum tempo. Ele consentiu em que eu fosse vosso governante.' Estupefatos, todos na multidão arregalaram os olhos, sem compreender."[46] Embora Dorgon continuasse a falar, suas palavras se perderam em meio ao crescente vozerio do populacho, que absorvia mais aquele choque e procurava explicar a identidade do desconhecido: um dos rumores mais criativos que circularam na ocasião era o de que o novo governante era descendente do imperador Ming capturado pelos mongóis em 1449, resultante de uma ligação entre mongóis e Ming na estepe. Enquanto isso, escoltado pela guarda imperial vestida de brocado de seda, Dorgon "adiantou-se e entrou na Cidade Proibida", ou pelo menos no único

GRANDE MURALHA

palácio ainda de pé após o incêndio do complexo ordenado por Li Zicheng.[47] E assim, nessas circunstâncias confusas, após décadas de descontentamento, deslealdade, negligência e incompetência, e apesar dos intermináveis esforços dedicados à muralha Ming, os bárbaros manchus acabaram por atravessá-la e tomaram o lugar da antiga dinastia no sagrado interior do império chinês.

■ ■ ■

Aos poucos, para grande assombro geral, uma normalidade incerta retornou à capital, embora as ruas e mercados estivessem mais uma vez repletos de bárbaros do norte, como acontecera trezentos anos antes. A nova dinastia Qing ofereceu conciliação e nomeações aos traumatizados ex-funcionários Ming, enterrou o falecido imperador e despachou generais — inclusive Wu Sangui — por todo o país a fim de completar a derrota das forças de Li Zicheng. "É tudo como antigamente", observou um erudito com satisfação, quando os encontros e mexericos dos funcionários foram retomados no mercado de Chang'an.[48]

No sul, ainda permaneciam resquícios esfarrapados da dinastia Ming; 18 anos mais tarde, Wu Sangui capturou e entregou a seus senhores manchus o último membro do clã dos Zhu que ainda se considerava imperador Ming: um primo do ex-soberano que preferira suicidar-se a ver os rebeldes tomarem Pequim. Poucos meses depois, o último dos Ming foi discretamente executado. Talvez refletindo sobre isso e sobre os acontecimentos de vinte anos antes, o imperador Qing mais tarde dedicou o seguinte poema sobre a muralha à dinastia Ming:

> Vós a construístes ao longo de 10 mil *li*, estendendo-a até o mar,
> Mas todos os esforços foram em vão.
> Exauristes as energias de vosso povo,
> Porém em que momento o império realmente vos pertenceu?[49]

■ ■ ■

A GRANDE QUEDA DA CHINA

Sem dúvida, para qualquer chinês dotado de consciência histórica, isso se assemelhava ao conhecido ciclo antigo de vigorosos conquistadores bárbaros que adotavam as maneiras chinesas. E como muitos não-chineses antes deles, em 250 anos os manchus, anteriormente tão enérgicos, se tornariam de tal forma envolvidos e tolhidos pelo ritualizado complexo de superioridade herdado dos chineses, que foram incapazes de contemplar um diálogo útil com a horda seguinte de bárbaros — o Ocidente — que se atirou sobre o Império do Centro.

Mas se não fosse a muralha e o que ela especificamente representava — séculos de trágico conflito entre os que viviam de ambos os lados — as coisas jamais seriam novamente iguais. De forma semelhante à que os mongóis haviam feito antes deles, a dinastia Qing tornou indistintas muitas das fronteiras setentrionais da China com uma *Pax Manchurica* que abarcava as antigas linhas divisórias, eliminando a antiga *raison d'être* militar da Longa Muralha. Após cerca de cem anos de derramamento de sangue organizado, o Qing se viu de posse da China, Mongólia Interior e Exterior, Tibete, Ásia Central até o Lago Balkash, Taiwan e naturalmente a Manchúria, formando um império que faz a atual República Popular parecer diminuta. Depois que a dinastia Qing unificou os territórios ao norte e ao sul da muralha, a antiga fronteira perdeu seu papel estratégico de defesa contra invasores. De qualquer forma, quando os bárbaros do Ocidente se aproximaram da China não o fizeram pelo norte sem litoral, e sim pelo mar, tornando a muralha fisicamente irrelevante.

A muralha perdeu também sua antiga significação de linha divisória entre a civilização, ao sul, e a barbárie, ao norte. Assim como a dinastia mongol Yuan, no entanto, os manchus desejavam realçar certas diferenças raciais entre os que permaneciam ao sul e ao norte da antiga barreira, como forma de impor sua autoridade, como conquistadores estrangeiros, aos chineses vencidos. Isso foi feito de duas maneiras. Primeiro, pela coerção: no final do século XVIII, o imperador Qianlong sistematicamente censurou e destruiu todos os escritos, tanto antigos quanto modernos, nos quais os "bárbaros" eram criti-

299

cados, enquanto após 1645 todos os chineses foram obrigados, sob pena de morte, a adotar o estilo manchu de raspar a parte frontal da cabeça e arrumar os cabelos da parte de trás num longo rabicho. Segundo, pela segregação: num esforço de preservação da mística severa nômade-militar dos governantes manchus, a Manchúria — que geográfica, histórica e racialmente constituía um ambiente completamente misto, ao mesmo tempo da estepe e da cultura agrária — foi reinventada como pátria étnica de uma pureza nômade mítica, da qual os chineses, de hábitos poluentes e decadentes, tinham de ser banidos. Agora que os bárbaros podiam viajar para onde quisessem dentro do império, viraram tudo às avessas para os chineses: depois de 1668, o Qing proibiu chineses de passar para o norte da Grande Muralha. A caminho do refúgio de verão do imperador Qing, em 1794, Lord Macartney notou a atitude desafiadora de um manchu em relação aos chineses depois de atravessar a muralha, percebendo que o governo do nordeste pertencia a outra autoridade, além do alcance dos de etnia chinesa.

> Um servo tártaro de classe mais baixa que trabalhava no Palácio havia, ao que parece, surripiado alguns dos utensílios fornecidos para nossa acomodação, e quando acusado de roubo por [nossos guias chineses] respondeu com tanta impertinência que os guias ordenaram que ele fosse imediatamente espancado com bambus. No momento em que foi liberado, assumiu as expressões mais insolentes, afirmando que um mandarim chinês não tinha o direito de mandar espancar um tártaro daquele lado da Grande Muralha.[50]

Por isso o Qing deu certa importância à manutenção de defesas no nordeste. Há muitos relatos sobre o hábito excêntrico do imperador Kangxi (que reinou entre 1661 e 1722) de testar a rigidez da fronteira étnica artificial viajando a Shanhaiguan vestido de mufti, para verificar se passaria com facilidade disfarçado de homem comum do povo. Em uma versão, Kangxi tenta atravessar a fronteira a cavalo. Os guardas, desconfiados, sem acreditar nas afirmações dele de que era comerciante de chapéus de Pequim, o esbofeteiam

A GRANDE QUEDA DA CHINA

e o mandam de volta. (A história termina tragicamente para os zelosos guardas: mais tarde, quando Kangxi manda buscá-los para recompensar sua diligência, eles se enforcam, aterrorizados ao saberem que haviam batido no Filho do Céu, certos de que os aguardava um terrível castigo por esse crime de lesa-majestade.)

Fora isso, a muralha — da qual alguns trechos ainda estavam sendo construídos e reparados durante o colapso do Ming — tornou-se uma Linha Maginot chinesa depois de 1644, principalmente aos olhos da classe de eruditos-funcionários chineses, que haviam supervisionado os fracassos do final do período Ming e se sentiam profundamente responsáveis por elas: a muralha tornou-se um símbolo da debilidade militar e colapso dos chineses Ming e sua conquista, mais uma vez, por "bárbaros" estrangeiros. Wan Sitong, historiador e poeta do final do século XVII, que tinha somente 6 anos de idade na época da queda do Ming, estava em melhor posição do que a maioria dos demais para pronunciar-se a respeito de temas do passado recente, pois era um dos autores encarregados pelo governo Qing de compilar a *História do Ming* padrão, nas primeiras décadas da nova dinastia. Wan falava em nome de todos, especialmente aqueles que haviam perdido parte de sua vidas ou a vida toda, na construção de muralhas de fronteira — quando expressou o sentimento de absurdo e futilidade ligado à ereção de muralhas por todas as dinastias desde o Qin, mas especialmente o Ming:

> Os homens do Qin construíram a Longa Muralha como defesa contra os bárbaros.
> A Longa Muralha foi erguida e o império caiu.
> Até hoje as pessoas ainda se riem disso.
> Quem poderia ter imaginado, na época, que o Ming, a fim de se proteger dos inimigos do norte
> Também resolveria que construir muralhas era a solução de todos os seus problemas.
> Considerou que a muralha da fronteira era sua, e não a Longa Muralha.

GRANDE MURALHA

Construiu muros sem cessar, sem nem mesmo uma pausa para respirar.
Tão logo se anunciava que as muralhas estavam prontas no leste
Relatava-se que hordas bárbaras haviam atacado no oeste.
Eles passavam pelas muralhas desmoronadas, como se fosse uma planície,
Saqueando tudo, onde desejassem.
Quando os bárbaros se retiravam, as muralhas eram novamente erguidas.
Os construtores trabalhavam da madrugada ao crepúsculo, mas de que
 adiantava?
Os nobres e os ministros atiravam fora os recursos do governo
Desperdiçando dinheiro necessário para a agricultura.
...
Por que construímos muralhas ao longo de 10 mil *li*?
Uma dinastia atrás da outra fez a mesma coisa.
Então, por que somente nos rimos do Primeiro Imperador do Qin?[51]

Agora que entre tanta desgraça e humilhação a muralha deixara oficialmente de cumprir a finalidade prática a que se destinava, o cenário estava pronto para que se transformasse numa atração turística decorativa, uma inglória asneira histórica; em suma, para que a muralha, com todos os nomes pelos quais havia sido conhecida durante sua história de 2 mil anos — A Longa Muralha, a Fronteira, a Muralha da Divisa, as Nove Guarnições de Fronteira — fosse arrancada de sua história ignominiosa e fosse rebatizada "A Grande" por visitantes impressionáveis que não conheciam a verdadeira extensão e complexidade de seus fracassos e estavam simplesmente decididos a adorá-la incondicionalmente.

CAPÍTULO 11

Como os bárbaros construíram
a Grande Muralha

EM 1659, O FILHO DE UM COLETOR DE IMPOSTOS BELGA, DE 36 ANOS, chegou de navio a Macau, ilha na costa sul da China da qual comerciantes e missionários portugueses se haviam apossado um século antes. Em breve o recém-chegado, um astrônomo e missionário chamado Ferdinand Verbiest, percebeu que alcançara o Império do Centro num momento profundamente inauspicioso no relacionamento sino-ocidental. Um ano e pouco depois, Verbiest se dirigiu a Pequim, onde tratou de defender Adam Schall, astrônomo alemão acusado por ministros confucionistas xenófobos de planejar uma insurreição contra o imperador. O veredicto imperial talvez não recomende os dotes de Verbiest como advogado: Schall foi condenado à morte por estrangulamento e o próprio Verbiest foi encarcerado. Felizmente para os dois europeus, um terremoto em 1665 fez o imperador duvidar de seu julgamento e por obra de uma anistia ambos foram soltos. Enfraquecido pelo cativeiro, Schall morreu antes que se passasse um ano. Verbiest, melhor astrônomo do que advogado, permaneceu em Pequim até 1669, quando um funcionário confucionista incompetente lhe proporcionou a oportunidade de obter os favores de um novo imperador, o adolescente Kangxi. No dia de Natal de 1668, o presidente do Escritório de Astronomia — o antigo acusador de Schall — publicou um calendário para o ano de 1669. Verbiest o contestou e ofereceu-se para provar sua maior competência numa experiência

GRANDE MURALHA

competitiva. Duas semanas depois, havendo previsto corretamente a altura e o ângulo do sol, Verbiest se tornou o novo diretor do Escritório de Astronomia; seu adversário foi demitido e preso.

Na altura de sua morte em 1688, quando já era fluente em seis línguas, inclusive o chinês e o manchu, Verbiest já havia trabalhado durante cerca de duas décadas para a corte imperial. Tinha preparado calendários e produzido instrumentos astronômicos complexos e de grande porte, assim como um observatório para sua utilização, além de superintender a forja de 132 canhões grandes (nos quais inscreveu, de maneira excêntrica, os nomes de santos cristãos do sexo feminino e masculino) que mais tarde foram usados para armar os muros de cidades da China. Quando não se dedicava a projetos governamentais ocupava-se em inventar objetos variados para divertir o imperador: relógios solares e de água, bombas hidráulicas para repuxos nos jardins do palácio. Talvez seu momento de maior inovação tenha sido uma tentativa de produzir um automóvel, no qual amarrou uma caldeira a um fogão, acrescentou uma roda motriz, engrenagens e rodas e passeou a vapor pelos corredores da Cidade Proibida durante aproximadamente uma hora. Com tudo isso ele estabeleceu um relacionamento afetuoso de trabalho com Kangxi, tornando-se de fato seu funcionário.

Na opinião geral, Verbiest era um homem notável: viajar ao longínquo Oriente e tornar-se astrônomo e inventor favorito do imperador da China era coisa pouco comum pelos padrões belgas do século XVII. Entre os colegas mais próximos, no entanto, sua carreira e viagens não eram inteiramente excepcionais. Assim como Schall, Verbiest era mais um entre diversas centenas de jesuítas despachados para a China a partir do século XVI, membros de uma diáspora católica proselitista que seguiu para o novo mundo extra-europeu na esteira das viagens descobridoras de Colombo, e fez parte do punhado desses sacerdotes que conseguiram chegar ao coração do poder imperial.

Na qualidade de favorito especial do imperador, no início da década de 1680 Verbiest acompanhou seu chefe Qing duas vezes em safáris na Manchúria, como astrônomo e geógrafo principal — em uma das viagens,

COMO OS BÁRBAROS CONSTRUÍRAM

com 60 mil homens, 100 mil cavalos e "um grande equipamento de tambores e instrumentos musicais", além da avó do imperador. "Meu dever era estar
sempre ao lado do imperador", registrou Verbiest, "a fim de poder fazer em
sua presença as observações necessárias para verificar o estado dos céus, a
elevação do pólo e as características do terreno, e para calcular com meus
instrumentos matemáticos a altura e distância das montanhas. Ele também
me fazia perguntas pertinentes sobre meteoritos e outros temas de física e
matemática."[1]

Mais do que simples viagens imperiais de prazer, as expedições de Kangxi
ao norte preenchiam uma função crucial, simbólica e prática, na parte inicial
do governo manchu da China. Davam ao imperador a oportunidade de
demonstrar a constante vitalidade de sua herança nômade, provando à comitiva de 60 mil pessoas que sua competência nas artes da cavalaria, arco e
flecha e caça no território de sua pátria natal rivalizava com o robusto exemplo de seus ancestrais conquistadores. No caso de Kangxi, sua paixão por
safáris não era uma exibição cosmética: nas caçadas, demonstrava sincero
entusiasmo juvenil, registrando meticulosamente os animais que matava.
Além disso, as excursões para além da antiga linha de fronteira proporcionavam aos soldados manchus um treinamento de campo essencial: tiros com
arco e flecha, preparação de acampamento, formações de cavalaria.[2] Ao mesmo tempo que exibiam suas tradições da estepe, no entanto, os imperadores
manchus também se adaptavam significativamente ao país que haviam conquistado, demonstrando o desejo de educar-se nos modos civilizadores dos
chineses. Após um período inicial de conquistas brutais, o Qing atraiu os
letrados nativos para grandes empreendimentos de publicação de clássicos
chineses, custeados pelo estado. Qianlong, neto de Kangxi, afirmava ser autor
de 42 mil poemas, colecionava assiduamente caligrafia, pinturas, porcelanas
e bronzes chineses, chegando a prostrar-se diante da tabuleta de Confúcio na
província natal do sábio, Shandong. Kangxi, Yongzheng e Qianlong, os três
governantes que sucessivamente introduziram e guiaram a China Qing em
sua "Era de Prosperidade" (expressão de Qianlong) no século XVIII, procu-

GRANDE MURALHA

raram seguir uma via mediana funcional entre essas duas tradições políticas, apresentando-se com bastante êxito ao mesmo tempo como estando dinamicamente em contato com suas raízes manchus e sustentando a ortodoxia confucionista contida nos livros. (Na altura do final do reinado de Qianlong, na última década do século XVIII, começavam a aparecer fissuras no império manchu. Com uma população que na segunda metade do século XVIII havia mais do que dobrado, chegando a 313 milhões, com recursos e oportunidades severamente restringidos e imperadores autoritários no centro político, a burocracia regional esgarçada e mal remunerada se tornara incapaz de prover as necessidades locais; a China do final desse século era uma sociedade endemicamente corrupta prestes a resvalar para um século de rebeliões e insurreições de magnitude cada vez mais cataclísmica.)

Mas na década mais vigorosa de 1680, enquanto o imperador Kangxi se divertia matando ursos, javalis e tigres, suas excursões pelo nordeste podem haver fornecido a Verbiest a oportunidade de pesquisar outro de seus conhecidos interesses: uma possível nova rota para que os missionários pudessem viajar entre a Europa ocidental e Pequim, via Moscou, menos arriscada do que a viagem infestada de piratas da Europa para Macau.

Estabelecer uma ferrovia transiberiana precursora estava além da capacidade até mesmo desse padre excepcionalmente inventivo, e o plano de Verbiest não parece ter progredido muito. No entanto, talvez durante as infrutíferas viagens de reconhecimento dessa rota o padre Verbiest tenha se tornado admirador mais fervoroso do que esperava da estrutura originalmente projetada exatamente para impedir o livre trânsito entre a China e as terras estrangeiras mais ao norte: a antiga muralha Ming da fronteira.

Muito compreensivelmente, Verbiest ficou bastante impressionado com o que viu. A muralha por ele visitada deve ter sido a linha de defesas feita de tijolos que serpenteava vertiginosamente sobre os picos a nordeste de Pequim, de Gubeikou a Shanhaiguan, o panorama ondulado celebrado em milhares de brochuras para turistas admirados. O que talvez não tenha visto foi o dique de terra em que mais para o oeste a muralha se transformava, ou

COMO OS BÁRBAROS CONSTRUÍRAM...

as brechas abertas nas partes mais remotas da linha de defesa por mongóis e manchus, na parte inicial do século. "Essa prodigiosa muralha da China", exclamou Verbiest. "As sete maravilhas do mundo juntas não são comparáveis a essa obra; e tudo o que a Fama publicou a respeito entre os europeus é muito menos impressionante do que aquilo que eu próprio vi."[3]

Em sua passagem original pela China, Verbiest havia sido acompanhado por outro jesuíta, cartógrafo competente de meia-idade, com experiência na China, chamado Martino Martini, que voltava ao país depois de dez anos de ausência. Embora Martini tivesse morrido pouco depois, em 1661, a realização que coroou a pesquisa de toda a sua vida havia sido publicada oito anos antes: seu *Atlas Sinensis*, uma coleção província por província dos mais completos e confiáveis mapas da China até aquela data, acompanhados de concisas descrições do país, o que lhe valeu ser aclamado pelos cartógrafos europeus como pai da cartografia chinesa. O mapa de Martini deu forma física à hipérbole de Verbiest, com o desenho de uma espessa e contínua linha fortificada ao longo do norte da China, interrompida somente por um grupo de montanhas e um ou outro rio. "Essa célebre muralha", registrou Martini, entusiasmado, "é muito famosa... mais longa do que toda a extensão da Ásia."

> [Ela] cerca todo o império... creio que excede trezentas léguas alemãs em comprimento... Não é interrompida em nenhum lugar, com exceção de trechos ao norte, na cidade de Xiuen na província de Pequing, onde uma pequena parte é cheia de montanhas terríveis e inacessíveis que se juntam à robusta muralha... o restante é uniforme... A altura da muralha é de 30 cúbitos chineses, e a largura é de 12, e freqüentemente 15.[4]

Após fazer essas fantásticas generalizações sobre o estado de toda a muralha, baseado, presumivelmente, apenas na observação de suas condições próximo a Pequim, Martini tratou de estabelecer outra pedra angular do moderno mito da muralha: sua extrema antigüidade.

A pessoa que iniciou essa obra foi o imperador Xius... Construiu essa muralha no início do vigésimo segundo ano de seu reinado, que foi o ano 215 antes de Cristo... Num período de cinco anos, que foi incrivelmente curto, ela foi erguida de maneira tão robusta que, se alguém conseguisse enfiar um prego entre duas pedras justapostas, o construtor daquele trecho seria castigado com a morte... A obra é magnífica, imensa e admirável, e durou até a época atual sem qualquer dano ou destruição.[5]

Os jesuítas não foram os primeiros ocidentais a fazer relatos sobre a muralha. Desde os tempos do império romano, quando Ammianus Marcellinus descreveu a terra de Seres (seda — o material sinônimo da China nas mentes dos consumidores romanos) como "rodeada por torres de altas muralhas", a Europa passou a ter uma consciência vaga e mítica de uma muralha chinesa.[6] Durante o primeiro milênio d.C., surgiram lendas no Oriente Médio em torno da idéia de uma muralha de ferro construída na Ásia central por Alexandre o Grande, entre duas montanhas conhecidas como "Os Seios do Norte", e destinada a encarcerar as perversas hordas setentrionais de Gog e Magog, as quais, segundo profetizava o Velho Testamento, "aguardarão até a época prescrita para baixar sobre a terra como uma tempestade, trazendo a morte e a devastação nos últimos dias da Terra".[7] Como ao longo dos séculos as estepes criaram ondas sucessivas de cavaleiros beligerantes — citas, turcos e mongóis —, essa região começou a ser considerada de maneira cada vez mais plausível como o local de geração do Armagedon, e a muralha mítica de Alexandre se misturou confusamente aos relatos de muros chineses que começaram a ser difundidos no Ocidente depois que os europeus e seus embaixadores religiosos começaram a fazer-se ao mar. Missionários católicos, mercadores e historiadores da China nas décadas precedentes à invasão dos jesuítas — nenhum deles testemunha ocular — estimavam que a muralha tivesse entre 320 e 2.400 quilômetros de comprimento, construída para preencher os hiatos entre defesas montanhosas naturais.[8]

COMO OS BÁRBAROS CONSTRUÍRAM...

Embora não fossem precisos em suas descrições da muralha, esses relatos pelo menos evitavam exageros fantásticos. Mas o aparecimento dos jesuítas no século XVI amalgamou relatos ocidentais anteriores, mais comedidos, formando uma única muralha, extraordinariamente grande. Em sua versão jesuíta, além disso, a muralha não podia existir sozinha, como monumento a ser admirado unicamente por sua prodigiosas dimensões; a idéia da Grande Muralha e a reverência a ela faziam parte da adulação dos jesuítas com relação à própria China. Nos relatos jesuítas mais cintilantes, os autores começam a mostrar-se mais analíticos e filosóficos, além de descritivos, a respeito das virtudes da muralha e de seus construtores: "Não podemos senão admirar o cuidado e esforço dos chineses, que parecem ter feito uso de todos os meios que o engenho humano poderia sugerir, em prol da defesa de seu reino e da preservação da tranqüilidade pública."[9] Os mais famosos e bem-sucedidos viajantes jesuítas à China precisavam amar a China e suas realizações — inclusive a Grande Muralha — porque haviam investido pesadamente em sua integração no país (no interesse da atração da população para o catolicismo), a ponto de comprometer elementos da missão cristã que inicialmente os tinha levado para lá. Essa construção da Grande Muralha nas imaginações ocidentais se sobrepôs a uma mudança significativa nas atitudes iniciais dos europeus a respeito da China: a percepção de que, embora ainda faltasse uma clara superioridade em armamentos, extrair qualquer coisa da China — lucros comerciais ou conversões — exigiria dos enviados europeus a adulação da visão chinesa do mundo; abraçar os hábitos da China e assim elevar o antigo complexo de superioridade cultural do império.

Uma das ironias históricas do século XVII é o fato de haverem os jesuítas se apaixonado tão profundamente pela China em geral e por sua muralha em particular. A presença jesuíta na China, que era um ramo do expansionismo católico, brotou diretamente do novo impulso imperialista da Europa sequiosa de lucros em busca de comércio e conquistas. À medida que a Europa do século XV se recuperava das guerras e pragas devastadoras dos cem anos anteriores, começou a aventurar-se por rotas inexploradas de comércio. Em

GRANDE MURALHA

1428, procurando recobrar perdas decorrentes de ataques de mongóis e turcos, o sultão do Egito explorou seus clientes europeus aumentando o preço da pimenta em mais de 60%. A necessidade de recuperar os prejuízos das margens de lucro impeliu os comerciantes europeus a buscar rotas marítimas alternativas que chegassem às especiarias do Oriente, evitando Alexandria e suas exigências exorbitantes. Sob a direção de seu monarca, Príncipe Henrique o Navegador, marujos portugueses desceram pela costa da África, capturando Ceuta ao norte, dobrando o Cabo da Boa Esperança e ancorando em Calcutá, e assim oferecendo à Europa um conjunto de novas terras, povos e oportunidades. Para monarcas e mercadores, essas descobertas proporcionavam poder e lucros. Para a Igreja Católica, na Europa meridional — estimulada por uma nova e agressiva autoconfiança após a recente expulsão dos mouros da Espanha —, elas prometiam uma colheita potencialmente imensa de almas pagãs.

A expansão da Europa foi alimentada por uma aliança intolerante entre estado e Igreja, e em nome de ambos os primeiros cruzados haviam legitimado o uso da força a fim de espalhar a fé cristã. Farejando grandes oportunidades de conversões, os papas do século XV santificaram a conquista imperialista concedendo sucessivamente aos portugueses o poder político sobre terras conquistadas aos pagãos. Depois que Colombo acidentalmente descobriu as Américas, imaginando haver chegado às Índias por outra rota, a América do Sul suportou todo o peso desse catolicismo beligerante e nacionalista, com seus povos rapidamente enfraquecidos pelos contágios europeus, sem conseguir resistir. O paganismo proporcionou a *rationale* para a conquista e exploração do Novo Mundo: como os habitantes da América eram pagãos, dizia o mandado católico, mereciam que suas riquezas lhes fossem arrebatadas e que sofressem uma opressão necessária para convertê-los em cristãos tementes a Deus.

Os portugueses, primeiros europeus a chegarem ao leste da Ásia em número significativo na era da exploração marítima, teriam usado exatamente o mesmo tipo de abordagem enérgica para dominar a China, se não houvessem

310

COMO OS BÁRBAROS CONSTRUÍRAM...

encontrado oposição substancial em um regime perfeitamente capaz de defender-se em batalha. Quando, no início do século XVI, os lusos tentaram arrombar sem precauções diplomáticas o continente, em Cantão — construindo um forte, comprando crianças chinesas e comerciando à vontade —, o governo Ming despachou uma frota de guerra, afundou alguns juncos portugueses e executou todos os prisioneiros vencidos. (Nesse processo, o Ming não deixou de tomar cuidadosa nota dos canhões portugueses, cópias dos quais foram subseqüentemente instaladas nos fortes de sua Muralha da Fronteira.) Somente mais tarde, e apenas graças à confusão interna da China, mais do que à habilidade negociadora lusa, foi que por volta de 1557 os europeus conseguiram, finalmente, entrar em Macau mediante ardis, lá implantando casas e igrejas, e daquela ilha lançar seu esforço missionário.

Nos primeiros tempos, os missionários europeus — muitos dos quais dominicanos e franciscanos, as ordens que aproveitaram as oportunidades de conversão oferecidas pela América do Sul — cometeram exatamente os mesmos erros de seus correspondentes do comércio. Arrogantes e eurocêntricos, os missionários desembarcaram na China sem autorização e sem conhecimento da língua, e mesmo assim esperavam que os convertidos se multiplicassem. Foram em breve mandados por rudes funcionários de volta à Europa, onde fizeram claras insinuações a autoridades no sentido de que "não há esperanças de converter [os chineses] a menos que se recorra à força e que eles cedam diante dos soldados".[10] Um desembarque ao estilo dos comandos por quatro sacerdotes franciscanos em 1579 resultou na captura de todos e na morte de um deles na prisão. "Nenhum mosteiro de freiras", observou um tristonho historiador da corte espanhola ao contemplar o império chinês, "observa melhor as regras do claustro."[11]

Ao contrário, foi necessária uma acomodação radical aos costumes e língua chineses para que o esforço missionário chegasse sequer a receber permissão para existir no continente, façanha realizada pela ordem dos jesuítas, cujas atividades missionárias obedeciam ao princípio da adaptação cultural. Para começar, Santo Inácio de Loyola, fundador da ordem, decretou que seus

GRANDE MURALHA

seguidores deveriam estudar o idioma de qualquer país onde agissem e não estipulou um hábito que os distinguisse, permitindo assim, ao menos em teoria, que os membros da ordem se integrassem ao ambiente local. Segundo, a ordem jesuíta se concentrou em instruir seus membros a respeito dos aspectos mais avançados da cultura e erudição ocidentais, a fim de habilitá-los a vender aos crentes em potencial a religião européia como parte de um pacote completo e prático de civilização e conhecimento. Reconhecendo a China como uma sociedade sofisticada e altamente instruída, o que era verdade, os jesuítas estavam bem equipados para ali assumir duas tarefas: agradar aos chineses, demonstrando que eram suficientemente elevados, moral e intelectualmente, para estudar a cultura chinesa, e obter suficiente fluência no idioma chinês para comunicar aos potenciais convertidos os méritos de sua própria cultura e erudição cristãs. Em 1557, o principal jesuíta encarregado das missões no leste da Ásia ordenou aos sacerdotes que começassem a aprender chinês. Cinco anos mais tarde, depois que começaram a aprender a observar a etiqueta da China — acima de tudo, a executar o *kowtow* —, receberam uma pequena extensão de terra no sul do continente, onde construiriam uma casa e uma igreja. A diligência e a tenacidade de Matteo Ricci — o mais famoso dos jesuítas e o primeiro a chegar à capital da China — em dedicar-se à sabedoria tanto da Europa (ciências, matemática, geografia, teologia) quanto da China (sua língua, sua literatura e filosofia confucionistas), durante os 23 anos passados na China, lhe valeram um convite para ir a Pequim, onde passou os últimos nove anos de sua vida, estabelecendo assim no próprio centro de mundo chinês uma presença católica que foi herdada por seus sucessores, inclusive o infortunado Adam Schall.

Graças à qualidade lingüística de Ricci e sua dedicação ao trabalho, os padres católicos já não enfrentavam inevitavelmente a tortura, o encarceramento e a expulsão (vivos ou mortos) da China (embora os jesuítas sempre estivessem vulneráveis à inveja dos astrônomos da corte, ansiosos por desacreditar seus rivais como traidores estrangeiros, como dolorosamente descobrira Schall). Mas uma avaliação objetiva da carreira de Ricci, e de jesuítas poste-

COMO OS BÁRBAROS CONSTRUÍRAM...

riores cuja posição em Pequim foi possibilitada por sua dedicação, sugere que tanto no plano material quanto no psicológico a China emergiu como vencedora nesse confronto entre Oriente e Ocidente. Os chineses conseguiram aproveitar os frutos mais avançados da erudição ocidental, conforme exposta pelos jesuítas instruídos: o desdém de Qianlong pelas ofertas tecnológicas de Lord Macartney pode ser explicado pelo fato de que os jesuítas residentes em sua corte há muito lhe haviam fornecido instrumentos igualmente, ou mais, sofisticados. E ver alguns dos homens mais eruditos e talentosos da Europa mergulharem voluntariamente na filosofia confucionista somente poderia haver confirmado a confiança na superioridade da visão do mundo dos chineses: a de que as manifestações externas da civilização ocidental (mapas, instrumentos astronômicos, canhões) poderiam ser absorvidas com segurança, e até mesmo proveitosamente, nos elementos fundamentais da cultura chinesa, sem que de forma alguma ameaçassem a preeminência desta última; a de que a China era o centro magnético ao qual os tributos eram inevitavelmente trazidos por seus admiradores, porém à qual jamais se poderiam conceber alternativas culturais sérias e radicais.

Com poucos anos de estada na China, sem contar seus traços fisionômicos e barba abundante, Ricci tinha aparência predominantemente chinesa e assim se comportava: usava o chapéu e o longo manto púrpura dos funcionários-eruditos chineses, debatia os clássicos confucionistas e se curvava e se ajoelhava exatamente como era exigido. Se a intenção era a de que o conhecimento e a tecnologia ocidentais fossem o torrão de açúcar que disfarçaria o remédio amargo do cristianismo, os pacientes de Ricci se mostraram competentes em engolir o primeiro e cuspir fora o segundo. Alguns de seus muitos visitantes, sem dúvida, se converteram ao cristianismo; muitos, no entanto, simplesmente desejavam ver seus relógios e globos terrestres, seu mapa do mundo e admirar-se da capacidade daquele bárbaro de dominar o idioma chinês. De modo igual, as exigências da posição de Verbiest na corte — como astrônomo e conselheiro do imperador — o obrigaram não apenas a reduzir os esforços em busca de conversões, mas também abreviar suas próprias devoções. E seu esforço para traduzir o cristianismo em chinês resultou numa confucionização do cristianismo, em ver de cristianizar os confucionistas. Para evitar o afastamento de convertidos em potencial, Ricci fez grandes concessões a fim de acomodar crenças tradicionais chinesas no seio do cristianismo. A adoração dos ancestrais, por exemplo, pedra angular tradicional da moralidade confucionista, foi considerada por Ricci como inteiramente compatível com a fé cristã, ao tomar a decisão de que se tratava simplesmente de um ato de respeito, destituído de implicações religiosas.

A conseqüência mais útil foi que os chineses, sem ter feito tentativas conscientes nesse sentido, ganharam nos jesuítas um grupo geralmente respeitável e influente de propagandistas ocidentais entusiastas. Tendo investido tanto esforço para agradar aos chineses, jesuítas como Ricci e Verbiest se empenharam em justificar a obra de suas vidas fazendo propaganda das virtudes da China nas cartas, diários e relatos em livros que mandavam para a Europa. Quando o estabelecimento católico do século XVII começou a censurar, no coração da Europa, a acomodação dos rituais chineses por parte dos jesuítas, estes se sentiram compelidos a compor loas ainda mais extravagantes às glórias da China e a criar em seus escritos a imagem de uma civilização brilhante cujas virtudes fundamentais justificariam suas próprias concessões a uma sociedade pagã.

Para Ricci, a China apresentava um exemplo salutar de ordem, unidade e ortodoxia moral a uma Europa dilacerada por um conflito religioso pós-Reforma. Suas colheitas e frutos eram apetitosos e abundantes, sua flora rica e variada, e o governo desse "maravilhoso império" era dominado pelo respeito à dignidade, honra, mérito, instrução, imparcialidade e moderação.[12] "O antigo reino da China tirou seu nome da prática universal da urbanidade e polidez", exultava ele, "e essa é uma das virtudes cardeais estimada por eles acima de todas as demais."[13] Até mesmo o vinho chinês, observou Ricci, parece ter sido cuidadosamente fermentado a fim de evitar que quem o bebesse tivesse ressaca.[14]

COMO OS BÁRBAROS CONSTRUÍRAM...

O culto jesuíta da Grande Muralha era simplesmente uma das mais óbvias ironias decorrentes de sua decisão de servir de propagandistas da China no Ocidente, e ilustra melhor do que qualquer outra coisa o grau de embotamento de suas faculdades de crítica devido à necessidade de defender seu investimento na China: na verdade, os jesuítas faziam seu culto no santuário de uma estrutura expressamente projetada para manter gente como eles fora do país. Durante os séculos XVI e XVII, sob os olhares dos jesuítas, as defesas chinesas de fronteira se metamorfosearam, passando da simples "muralha" dos primeiros relatos de viajantes, a "enorme muralha" (1616), "essa famosa muralha" (1681), "essa prodigiosa muralha" (1683), "essa Grande Muralha" (1693) e finalmente "A GRANDE MURALHA" (1738).[15] Por volta do final do século XVII, a célebre e meticulosa erudição da ordem havia sido esquecida, no caso da muralha, em favor dos interesses da propaganda: ignorando a grave discordância geográfica entre a descrição da "longa muralha" construída aos pedaços, contida nos Registros Históricos de Sima Qian, e a realidade da muralha de pedra e tijolos dos muros Ming próximos a Pequim, os observadores jesuítas juntaram as duas coisas e proclamaram sua Grande Muralha amalgamada "quase toda construída de tijolos... de mais de 1.800 anos de idade" e miraculosamente "pouco danificada" para sua idade.[16]

Embora um punhado de sacerdotes bastante viajados procurasse moderar o culto apontando a aparência pouco substancial da muralha além dos principais passos, o tom da maioria dos relatos continuou sendo enlevado e supermaravilhado. Depois de 1735, quando outro jesuíta, Jean Baptiste du Halde, publicou *Uma Descrição do Império da China* — uma compilação de relatos de outros jesuítas, inclusive Verbiest, que chegou às prateleiras das bibliotecas de muitos dos mais interessados observadores ocidentais da China —, os jesuítas já haviam consolidado a opinião do Ocidente sobre a muralha: "feita em plataformas e revestida de tijolos... suficientemente larga para que cinco ou seis cavaleiros possam marchar facilmente lado a lado".[17] Por enquanto, nada se dizia a respeito dos fracassos históricos da muralha, de seus

GRANDE MURALHA

hiatos e ruínas, da relativa juventude da muralha Ming no nordeste. Até mesmo o desonroso papel da muralha ao permitir a conquista mongol de 1644 provocou simplesmente um suspiro fleumático que dizia: "assim é a vicissitude dos assuntos humanos".[18]

■■■

Em 1703, um menino francês de 9 anos de idade chamado François Arouet iniciou seus estudos no College de Saint Louis-le-Grand, atrás da Sorbonne em Paris. Na época a mais prestigiosa escola da França, e a mais na moda, esse colégio administrado por jesuítas nutriria alguns dos intelectos mais notáveis da França do século XVIII, inclusive Robespierre e o marquês de Sade. O próprio Arouet se tornaria um dos mais conhecidos e em grande parte um dos mais festejados ex-alunos com o pseudônimo que adotara em 1718, depois de passar um ano encarcerado na Bastilha por temperar seus versos com críticas sociais: Voltaire.

Apesar da famosa excelência de seus professores jesuítas, em geral Voltaire não demonstrou afeto em suas reminiscências posteriores sobre sua experiência educativa no Louis-le-Grand. Em seu *Dicionário filosófico*, recordou que quando criança aprendera "latim e bobagens".[19] Num jantar na casa do casal Alexander Pope, em Londres, ele ressuscitou alegremente uma lembrança quase não reprimida de tempos desagradáveis na escola. Ao ser indagado do motivo pelo qual sua constituição física era tão débil para um homem de pouco mais de trinta anos, ele informou seus embaraçados anfitriões de que "quando eu era menino esses terríveis jesuítas me violentaram de tal forma que nunca me recuperarei disso, por mais tempo que viva".[20]

Durante a vida, Voltaire não foi o único crítico dos jesuítas. A oposição a eles na Igreja Católica intensificou-se quando ganhou corpo a Controvérsia dos Ritos — que girava em torno da acusação de que em sua ânsia de fazer conversões fora da Europa os jesuítas estavam distorcendo a fé de maneira inaceitável, a fim de adaptá-la às condições locais. Para seus detratores no seio

COMO OS BÁRBAROS CONSTRUÍRAM...

do clero, as atividades dos jesuítas na China, onde os mais preeminentes dentre eles se vestiam como funcionários-eruditos chineses e se tornavam parte do aparelho confucionista do estado, eram um exemplo perfeito da capitulação da ordem aos pagãos.

Além dos rígidos confins doutrinários do estamento católico, no entanto, os relatos dos jesuítas sobre os mundos que existiam além da Europa estavam sendo adotados por algumas das mentes mais originais e investigativas da época. Na altura do final do século XVII, a Europa começava a libertar-se de um universo intelectual circunscrito pela ortodoxia clássica e pelo Velho Testamento e a compreender que a história do mundo ia além dos limites do conhecimento da Europa cristã. Estava iniciado o movimento de ampliação das fronteiras temporais e geográficas européias: com os primeiros lampejos do iluminismo geológico que dentro de cem anos faria a história do mundo passar de seis mil para vários milhões de anos, desacreditando a contagem bíblica do tempo segundo a teoria da Criação, e com o conhecimento das novas sociedades, cujas fímbrias até então a Europa simplesmente arranhara. A erosão das antigas certezas eurocêntricas estimulou os pensadores a dar valor à razão individual acima da ortodoxia teológica tradicionalmente herdada, a buscar estruturas intelectuais relativistas e tolerantes capazes de absorver a sensação de choque gerada pela drástica expansão dos horizontes.

Talvez nenhuma nação não-européia individual constituísse desafio tão grande ao eurocentrismo cristão do que a China. À medida que os primeiros europeus, na maioria padres jesuítas, iam residir na China e enviavam relatos detalhados a respeito do Império do Centro, a Europa passou a tomar conhecimento de um estado que existia além do âmbito da civilização cristã e que, aos olhos de muitos *philosophes*, levava vantagem nas comparações com suas correspondentes européias: mais organizada, mais tolerante, mais erudita. Nos tratados sobre a história da China escritos por jesuítas, os estudiosos do século XVIII identificaram uma seqüência histórica contínua que existia sem referência às cronologias cristãs, que remontava a quase cinco mil anos, a 2952 a.C., seiscentos anos antes da data atribuída ao Dilúvio. A admiração intelectual era reforçada no gosto pelos artefatos materiais chineses. Quando os portugueses, espanhóis e holandeses alavancaram a abertura das portas para o comércio, quantidades cada vez maiores de objetos orientais foram aparecendo nos lares europeus: sedas finas, porcelanas delicadas e móveis entalhados que durante décadas estiveram além da habilidade técnica dos imitadores europeus. Na altura do final do século XVIII, o apreço pelas mercadorias chinesas já havia se infiltrado na consciência de desenhistas e arquitetos europeus, exemplificado pela mania de lacas de Mme Pompadour e pelos extravagantes dragões de cobre do Pavilhão do Príncipe Regente, em Brighton.

Para Voltaire, incorrigível e polêmico crítico dos dogmas, verdadeiro homem do Iluminismo, a China representava um extraordinário contra-exemplo em relação à França de seu tempo. Enquanto o reinado de Luís XIV ia chegando ao fim em meio a um caos de insolvência, derrotas militares e intolerância religiosa, o despotismo francês em sua manifestação da época pouco parecia recomendar-se a Voltaire, que passou boa parte da vida adulta encarcerado ou exilado de sua França natal, fugindo da censura e da perseguição devido a seus embates com a nobreza e a Igreja. Na China e em sua filosofia nacional, o confucionismo, Voltaire identificou uma civilização altamente literária, caracterizada por sua antigüidade, pela abundância de população, pela elevação dos letrados a posições de liderança nacional, por sua tolerância de crenças, pela falta de uma burocracia religiosa opressiva, e por governantes esclarecidos. (As conclusões laudatórias de Voltaire sobre o império chinês foram ajudadas pelo fato de ele ter sido aproximadamente contemporâneo de Qianlong, o último dos três grandes imperadores Qing, que durante seus reinados assistiram à expansão sem precedentes das fronteiras e da população do império, sendo ao mesmo tempo eles próprios patrocinadores ativos e praticantes das artes literárias.) Em suma, como resumiu Voltaire no *Dicionário filosófico*:

COMO OS BÁRBAROS CONSTRUÍRAM...

> A constituição do império chinês é de fato a melhor do mundo, a única baseada inteiramente no poder paternal... a única em que o governador de uma província é castigado quando deixa de obter aclamação popular ao deixar o cargo; a única que instituiu prêmios para a virtude, enquanto em todo o resto do mundo as leis se limitam a punir o crime; a única que fez com que seus conquistadores adotassem sua legislação... há 4 mil anos, quando nós nem sequer sabíamos ler, os chineses já conheciam todas as coisas absolutamente úteis que hoje nos envaidecem.[21]

Embora Voltaire freqüentemente andasse às turras com os jesuítas por serem representantes da burocracia católica, ele engoliu sem mastigar a versão da China por eles apresentada, enchendo sua biblioteca com propaganda jesuítica pró-China, inclusive a *Descrição* de Du Halde, de 1735. E assim como amava os textos sinófilos que devorava, Voltaire amava também a Grande Muralha — durante a maior parte do tempo. "A grande muralha", explicou ele em 1756, "[que] foi construída 137 anos antes de nossa era, subsiste até hoje; tem 500 léguas de circunferência, galgando os topos de montanhas e descendo a precipícios, tendo em quase toda parte 20 pés de largura e mais de 30 de altura: um monumento superior às pirâmides do Egito, tanto por sua utilidade quanto por suas dimensões."[22] Oito anos mais tarde, no *Dicionário filosófico*, sua adoração da muralha não arrefecera: "Não é necessário aqui comparar a Grande Muralha da China com os monumentos de outras nações: a Muralha simplesmente os deixa a todos na poeira. Tampouco vale a pena reiterar que as pirâmides do Egito nada mais são do que montículos infantis e inúteis em comparação com essa grande obra[.]"[23]

O amor de Voltaire pela China às vezes ultrapassava os limites, levando-o a situações perigosas para sua integridade artística e dignidade pessoal. Em 1755, terminou de escrever *O órfão da China*, uma peça histórica ambientada na época de Gengis Khan e que ele transformou num instrumento um tanto rude para martelar sua própria visão da superioridade da civilização chinesa como "grande exemplo da superioridade natural da razão e do gênio sobre a

GRANDE MURALHA

força bruta e a barbárie", e para glorificar a importância das artes na França de seu tempo.[24] Na peça, Gengis Khan e suas hordas mongóis conquistam a China pela força, mas são por sua vez conquistados pelas ciências e artes da nação derrotada. Anos depois, o septuagenário Voltaire ainda estava suficientemente apaixonado pelo retrato que pintara de Gengis Khan a ponto de desempenhar em pessoa esse papel numa produção doméstica da peça, encenada em homenagem a Edward Gibbon, que mais tarde se declarou "muito impressionado com a figura ridícula de Voltaire aos 70 anos representando um conquistador tártaro com voz rouca e hesitante, e apaixonado por uma sobrinha muito feia de cerca de 50".[25]

Talvez o maior prejuízo que a China causou a Voltaire tenha sido à sua coerência intelectual. Voltaire estudou a história e a sociedade chinesas não em prol do progresso da exatidão histórica — nunca fez nenhum esforço para conhecer pessoalmente a China —, mas em benefício da polêmica específica na qual por acaso estivesse concentrado no momento: contra o clericalismo, em favor das artes, contra as instituições políticas da França contemporânea. Tal como os jesuítas antes de si, Voltaire tinha motivos ulteriores específicos para louvar a China. Em conseqüência sua sinofilia vacilava conforme a argumentação que desejasse fazer no momento. Por volta de 1766, talvez reagindo às sementes de absoluto ceticismo plantadas por Hume em sua *História natural da religião*, de 1757, Voltaire começava a avaliar a China e suas realizações não mais como um único e unificado contra-exemplo para tudo o que não lhe agradava na Europa de seu tempo, e sim em termos utilitários mais seletivos. Embora ainda fosse capaz de louvar as leis chinesas e as máximas de Confúcio, Voltaire começou a considerar "exagerada" sua visão anterior da China.[26] Por que motivo o conhecimento atual das ciências na China estava num grau de adiantamento idêntico ao "da Europa nos séculos X, XI e XII"? "Seu grande progresso na Antigüidade contrasta surpreendentemente com sua atual ignorância. Sempre achei que o respeito que eles têm pelos ancestrais, e que para eles é uma espécie de religião, era uma paralisia que os impediu de progredir cientificamente."[27] Voltaire agora se recusava a continuar a

COMO OS BÁRBAROS CONSTRUÍRAM...

falar "[d]essa muralha de quinhentas léguas, construída 220 anos antes de nossa era; é uma obra tão fútil quanto vasta, e além disso infelizmente considerada inicialmente útil, pois não foi capaz de defender o Império".[28] Ao tomar o partido dos Modernos contra os Antigos na famosa Disputa — que ressurgiu no século XVIII focalizando debates contemporâneos sobre o republicanismo antigo — ele declarou peremptoriamente que a muralha da China era "inútil".

> Mais de duzentos anos antes de nossa vulgar era, os chineses construíram essa grande muralha que não foi capaz de protegê-los das invasões dos tártaros... a grande muralha da China é um monumento ao medo... que testemunha a paciência dos chineses, mas não um gênio superior. Nem os chineses e nem os egípcios conseguiram fazer uma única estátua que possa comparar-se à obra de nossos escultores de hoje.[29]

Enquanto Voltaire deblaterava sobre a China e sua muralha, e enquanto ambas perdiam o apoio de uma das mentalidades mais ágeis da Europa, o pêndulo da opinião do século XVIII a respeito da China começou a oscilar decisivamente. Não mais louvada como repositório da virtude política e da razão, a China aos olhos europeus começou a transformar-se em um império paralisado pelo culto do passado, exaurido por projetos vastos e emblemáticos, porém sem razão de ser, que não havia sido convalidado pelos padrões utilitários modernos. A Grande Muralha completara o percurso, primeiro como fato, depois como mito e finalmente como símbolo definidor do país por ela atravessado.

■ ■ ■

A Inglaterra foi a grande rival da China na afeição de Voltaire. Em 1725 ele atravessou o Canal da Mancha para escapar de uma desavença com um rude aristocrata francês, esperando encontrar um santuário de liberdade e razão,

GRANDE MURALHA

povoado por leitores de Locke e Newton. Inevitavelmente a realidade o desapontou, mas não o suficiente para tisnar seu elogio das virtudes da liberdade de pensamento do país em um livro de viagens intelectualizado, *Cartas relativas à nação inglesa*.[30] No que se refere às duas paixões estrangeiras de Voltaire, no entanto, a afeição era escassa.

Desde que os portugueses chegaram pela primeira vez à costa meridional da China, no início do século XVI, acabando por obter Macau, diversas potências navais da Europa, inclusive a Inglaterra, vinham procurando uma cabeça-de-ponte semelhante na fímbria do Império do Centro. Muitos aprenderam com os erros iniciais dos portugueses, especialmente os holandeses, que a partir de sua primeira missão comercial em 1655 fizeram grande esforço para agradar aos chineses, aceitando todos os elementos da etiqueta tributária, especialmente o *kowtow*. Os representantes ingleses, no entanto, não estavam dispostos a tomar esse caminho tão diretamente pragmático. As primeiras grandes expedições comerciais inglesas à China coincidiram com uma intensificação do sentimento de importância do país, e da agressiva e autoconfiante impaciência que impeliria o movimento aquisitivo do Império Britânico, com avanços na tecnologia e nos armamentos e com a disposição de usá-los na promoção da expansão colonial. Ao contrário dos *philosophes* do Iluminismo, os militares e comerciantes britânicos perderam pouco tempo em debates teóricos sobre as virtudes do sistema chinês de governo; queriam ser tratados como membros importantes de um sistema global de diplomacia e comércio que estavam construindo para seu próprio benefício, e receber as concessões que como tais lhes eram devidas. Ao se enfrentarem com o isolamento imposto pela visão chinesa de diplomacia internacional, mais antiga e ainda mais arraigada, as relações se azedaram.

O tom da atitude beligerante do Império Britânico em relação à China foi dado em um livro de viagens, de 1748, sobre uma tentativa frustrada de estada na China, escrito pelo comodoro George Anson, que em julho de 1743 chegou a Cantão com seu navio de guerra avariado, solicitando auxílio com reparos e suprimentos. Em vez disso, passou dois meses de frustrações e

COMO OS BÁRBAROS CONSTRUÍRAM...

de calor sufocante, ignorado pelo vice-rei chinês, o qual, ao que Anson foi informado por emissários, estava demasiadamente ocupado e encalorado para poder recebê-lo em audiência. No relato sobre a China que resultou desse incidente, Anson substituiu o moderado e idealizado turismo intelectual do iluminismo francês pela impaciência desdenhosa do imperialismo chauvinista britânico. Anson sentiu-se enojado com a China — sua escrita "rude e nada artificial", suas habilidades técnicas "de segunda categoria", sua "pobreza de talento". Ao tratar da debilidade de suas defesas, observou esperançosamente que "a covardia de seus habitantes e a falta de regulamentação militar adequada" tornava a China presa fácil "não apenas para as investidas de qualquer estado poderoso, mas também para as pilhagens de pequenos invasores".[31]

Anson bem poderia ter tido aulas de estilo com o barômetro da opinião britânica do século XVIII sobre a China, Daniel Defoe. Após entrar em bancarrota aos trinta anos, Defoe passou a depender precariamente de seu êxito em atrair leitores da classe média por meio de seus polêmicos artigos, panfletos e obras de ficção. Em *As novas aventuras de Robinson Crusoé*, enviado oportunamente à impressão em 1719, somente quatro meses após o sucesso fenomenal de *Robinson Crusoé*, Defoe pintou um retrato descarnado do efervescente imperialismo britânico, sustentado a pólvora. Na segunda parte de suas viagens, Crusoé desembarca acidentalmente na costa meridional da China. Dali empreende longa viagem para o interior, até Nanjing e em seguida Pequim, num relato destinado a despejar o máximo de desprezo sobre o país anfitrião e refletir o máximo de glória sobre a Europa, especialmente a Inglaterra.[32] Finalmente, Crusoé atinge a "grande muralha da China" ao norte de Pequim, onde "ficou parado durante uma hora olhando-a por todos os lados, próximos e distantes". Nela ele encontra muito pouco que lhe agrade, a começar por um elogio claramente sarcástico aos construtores e engenheiros: "é realmente uma grande obra, que atravessa colinas e montanhas numa rota desnecessária, onde as rochas são intransponíveis e os precipícios são tais que nenhum inimigo poderia entrar". Quando um guia aborrecido, "que a vinha

GRANDE MURALHA

exaltando como grande maravilha do mundo", lhe pergunta sua opinião a respeito da muralha, Crusoé responde com duplo sentido que "foi excelente para impedir a entrada dos tártaros", ironia que o rude interlocutor chinês naturalmente não percebe. Após essa moderada escaramuça inicial, Defoe já não consegue controlar-se:

> Bem, digo eu, meu senhor, acredita que ela suportaria um exército do povo de nosso país, com uma boa equipe de artilharia; ou nossos engenheiros, trazendo companhias de mineiros; não seriam eles capazes de arrasá-la em dez dias, com um exército entrando em batalha, ou de explodi-la pelo ar, com alicerces e tudo, sem que sobrasse qualquer vestígio dela?

Crusoé se certifica de haver dito a última palavra a seu guia chinês a respeito "desse grande *nada* chamado muralha": "Quando ele entendeu o que eu tinha dito, ficou mudo pelo resto do tempo, e não contou mais suas belas histórias sobre o poder e a grandeza da China."[33]

As fáceis rajadas de Defoe contra a China e sua muralha — sua confiança crua e orgulho chauvinista com a tecnologia européia, seu desprezo pela China e suas pretensões a grandeza — poderiam ter saído da boca de qualquer diplomata britânico da era das canhoneiras. É claro que na época em que foram escritas as ameaças de Crusoé eram mais produto de fanfarronice do que de realidade política. Longe de intimidar futuros povos coloniais, durante o século XVIII os aventureiros britânicos muitas vezes sofreram derrotas humilhantes e foram aprisionados em diversas partes do mundo enquanto aspiravam a construir seu império: por corsários bárbaros, senhores argelinos de escravos e imperadores mongóis.[34] Mas quando o século XVIII desembocou no XIX, quando a revolução industrial e a competição internacional em busca de riquezas, territórios e poder ganharam força, vestindo de músculos os ossos da esperançosa retórica imperialista, os temas favoritos do Iluminismo — ciência, universalismo, progresso para aperfeiçoamento da humanidade — sobrevieram, quase irreconhecíveis, em disfarces mais intole-

COMO OS BÁRBAROS CONSTRUÍRAM...

rantes e ativamente beligerantes. Munidas de autoconfiança devido a grandes saltos tecnológicos para diante, impelidas para a busca de novas aquisições pela força devido a rivalidades com estados vizinhos, as nações imperialistas européias se convenceram de que elas, e somente elas, haviam inventado o caminho da modernidade e do progresso para o mundo contemporâneo. Longe de procurar inspiração em modelos não-europeus, dedicaram-se à missão de disseminar (pela força, se necessário) sua visão de Progresso — o direito inalienável ao livre comércio, a soberania do estado-nação, noções sustentadas pelo triunfo da ciência ocidental — às infelizes partes do mundo ainda não esclarecidas. Para os impetuosos e autoconfiantes britânicos que visitavam a China do século XIX e mais além — descendentes intelectuais de Robinson Crusoé — a Grande Muralha se tornou um símbolo dúplice: um fato indiscutivelmente impressionante do museu antropológico das viagens de lazer através do mundo imperial, mas também um emblema da loucura de uma potência atávica e em desmoronamento, lembrete agudo do inevitável declínio que atinge todos os impérios.

■ ■ ■

Em julho de 1861 em Tianjin, cidade portuária ao sul de Pequim, durante um verão tão intenso que os soldados sedentos preferiam receber suas rações congeladas, George Fleming, médico do exército e intrépido viajante vitoriano, solicitou e obteve do consulado britânico local um passaporte para cruzar a Grande Muralha e entrar na Manchúria. Três anos antes, essa permissão teria sido impensável, mas felizmente para os planos de Fleming, 26 canhoneiras britânicas e francesas, 18 mil soldados e a Guerra do Ópio já se haviam interposto desde então. Em 1856, depois de alegações de que a dignidade britânica fora ultrajada por desrespeito chinês à bandeira nacional, soldados anglo-franceses cercaram e tomaram Cantão. Em abril de 1858 as forças aliadas fundearam suas canhoneiras junto ao litoral de Tianjin, atacaram as defesas chinesas e exigiram negociações. Em 26 de junho o governo

Qing assinou o Tratado de Tianjin, dando aos britânicos o direito de instalar embaixadores, cônsules e missionários e concedendo-lhes jurisdição sobre seus nacionais na China, para que pudessem circular, comerciar, trabalhar e contratar onde quisessem e com quem quisessem: em suma, fazer tudo o que desejassem no reino chinês Qing, até então fechado e trancado. Com toda a clareza o tratado exigia 4 milhões de *taels* como compensação de parte dos chineses pelos problemas e despesas causados aos britânicos: com menos estridência e de modo obscuro, legalizava o comércio de ópio.

No ano seguinte, a corte Qing, ainda sofrendo de intensas ondas de complexo de superioridade do Império do Centro, herdadas do império que havia ocupado em 1644 e ainda incapaz de aceitar a evidência de sua inferioridade militar e debilidade política, rebelou-se contra o tratado e vingou-se afundando quatro canhoneiras européias na costa sudeste de Pequim. Em 1860, os 18 mil soldados britânicos e franceses retornaram ao local do desastre do ano anterior e bombardearam as fortalezas da costa durante duas horas e meia, até que bandeiras brancas fossem içadas. Irritados, os chineses responderam raptando trinta e oito membros de uma missão negociadora anglo-francesa, dos quais 26 morreram no cativeiro. Mas as forças aliadas — sob o comando de Lord Elgin — finalmente silenciaram a resistência chinesa ao saquear e incendiar o santuário de lazer do imperador, o Palácio de Verão a noroeste de Pequim, um complexo de 242 mil metros quadrados onde existia um palácio construído por jesuítas no século XVIII em estilo barroco europeu: "um dia memorável na história dos saques e destruição", como o descreveu um dos capitães britânicos presentes na ocasião.[35] Por volta de novembro de 1860 o tratado de 1858 já havia sido confirmado, as indenizações foram quadruplicadas e o cenário estava preparado para uma invasão de comerciantes e missionários britânicos em substituição aos militares. A era do turismo imperialista na China acabava de ser inaugurada, e George Fleming foi um dos primeiros a tirar proveito dela.

Na metade do século XIX, na década da primeira Guerra do Ópio, começava a desmoronar a tentativa do Qing de combinar o vigor marcial do

COMO OS BÁRBAROS CONSTRUÍRAM...

antigo modo de vida manchu, baseado na estepe, com uma administração de estilo chinês gerida por eruditos-funcionários selecionados por meio de um sistema confucionista de exames. Talvez a causa mais importante da instabilidade social e política fosse a constante elevação da população, que começou no século XVIII. Durante algum tempo, esse incremento, alimentado por colheitas vindas do Novo Mundo, suficientemente robustas para florescer em terras periféricas, anteriormente imprestáveis, e que provocou um surto de progresso no mercado doméstico de produtos regionais, conseguiu dar uma impressão superficial de prosperidade chinesa. Mas na parte final do século XVIII, as tensões causadas pelo drástico aumento populacional já comprometiam seus benefícios, provocando aguda escassez de terras, indigência rural e preços crescentes dos alimentos. Seguiu-se uma série de rebeliões domésticas devastadoras, freqüentemente deflagradas por grupos impelidos pela superpopulação ou pelo desespero, em regiões marginais nas quais, distantes do controle governamental, outras alianças heterodoxas passavam a dominar com facilidade (como as fraternidades religiosas e as sociedades secretas). E simultaneamente à desintegração da China do Qing devido ao problema da terra, os exércitos do governo já não pareciam capazes de obter sobre as forças do descontentamento as vitórias decisivas que haviam mantido o império mais ou menos pacificado desde o final do século XVII. Exaurido por campanhas em fronteiras longínquas, o estado Qing foi obrigado a recorrer cada vez mais a milícias recrutadas por elites locais a fim de suprimir insurreições localizadas, numa dependência que aos poucos drenou do centro político o poder e a iniciativa.

Mas o que provocou alguns dos maiores e mais danosos prejuízos à autoridade do Qing foi a afirmação de uma presença comercial estrangeira — em particular britânica — cada vez mais insistente e intransigente na costa meridional da China. O choque entre a Grã-Bretanha e a China se intensificou, em parte, devido à inflexível visão de mundo de parte do Qing, que não teve outro resultado senão intensificar o tradicional complexo chinês de superioridade em relação ao mundo exterior. Os imperadores Qing se consideravam não apenas governantes dos *tianxia* chineses — todos sob o céu —, mas também, graças à imensa extensão de seus territórios através da Mongólia, Manchúria, Xinjiang, Tibete, Taiwan, Yunnan e Birmânia, como supervisores dos governantes até onde alcançasse o olhar diplomático, como herdeiros do vasto império de Gengis Khan, como "Khan dos Khans". O estado Qing, em outras palavras, herdara as antigas pretensões universalistas do *status* de imperador da China e lhes deu forma política real, ao expandir seus domínios para englobar muitos dos tradicionais desafiadores do império chinês. Não admira, portanto, que quando os representantes de uma pequena e distante nação, com suas perucas e casacas de rabo (Macartney e companhia) requisitaram em 1793 à China do Qing o levantamento das restrições comerciais sobre suas manufaturas domésticas e a permissão para estabelecer uma embaixada permanente em solo chinês, em vez de consentir docilmente em ser expelidos, como acontecia com todos os demais tributários bárbaros normais, após uma estada no Império Celestial regulamentada até o último detalhe pelo ritual Qing com os hóspedes. O imperioso Qianlong lhes deu um prazo curto.

Menos de cinqüenta anos depois, na década de 1830, os britânicos tinham motivos fundamentados para acreditar que o império Qing não possuía capacidade para resistir a uma reiteração dessas exigências, desde que fossem apoiadas por reforços militares vindos da Índia. Nas décadas intervenientes, a descoberta do ópio pelos britânicos, como o extraordinário produto do qual os chineses seriam capazes de prover uma demanda aparentemente insaciável que contrabalançasse a cobiça britânica pelo chá, fez estancar de forma crítica o influxo de prata estrangeira para a China característico do século XVIII. E ainda assim os britânicos queriam mais, conforme constantemente recordavam aos chineses: queriam que os mercados da China fossem abertos para suas fábricas e usinas. Com a mesma constância o governo Qing recusava, aferrando-se às idéias soberbas da superioridade militar chinesa, da capacidade de dominar os bárbaros estrangeiros com a força de sua influência civilizadora e da posse de mercadorias singularmente atraentes

COMO OS BÁRBAROS CONSTRUÍRAM...

capazes de transformar em tributários todos os estrangeiros, até mesmo os mais obstinados.[36] Ao aconselhar o prosseguimento da resistência às exigências britânicas nas vésperas da Guerra do Ópio, Lin Zexu — representante do imperador em Cantão em 1839 — informou a seu chefe que as canhoneiras britânicas eram grandes demais para penetrar nos rios chineses e que seus soldados não sabiam utilizar "os punhos e as espadas. Além disso, suas pernas estão firmemente envolvidas em panos e conseqüentemente é muito difícil para eles esticar-se... e o que parece ser poderio pode ser controlado sem dificuldade".[37] Isso no momento em que os britânicos, equipados com a última palavra em armamentos, já vinham subindo o rio e entravam no continente, dizimando as antiquadas frotas chinesas e as guarnições desorganizadas e com tropas insuficientes. Confuso, o governo chinês respondeu de forma inadequada, formando milícias defensivas de emergência com grupos indisciplinados de bandidos e contrabandistas e contratando mestres em artes marciais — que se orgulhavam de sua capacidade de permanecer dez horas debaixo d'água sem necessidade de oxigênio — para que se ocultassem nos leitos dos rios e furassem buracos nos cascos dos barcos dos bárbaros, até que as hostilidades foram oficialmente estancadas em 1842 pelo Tratado de Nanjing, que obrigou o Qing a abrir cinco portos dentro dos princípios do livre comércio britânico; os acontecimentos de 1858-60 confirmaram e prosseguiram um processo que já se iniciara, forçando ainda mais a abertura dos portões da China.

A chegada da diplomacia européia de canhoneiras operou uma reviravolta nos costumes e valores da China do Qing. Com os espaços mais sacrossantos do império violados, saqueados e destruídos por bárbaros, o que fora fechado agora se abria pela força. Entre 1840 e 1860, a China se tornou o derradeiro lugar do globo, e talvez o mais relutante, a ser convertido pela violência à ortodoxia do século XIX de livre comércio sem fronteiras. "Vastas hordas populacionais", exultou o *Illustrated London News* na conclusão da Guerra do Ópio em 1842, "rompendo a ignorância e a superstição que durante muitas eras as envolveu, agora sairão à luz do dia, aproveitando a liberdade de uma civilização mais expandida, ingressando em possibilidades incomensuravelmente maiores."[38] Os atos dos europeus tiveram o resultado de reverter a função histórica da fronteira, transformando o Império do Centro em campo de batalha de bárbaros e obrigando o imperador a fugir para o norte em 1860, para além da muralha, e refugiar-se em Jehol.

A reação de Fleming à China, registrada em seu relato de viagem em 1863, *Travels on Horseback in Mantchu Tartary* (Viagens a cavalo na Tartária manchu), foi tão negativa e de tanto desprezo que o leitor não pode deixar de imaginar por que motivo ele teria ido até lá, para depois passar tantos meses em viagens desconfortáveis entre Tianjin e a Manchúria. Como Anson antes de si, Fleming achou praticamente tudo intolerável: a caligrafia chinesa era "grotesca", a língua "uma série de aspirações guturais", e os instrumentos musicais "armas de tortura".[39] Quando fala dos padrões de higiene dos chineses, Fleming se torna praticamente inesgotável: os cheiros da China eram na melhor das hipóteses "abomináveis" e na pior "revoltantemente detestáveis", as vilas "miseráveis", os ventos "doentios e febris".[40] Ao encontrar uma cidade, ele afirmou que "nenhum ser vivente, estou certo, poderia existir próximo a ela por algumas horas, com exceção de chineses e ratos de esgoto".[41] Os chiqueiros de porcos eram "tão degradantes e imundos" que ele deixou de comer lingüiças (ou "intestinos cheirosos", como são chamadas em chinês) durante o resto de sua estada na China.[42] Guardou seus melhores adjetivos para o ópio — grande importação britânica — que, ao que observou, era "uma maneira muito tranqüila e discreta de ficar completamente bêbado".[43] O melhor elogio que encontrou para os chineses foi que eles eram "de todos os habitantes de países orientais os que mais possibilidades têm de aperfeiçoamento, [caso] lhes seja permitido... vislumbrar o brilho de um mundo moderno e de uma nova civilização, e manter relacionamento com uma nova raça de homens cerca de vinte séculos mais jovem e mesmo assim mais adiantada em tudo o que se relaciona com a grandeza humana".[44] "A China", concluiu ele, "exerceu pouquíssima influência na modificação ou direção do progresso tanto do mundo antigo quanto do moderno."[45]

COMO OS BÁRBAROS CONSTRUÍRAM...

Mas o tom de Fleming mudou radicalmente quando, a 10 quilômetros de Shanhaiguan, ele viu "a barreira mundialmente famosa de cujas maravilhas há séculos o Ocidente ouve falar... não poderia haver agora hesitação para nos recuperarmos do suspense que havíamos experimentado".[46] Após uma escaramuça com as autoridades locais para que lhe permitissem subir à muralha, o musculoso e temível Fleming, deixando para trás seus débeis acompanhantes chineses sem fôlego, atirou-se a alturas "selvagemente perpendiculares" em direção a uma das torres. Por volta do meio-dia, diz ele, "atingi o cobiçado pico, e completei a ascensão esforçando-me até o topo da pequena torre em ruínas", sentindo "absoluto prazer... quando me vi naquele pináculo no alto da montanha, onde os pés de um europeu não haviam jamais pisado, onde o mais aventureiro dos habitantes da planície jamais sonharia em chegar, e onde, talvez, a presença humana tenha sido desconhecida ao longo de muitos séculos".[47] Ansioso por justificar seu turismo com um pouco de investigação científica moralmente virtuosa, ele rapidamente puxou um barômetro e um termômetro a fim de fazer algumas medições perfunctórias e em seguida deixou-se ficar admirando aquele "monumento famoso em todo o mundo... de pouco mais de 2 mil anos de idade", suas curvas, reviravoltas, mergulhos e subidas ("senti-me como se olhasse para algum imenso monstro quando iniciou sua ascensão em direção ao céu"), vendo-o "saltar magnificamente sobre montanhas e baixar aos vales... como o corpo de um cavaleiro quando sua montaria vence uma série de cercas rígidas".[48] Tanta foi a admiração de Fleming pela "cinta pétrea" que tinha diante de si que começou a modificar sua aversão geral a tudo o que tinha a ver com a China e os chineses, festejando em vez disso "os esforços hercúleos de uma grande nação em eras passadas a fim de preservar-se das invasões e da sujeição". "Até mesmo para um ocidental, que conhece alguns dos triunfos da engenharia do século XIX... parece quase impossível que qualquer povo tenha empreendido a realização de dificuldade tão monstruosa."[49]

Após inscrever na parede um registro de sua visita, Fleming iniciou uma descida de arrepiar os cabelos. Como diligente cientista vitoriano, havia pre-

GRANDE MURALHA

ferido levar na subida o barômetro e o termômetro em vez de água, e ao descer, desidratado, com o sol a pino, agarrava-se com uma das mãos a "estreitas saliências, plataformas e projeções ínfimas que teriam perturbado o olhar certeiro e os pés seguros das cabras montesas... pois a outra estava ocupada carregando o inconveniente barômetro".[50] Morto de sede, queimado pelo sol, completamente perdido — apesar, ou melhor, por causa de sua bússola, pois a carga dos preciosos instrumentos o havia obrigado a descer por um caminho desconhecido — e com um tornozelo deslocado, desmaiou durante cerca de uma hora. Finalmente, ao pôr-do-sol, "com um esforço quase sobre-humano de energia e mente", o indomável Fleming caminhou com passos trôpegos até alguns trabalhadores chineses, os quais, ao oferecer-lhe comida e água, o impressionaram como "os melhores camponeses do mundo".[51] Desnecessário acrescentar que seu desprezo pelos chineses regressou tão logo a fome, a sede e a fadiga amainaram. No dia seguinte, sua hospedagem foi, como de costume, "abominável e avara", os funcionários "infantis e supergastadores" e assim por diante, durante todo o rabugento caminho até a Manchúria.[52]

Fleming não foi o primeiro turista europeu a aproveitar o Tratado de Tianjin para fazer uma peregrinação à Grande Muralha. Um ano antes, havia sido privado dessa primazia por Henry Russell, outro enérgico viajante vitoriano, que veio da direção oposta, da Sibéria e Mongólia, dirigindo-se para o sul. Russell, que era tão genuinamente imperialista quando Fleming, subiu ao topo da muralha, deu um tiro de revólver para assinalar seu triunfo e juntou pedras para serem colocadas em museus na Europa, onde ele descreveu a Grande Muralha a pessoas interessadas como "serpenteando pela paisagem como um verme intestinal".[53] As *Viagens a cavalo* de Fleming, no entanto, proporcionaram o modelo para a reação européia à China e sua Grande Muralha na segunda metade do século XIX, tornando-se depois um guia inspirador para os escaladores na seguintes.

Fleming foi um *globetrotter* vitoriano típico, um viajante criado pelas vitórias da diplomacia britânica de canhoneiras e sua fixação com a abertura da

COMO OS BÁRBAROS CONSTRUÍRAM...

antiga e embolorada China às frescas brisas marinhas do livre comércio entre as nações. Seu bem-sucedido ataque, com risco de vida, àquele poderoso símbolo do encerramento chinês, a Grande Muralha, contra os desejos dos funcionários locais, foi possibilitado pela destruição anglo-francesa dos recintos murados íntimos do imperador, a qual em espírito recapitulou e reencenou a brutal e desdenhosa vitória do imperialismo britânico na China.

As pretensões de Fleming à exploração científica forneceram o suposto verniz objetivo e intelectual a um racismo desdenhoso característico de tantos relatos de viagem do auge do império britânico. A fundação da Real Sociedade de Geografia em 1840, com sua declarada devoção a "viagens científicas", consolidou a moda de livros "científicos" de aventuras, autojustificados pela afirmação de que se destinavam a aplicar e promover o conhecimento (geográfico, horticultural, etnográfico etc.) — e daí a obstinação do dr. Fleming de fazer leituras barométricas e termométricas na muralha e sua encarniçada proteção aos instrumentos de porte volumoso, ainda que quase tenham dado cabo dele. O sentimento de supremacia moral e intelectual produzido pela superioridade tecnológica da Grã-Bretanha em relação à China cientificamente petrificada tanto informou quanto alimentou o irrefletido desprezo de Fleming por quase tudo e todos os que encontrou ali. Assim como muitos de seus contemporâneos na China, Fleming estava obcecado pela higiene chinesa, vindo, como era o caso, de uma Grã-Bretanha onde a nova ciência da saúde pública se tornava marca de civilização, sendo a sujeira o símbolo da inferioridade social, racial e moral.

Dada a aversão de Fleming a todas as coisas chinesas, deveríamos, talvez, sentir surpresa por sua veneração da Grande Muralha. Por que motivo, ao deparar com essa maciça personificação do isolacionismo chinês, com a antiqüíssima (ou pelo menos assim ele acreditava) antítese em tijolos e pedra do moderno livre comércio, não teve ele o impulso de telegrafar a seu regimento na miserável Tianjin e dizer-lhe que viesse rapidamente para o norte com seus maiores canhões a fim de destruir o principal cordão de isolamento chinês, como Defoe havia sugerido um século antes?

GRANDE MURALHA

Os imperialistas vitorianos podem ter sido arrogantemente cristãos, mas não eram puritanos. Muito pelo contrário: adoravam o que era bombástico, tanto nos espetáculos (recordemos o Jubileu de Diamante de 1897, uma procissão de 50 mil soldados — inclusive do Canadá, de Hong Kong, e Malásia, da Jamaica e de Chipre — através de Londres, encabeçados pelo homem mais alto do exército britânico) e na arquitetura (pensemos nas catedrais góticas construídas para surgir inesperadamente dos panoramas imperiais na Índia, Austrália e Canadá, e a vasta paliçada de prédios governamentais em Bombaim). A simples imensidão da Grande Muralha, esse poderosa imagem de grandeza imperial, falava diretamente ao amor britânico pela monumentalidade no século XIX.

No entanto, como monumento, universalmente trombeteada por sua extraordinariamente antigüidade, imutável depois de 2 mil anos e uniforme ao longo de milhares de quilômetros, a muralha oferecia a Fleming e aos que seguiram suas pegadas uma justificativa para encerrar a China em uma vitrine global de antigas curiosidades etnográficas, proporcionando prova irrefutável de que a China nada mais era do que um venerável fóssil em comparação com os amos imperiais do mundo moderno, os britânicos. Era seguro admirar as visíveis façanhas dos chineses de dois milênios antes, porque elas realçavam ainda mais a degeneração dos chineses contemporâneos e sua incapacidade de imitar, e muito menos aperfeiçoar, a dedicação de seus distantes ancestrais.

A função histórica da muralha — construída para proteger a China dos mongóis — também atraía os gostos utilitários dos imperialistas vitorianos, contrastando muito favoravelmente com o que Fleming descreveu como as "inexpressivas [e portanto] feias" pirâmides do Egito.[54] Ao mesmo tempo, a Grande Muralha, em última análise "impotente contra bárbaros intrépidos", não abalou o complexo de superioridade britânico.[55] Seu fracasso em manter afastados os invasores nômades — os mongóis de Gengis Khan, os Qing manchus — e a futilidade final da obediência servil e assombrosa dos trabalhadores chineses a seus arquitetos imperiais exibiam as deficiências funda-

COMO OS BÁRBAROS CONSTRUÍRAM...

mentais da construção isolacionista de barreiras como estratégia e dos chineses como raça, e prenunciavam a inevitável vitória universal do livre comércio. Como disse outro visitante no início da década de 1860, "quando se compreende que ao longo de milhares de milhas esse extraordinário produto de arte maçônica seguiu seu curso serpenteante, todas as demais chamadas maravilhas do mundo desmaiam em comparação com essa duradoura recordação da loucura de um déspota e do trabalho involuntário de um povo submisso".[56]

■ ■ ■

Os sucessores de Fleming repetiram seus sentimentos tanto sobre a China quanto sobre sua muralha, em coros cada vez mais estridentes. Apesar de todas as pretensões a objetividade científica de parte do turismo imperialista, quase todos os visitantes engoliam sem questionamento, repetiam como papagaio e freqüentemente inflavam suposições errôneas e não comprovadas a respeito da muralha: sobre seu comprimento (que alguns diziam ser de 2.400 quilômetros, outros 3.200), sua idade (pelo menos 2 mil anos), seu construtor (Qin Shihuang), a velocidade de construção (algo entre cinco e 15 anos) e sua uniformidade (a maioria baseava a absoluta admiração pela muralha em uma visita aos trechos de tijolos ao norte de Pequim; muito poucos se preocupavam em investigar sua aparência muito distinta a oeste). Um artigo de capa da *National Geographic*, de 1923, sobre a muralha, amontoou uma série de ficções: "A mais poderosa barreira jamais construída pelo homem montou guarda à terra de Chin durante vinte séculos... Segundo astrônomos, a única obra feita pela mão do homem que seria visível da Lua a olhos humanos seria a Grande Muralha da China... TERMINADA EM 15 ANOS."[57] Coexistindo com essa adulação, no entanto, havia também uma satisfação em relembrar o simbolismo petrificado e maciço da grande Muralha como uma Grande Anomalia: o fato de que apesar da impressionante "extensão prodigiosa" de sua muralha, as instituições chinesas "durante mais de 25 séculos...

GRANDE MURALHA

nunca mudaram nem variaram... e por isso [os chineses] demonstram o único exemplo na história de nossa espécie em que o progresso do aperfeiçoamento ficou permanentemente estancado".[58]

Mesmo assim, é possível imaginar que exista certo grau de inquietação por trás dessa aflita obsessão ocidental pela Grande Muralha, por trás das denúncias de sua futilidade feitas por viajantes; pode-se imaginar que às vezes o turista ocidental argumenta demais. Considerando que em 1924 — duas décadas depois da radicalização do Congresso Nacional Indiano por parte de hinduístas militantes, da derrota dos russos em Tushima por uma marinha japonesa modernizada e do surgimento de partidos antiimperialistas e nacionalistas por toda a África e Ásia — um visitante norte-americano à China chamou a Grande Muralha de "pedra tumular... da vaidade imperial", é difícil acreditar que todos os seus leitores tenham deixado de perceber a ressonância do declínio do império.[59]

Em muitos dentre as centenas de livros publicados a partir de 1860 por viajantes ocidentais à China (para não mencionar os incontáveis artigos de viagens contidos em periódicos como *Macmillan's Magazine* e *Once a Week*) os relatos de visitas à Grande Muralha, junto com desenhos e fotos padronizados de fortificações e torres cobrindo montanhas como guirlandas, se tornaram tão corriqueiros que os redatores de relatos de viagens, procurando distinguir-se da manada normal, começaram a buscar maneiras ainda mais extravagantes de ornamentar suas descrições, ou truques para diferenciar suas peças da massa de relatos do tipo "Eu vi a Muralha". À medida que o aventureirismo global evoluía e se transformava em turismo de massa, e *globetrotters* intrépidos passaram a ser acompanhados pelos crocodilos excursionistas organizados por Thomas Cook, uma jornada convencional, a pé, a cavalo ou em carroça, e exclamações de "estupendo" ou "maravilhoso" deixaram de ser suficientes. Percebe-se perfeitamente essa ânsia de ser diferente em Luigi Barzini, jornalista italiano que ao acompanhar o aristocrático príncipe Borghese na porfia para ganhar a Grande Corrida Automobilística Pequim-Paris, em 1907, atravessou a Grande Muralha por meio de um automóvel, o

COMO OS BÁRBAROS CONSTRUÍRAM...

que na época era ainda novidade. Para Barzini, a Muralha era "vagamente eriçada, como uma coisa que tivesse dentes... uma prodigiosa moldura arquitetônica... uma fantástica extravagância terrestre, atirada para o alto por alguma força natural desconhecida", e suas torres eram "como uma fileira de gigantes em seus postos de vigilância".[60] Para o superexcitável italiano, o simbolismo de atravessar a muralha levado pelo motor de um carro foi demasiado:

> Experimentamos a embriaguez da conquista, a exaltação do triunfo... Sentimos como se rompêssemos um repouso de mil anos, como se fôssemos os primeiros a dar com rápido vôo o sinal de despertar de um profundo sono. Sentimos o orgulho de uma civilização e de uma raça, e estamos conscientes de representar algo mais do que nós mesmos... Os grandes anseios da alma ocidental, sua energia, o verdadeiro segredo de todo o seu progresso, se resume em duas únicas palavras: mais depressa! Nossa vida é perseguida por esse violento desejo, essa dolorosa instabilidade, essa sublime obsessão — mais depressa! Aqui, em meio à imobilidade chinesa, verdadeiramente levamos conosco a essência de nosso avanço febril.[61]

Treze anos mais tarde, um visitante norte-americano exclamou que a muralha daria "uma estrada formidável... caso Mr. Ford pegasse alguns milhões e comprasse essa velharia em benefício de seus futuros fregueses na China".[62]

Os verdadeiramente experientes simplesmente evitaram descrever suas visitas à Grande Muralha. Já em 1880, um capitão do exército britânico a caminho do Tibete observou laconicamente que "uma excursão à Grande Muralha... não precisa ser aqui relatada".[63] Em 1921, um viajante a caminho da Mongólia notou que "essa maravilha do mundo, a Grande Muralha, coleando como uma serpente cinzenta através de cadeias e mais cadeias de montanhas... eu já tinha visto isso antes... já estava perto demais, e a estrada de ferro a transformou em lugar-comum".[64]

A disputa pela supremacia entre os escritores de relatos de viagens surtiu pouco efeito sobre os turistas que resfolegavam a fim de ver a famosa Grande

GRANDE MURALHA

Muralha com seus próprios olhos. Desde que o negócio das excursões organizadas chegou à China, na volta do século XIX, a Grande Muralha tem sido uma visita essencial para os turistas estrangeiros, o ponto alto da viagem ao norte. À medida que os pomposos sermões imperialistas aos poucos foram ficando fora de moda, em boa parte contidos pelo crescimento de um nacionalismo chinês afirmativo, os visitantes ocidentais deixaram de lado sua ambivalência em relação à muralha como emblema impressionante, porém empoeirado de fracasso defensivo, extinguindo assim a única sombra de nuance crítica que perturbava a apreciação de sua história. A Grande Anomalia se tornou simplesmente Grande.

Através de todos esses impetuosos anos de culto da muralha, muito poucos visitantes ocidentais repararam na anomalia genuinamente grande da muralha: a de que essa obsessão dos estrangeiros não é de forma alguma refletida no interesse dos chineses. Ao descrever suas dificuldades para conseguir a permissão de visitar a muralha, George Fleming observou que os burocratas obstrucionistas explicavam que "não apenas o sol está muito quente, não há estradas, as montanhas eram muitas, e cobertas de pedras", mas também que "os chineses nunca subiram lá".[65] Fleming fez sozinho sua incursão porque seus pragmáticos acompanhantes chineses não estava dispostos a arriscar suas vidas atirando-se em cumes montanhosos murados, ao contrário de seu amo, um louco demônio estrangeiro. (Fleming, naturalmente, desprezou facilmente a falta de vontade deles de "subir... rochas quase inacessíveis" como mais um exemplo da falta de espinha dorsal dos chineses, e não se preocupou mais com isso.)[66] Mas no início do século XX os chineses, inicialmente embaraçados pelo zelo demonstrado pelos bárbaros a respeito da muralha, aos poucos começaram a reconsiderar suas opiniões e a ser convencidos pelos instigadores de sua humilhação internacional, pelo terrível Fleming e outros como ele. Quando a China, após décadas de feridas causadas por encontros com seus hóspedes ocidentais que não tinham sido convidados, começou a juntar os cacos de seu auto-respeito nacional, a Grande Muralha era o mais óbvio pedaço dos escombros imperiais ao qual podia se agarrar.

CAPÍTULO 12

Traduzindo a Grande Muralha
para o chinês

NA MORNA TARDE DE PRIMAVERA DE 4 DE MAIO DE 1919, A CHINA urbana pegou fogo. À uma da tarde daquele dia, cerca de 3 mil estudantes que protestavam se reuniram diante da Cidade Proibida em Pequim sob duas grande bandeiras brancas, cor do luto. Embora nas bandeiras estivessem escritos os nomes de dois membros do governo altamente impopulares, a reunião foi provocada por um sentimento de luto por uma coisa muito maior: a própria China. Poucos dias antes, o país recebera notícias desagradáveis. A milhares de quilômetros de distância, em Versalhes, o presidente dos Estados Unidos, Woodrow Wilson, o primeiro-ministro britânico, Lloyd George, e seu colega francês, George Clemenceau, resolveram, em agradecimento à ajuda naval fornecida pelo Japão contra os alemães na guerra mundial que terminara recentemente, recompensá-lo mediante a transferência para esse país dos direitos territoriais sobre Shandong, que anteriormente haviam pertencido à Alemanha, e que representava uma importante fatia do nordeste da China. Os representantes do governo de Pequim nas conversações de paz em Paris — uma delegação sustentada por senhores da guerra chineses corruptos e subornados por meio de empréstimos japoneses — já haviam preparado as canetas para assinar.

Da Praça Tiananmen os estudantes seguiram para o leste, em direção às embaixadas, hotéis, bancos, lojas, igrejas, bordéis e campos de pólo do setor

GRANDE MURALHA

de legações estrangeiras da cidade que as potências imperiais haviam reservado para si nos primeiros anos do século. As polícias estrangeira e chinesa impediram seu avanço através do muro que marcava o perímetro do setor, mas a multidão se desviou em direção à casa de um dos mais conhecidos apaziguadores do Japão no governo. Ao descobrir que seu ocupante havia escapado por pouco, saltando o muro dos fundos, os manifestantes descarregaram sua ira incendiando a casa e espancando um outro membro do governo até fazê-lo perder os sentidos.

Durante oitenta anos, desde que a China perdera a primeira Guerra do Ópio, as potências estrangeiras, no dizer de patriotas chineses ansiosos, vinham "cortando a China como um melão"; atracando canhoneiras, arrasando palácios, extraindo indenizações, afirmando a extraterritorialidade e marcando "esferas de influência", isto é, grandes extensões de território para desenvolvimento e exploração sobre cujos recursos naturais elas reivindicavam direitos e privilégios. Durante esses mesmos oitenta anos, os governos chineses hesitavam diante do desafio ocidental, oscilando entre o desejo de enfrentar (e talvez até mesmo vencer) os imperialistas em seus próprios termos, com barcos de guerra e armas modernas, e o temor de que esse curso de ação mergulhasse a cultura da China nos modos bárbaros.

A humilhação da decisão de Versalhes foi a centelha do nacionalismo chinês, que deflagrou por todas as cidades da China a explosão de protestos políticos e culturais hoje conhecida como Movimento de 4 de Maio. Ao longo de várias décadas, os reformistas chineses vinham trabalhando, com velocidades variadas, para chegar à incômoda conclusão de que as tradições do governo e da sociedade imperiais — a veneração da Antigüidade e de Confúcio, a ausência de desenvolvimento de uma ciência e tecnologia ao estilo ocidental — representavam um beco histórico sem saída. Tanto antes de 1905 quanto com mais razão depois dessa data, na qual o sistema milenar confucionista de exames foi finalmente abolido, os jovens abandonavam os livros clássicos e rumavam em bandos para academias militares e técnicas,

TRADUZINDO A GRANDE MURALHA PARA O CHINÊS

muitas delas no exterior, na França, Japão e Inglaterra, a fim de aprender as maneiras do ocidente moderno, que geravam riqueza e poder, adquirir tecnologias militares e industriais, estudar ciência médica e desenvolver o vigor e a unidade política que nascem de um sentimento de nação. As preocupações a respeito da capitulação a valores bárbaros estavam teoricamente abrandadas pela límpida fórmula *ti-yong*, espécie de calmante surgido no final do século XIX para apaziguar o conservadorismo cultural, cuja hipótese era a de que a "essência" chinesa (valores morais e filosóficos) podiam ser reforçados, mas não ameaçados pela aplicação seletiva da "prática" (ciência e tecnologia) ocidental.

Colhidos na esteira de Versalhes por um sentimento novo e intensificado de crise nacional e desesperados em busca de um renascimento nacional, os manifestantes de 4 de maio haviam perdido a paciência com meias-medidas anteriores destinadas a conter a ameaça imperialista. Abandonando a busca de uma reconciliação harmoniosa entre os valores ocidentais modernos e os tradicionais chineses, os pensadores, escritores e manifestantes de 4 de maio achavam que era tempo de provocar uma ruptura absoluta com o passado decadente e retrógrado que havia levado a China a seu desastroso presente: com sua linguagem clássica, com seu sistema confucionista e fechado de governo, pensamento e relações sociais, com seu complexo de superioridade e desconfiança visceral com tudo o que fosse estrangeiro, com sua veneração do que era antigo e a difamação do que era jovem. A tarefa básica, proclamava Chen Duxiu, um dos líderes intelectuais do Movimento de 4 de maio, "é importar as bases da sociedade ocidental, isto é, a nova crença na igualdade e nos direitos humanos. Devemos ter consciência clara da incompatibilidade entre o confucionismo e a nova crença, a nova sociedade e o novo estado".[1] A abertura era a chave da sobrevivência; o isolacionismo à antiga era o caminho para a extinção. "Sejamos cosmopolitas e não isolacionistas", ensinava Chen. "Quem constrói a carroça atrás de portões fechados verá que ela não é adequada às estradas além dos portões."[2] Nas esquinas, em conferências, em

GRANDE MURALHA

panfletos e jornais nas cidades em toda a China, jovens intelectuais reivindicavam a substituição da antiga autocracia de Confúcio pela ciência e democracia, modernas e ocidentais.

■ ■ ■

Um ano antes, em 1918, um cavalheiro chinês de 52 anos chamado Sun Yatsen havia passado a residir numa mansão no número 26 da rua Molière, uma rua tranqüila em meio às avenidas arborizadas da Concessão Francesa em Xangai. De maio a junho de 1919, fora de seu canto de calma reclusão, a cidade entrou em tumulto; talvez um quarto da mão-de-obra entrou em greve, com demonstrações antiimperialistas improvisadas e peças de teatro sendo encenadas nas esquinas. Como muitos dos cinqüentões urbanos da China, no entanto, Sun parece ter tido pouca participação ativa no Movimento de 4 de maio, dominado que estava por estudantes. Sua atividade era dedicar-se a pesquisas eruditas, revendo e organizando seus escritos, e passava as horas de lazer jogando *croquet* com a mulher no jardim da mansão ou recebendo amigos para jantar.

Em muitos outros aspectos, porém, Sun não era um residente urbano chinês de meia-idade como era o caso de outros. Em 1919, era ex-líder revolucionário e ex-presidente da República da China; décadas mais tarde, já morto e em segurança, seria lembrado na ribalta política chinesa — muito distante da tranqüilidade de sua vida em meio aos livros na rua Molière — e aclamado por governos tanto em Taiwan quanto na República Popular da China como "pai da Moderna Nação Chinesa".

Assim como os manifestantes de 4 de maio, Sun Yat-sen vivia obcecado pela questão do renascimento nacional da China. Ao contrário de seus correspondentes juvenis, em 1919 já fazia vários anos que ele se preocupava com isso. Após quase três décadas de busca de recursos internacionais, conferências, reuniões, saudações e manobras em nome das forças chinesas antidinásticas da revolução, Sun tivera breve recompensa quando, em seguida à

TRADUZINDO A GRANDE MURALHA PARA O CHINÊS

revolução nacional de 1911 (que eclodira prematuramente devido à explosão frustrada de uma bomba) foi convidado a assumir a presidência da nova República da China. Em 1912, após somente algumas semanas no cargo, Sun renunciou em favor de Yuan Shikai, ex-general Qing que representava o poder militar por trás do regime revolucionário. Yuan tratou imediatamente de ignorar a nova constituição: aceitação de empréstimos externos sem autorização do parlamento, assassinato do primeiro-ministro e finalmente, em 1º de janeiro de 1916, sua própria ascensão ao trono imperial. Esse último ato consternou o país inteiro. Naquele mesmo ano, uma por uma, as províncias entraram em oposição ao gorducho e bigodudo imperador e declararam independência em relação a Pequim. Yuan adoeceu — muito possivelmente um estresse induzido pela ira — e morreu. Depois do falecimento desse militar autoritário, que pelo menos mantivera unidas as forças armadas, ainda que não as esperanças republicanas, a coesão do novo regime entrou em colapso e iniciou-se um período de distúrbios entre senhores da guerra regionais.

Enquanto os que tinham sede de poder procuravam organizar seus próprios exércitos, o restante da nação se despedaçava. Embora os objetivos compartilhados pelos revolucionários que haviam derrubado o Qing em 1911 não estivessem muito claros, uma questão, acima de todas as demais, os havia unificado: a necessidade de montar um robusto desafio nacionalista contra as incursões de potências estrangeiras. Nenhuma dessas potências era mais constante na afirmação de seus interesses do que o Japão, a nordeste: depois de algumas lutas com a China e a Rússia, na altura de 1910 o Japão já se estabelecera como potência dominante na Manchúria. Aproveitando ao máximo o caos pós-revolucionário da China, em 1915 o governo japonês encaminhou a Yuan Shikai as "Vinte e Uma Exigências", que reconheciam maior soberania econômica e política japonesa sobre partes da Mongólia e da Manchúria; após alguns meses de negociações, Yuan capitulou. Quatro anos mais tarde, em Versalhes, apesar de a China haver contribuído com milhares de operários para o esforço de guerra aliado, a decisão norte-americana, britâ-

GRANDE MURALHA

nica e francesa representou mais uma derrota para a causa da soberania nacional chinesa.

Foi nessa crítica situação para a China moderna que Sun Yat-sen acabara se retirando para seu tranqüilo recanto em Xangai, preparando-se para a recuperação. Em 1917, segundo a moda na época dos senhores da guerra, ele tinha ido a Cantão, desfilando fantasiado de militar (elmo de plumas, dragonas e luvas brancas) e adotando o título de Grande Marechal. Ao ver que não havia muito futuro em ser marechal sem ter um exército — no auge de seu comando o máximo que conseguiu foram vinte batalhões e uma canhoneira — trocou o uniforme enfeitado de fitas pelo manto tradicional dos eruditos chineses e começou a trabalhar em um Plano de Reconstrução Nacional. Recompondo suas energias antes da tentativa seguinte para realizar seu sonho de uma China republicana unificada, esse ativista revolucionário começou a transformar-se em teórico político e tratou de contrapor-se às idéias radicais de 4 de Maio com seu próprio esquema de reforma.

Sun discordava da abordagem iconoclasta de 4 de maio, temendo que um repúdio integral à tradição chinesa destruísse a conexão psicológica com a cultura política do passado e tornasse impossível restabelecer um estado unificado para suceder ao antigo modelo imperial. Em vez disso, buscou formas de reabilitar as parcelas mais úteis da tradição utilizando-as em estruturas contemporâneas modernas. Esse tem sido, e de certa forma continua a ser, o problema psicológico central e incapacitante da China moderna: o que fazer com a extraordinária acumulação de experiências e realizações que fizeram da China o país mais poderoso do mundo até o século XVII, mas que cem anos depois a deixaram praticamente indefesa contra o Ocidente imperialista. Aos olhos dos preocupados patriotas, a história da China era a responsável pelas graves vicissitudes do país, mas isso era exatamente o motivo pelo qual era importante salvar a China do século XX — o "Doente da Ásia". Os modernizadores chineses, que desejavam ardentemente tornar-se fortes e modernos como o Ocidente, a cada momento olhavam incertos para o passado e ficavam sem saber se ainda eram "chineses".

TRADUZINDO A GRANDE MURALHA PARA O CHINÊS

Em seus rasgos principais, o Plano de Reconstrução Nacional de Sun apresentava um esquema ousado e improvável, completamente ocidentalizado, para a modernização da China: demolir cidades inteiras, controlar o rio Yangtze, construir uma ligação ferroviária entre Pequim e Capetown. O Ocidente moderno era o modelo para tudo. Sun advogava o desenvolvimento industrial ao estilo "da Europa e dos Estados Unidos" e a construção de um porto no norte "tão importante quanto Nova York"; e tudo isso seria realizado sob a orientação de peritos estrangeiros, com equipamento e capital externos.[3]

Mas mesmo propondo escancarar as portas da China à tecnologia e investimentos ocidentais modernos, Sun não negligenciou o reconhecimento da importância do sentimento de dignidade nacional chinesa, que estava bastante abalado. Procurou um símbolo que tivesse solidez tridimensional suficiente para elevar o ego nacional, que mostrasse que a tradição chinesa era capaz de produzir talento e dinamismo, e que fosse, ao mesmo tempo, suficientemente abstrato e historicamente vago para não trazer consigo nenhuma ligação factual específica perturbadora. Abrigado em seu retiro de Xangai, dirigiu seus olhares para o norte.

> A obra mais famosa da engenharia chinesa em terra é a Grande Muralha. Qin Shihuang enviou Meng Tian ao norte a fim de construir a Grande Muralha, a fim de defender a China contra os Xiongnu. Estendendo-se de Liaoshen no leste a Lintao no oeste, ela percorre cinco mil *li* cortando montanhas e vales. Inigualável através dos tempos da Antiguidade, é um milagre, uma realização única na história. No tempo do Qin, a ciência ainda não estava desenvolvida e as ferramentas e instrumentos ainda não tinham sido inventados. A mão-de-obra não era tão abundante quanto é hoje, e o conhecimento da física e da engenharia estava muito distante dos níveis contemporâneos. Como, então, pode ter sido construído um monumento tão grandioso?... Acontece que a necessidade é a mãe da inovação... Acossado incessantemente pelos Xiongnu, Qin Shihuang decidiu que a melhor solução era erguer uma obra poderosa capaz de salvaguardar o futuro: construir a Grande Muralha como defesa.

GRANDE MURALHA

Embora não fosse um governante perfeitamente sábio, sua Grande Muralha beneficiou seus descendentes tanto quanto as medidas de controle de enchentes realizadas pelo Grande Yu... se nós, chineses, não tivéssemos a proteção da Grande Muralha, a China teria sido conquistada pelos bárbaros do norte durante o Han, muito antes do Song ou do Ming, e a raça chinesa não teria florescido e se desenvolvido como ocorreu durante o Han e o Tang, e nem assimilado os povos do sul. E depois que nosso país desenvolveu integralmente seu poder de assimilação, fomos até capazes de assimilar nossos conquistadores, os mongóis e os manchus.

Embora em todo o trecho Sun tivesse utilizado o malvisto termo Qin "Longa Muralha", o objeto de seu louvor era evidentemente a imutável Grande Muralha de 2 mil anos de idade, construída e conservada pelos jesuítas, Voltaire e os vitorianos. Para Sun, a Grande Muralha simbolizava o triunfo do espírito empreendedor da antiguidade chinesa e uma vontade cega e decidida de utilizar mão-de-obra e recursos em um projeto, sem recuar diante de obstáculos tecnológicos ou logísticos, um espírito que, naquelas circunstâncias, havia sido completamente perdido. "Se alguém hoje em dia pretendesse imitar Qin Shihuang na construção de outra Grande Muralha, o projeto não iria adiante."[4]

Embora tivesse adotado uma posição distanciada em relação à fermentação intelectual de 1919, de certa forma Sun compartilhava a causa política dos manifestantes de 4 de maio. Era um republicano cosmopolita por vocação, e não um conservador cultural. Nascido em família de camponeses a apenas 64 quilômetros ao norte de Macau e tendo estudado no Havaí e em Hong Kong graças a um irmão que tinha saído do país para buscar fortuna no exterior, Sun era produto típico da abertura forçada da China para o exterior, exposto ao novo conjunto híbrido de idéias e organizações que haviam surgido com o comércio, jornais, escolas e indústrias dos portos abertos pelos tratados. Condenado à morte na China após o fracasso de uma rebelião revolucionária, fugiu em 1895 para Hong Kong e Japão; em seguida, prova-

TRADUZINDO A GRANDE MURALHA PARA O CHINÊS

velmente passou mais tempo fora da China do que no país. (Foi somente ao folhear os jornais antes do café da manhã, no sopé das montanhas Rochosas, que ele tomou conhecimento da revolução de 1911.) Viajando incansavelmente entre o Japão, a Europa e os Estados Unidos, Sun foi um verdadeiro oportunista internacional, trocando constantemente de aliados e patrocinadores estrangeiros para levantar recursos em prol do projeto republicano chinês. Em 1923, não muito depois de negociar uma lucrativa aliança com a Rússia, que acabara de tornar-se comunista, Sun já tomava chá em salas de estar de ricos figurões de Hong Kong, proclamando que "precisamos tomar a Inglaterra como nosso modelo e estender a toda a China o exemplo inglês de governo competente".[5]

Mesmo levando em conta a crescente tendência ao conservadorismo e tradicionalismo que costuma acompanhar a passagem para os anos tardios da meia-idade, a veneração de Sun pela Grande Muralha — símbolo conspícuo da ditadura e isolacionismo chineses — pareceria ser incompatível com todas as suas convicções republicanas e favoráveis ao contato com o exterior. Mas a solução desse paradoxo não está em procurar decifrá-lo, mas simplesmente na aceitação de um aspecto-chave: a incoerência interna do moderno nacionalismo chinês e seus proponentes, que mostram uma combinação instável de ódio e admiração pelo Ocidente imperialista e de desprezo e veneração pela China e seu passado. Já na parte final de sua vida, Sun culpava o imperialismo por todos os problemas da China contemporânea, embora buscasse ativamente recursos estrangeiros para seus projetos políticos. Enquanto concitava seus compatriotas a "recuperar nossa antiga moralidade", criticava os chineses pré-modernos por não haverem defendido seu país contra os bárbaros.[6] Até mesmo o Movimento de 4 de maio, com sua mensagem aparentemente direta de completa ocidentalização, era cheio de contradições: impelidos pelo ódio ao imperialismo ocidental, os membros do movimento advogavam a importação do espírito ocidental de ciência e democracia para todos os aspectos da sociedade chinesa, a fim de salvar da extinção iminente seu país milenar.

347

GRANDE MURALHA

Nessa ordem de idéias, a Grande Muralha se torna a mascote perfeitamente adequada aos nacionalistas chineses modernos: construída pelos indomáveis chineses contra os estrangeiros e em seguida cultuada por estes, que convenientemente a separaram de sua história complexa e perturbadora, reinventando-a como simplesmente "prodigiosa". O louvor de Sun à Grande Muralha foi obviamente parte de sua busca de um símbolo ou filosofia em torno do qual a China (em suas próprias palavras, "um lençol de areia solta") fosse capaz de unir-se como nação, e do qual pudesse retirar a necessária autoconfiança para afastar a ameaça imperialista. Mas ao fixar-se na Grande Muralha, Sun revela mais seu cosmopolitismo do que seu respeito pela história chinesa, pois suas observações a respeito da muralha — sua idade, sua localização, sua grandiosidade geral — parecem haver sido retiradas diretamente de algum dos verbosos e historicamente incorretos relatos ocidentais de viagens. Como seus comentários sobre a muralha deixam claro, Sun não era um erudito clássico; em nenhum lugar ele mostra a natureza fragmentária da muralha (tanto em termos cronológicos quanto geográficos), a relativa juventude dos trechos de pedra que servem para exibição, o sentido de desastre histórico que se seguiu ao fracasso da muralha em impedir a conquista manchu de 1644 (conquista que ele lisonjeiramente reinventa como uma vitória da civilização chinesa contra rudes bárbaros). Sun traduziu para o chinês a falsa leitura ocidental da muralha como grandiosa, apagando, nesse processo, grande parte de seu inglório passado, e ao fazê-lo iniciou o caso de amor da China moderna com a Grande Muralha.

Em um aspecto adicional a afeição de Sun pela Grande Muralha não constituiu absolutamente uma coincidência. Embora tenha iniciado a vida política como democrata e se acredite que assim a terminou, ele não acreditava que a China necessitasse da democracia na forma em que ela evoluíra na Europa, como luta pela liberdade individual. O problema da China, em sua opinião, não era a carência de liberdade individual, e sim seu excesso, que impedia o povo de unir-se para resistir à escravização do país pelo imperialismo. Em vez disso, "precisamos romper a liberdade individual e nos juntar-

TRADUZINDO A GRANDE MURALHA PARA O CHINÊS

mos num corpo inflexível como a rocha firme que é formada pela mistura de cimento e areia".[7] A ênfase de Sun sobre a liberdade da nação acima da do indivíduo e sua insistência em um período de tutela, de duração não especificada, durante o qual o povo chinês seria "ensinado" a ser democrático sob uma ditadura militar, dá a sua adesão à democracia um tom oco e autoritário. Essas idéias sem dúvida forneciam a seus protegidos políticos — os dois partidos mais poderosos da China moderna, o Nacionalista e o Comunista — um caminho fácil para a ditadura e ajudam a explicar sua afeição com a Grande Muralha, um monumento milenar ao estado chinês autocrático.

Seis anos mais tarde, em 1925, Sun faleceu de câncer no fígado. Morreu sem ver realizado seu sonho da reunificação da China como república. Mas seu ativismo nacionalista, sua capacidade de vislumbrar audaciosos planos de modernização nacional, e mais importante, o patrocínio dado a nacionalistas e comunistas, garantiu-lhe, nos anos e décadas seguintes, quando os dois partidos cresceram para fundar seus próprios estados autocráticos, a aclamação de ambos como Pai da Nação, venerando muitos de seus pronunciamentos na medida em que serviam a seus objetivos políticos.

■ ■ ■

Sun pode ter sido um dos primeiros admiradores chineses modernos da muralha que merecem menção, mas foram os anos de guerra — de desesperada luta pela sobrevivência nacional —, mais do que as teorias expostas em Xangai, que entronizaram firmemente a Grande Muralha na imaginação popular como símbolo da energia e capacidade de resistência da nação.

No começo, a guerra era civil. Em 1923, Sun Yat-sen fez um acordo com a Rússia Soviética. Os russos forneceriam a seu Partido Nacionalista (o *Guomindang*, ou GMD) recursos financeiros, armamento e treinamento político e militar; em troca, Sun permitiria a entrada nas fileiras nacionalistas de membros do jovem Partido Comunista Chinês, fundado em 1921. Sun receberia o apoio financeiro de que ele e seu partido necessitavam desesperada-

349

mente para derrotar os senhores da guerra que tinham repartido a China entre si. Os russos assegurariam um aliado regional contra o Japão anticomunista e promoveriam seu objetivo de longo prazo da revolução mundial avançando na China o que consideravam um cenário político primordial — a revolução nacional burguesa ajudada pelos comunistas chineses — de dentro da qual a revolução comunista surgiria naturalmente.

Enquanto Sun Yat-sen permaneceu vivo, e enquanto os nacionalistas consideraram vantajoso manter a aliança com os russos, essa Frente Unida entre os dois partidos chineses se manteve. Em 1926, quando soldados treinados e armados pela União Soviética avançaram de Cantão e entraram na China central e oriental, deslocando um punhado de regimes de senhores da guerra, a aliança foi muito útil para as ambições nacionalistas de reunificação. Mas em 1927, dois anos depois da morte de Sun, a aliança se rompeu violentamente, com o autonomeado herdeiro de Sun, Chiang Kai-shek, prestes a tomar os grandes trunfos urbanos de Xangai e Nanjing, e com os comunistas se tornando, aos olhos do direitista Chiang, inaceitavelmente radicais em seus esforços de mobilização das populações urbanas e rurais contra os ricos proprietários de terras e homens de negócios. Em 12 de abril de 1927, após meses de negociações secretas com os mais abastados financistas de Xangai e seus asseclas particulares do baixo mundo, a "Quadrilha Verde", Chiang despachou uma força armada de cerca de mil homens, todos membros da Quadrilha Verde, contra os sindicatos da cidade, que eram o centro da atividade comunista; cem sindicalistas foram mortos a tiro numa única manifestação de protesto. Forças convocadas pelos comunistas foram igualmente massacradas em Changsha, Wuhan, Nanchang e finalmente em Cantão, onde os esquerdistas, rapidamente identificados com marcas de tinta deixadas no pescoço por seus lenços vermelhos, eram afogados em grupos de dez ou 12 no rio que banha a cidade.

Enquanto a estrela política do generalíssimo Chiang seguia um rumo ascendente à medida que ele derrotava os senhores da guerra do norte ou negociava levando-os à submissão, em busca do objetivo de reunificação

TRADUZINDO A GRANDE MURALHA PARA O CHINÊS

nacional, as forças comunistas chinesas passaram grande parte dos oito anos seguintes em fuga, nas regiões mais inacessíveis e menos atraentes da China, onde esperavam que as dificuldades do terreno, a pobreza e o isolamento vencessem até mesmo a raivosa determinação de Chiang de caçar e exterminar seus antigos aliados. Durante vários anos, no entanto, os refúgios escolhidos não foram os melhores. Em 1929, estabeleceram-se em Jiangxi, província montanhosa e árida do sudeste, cuja miséria parecia torná-la campo volátil de cultura para o descontentamento social radical e para a revolução comunista. Mas o território se encontrava também a distância fácil para ataques dos centros de poder de Chiang Kai-shek em Xangai e Nanjing, na costa oriental. Três importantes campanhas nacionalistas martelaram o soviete de Jiangxi entre 1931 e 1932; um anel de novas estradas e fortalezas circundou toda a região, cercando dentro dela os comunistas.

No outono de 1934, depois de muito planejamento realizado em grande sigilo, cerca de 80 mil soldados comunistas romperam o elo mais fraco do bloqueio, na extremidade sudoeste, e escaparam iniciando uma caminhada de 130.000 quilômetros que durou um ano, numa rota em forma de L invertido através das terras mais selvagens e menos desenvolvidas do país — montes e florestas habitados por aborígines meridionais hostis, os picos gélidos do Tibete e as planícies pantanosas do noroeste longínquo, onde os soldados dormiam de pé porque o chão era demasiado úmido para permitir-lhes deitar-se, corredeiras entre gargantas das montanhas, pontes que pareciam redes suspensas com correntes de ferro acima de rochas e redemoinhos perigosos, e finalmente chegaram às paisagens ermas e friáveis de Shaanxi, no noroeste da China. Essa manobra ficou conhecida na tradição comunista como a Longa Marcha, nome que a faz parecer mais um extenso exercício de campo do que uma batalha constante com as forças nacionalistas, que se acredita tenha ocorrido na verdade. Diz-se que dos 80 mil que iniciaram o percurso somente 8 mil chegaram ao fim.

Em termos absolutos, a Longa Marcha — que desterrou os comunistas para as famintas terras de fronteira do noroeste da China — não representou

GRANDE MURALHA

para eles uma vitória, como a Inglaterra tampouco pode considerar-se vitoriosa em Dunquerque, cinco anos depois. Em termos relativos, no entanto, os comunistas tiveram uma vantagem simbólica e estratégica ao chegarem a Shaanxi. Não há dúvida de que o noroeste era uma região desconhecida para eles, paupérrima e marginal, um território governado pelo leve e caprichoso terreno sedimentar argiloso de cor amarelo-marrom, soprado pelos ventos da Ásia central e da Mongólia que esculpiam "uma infinita variedade de formas estranhas e rudes", como observou o jornalista norte-americano Edgar Snow durante uma visita ao quartel-general dos comunistas, "colinas que parecem grandes castelos, fileiras de imensas mesetas suavemente arredondadas, como se fossem arrancadas por mãos gigantescas, deixando a impressão de dedos raivosos. Formas fantásticas, incríveis, às vezes assustadoras, um mundo plasmado por um deus enlouquecido."[8] Se fosse inteiramente irrigado pelas chuvas, esse solo leve seria fértil e fácil de cultivar. Mas o regime pluvial era altamente irregular, e mais ao norte, observou Snow, "as culturas são estritamente limitadas pelos íngremes desníveis... Há poucas montanhas de verdade, somente longas colinas fraturadas, tão intermináveis quanto uma frase de James Joyce, e ainda mais cansativos."[9] Mas os comunistas haviam conseguido uma trégua, e por meio das lendas de propaganda sobre a marcha relatadas a Snow, anunciaram ao mundo que apesar do custo em vidas humanas tinham conseguido sustentar uma guerra de guerrilha contra os nacionalistas e sobreviver.[10]

Para um deles, experimentado e implacável revolucionário chamado Mao Tsé-tung originalmente natural dos campos de arroz verde-esmeraldado do sul da China, e prestes a obter autoridade absoluta sobre os soldados que guiara até o norte, uma única característica daquela paisagem de cor ocre simbolizava a luta que deixara para trás e ainda tinha diante de si, protegendo e avaliando suas ações e proporcionando um emblema da nação pela qual ele lutava:

TRADUZINDO A GRANDE MURALHA PARA O CHINÊS

Os céus nos cobrem, as nuvens estão pálidas,
Observamos os gansos selvagens desaparecendo rumo ao sul.
Se não conseguirmos chegar à Grande Muralha não seremos homens de verdade,
Nós, que marchamos mais de 20.000 *li.*[11]

Depois da tomada do poder pelos comunistas em 1949, quando Mao completou sua transformação de líder revolucionário em divindade, suas palavras adquiriram a santidade do Evangelho e a Grande Muralha se tornou uma indústria turística, seus versos de 1935 sobre ela reviveram vigorosamente numa nova tradução aproximada que se popularizou entre os visitantes ansiosos por lembranças da Grande Muralha. A língua chinesa não possui pronomes específicos, e o terceiro verso de Mao os omitia, deixando os chineses posteriores e os tradutores livres para que entendessem suas palavras num sentido mais vernáculo: "Se você nunca foi à Grande Muralha, não é um homem de verdade." A citação está agora entalhada e impressa nas pedras e tabuletas nos pontos turísticos da muralha, e as camisetas e bonés com essas palavras bordadas oferecem consolo aos visitantes sujeitos a crises de masculinidade.

Mas em 1935 a elevada admiração de Sun Yat-sen e de Mao Tsé-tung eram ainda suficientes para garantir a imortalidade da Grande Muralha como símbolo nacional. Embora o governo de Chiang houvesse postumamente transformado Sun em ícone político, seu legado não parecia de forma alguma assegurado. Durante sua vida, muitos consideravam que sua visão revolucionária havia produzido pouco mais do que violência e facciosismo. Após a fundação do regime nacionalista que pretendia ser unificador, em 1928, pelo antigo partido de Sun, as dúvidas persistiam. Ao assumir o poder, Chiang Kai-shek muitas vezes dava a impressão de ser pouco mais do que um sátrapa glorificado com a pretensão de governar a China inteira, e seu governo era considerado politicamente falido tanto por camponeses, que morriam de fome aos milhões em Shaanxi na parte final da década de 1920, quanto pelos intelectuais perseguidos e às vezes assassinados simplesmente por sussurros de oposição esquerdista. Além de seu bando de revolucionários comu-

353

nistas, que começavam a admirá-lo como herói acima de qualquer outro líder, em 1935 Mao parecia ainda, em todos os aspectos, um político de segunda linha e pequeno poeta amador, expulso pelos exércitos nacionalistas para os confins do noroeste da China e destinado a lá permanecer para sempre.

Um fator interveio para resgatar a muralha da obscuridade histórica e transformá-la num símbolo, ou melhor, num teatro, da indomável vontade chinesa de resistência: a invasão japonesa. A partir da década de 1890, as forças japonesas vinham se juntando em quantidades crescentes ao norte da Grande Muralha, na Manchúria. Em 1931, após décadas de projeção de controle militar e econômico sobre a região e seus ricos recursos naturais, os confiantes funcionários japoneses trataram de formalizar a autoridade japonesa provocando uma confrontação de ampla escala com soldados chineses próximo a Mukden, a ainda capital de Nurhaci. Já pressionado por conflitos internos de seu próprio governo, Chiang Kai-shek ordenou ao senhor da guerra viciado em morfina que controlava as forças chinesas no nordeste que simplesmente se retirasse para o sul da muralha. Mais tarde, no mesmo ano, os japoneses convenceram o último imperador Qing, o deposto Puyi, a voltar à Manchúria e encabeçar um novo estado independente ao norte da Grande Muralha.

Como qualquer outra potência vigorosa manchu durante os dois milênios precedentes, no entanto, os japoneses em breve passaram a interessar-se pelo restante da China — em grande parte por estarem desejosos de criar uma zona-tampão a oeste e ao sul de suas novas possessões. Como em 1644, Shanhaiguan era a passagem para o Império do Centro. No dia de Ano-novo em 1933, ouviu-se uma misteriosa explosão não longe do quartel-general da polícia militar japonesa da cidade. As explicações nipônica e chinesa posteriores para o acontecido divergiam: os primeiros diziam que se tratava de uma bomba antijaponesa, e os segundos que eram simples foguetes de Ano-novo. Qualquer que seja a verdade, os japoneses lançaram soldados e aviões contra Shanhaiguan. Em 3 de janeiro de 1933 o número estimado de soldados chineses mortos era de 2 mil, além de inúmeros civis, e o Primeiro Passo sob o Céu caíra em mãos japonesas.[12]

TRADUZINDO A GRANDE MURALHA PARA O CHINÊS

Menos de dois meses depois, tropas japonesas avançaram para Jehol, a província do nordeste visitada por Macartney e seu grupo em 1793, em sua peregrinação comercial ao encontro do imperador Qing. A resistência chinesa, incompetentemente dirigida por gananciosos senhores da guerra que relutavam em sacrificar seus exércitos privados, praticamente não existiu. Por volta da primeira semana de março, a capital da província, sede do antigo palácio de verão e dos campos de caça do imperador Qing, havia caído, e toda a província, de 192.180 quilômetros quadrados, entrou em colapso.

Em poucos dias os japoneses prosseguiram em direção à Grande Muralha, enfrentando com aviões, artilharia e tanques as forças chinesas abrigadas em passos panorâmicos — atrás de muros, em torres e em meio às antigas fortificações — a nordeste de Pequim, entre as montanhas que formam a paisagem da Grande Muralha ao norte da capital. O poder de fogo dos chineses, um bando maltrapilho de antigos exércitos de senhores da guerra, era muito inferior ao dos adversários: uma divisão da linha de frente, com 15 mil homens, possuía apenas dez canhões de campo e de montanha, cem metralhadoras pesadas e somente duas metralhadoras leves em cada companhia. Alguns dos combates mais vigorosos por parte dos chineses foram feitos corpo a corpo, com grandes espadas, e em uma ocasião chegaram a conseguir repelir as forças japonesas que haviam avançado cobertas por bombardeios aéreos. Não obstante, no final de maio de 1933, após dois meses de intenso conflito, os nipônicos haviam ocupado todos os estratégicos passos da muralha a nordeste e se encontravam em posição de atacar Pequim.

Em 31 de maio, delegações chinesas e japonesas firmaram o Tratado de Tanggu, estabelecendo uma zona desmilitarizada de 300 quilômetros de extensão ao sul da Grande Muralha, que terminava a apenas 160 quilômetros ao norte de Pequim, protegendo assim o controle do nordeste pelos japoneses. O exército nipônico esperaria mais quatro anos até provocar a escaramuça que redundou na queda de Pequim propriamente dita. Em 1937, sob o pretexto de que os chineses haviam capturado um de seus soldados, os japoneses atacaram e três semanas depois tomaram a Ponte Marco Polo, o entron-

GRANDE MURALHA

camento que controla o acesso ao norte da China, de Shandong no leste a Shanxi no oeste. No fim de julho, Pequim e a região circunvizinha já se encontravam em mãos dos japoneses.

Tanto para a China quanto para a maioria dos chineses essas derrotas foram trágicas, deixando os exércitos japoneses em posição de iniciar um conflito que, na altura de 1945, deixaria mortos entre 15 e 20 milhões de chineses — talvez 300 mil dentre eles nas sete semanas selvagens do Estupro de Nanjing de 1937, quando soldados japoneses assassinaram os habitantes da capital nacionalista. Mas um monumento, a Grande Muralha, e um homem, Mao Tsé-tung, seriam quem no fim das contas iriam lucrar com o colapso chinês no norte.

Embora a resistência chinesa ao longo da muralha se revelasse inútil, e embora a muralha física tivesse sido danificada pelos meios modernos de guerra e pela passagem de milhares de soldados (os trechos mais largos foram usados como rotas de transporte militar), a muralha se tornou sinônimo de patriotismo numa série de canções populares nacionalistas. "Vamos, vamos! Temos de seguir juntos para a frente de batalha, para resistir! À frente, para resistir! A Grande Muralha manchada de sangue é gloriosa!", dizia a estrofe final da canção "Defendamos nossa Grande Muralha", cantada pelos soldados chineses ao tentarem em vão defender os passos ao norte de Pequim.[13] As divisões chinesas armadas de espadas na Grande Muralha simbolizavam um novo e vigoroso espírito nacional de resistência, capaz de sobrepujar (ainda que por pouco tempo) as abundantes armas modernas dos japoneses. "Até agora", exultava um jornal do norte em março de 1933,

A maior parte da liderança de nosso país queria que acreditássemos que nós chineses não podíamos resistir ao Japão e recuperar nosso território perdido. O tipo de heroísmo que vimos nos passos da Grande Muralha mostra que estavam equivocados... que a questão não é saber se podemos recuperar nosso território, e sim se queremos fazê-lo. Não é uma questão de armas e tecnologia, e sim de coragem e lealdade.[14]

TRADUZINDO A GRANDE MURALHA PARA O CHINÊS

A muralha foi novamente imortalizada em música numa canção composta para um filme de Xangai intitulado *Dez mil li de montanhas e passos* (*Guanshan wanli*), projetado após o incidente na ponte Marco Polo em 1937. O filme nunca chegou a ser feito, mas a canção continua a ser popular até hoje, celebrando a Grande Muralha como monumento que une — e não mais divide — os territórios pertencentes de direito à China tanto ao norte quanto ao sul.

> A Grande Muralha de 10.000 *li* tem 10.000 *li* de extensão,
> Além da Grande Muralha está nossa pátria,
> O sorgo está maduro e a soja está perfumada.
> Toda a região era banhada em ouro, livre de desastres.
>
> Mas desde que as catástrofes surgiram de suas planícies,
> Estupros e saques afligiram a terra,
> Em meio a grandes distúrbios, fomos exilados a outras plagas,
> Nossa carne e nossos ossos se espalharam, nossos pais choram.
>
> Mesmo que nossos dentes tenham sido arrancados, não podemos esquecer
> nossa inimizade e nosso ódio
> Dia e noite somente pensamos em regressar a nossa pátria.
> Estamos todos trabalhando para voltar lutando,
> Por mais que os brutais escravos japoneses nos tiranizem.
>
> A Grande Muralha de 10.000 *li* tem 10.000 *li* de extensão,
> Além da Grande Muralha está nossa pátria
> Os corações de nossos 400 mil compatriotas estão unidos
> A nova Grande Muralha tem 10.000 *li* de extensão.[15]

Em 1936, Mao Tsé-tung e sua revolução comunista receberam uma sentença de morte. Naquele inverno, quase quatro anos depois que os japoneses haviam tomado sua primeira base na China propriamente dita, Chiang Kai-shek foi de

GRANDE MURALHA

avião a Xi'an, a antiga capital do noroeste, convencido de que uma última campanha de cerco destruiria os comunistas de uma vez por todas. Através dos anos de constantes invasões japonesas antes da Segunda Guerra Mundial, Chiang havia focalizado suas energias não na resistência nacional e sim na eliminação dos comunistas. Quando Shanhaiguan caiu em janeiro de 1933, Chiang estava em Jiangxi, sitiando a região da base soviética, e recusou-se a deixar o local para dirigir a resistência no norte. A invasão japonesa, declarou ele, era simplesmente "externa... como uma úlcera na pele que se infecciona gradualmente. Os distúrbios dos bandidos [comunistas] são internos. É... uma doença do coração. Como essa doença interna não foi eliminada, a enfermidade externa não pode ser curada".[16]

A opinião pública não via as coisas dessa maneira: o colérico anticomunismo de Chiang diante de uma invasão estrangeira rapidamente se transformava num desastre nacional de relações públicas. Em 1933, quando os japoneses avançaram mais para o oeste dentro da China setentrional, e as notícias dos ataques nipônicos nessa região foram conhecidas no restante do país, os críticos de Chiang se multiplicaram. Acusando-o de "ficar sentado em segurança" no sul e "perder o país" no norte, a viúva de Sun Yat-sen responsabilizou Chiang e seu governo por "traição, covardia e falta de resistência".[17] A indignação aumentou após a assinatura do Tratado de Tanggu: a imprensa do sul acusou Chiang abertamente de "traidor", enquanto um jornalista do norte declarava que "a China agora não tem líder".[18] Em 1935, houve marchas de protesto contra a agressão japonesa em dezenas de milhares de cidades em toda a China.

Mas enquanto a Grande Muralha sofria com a guerra, seu admirador-poeta Mao aproveitou a oportunidade para beneficiar-se dos sentimentos populares inflamados. Em 1936, a milhares de quilômetros dos estúdios cinematográficos de Xangai, numa caverna escavada nos penhascos de argila arenosa do norte da China, o próprio Mao cantou em versos a Grande Muralha como monumento da unidade nacional:

358

TRADUZINDO A GRANDE MURALHA PARA O CHINÊS

Eis o cenário nas terras do norte:
Mil *li* selados com gelo,
Dez mil *li* de neve em redemoinhos.
De ambos os lados da Grande Muralha
A terra se estende em uma única imensidão.
Desde a nascente até a foz do grande rio,
A corrente torrencial se congela e se perde.
As montanhas dançam como cobras de prata,
Os planaltos galopam para longe como elefantes de cera,
Procurando alcançar as alturas do Senhor dos Céus.
Num dia límpido
Os mantos de seda branca enrubescem de vermelho
Enfeitiçando aqueles que os contemplam.[19]

Enquanto o sentimento público fervia contra Chiang e sua guerra civil, Mao Tsé-tung astutamente propôs abandonar sua antiga luta contra os nacionalistas em favor da formação de uma aliança contra o Japão, mudando sua antiga plataforma de "Resistir ao Japão e Opor-se a Chiang" para "Resistir ao Japão e Parar a Guerra Civil". O que sugeria era algo anteriormente impensável: uma segunda Frente Unida, menos de dez anos depois que a primeira havia terminado num banho de sangue devido à traição. Num golpe de mestre de relações públicas, em 1936 Mao ganhou para a China comunista um companheiro vitalício, ao permitir que Edgar Snow, jornalista de Kansas, visitasse seu quartel-general no noroeste. Oferecendo-lhe acesso exclusivo, Mao se promoveu aos leitores anglófonos não como revolucionário comunista fanático, mas como lutador da liberdade pragmático e acima de tudo patriótico, opondo-se firmemente ao apaziguamento com o Japão: "Para um povo que está sendo privado de sua liberdade nacional, a tarefa revolucionária não é o socialismo imediato, e sim a luta pela independência. Não podemos sequer debater o comunismo se nos roubarem o país onde praticá-lo."[20]

Chiang recusou-se a contemplar qualquer sugestão de aliança com seus inimigos domésticos e em 4 de dezembro de 1936 chegou de supetão a Xi'an,

GRANDE MURALHA

disposto a acabar com os comunistas. Nesse ponto, entretanto, seus aliados mais próximos se recusaram a prosseguir na guerra civil à custa de maiores perdas territoriais para o Japão. Na noite de 11 de dezembro, um senhor da guerra que se tornara comandante nacionalista, chamado Zhang Xueling, ordenou a sua guarda pessoal que prendesse o Generalíssimo. Após uma rápida e inútil fuga, quando se escondeu numa caverna na encosta de um monte, Chiang — vestido somente de pijama e sem poder falar por ter deixado para trás a dentadura — foi levado de volta a Xi'an, onde Zhang colocou as condições para soltá-lo: encerrar a guerra civil contra os comunistas e resistir aos japoneses. Embora Chiang conseguisse evitar assinar um documento, deu o assentimento verbal. No dia seguinte ao Natal de 1936, teve permissão para voar de volta a Nanjing, estando construídas, embora de maneira incerta, pelo menos as bases de uma nova Frente Unida. O ataque decisivo dos nacionalistas contra a região da base de Mao não apenas fora cancelado, mas agora os comunistas formavam um partido político legítimo, que ajudava a China a lutar pela sobrevivência nacional.

Mao e seus comunistas, a Grande Muralha e a convocação para resistência ao Japão se aliaram assim para estabelecer uma poderosa nova plataforma de sobrevivência e recuperação nacionais. Uma das primeiras vitórias importantes da Frente Unida ocorreu entre os passos nas vizinhanças de Yanmenguan, o passo murado montanhoso entre as províncias de Hebei e Shanxi, onde tropas nacionalistas repeliram um ataque japonês vindo do leste, enquanto os soldados comunistas destruíam uma divisão inimiga pela retaguarda. Anos mais tarde, Mao se manteve incongruentemente grato pela ajuda política que a invasão japonesa do norte da China lhe havia proporcionado. No início da década de 1960, uma delegação japonesa visitou Mao em Pequim e procurou desculpar-se pelas atrocidades cometidas contra os chineses na segunda Guerra Mundial. Mao retrucou: "Somente depois que o exército imperial japonês ocupou a maior parte da China, somente depois que os chineses se viram encurralados, é que despertaram e tomaram

360

as armas... Isso criou as condições para nossa guerra de libertação... Se tiver de agradecer a alguém, devo agradecer aos militaristas japoneses."[21]

Na altura de 1945, oito anos depois que uma invasão de senhores da guerra havia obrigado o Generalíssimo, tiritante e desdentado, a deter-se antes da destruição final de seus inimigos internos, os exércitos comunistas haviam crescido dez vezes, de cerca de 84 mil soldados em 1937 a mais de um milhão, e a população sob seu controle passara de 1,5 para talvez 90 milhões. Com mais quatro anos de desgoverno nacionalista — inflação galopante, perseguição a intelectuais, perdão a colaboracionistas, campanhas militares incompetentes — praticamente toda a China estava em mãos dos comunistas. Uma fotografia meio fora de foco exibida na principal fortaleza de Shanhaiguan mostra o povo local nas margens da entrada do forte aplaudindo, em 1949, as tropas comunistas que marcham através do arco do Primeiro Passo sob o Céu, o último exército a fazê-lo a caminho da conquista da China.

■ ■ ■

Em sua nova China, Mao Tsé-tung não esqueceu com facilidade sua antiga aliada simbólica, a Grande Muralha. Uma canção marcial escrita para um filme de 1935, mais uma louvação à muralha como emblema de resistência nacional, foi adotada como hino da República Popular:

> Levantai-vos, vós que recusais a escravidão.
> Construamos uma Grande Muralha com nossas carnes e nosso sangue.
> A raça chinesa chegou a seu momento de maior perigo.
> Todos devem avançar até o fim.
> Levantai-vos! Levantai-vos! Levantai-vos!
> Nós, as massas, temos um só coração e uma só mente.
> Marchemos!
> Direto contra o fogo do inimigo!
> Marchemos! Marchemos! Marchemos![22]

GRANDE MURALHA

Na vida real, em termos de tijolos e argamassa, no entanto, a guerra havia sido desastrosa para a Grande Muralha. Exposta a décadas de guerras de intensidade variada, a muralha — especialmente os trechos que percorriam o ferrenhamente disputado nordeste — estava em péssimo estado de conservação no início da década de 1950. Badaling, a parte mais próxima de Pequim, estava gravemente dilapidada: o recinto do forte tinha sido destruído e suas paredes, fortificações e torres haviam desmoronado. Entre 1953 e 1957 — talvez em sinal de reconhecimento pelos serviços prestados — o governo comunista havia reparado uma amostra de 1.300 metros, nivelando os pavimentos irregulares em benefício das solas finas e saltos altos de visitantes futuros, e sustentando os parapeitos oscilantes a fim de proporcionar apoio aos cotovelos de hordas posteriores de turistas. A Grande Muralha entrava em sua fase seguinte de transformação: de símbolo idealizado de resistência nacional a atração turística bem tratada.

Ficou mantida, no entanto, certa continuidade com a função histórica da muralha na China imperial. A proposta original para a restauração da muralha veio em 1952, de Guo Moruo — estridente versificador romântico na juventude e truculento funcionário de nível elevado na burocracia cultural comunista na meia-idade —, que sugeriu a restauração de Badaling a fim de proporcionar uma excursão fora de Pequim aos visitantes diplomáticos de Pequim. Embora as embaixadas que iam à China já não chegassem trazendo cavalos e peles, a Grande Muralha era ainda o portal protocolar obrigatório por onde tinham de passar os peticionários ao Império do Centro. Em 19 de março de 1960 Badaling foi aberta para as relações diplomáticas, com a visita do primeiro-ministro do Nepal. Durante os dezesseis anos seguintes, período de escassas visitas oficiais estrangeiras à República Popular, mais 43 dignitários estrangeiros o imitaram. Desde então, centenas fizeram o mesmo.

Outras partes da muralha, além das vistas dos poucos estrangeiros admitidos além da Cortina de Bambu de Mao, não foram tão bem tratadas pela República Popular. O problema de Mao em relação à história, tanto como idéia quanto como realidade material, em forma de objetos herdados do pas-

362

TRADUZINDO A GRANDE MURALHA PARA O CHINÊS

sado, é que ele não foi capaz de decidir o papel que ela deveria desempenhar em seu império. Mao, que revestiu seu gabinete com alguns dos mais antigos textos chineses, tinha uma consciência própria da história, tal como qualquer de seus antecessores imperiais: "Devemos resumir nossa história, de Confúcio a Sun Yat-sen, e assumir esse valioso legado", afirmou ele em 1938. "Isso é importante para orientar o grande movimento dos dias de hoje."[23] Mas embora tivesse certeza de que a história deveria servir ao glorioso presente socialista, qualquer aspecto do passado que se obstinasse em não se encaixar em seus objetivos marxistas-leninistas deveria ser ignorado, ou de preferência eliminado. "No estudo da história", ensinou Mao alhures, "a menos que se tome a luta de classes como ponto de partida, o resultado é a confusão."[24] À medida que os funcionários comunistas estendiam o controle até as bases rurais da China, uma das primeiras forças ideológicas que se apressaram em dominar foi a da memória pública. Em reuniões de "Fala Azeda", o passado ficava encerrado em uma caixa escura e sem ar chamada "Velha Sociedade", antecessora da brilhante Nova China de Mao — um mundo simples e desonesto no qual os proprietários oprimiam e os camponeses sofriam.

Qualquer outra visão da história que fosse mais complexa, no entanto, ia parar no lixo. A solução favorita de Mao para os episódios históricos que desafiassem o controle comunista era a obliteração: qualquer coisa vagamente antiga durava pouco. Ao mesmo tempo em que a República Popular tratava de transformar o passado em um pesadelo pré-socialista a fim de reforçar sua própria visão do presente, ocupava-se em demolir partes do antigo panorama arquitetônico da China que não se coadunasse com sua proposta modernizadora e em construir suas novas marcas. O coração monumental do poder político chinês, a antiga cidade imperial que se aglomerava em volta da Cidade Proibida, foi radicalmente refeito na década de 1950. O parque murado e os prédios Ming diretamente ao sul das paredes pintadas de vermelhão, de onde Mao anunciara a fundação da República Popular em 1949, foram arrasados a fim de criar a vasta área sem personalidade da atual Praça

GRANDE MURALHA

Tiananmen. O imenso vazio da nova praça — o mais amplo espaço público urbano do mundo — foi cercado com maciços exemplos da arquitetura socialista (os Museus de História da China e da Revolução Chinesa, o Grande Palácio do Povo) deixando intencionalmente que o visitante individual humano se sentisse como um anão diante do opressivo conjunto. A Cidade Proibida em si foi poupada — talvez em parte porque suas proporções avantajadas compartilhassem os valores espaciais da arquitetura socialista, e sua ética de encerramento e sigilo refletisse os valores políticos dos novos governantes da China. Os antigos muros da cidade de Pequim foram substituídos por um anel rodoviário, e suas pedras acabaram sendo levadas em 1969 para construir abrigos contra bombas soviéticas; somente alguns dos vastos portais de pedra dos velhos muros sobrevivem hoje em dia, erguendo-se acima do lento fluxo do tráfego. Em 1966, Mao lançou seu último e mais feroz ataque ao passado, a Revolução Cultural contra os "Quatro Velhos" — velhas idéias, cultura, costumes e hábitos — durante a qual incontáveis templos, porcelanas, pinturas, esculturas e livros insubstituíveis pereceram sob as mãos e pés da juventude revolucionária maoísta, a Guarda Vermelha.

Além de alguns quilômetros de restauração — os passos de montanha, peças de museu exibidos aos visitantes como fantasia em traços largos da antiga grandiosidade chinesa — Mao demonstrou pouco interesse em preservar o que restava da Grande Muralha, que foi sendo ainda mais dilapidada, num processo acelerado pelo utilitarismo comunista. Camponeses gananciosos retiraram camadas exteriores de pedras e rocha ou os miolos de terra batida para uso como fertilizante; em alguns trechos, os tijolos foram arrancados com alavancas a fim de construir estradas ou reservatórios; em outras partes, a muralha foi dinamitada para transformar seus materiais em pedras para revenda. A realidade histórica da muralha — sua verdadeira idade, função e aparência não uniforme — foi esquecida, restando apenas um trecho bem arrumado para servir de propaganda para a China de Mao. De qualquer forma, como Badaling estava restaurada, o regime de Mao já refizera Pequim à sua própria imagem moderna e socialista, e não precisava mais renovar

TRADUZINDO A GRANDE MURALHA PARA O CHINÊS

outros monumentos substitutos, oriundos de um passado em relação ao qual Mao se sentia, na melhor das hipóteses, ambivalente.

Como idéia, porém, como personificação de uma filosofia política autocrática, a Grande Muralha exercia sobre Mao uma atração poderosa e duradoura. Ele era adepto fervoroso da atitude psicológica isolacionista que a muralha expressava ostensivamente. Quando lhe convinha, Mao gostava de considerar-se internacionalista, representante dinâmico da revolução comunista mundial. Na prática, no entanto, suas convicções comunistas se baseavam na suspeita de que as idéias e o pensamento estrangeiros eram um elemento corruptor. Quando não destruía os indícios do passado chinês, Mao se concentrava em erradicar das massas de seu país quaisquer traços do que fosse estrangeiro, o que, em sua opinião, se confundia com os capitalistas, os burgueses e os perigosos anticomunistas. Depois de estabelecida a Cortina de Bambu, transformando a China em algo impossível para quem quer que não pretendesse atirar-se ao mar na costa meridional e arriscar-se a nadar até Hong Kong, os chineses ficaram encerrados não apenas dentro de suas fronteiras nacionais, mas também em suas cidades, vilas e aldeias. Os mercados regionais de bens e serviços entraram em colapso após a instauração de um sistema quase inescapável de registro de famílias e unidades de trabalho, que acorrentava os indivíduos ao emprego proporcionado pelo estado. Não contente em somente impedir que seus súditos deixassem fisicamente o país, Mao estava também decidido a fazer com que seus pensamentos e hábitos permanecessem estritamente dentro dos limites de uma definição comunista cada vez mais estreita do que significava ser chinês. Quando se iniciou a Revolução Cultural em 1966, os objetos mais comuns e inócuos — maquiagem, saltos altos, roupas estampadas, calças justas, animais de estimação — foram rotulados de burgueses, estrangeiros e, portanto, ideologicamente suspeitos; os indivíduos que ousassem usar ou possuir quaisquer das coisas enumeradas acima arriscavam-se a castigos públicos violentos e humilhantes. (Em privado, Mao tinha outra opinião. Apesar de elo-

GRANDE MURALHA

giar publicamente a medicina chinesa tradicional, pessoalmente fazia questão de ser tratado por um médico treinado na medicina ocidental.)

Mao aplicava ativamente sua mentalidade de Grande Muralha à regulamentação tanto interna quanto externa da sociedade chinesa. Se a Grande Muralha constituía, originalmente, a mais grandiosa expressão de um dos impulsos mais antigos e característicos da cultura chinesa — cercar casas, templos e aldeias com muros —, Mao rebaixou essa visão imperial superdimensionada a fim de dividir e governar seu país. Em vez de tijolos e argamassa, no entanto, ele utilizou o puritanismo político e a luta de classes a fim de criar divisórias entre os chineses. Inicialmente, com o objetivo de granjear apoio amplo, o Partido Comunista adotou uma atitude conciliadora com a maioria da população chinesa que não o havia apoiado antes de 1949. À medida que se consolidava no poder, entretanto, começou a voltar-se não apenas contra os mais óbvios inimigos das classes — os proprietários opressores e os principais membros do estamento nacionalista —, mas também os pequenos transgressores da ortodoxia comunista: pequenos homens de negócios, críticos literários que achavam que os escritores tinham de ser subjetivos, romancistas que expressassem uma admiração suspeita por livros ocidentais, ouvintes que consideravam aborrecidas as estações de rádio do estado.

A partir do princípio da década de 1950, ondas sucessivas de campanhas políticas foram lançadas na China, cada qual expandindo a crimes cada vez menores a definição de incorreção política. Em 1957, um ano depois de haver estimulado os chineses a produzir críticas ao governo comunista, Mao passou a perseguir e encarcerar como "direitistas" mais de meio milhão daqueles que se manifestaram. Ficou permanentemente destruída qualquer esperança de livre expressão na República Popular, pelo menos durante a vida de Mao. Numa cultura política que se especializava em erradicar a heterodoxia por meio de violentas denúncias públicas e confissões forçadas, ocasiões em que os chineses eram obrigados, para sua própria segurança, a dar informações sobre vizinhos e colegas, a fazer relatórios sobre comentários ouvidos ao acaso do lado de fora de suas casas, o simples fato de ter pensa-

TRADUZINDO A GRANDE MURALHA PARA O CHINÊS

mentos críticos — e muito menos exprimi-los — tornou-se perigoso. No final da década de 1960, um jovem chinês chamado Wei Jinsheng — que mais tarde lutaria contra a muralha totalitária de Mao usando uma Muralha da Democracia — observou a desintegração da China nas mãos de Mao, que deixava o povo pobre, fraco e faminto, e como ele "organizava o povo em grupos imaginários de interesse e os atiçava uns contra os outros, para que perdessem o contato com a realidade e já não pudessem perceber onde estavam seus verdadeiros interesses".[25] Um dos direitistas condenados em 1957 resumiu de maneira sucinta a sociedade que a luta de classes maoísta havia produzido: "Desde 1952, tem havido campanhas sucessivas, cada qual deixando atrás de si uma Grande Muralha, um muro que separa os homens uns dos outros."[26]

Não por coincidência, durante a Revolução Cultural — apogeu político da ditadura de Mao —, iniciou-se uma campanha pública para reabilitar o Primeiro Imperador Qin, tradicional arqui-vilão da história da China e construtor da primeira muralha imperial de fronteira. Graças a uma maquiagem rápida feita pelos historiadores do Partido, o Primeiro Imperador passou por uma vertiginosa transformação durante os primeiros anos da década de 1970, passando de truculento tirano a visionário modernizador. A muralha do Primeiro Imperador, comemorada em um artigo do *People's Daily* (Diário do Povo), fora construída "a fim de impedir os incessantes ataques dos escravocratas Xiongnu e consolidar o estado feudal baseado na centralização do poder. Isso estava conforme aos interesses do povo".[27] Enquanto a reputação do Primeiro Imperador melhorava, a de seus inimigos declinava. No ano de 1975 foi publicado em perfeito estilo da Revolução Cultural um livro que denunciava Meng Jiangnu, o lendário carpidor na muralha Qin, intitulado *Meng Jiangnu era pró-Confúcio, antilegalista e erva daninha peçonhenta.*[28] Considerando o estado de abandono e deterioração da muralha durante aqueles anos, é difícil pensar em exemplo mais instrutivo da atitude de Mao em relação ao passado, semelhante à de um Jano bifronte, de seu interesse

GRANDE MURALHA

profundamente chinês em utilizar a história para servir ao presente (imagine uma situação vagamente equivalente da Grã-Bretanha da década de 1980: a primeira-ministra Thatcher pressionando o *Times* a elogiar Adriano e sua muralha a fim de apoiar sua oposição à União Européia) e do implacável desprezo de Mao por qualquer parte da história que não servisse a sua visão totalitária do mundo.

CONCLUSÃO

A Grande Muralha, a Grande Feira e a Grande Muralha Blindada

NUMA FOTO DE 23 DE OUTUBRO DE 1972, VÊ-SE O PRESIDENTE NOR-te-americano Richard Nixon na Grande Muralha em Badaling, cercado por uma comitiva diplomática maoísta um tanto alheia. A excursão ocorreu durante a visita de oito dias de Nixon à República Popular, estada que transcorreu com o brilho da hospitalidade comunista: encontros com Mao, banquetes, brindes e serenatas pela banda do Exército Popular de Libertação, que se desviou excepcionalmente de seu repertório costumeiro de clássicos socialistas para deliciar o presidente com uma antiga canção favorita dos norte-americanos: *Home, Home on the Range*. Na fotografia, a muralha se mostra ao líder do mundo capitalista da forma mais sedutora e pitoresca: serpenteando por montanhas nevadas sob um céu azul e límpido, e livre de gente estranha e desorganizada em homenagem ao grupo presidencial visitante. (A segurança, presumivelmente, se ocultava ao estilo chinês e mongol nas torres de vigia e na vegetação lateral da muralha.) Captado enquanto olhava para alguma coisa além do quadro da foto, com os cantos da boca repuxados num sorriso de admiração, o presidente satisfez os jornalistas comunistas murmurando, vestido com um casaco de gola de peles, um lugar-comum adequado e reverente: "Esta é uma grande muralha que só poderia ter sido construída por um grande povo."[1]

GRANDE MURALHA

Naquele mesmo ano, um operador de caldeira de 38 anos, chamado Huang Xiang, de Guizhou, no sul da China, bem distante das estripulias diplomáticas sino-norte-americanas, expressou sua própria opinião sobre a Grande Muralha em termos bastante diversos. Em seu poema "Confissões da Grande Muralha" ele permite que ela fale por si mesma, fatigadamente:

Sob as nuvens cinzentas e baixas da cerração
Aqui permaneci de pé durante as eras
Minhas artérias se endureceram
Minhas pernas ficaram dormentes
Meus alicerces desabarão, meu equilíbrio desaparecerá
Envelhecendo, decrépita, desmoronarei e morrerei
...
Sou velha
Meus filhos e netos mais jovens não gostam de mim
Assim como detestariam um avô rabugento
Quando me vêem, imediatamente se voltam
Não querem olhar minha pele negro-esverdeada
E minha boca aberta e cavernosa
...
Olham-me de esguelha, cheios de ódio
Como se eu fosse uma múmia saída de um sarcófago
...
Dizem que eu minto
Que os enganei durante séculos
...
Não querem usar-me como medida
Da unidade e força de vontade de sua raça
...
Para eles, sou repelente como uma cobra
Porque estou enrolada, implacável, sobre sua paisagem mental,
Mordendo-lhes as almas, geração após geração.

A GRANDE MURALHA, A GRANDE FEIRA E A...

Querem derrubar-me, demolir-me

...

Eu divido a terra em infinitos pedacinhos
Em incontáveis pequenos pátios, estreitos e sufocantes
Estendo-me em meio ao povo
Separando um grupo de outro grupo
Fazendo-os permanecer sempre em guarda uns contra os outros
Sem jamais poder ver o rosto de seus vizinhos
E nem mesmo ouvir suas conversas
Querem derrubar-me, demolir-me
Porque meu vasto corpo bloqueia sua visão
Separando-os do mundo amplo além de seus pátios

...

Como cada pedra minha, cada quadrado de barro
recorda pesadamente o passado humano
narrando dia e noite as tragédias do dia de ontem
Eu lhes recordo
A submissão confinada de inúmeras gerações passadas
O temor e ódio de muitas eras
As lutas daqueles séculos negros, os sacrifícios e sofrimento
As divisões e desarmonia cacofônicas
A história furiosa dos conflitos humanos
Querem derrubar-me, demolir-me
Em benefício de seus ancestrais que morreram encerrados nessas muralhas
mentais
A fim de que, pela primeira vez, pudessem deixar para seus filhos e netos o
legado da ciência e da democracia

...

Afastam meu cadáver fremente, deteriorado, enegrecido
Arrancando meu manto de tradição: seu culto do passado, sua
mediocridade, estreiteza mental, conservadorismo

...

Esses lugares que eram tão distantes no passado

GRANDE MURALHA

Estão agora muito próximos
Minhas fortificações estão desaparecendo da superfície da terra
Desabando nas mentes humanas
Estou desaparecendo Morri
Uma geração de filhos e netos me carrega para o museu.
...[2]

Em 1972, a própria Grande Muralha era um fóssil defensivo, mas a visita de Nixon e o poema de Huang Xiang mostraram que a visão isolacionista do mundo que a havia construído ao longo de milênios ainda estava bem viva. Praticamente todos os momentos da visita de Nixon à China foram registrados pelas câmeras e retransmitidos às emissoras de televisão dos Estados Unidos, exatamente porque aquilo representava uma novidade sensacional: a reabertura de relações diplomáticas entre a China e um dos líderes do mundo ocidental após vinte anos de interrupção. Como norte-americano, Nixon se concentrou no ataque à fisionomia da Grande Muralha visível para ele: o esforço para excluir da China os estrangeiros. Como jovem chinês que crescera durante o regime de Mao, Huang Xiang via a mentalidade da Grande Muralha a partir de dentro: o impulso para encerrar os chineses em seu interior, ao mesmo tempo longe dos estrangeiros e longe uns dos outros.

Nixon não hesitou em dizer aos líderes maoístas tudo o que desejavam e esperavam ouvir a respeito de sua mascote nacional, a Grande Muralha, fazendo-o no interesse do comércio e da *realpolitik* da Guerra Fria. Sua reação à muralha era perfeitamente consentânea com as opiniões oficiais: ela existia para funcionar como instrumento da diplomacia turística totalitária, como símbolo inquestionável da grandeza da China nos milênios passados e futuros. Não obstante, apesar de concordar com a monumental propaganda comunista, a visita de Nixon pelo menos abriu uma fresta na Cortina de Bambu de Mao. Seis anos depois, passados dois da morte de Mao, seu antigo companheiro de armas Deng Xiaoping — duas vezes expurgado por Mao devido a suas opiniões liberais a respeito de economia — assumiu o poder e ampliou a

A GRANDE MURALHA, A GRANDE FEIRA E A...

fresta aberta por Nixon, transformando em uma Porta Aberta. Em breve, companhias estrangeiras se acotovelavam para investir e estabelecer-se na China, aproveitando os generosos incentivos fiscais de Deng. Os chineses mais qualificados começaram a conquistar bolsas de estudo no exterior; os que ficaram começaram a trazer os estrangeiros para sua pátria: calças boca-de-sino, cabeleiras compridas, música pop, Kafka.

Em certa medida, Nixon arriscou sua credibilidade presidencial ao fazer a abertura para a China comunista. Ao atacar a mentalidade interna da Grande Muralha da China maoísta, Huang Xiang arriscava seu meio de vida, sua liberdade e talvez até mesmo sua vida (os prisioneiros políticos na China maoísta tinham o hábito de morrer na prisão ou nos campos de trabalhos forçados). Em 1972, simplesmente escrever poesia era algo perigosamente individualista e antiproletário; escrever poesia que criticasse o sistema político, como fez Huang Xiang, era um risco quase suicida, porém completamente de acordo com seu passado de corajosa rebelião contra a camisa-de-força da China de Mao. Já tisnado pelo passado de sua família — o pai, ex-general nacionalista, havia sido fuzilado num acampamento fora de Pequim em 1951 —, o jovem Huang freqüentemente dificultava sua própria vida sob o comunismo, recusando-se a abaixar a cabeça e a aceitar docilmente a vida tediosa e regulamentada que lhe era oferecida pela ditadura do proletariado. Com a idade de 18 anos ele fugiu de seu enfadonho trabalho numa fábrica no sul da China e dirigiu-se às planícies e montanhas ermas de Qinghai, no noroeste. Apaixonou-se sem antes solicitar a permissão de uma repartição pública. Não apenas escrevia poesia, tanto com o objetivo de auto-expressão quanto de protesto político, como também às vezes preferia declamá-la em cruzamentos movimentados. Nada disso combinava com o destino que o socialismo lhe preparara, e em conseqüência Huang passou cerca de cinco anos de sua vida adulta na época de Mao em campos de trabalho forçado — *laogai*, a versão comunista chinesa do *gulag* soviético —, vivendo em celas sujas de excrementos ao lado de criminosos empedernidos.

GRANDE MURALHA

Em 1978, no entanto, Mao já tinha morrido e os ideólogos de extrema esquerda que haviam mantido ativa sua Revolução Cultural tinham sido presos; o reformista pragmático Deng Xiaoping preparava-se para tomar o poder dos fantoches anônimos de Mao que haviam permanecido no controle do governo. Naquele ano, chineses inquietos lutavam contra a mentalidade da Grande Muralha comunista por meio de outra muralha: um muro cinzento, baixo e incaracterístico na parte central de Pequim, no qual em certo fim de semana em meados de novembro um mecânico de motores colou um cartaz que acusava o Presidente Mao de estar "enganado". Poucos dias depois, diversos outros cartazes haviam se juntado ao primeiro, um dos quais denunciando o regime maoísta como "ditadura feudal e fascista", dirigida por "carrascos e assassinos cujas mãos estão manchadas pelo sangue do povo". Na altura do final da semana, o muro já tinha se transformado em local de reunião para milhares de dissidentes políticos, que se reuniam para ler o emaranhado de papéis cor-de-rosa, amarelos, verdes e brancos de opiniões políticas que cobriam sua superfície. Em 5 de dezembro, um jovem eletricista chamado Wei Jingshen acrescentou um cartaz que reivindicava uma "quinta modernização" ao lado das quatro modernizações comunistas pós-Mao (na agricultura, ciências, tecnologia e defesa nacional) defendidas pela democracia de Deng Xiaoping. Decidido a validar seu compromisso com a liberdade de palavra, ele fez uma coisa ainda menos convencional: assinou o manifesto. Em breve, os visitantes do Muro da Democracia, como ficou conhecido, já não liam em silêncio, mas faziam discursos, falavam com franqueza aos jornalistas estrangeiros, distribuíam jornais clandestinos, fundavam sociedades e grupos de discussão e marchavam para Tiananmen, onde ocorriam comícios improvisados. "Esta muralha", gritou alguém, "é a base que sustenta a democracia na China."[3]

Na praça Tiananmen, depois de 24 de novembro, os manifestantes eram recebidos por outra mostra improvisada de cartazes colocados numa cerca diante do mausoléu de Mao; uma exibição de 94 painéis com poemas antimaoístas de Huang Xiang em louvor da liberdade e da democracia — inclu-

A GRANDE MURALHA, A GRANDE FEIRA E A...

sive sua denúncia da Grande Muralha. Huang e seus amigos haviam viajado milhares de quilômetros, de Guiyang à capital, onde com baldes de cola, farinha de trigo e rolos de papel para cartazes atacaram não somente Tiananmen, mas também o centro nervoso ideológico da República Popular, colando seus pôsteres sem autorização numa ruela junto à redação do *People's Daily*. O beco ficou quase instantaneamente atulhado de leitores. Na altura de dezembro, muros em cidades por todo o país já estavam sendo usados para finalidades democráticas semelhantes, e peticionários de toda a China convergiram para a capital a fim de apresentar seus relatos de perseguições e pobreza.

Na época, os ativistas do Muro da Democracia depositavam grandes esperanças em Deng Xiaoping, que em 1978 havia tirado do Politburo os velhos e empoeirados maoístas mediante a mobilização da opinião contrária à Revolução Cultural em jornais de circulação nacional. Até fevereiro de 1979, Deng aproveitou a onda de descontentamento cuja manifestação pública e radical era o Muro da Democracia, obtendo popularidade nacional como adversário do extremismo de Mao e chegando a declarar a um jornalista canadense que o Muro era "bom".[4] Enquanto os chineses comuns viam com surpresa os modelos políticos liberais no exterior, a abertura de Deng ao mundo exterior parecia promissora. Durante uma visita aos Estados Unidos, que durou uma semana, no final de janeiro de 1979, Deng experimentou um chapéu típico do Texas num rodeio, visitou os Harlem Globetrotters e deu uma volta num simulador do ônibus espacial em Houston.

Mas quando Deng voltou da sede do capitalismo global, no entanto, em fevereiro de 1979, o antimaoísmo do Muro da Democracia já não tinha mais utilidade para ele. Deng não era um democrata, como esperançosamente acreditaram os ativistas do muro, e sim um autoritário pragmático. Sua preocupação primordial era a estabilidade nacional, cuja chave, pensava ele, não era a democracia e sim a prosperidade econômica ao estilo capitalista. Embora seu entusiasmo pelo crescimento econômico o fizesse odiar o extremismo de esquerda da Revolução Cultural e argumentar em favor de um comércio

GRANDE MURALHA

exterior que gerasse riqueza e investimento, era também um comunista que nunca levara a sério a idéia de que as reformas econômicas pudessem ser orientadas por outro poder a não ser o de um estado de partido único. "Não se pode ter êxito", comentou ele mais tarde, "sem recorrer aos métodos da ditadura."[5] Em março de 1979 ele aceitou as opiniões dos membros conservadores da liderança, deixando claro que na China de Deng a abertura não era considerada um bem absoluto em si mesma, e que "certas manifestações não são de interesse para a estabilidade e unidade".[6]

> Certos maus elementos fizeram diversas exigências... provocaram ou enganaram as massas fazendo-as atacar organizações do Partido e do governo... levantaram *slogans* sensacionalistas, como "Contra a fome", ou "Queremos direitos humanos"... procurando deliberadamente conseguir apoio estrangeiro para dar publicidade mundial a suas palavras e atos. Existe um chamado Grupo Chinês de Direitos Humanos que chegou a erguer cartazes com grandes caracteres pedindo ao presidente dos Estados Unidos que "demonstre preocupação" com os direitos humanos na China. Podemos permitir um convite tão explícito à intervenção nos negócios internos da China?[7]

Os guardiães da Grande Muralha de Deng eram incomensuravelmente mais liberais do que os do tempo de Mao, mas sem dúvida ainda tinham muito que fazer. Ao contrário de Mao, Deng concordava em dar ao povo chinês certo grau de liberdade econômica; politicamente, no entanto, seguia o mesmo modelo autoritário de seu antecessor. O problema, naturalmente, era que reivindicações em prol de outros tipos de liberalização — política, social e cultural — costumavam surgir por trás do relaxamento econômico. A grande dificuldade de Deng, e o motivo pelo qual os primeiros dez anos de seu reinado oscilaram amplamente entre o controle e a distensão, estava em proteger a abertura econômica e ao mesmo tempo rejeitar tudo o que não servisse a sua "civilização espiritual socialista". Quatro anos depois, durante uma de suas poucas grandes campanhas de repressão ideológica antiocidental, ele

376

A GRANDE MURALHA, A GRANDE FEIRA E A...

explicitou com arrependimento suas dúvidas em relação à abertura: "Quando se abre a janela, é difícil impedir a entrada de moscas e mosquitos."

Em outubro de 1979, o eletricista Wei Jinsheng suportou o peso da repressão contra o Muro da Democracia, ao ser condenado a 15 anos de prisão, muitos dos quais em confinamento solitário. Alguns dizem que Deng Xiaoping queria mandar fuzilá-lo; somente a ameaça de publicidade internacional adversa o deteve. Huang escapou com uma sentença relativamente leve, de mais 18 meses num campo de trabalhos forçados. Novos regulamentos oficiais proibiram formalmente "slogans, pôsteres, livros, revistas e outros materiais que se oponham ao socialismo, à ditadura do proletariado, à liderança do Partido Comunista, ao marxismo-leninismo e ao Pensamento de Mao Tsé-tung".[8] Por volta de meados de dezembro de 1979, depois que as autoridades municipais de Pequim proibiram futuras exposições no Muro da Democracia, camaradas do sexo feminino empregadas do departamento de limpeza pública rasparam os cartazes e os eliminaram.[9]

■■■

Passaram-se dez anos, dez bons anos para a Grande Muralha. Em setembro de 1984, um ano depois que a campanha Anti-Poluição Espiritual combateu o relaxamento ideológico de cunho demasiadamente ocidental — conceito amplo e vago que incluía a pornografia, o comercialismo, a poesia de imagens e os cortes de cabelo à ocidental —, Deng Xiaoping passou a tratar de sua nova campanha nacional: "Amar a China, restaurar nossa Grande Muralha." Durante os aproximadamente cinco anos seguintes, dezenas de milhares de yuan foram destinados a obras na muralha: certa de 800 metros mais de restaurações na região de Badaling e um segundo passo na muralha Ming, próximo a Pequim, foram transformados em atração turística. Naquele mesmo outono de 1984 a muralha foi coberta não de andaimes de obras, e sim da pompa cor-de-rosa do socialismo. Em "Canção da Revolução Chinesa", peça musical extravagante em comemoração aos 35 anos da República Popular, a

377

GRANDE MURALHA

Grande Muralha surgia da neblina como pano de fundo de uma torrente patriótica de canto e dança.[10] Em 1988, ela passou até mesmo a ser a estrela principal de seu próprio documentário para a TV, aclamada como expressão "da grande criatividade da humanidade" e da "extraordinária inteligência e incansável espírito de autofortalecimento do povo chinês".[11] A Grande Muralha foi uma das principais beneficiárias da nova política cultural pró-tradição seguida pelo Partido Comunista, projetada para preencher o hiato ideológico deixado pelo abandono da iconoclastia maoísta. Após muitos anos de ataques a Confúcio, o sábio voltou a ficar na moda, tornando-se tema de conferências, seminários e novos institutos de pesquisa patrocinados pelo Partido. Os planejadores do PC chinês começaram a ver os altos índices do PIB dos Quatro Tigres Asiáticos e a imaginar que o confucionismo — ligado ao capitalismo — poderia afinal servir de alguma coisa. Naturalmente, os novos amigos comunistas do confucionismo não deixaram de recordar que este vinha sendo usado com êxito durante milênios para sustentar a ditadura. Enquanto isso, o Muro da Democracia era demolido e substituído por uma catedral dedicada às reformas de mercado de Deng: um imenso prédio do Banco da China.

Para o país em geral, no entanto, a mudança foi mais incerta. No topo estava Deng Xiaoping, o autoritário comunista adepto do mercado, em luta constante contra os conservadores partidários da economia dirigida ao antigo estilo socialista. Para a população da China, já superior a um bilhão, a liberalização econômica parecia ser uma vantagem relativa, que trazia oportunidades somente para quem fosse suficientemente ousado ou poderoso para agarrá-las com confiança — empreendedores ou funcionários astutos capazes de usar ligações políticas de maneira lucrativa nos negócios. Para os que ainda confiavam na panela de ferro cheia de arroz (a promessa comunista de um emprego vitalício seguro, porém mal remunerado e sem imaginação), no entanto, a mudança para a economia de mercado significou tanto uma elevação abrupta de preços que tornava ridículos seus salários quanto o cresci-

A GRANDE MURALHA, A GRANDE FEIRA E A...

mento da insegurança no trabalho, à medida que as empresas estatais começaram a invalidar os tabus maoístas de eficiência e competitividade.

Na altura de 1988, a versão Deng Xiaoping da mentalidade da Grande Muralha já causava vertigens ideológicas em toda a China urbana: enquanto as portas do país permaneciam constantemente abertas ao investimento estrangeiro, a intervalos de poucos anos suas janelas se fechavam com estrondo às "moscas e mosquitos" (especialmente pretensões a liberdade política). Mas as incoerências do socialismo de mercado de Deng talvez não tivessem tido impacto tão forte caso produzissem incontestável elevação dos níveis de vida e uma sensação clara de progresso material. O descontentamento se intensificou quando, no 13º Congresso do Partido no final de 1987, o secretário-geral do PC chinês e o primeiro imediato de Deng informaram brutalmente a nação de que, após quase quarenta anos de sangue, suor e lágrimas políticas e econômicas, a República Popular da China se encontrava ainda somente no "estágio inicial" da construção do socialismo. Para os habitantes das cidades chinesas, esse estágio inicial pouco tinha a recomendá-lo: nos primeiros três meses de 1988, os preços urbanos dos legumes subiram quase 50%; a carne de porco, os ovos e o açúcar foram racionados após episódios de súbito aumento das compras com medo da escassez. Com o objetivo de baixar os custos de produção, as empresas estatais começaram a despedir empregados: numa única cidade, 400 mil somente na primeira metade de 1988. A mendicância, as greves e a criminalidade (tanto crimes econômicos quanto violentos) cresceram. Em meio a esses percalços econômicos, a reputação do Partido ficou ainda mais comprometida com a sensação popular de que tudo estava se transformando em uma enorme roubalheira, e que funcionários bem colocados — que compravam, vendiam e trapaceavam — eram os únicos verdadeiros vencedores na guinada chinesa para o socialismo de mercado. Nas mentes da maioria dos chineses urbanos, a Porta Aberta do Partido Comunista não parecia deixar entrar nada que lhes fosse particularmente benéfico. O resultado não foi a saudade do puritanismo econômico e político do maoísmo, e sim um desejo incoercível de que eles próprios fossem autorizados a controlar a porta.

Em junho de 1988, com o recrudescimento dos murmúrios de descontentamento nas cidades por toda a China, um documentário histórico em seis episódios foi exibido na televisão nacional. A série eletrizou o país. Dezenas, talvez centenas de milhões dentre os que tinham a sorte de possuir acesso à televisão — no final da década de 1980 houve escassez dessas mercadorias de luxo e os preços se elevaram — se juntavam em volta dos aparelhos de TV nas noites das transmissões. Resumido em jornais nacionais com tiragens de vários milhões de exemplares, o roteiro da série vendeu ainda mais de 700 mil cópias em formato de livro. Um ano depois, na repressão que se seguiu às demonstrações de 1989 na praça Tiananmen, seu principal autor, um jovem e decidido autor de reportagens e locutor chamado Su Xiaokang, foi identificado como culpado de fomentar o "tumulto contra-revolucionário" daquela primavera e teve de fugir do país às escondidas para a Europa.

A série tinha o título de "Elegia do Rio" e seu objetivo geral era bem claro: culpar pelos problemas atuais da China sua geografia histórica encerrada no interior e o fato de não haver-se dedicado à exploração marítima e à abertura ao mundo exterior. "Elegia do Rio" lamentava a tirania do rio Amarelo, cujo curso cambiante, de enchentes e aluviões, exaurira as energias e a imaginação dos chineses, tornando-os obcecados com a proteção de sua própria terra acima de todas as demais preocupações. O imenso desafio coletivo de gerir o rio e a terra haviam obrigado os chineses a recorrer a formas fechadas e autoritárias de organização política, voltadas para o interior e para os problemas domésticos e agrícolas. Em conseqüência, haviam repetidamente deixado de olhar para fora, de expandir-se para o exterior, de alargar seus horizontes e de romper com milhares de anos de ditadura feudal. O monumento individual que melhor expressava as deficiências políticas chinesas, dizia o narrador da "Elegia do Rio", era a Grande Muralha, erguida para fechar a única fronteira aberta da China, a única que não era decisivamente barrada por montanhas ou pelo oceano.

A GRANDE MURALHA, A GRANDE FEIRA E A...

Depois que o Primeiro Imperador Qin construiu a Grande Muralha, "tornou-se possível resistir aos ataques dos povos nômades pastoris do exterior, e ao mesmo tempo produziu-se no interior uma espécie de força coesiva, que forçava os povos do lado de dentro dos muros a convergir para os núcleos de poder. Assim, quem construísse a Grande Muralha possuiria a terra, o território e o povo que havia nele".[12] Mas embora a muralha reforçasse o despotismo, prosseguia a "Elegia do Rio", ela jamais constituiu uma defesa eficaz:

Na época em que os ferozes cavaleiros de Gengis Khan desceram como uma maré, nem mesmo as barreiras naturais como o rio Amarelo e o Yangtze, sem falar na Grande Muralha, foram capazes de detê-los... E o povo chinês, apesar de seu alto grau de civilização, também foi impotente para resistir a esse destino... Quantas tragicomédias da história foram encenadas diante do pano de fundo da Grande Muralha![13]

Para os produtores da "Elegia do Rio", a mais recente dessas tragicomédias era o culto da muralha por parte dos chineses contemporâneos:

As pessoas se orgulham do fato de que essa é a única obra de engenharia humana visível a astronautas na Lua. Desejam até mesmo utilizá-la como símbolo da força da China. Mas se a Grande Muralha pudesse falar, diria francamente a seus netos chineses que ela é uma grande e trágica tumba plasmada pelo destino histórico... ela somente pode representar uma defesa isolacionista, conservadora e incompetente, e uma covarde falta de agressividade... Enfim, ó Grande Muralha, por que motivo ainda queremos louvar-te?[14]

A devastadora argumentação da "Elegia do Rio" contra a Grande Muralha — esse "exemplo de fracasso e recuo" — era reforçada visualmente por imagens das ruínas maltratadas e esburacadas, monotonamente marrom-amareladas, contra o pano de fundo dos desertos do norte.[15] O antídoto contra a asfixiante palheta da história chinesa era o fresco azul da "maré de

GRANDE MURALHA

progresso" do oceano, "que varre o sedimento acumulado do feudalismo" com comércio, abertura, progresso, liberdade, riqueza capitalista, ciência e democracia.[16] "Não seremos capazes de ouvir a grandiosa melodia do destino humano?", indagava o documentário, sublinhando esse argumento com música animada de cravo, marinheiros alegres, imagens de brancas praias paradisíacas, rodeadas de palmeiras.[17]

Embora o programa fizesse parcas referências ao presente pouco animador da China, nenhum chinês instruído que lhe assistisse teria deixado de perceber o objetivo alegórico por trás dessa acusação à Grande Muralha e ao rio Amarelo: habilitar os realizadores do documentário a criticar o governo da época e sua oscilação de dez anos entre a liberalização econômica e a repressão política. Ninguém entenderia a crítica ao Primeiro Imperador Qin e a sua muralha de terra socada senão como um ataque a Mao e seu sistema socialista fechado, e nem o louvor ao oceano azul senão como a defesa da abertura aos valores políticos do Ocidente liberal e democrático. "Neste momento estamos passando do opaco ao transparente", profetizava otimisticamente o documentário. "Essa extensão de terra amarelada não pode nos ensinar o verdadeiro espírito da ciência. O rebelde rio Amarelo não pode nos ensinar a verdadeira consciência democrática... Somente quando as brisas marinhas do azul finalmente se transformarem em chuva e novamente umedecerem essa terra calcinada e amarela, somente então essa enérgica vitalidade... poderá trazer nova vida ao solo do vasto planalto."[18]

Vista nos dias de hoje, "Elegia do Rio" parece um tanto pomposa, um pouco exagerada, um tanto demasiadamente apaixonada por sua própria alegoria, e sem dúvida bastante ingênua em relação ao Ocidente. (Na década de 1980 a China, e até mesmo pessoas instruídas, consideravam que os episódios da novela de televisão Dallas eram fontes documentais autênticas dos Estados Unidos contemporâneos.) Mas hoje em dia há muita coisa que ainda parece notável no programa. Numa cultura socialista que não tem interesse em estimular as pessoas a pensar sobre seu passado de maneira criativa ou crítica, que prefere que as pessoas fixem os olhos esperançosos no amanhã em

A GRANDE MURALHA, A GRANDE FEIRA E A...

vez de questionar os dias de ontem, a disposição do documentário de enfrentar a história — apesar das distorções factuais cometidas para agilizar a polêmica —, e sua ânsia em atacar totens do nacionalismo chinês como a Grande Muralha, são ainda características refrescantes. Um olhar superficial aos canais de TV controlados pelo governo no início do terceiro milênio — nos quais programas tolos alternam com novelas que pregam uma moralidade socialista kitsch — fazem com que "Elegia do Rio" surja como parte de outro mundo cultural, mais sério e mais atraente.

Quando os estudantes começaram a ir para as ruas na primavera de 1989, era fácil relacionar suas reivindicações de maior liberdade de expressão e transparência no governo com "Elegia do Rio", a sensação da TV no ano anterior. O episódio conclusivo do documentário louvava os intelectuais chineses como salvadores da nação: "Eles têm nas mãos a arma para destruir a ignorância e a superstição... são eles que podem canalizar a doce água da fonte da ciência e da democracia para nossa terra amarela!"[19] Depois que os estudantes se levantaram audaciosamente para levar nos ombros o alto destino histórico que "Elegia do Rio" lhes apontara, Su Xiaokang correu a tomar parte nos protestos, aparecendo na praça Tiananmen envolto em uma faixa de papel que o identificava como autor da "Elegia do Rio" e dirigindo-se aos estudantes por meio de um megafone. "Muito bonito", disse-lhe a cautelosa mulher quando ele voltou para casa, "você já teve seu momento de glória. Está tudo gravado no videoteipe da Segurança."[20]

Às dez de 3 de junho de 1989, 18 dias depois que Deng Xiaoping levara às pressas o visitante Mikhail Gorbachev para longe das embaraçosas demonstrações da praça Tiananmen, fazendo-o gozar o frescor da primavera num passeio à Grande Muralha em Badaling, a liderança comunista ordenou às tropas do Exército Popular de Libertação, estacionadas nos arredores da cidade, que retirassem da praça a multidão. Meia hora mais tarde, quando grupos não-violentos bloquearam o caminho do exército a poucos quilômetros a oeste de Tiananmen, os soldados começaram a atirar em civis. Passaram-se alguns dias até que as armas finalmente silenciassem. Uma semana

GRANDE MURALHA

após a repressão, o governo publicou uma lista dos "mais procurados", dando os nomes de líderes estudantis, ativistas de direitos humanos, membros de grupos independentes de pesquisa e o de Su Xiaokang, autor da "Elegia do Rio". Junto com Chai Ling e Wu'er Kaixi, dois dos líderes estudantis mais conhecidos, Su foi um dos felizardos que conseguiram escapar, alcançando os Estados Unidos via Hong Kong e Paris.

Embora não conseguisse pôr as mãos em Su, o governo consolou-se atacando sua criação televisiva. Em 11 de setembro de 1989 um grupo de professores de história se reuniu na capital para denunciar "Elegia do Rio" e sua mensagem anti-rio Amarelo, anti-Grande Muralha e pró-Ocidente como "incendiarismo contra-revolucionário", acusando-o de "falsear e enganar os corações das pessoas", de levar "a opinião pública ao tumulto político que eclodiu em toda parte este ano e que se transformou em rebelião contra-revolucionária na capital" e de adotar uma atitude "intoleravelmente rude e frívola contra heróis nacionais, patriotas e líderes revolucionários".[21]

Enquanto os acontecimentos na Europa oriental iam levando ao fim a Cortina de Ferro, os governantes chineses avaliavam as experiências dos últimos dez anos na esteira do massacre de Pequim. Regressar ao isolacionismo total não foi uma opção considerada. Para mal ou para bem, a China de Deng Xiaoping estava agora comprometida com certo grau de abertura: o aumento do investimento estrangeiro e do comércio era uma das grandes histórias de sucesso econômico da década de 1980. Mesmo no sentido cultural, ninguém na verdade desejava voltar atrás os ponteiros em direção ao maoísmo. Os burocratas culturais do governo teriam dificuldade em argumentar que a literatura da década de 1980, estimulada pela leitura de clássicos ocidentais, cujas traduções novamente se tornavam disponíveis, era inferior à produzida na época de Mao, quando os controles políticos haviam asfixiado a criatividade de tal maneira que, entre 1949 e 1966, uma média vergonhosa de somente oito romances foram publicados a cada ano na República Popular. A principal preocupação do governo continuava a ser a mesma do final da década de 1970: utilizar os frutos econômicos da abertura a fim de

A GRANDE MURALHA, A GRANDE FEIRA E A...

manter a população satisfeita e estável, e ao mesmo tempo repelir as moscas e mosquitos desestabilizadores e antitotalitários da democracia e liberdade nos meios de comunicação; em outras palavras, continuar a monitorar de perto as transações nas fronteiras da China.

■ ■ ■

Passaram-se mais dez anos; mais dez bons anos para a Grande Muralha. O Muro de Berlim podia haver caído, mas o da China continuava a ser a principal atração turística e mascote nacional. Nas comemorações organizadas em Pequim para a restituição de Hong Kong foi usada com atração uma reconstrução teatral da Grande Muralha feita de corpos faiscantes de chineses.[22] O simbolismo não podia ser mais óbvio: o povo chinês igualado à Grande Muralha que se igualava à Pátria, que por sua vez recuperava Hong Kong depois de cem anos de ausência no mundo exterior.

Embora os chineses que haviam presenciado a repressão de 1989 não a tivessem esquecido individualmente e em particular, o governo deixou claro que não era do interesse de ninguém recordá-la publicamente. Em conseqüência, na altura de 1998, muitos estudantes chineses sabiam pouco sobre o que seus antecessores haviam exigido uma década atrás, e muito menos o que ocorrera em 1978. A frase feita em muitas bocas na década de 1990 era *wang qian kan*: olhar para o futuro, a qual, em chinês, se presta a um perfeito trocadilho entre a palavra que significa "futuro" e a que significa "dinheiro". Para o governo a tática pareceu dar resultado. Contra todas as aparentes certezas da primavera de 1989, três anos depois os chineses seguiram Deng Xiaoping na orientação de 1992 em direção a crescimento econômico e reformas de mercado "mais rápidas, melhores e mais profundas". A mídia oficial insistia em que os mercados podiam ser socialistas, enquanto Deng afirmava que "empresas com recursos estrangeiros... são boas para o socialismo".[23]

Por enquanto, os chineses aceitavam aquilo que o partido deixava passar além de sua própria Grande Muralha: permanecendo opaco, o governo de

GRANDE MURALHA

partido único continuava a dominar os meios de comunicação de massa, e os civis concentravam ostensivamente suas energias em ganhar dinheiro e consumir. No início da década de 1980 satisfaziam-se com bicicletas, relógios de pulso e televisores. No final do milênio, já pensavam em coisas maiores: carros, casas e férias no exterior. E em 2004 começaram a pensar em coisas ainda maiores, quando uma firma chinesa de computadores procurou comprar uma filial da multinacional norte-americana IBM. *Shopping centers*, tanto quanto muralhas, passaram a ser os monumentos definidores e venerados da China pós-1989. Até mesmo a Grande Muralha, sobrevivente histórica, mesclou-se sem remendos com o ativo panorama consumista da China, ao ser adotada como marca registrada para uma ampla gama de produtos e serviços — o que seria lógico para um condomínio fechado e cercado de muros, porém menos lógico para uma marca de vinho, de pneumáticos e para um cartão de crédito.

■ ■ ■

Mas por trás do exterior aparentemente imperturbável da China, suas relações com o mundo exterior se transformaram em virtude de um ataque silencioso, porém radical contra suas fronteiras; um ataque já não operado por cavalarianos nômades, mas pela informação e pela tecnologia, no qual as fronteiras mais importantes do país não são mais baseadas na terra, e sim virtuais.

A primeira aragem de mudança veio em 20 de setembro de 1987, quando um homem, um professor chinês de computação, com seu próprio slogan — "Vá além da Grande Muralha, caminhe para o mundo" —, enviou o primeiro e-mail da China. Durante sete anos, ninguém pareceu notar, até que o discurso de Al Gore "Construção da superestrada da informação" finalmente chegou à consciência da China. Naquele ano, a primeira rede chinesa foi organizada, e em 1995 surgiu o primeiro serviço de Internet para o público. Ao longo dos oito anos seguintes, o número de usuários chineses da

A GRANDE MURALHA, A GRANDE FEIRA E A...

Internet triplicou a cada ano, crescendo de 40 mil para 59,1 milhões.[24] No início de 2005, estimava-se que havia passado a marca de 100 milhões.

Assim como a maioria das invenções e inovações que se filtraram para dentro da China vindas do exterior, o governo tem procurado ativamente controlar e definir os usos da Internet. Segundo um decreto oficial, a Internet existe como instrumento de desenvolvimento, para estimular o crescimento econômico ao facilitar as comunicações comerciais e os investimentos. Embora reconhecendo no ano 2000 que a Internet "desempenhou papel importante no crescimento econômico mundial", o sucessor de Deng, Jiang Zemin, pretendia "reforçar a administração das informações saudáveis" na rede, a fim de supervisionar, como sempre, o tráfego através de sua Grande Muralha.[25]

Na década de 1990 não seriam necessários grandes poderes de clarividência para prever que os assuntos virtuais não se mostrariam tão saudáveis e definidos como o governo desejava, e que a Internet se tornaria na China, em muitas mãos diferentes, um instrumento potencial de derrubar a mentalidade da Grande Muralha e um veículo para algo que, pelos padrões chineses, se assemelha à livre expressão: para fontes de notícias não oficiais, para ativistas da democracia, para organizações civis e jurídicas, para cultos religiosos, aficionados do futebol e cidadãos urbanos loucos pelo sexo. Certamente os Estados Unidos gostariam de afirmar que tudo isso estava previsto num relatório do Pentágono, de 1995, o qual vaticinava que a Internet apresentaria "uma ameaça estratégica aos regimes autoritários". Num desafio a Pequim, o presidente Bill Clinton disse a jornalistas, em 2000, que para o governo chinês uma eventual proibição da *web* seria tão difícil quanto "pregar gelatina na parede". Conforme declarou o então candidato George W. Bush em 1999, já repetindo essa preocupação que se tornou sua marca registrada, se a Internet chegasse a instalar-se na China, "o gênio escaparia da garrafa".[26] Entre os anos finais da década de 1990, quando a liberdade política da maioria dos jornais regionais se limitava a variar a ordem das fotos dos líderes publicadas no *People's Daily*, de circulação nacional, e 2005, quando as novelas

GRANDE MURALHA

de TV ainda se encontram apenas em nível ligeiramente superior ao do realismo socialista, o ciberespaço chinês vem oferecendo às pessoas um foro midiático muito necessário para desabafar.

Desde que a Internet decolou na China, no entanto, o governo vem tratando valentemente de combater seu perigoso potencial de redução do controle sobre a informação e de liberalização da expressão. No começo, isso era logrado por meio da velha truculência comunista: fazendo com que o acesso à Internet dependesse de tantos passos burocráticos que a maioria dos cidadãos que aspirassem a ela acabavam desistindo e continuavam a ler o *People's Daily* ou seus equivalentes locais. Em 1996, quem desejasse utilizar a Internet tinha de preencher um formulário em triplicata para a polícia, assinar um compromisso de responsabilidade obrigando-se a não ler nem transmitir material que "coloque em perigo o estado, perturbe a segurança pública, ou seja obsceno ou pornográfico", além de fornecer ao Provedor de Serviços da Internet (ISP) praticamente todas as informações pessoais imagináveis, com exceção de sinais de nascença anormais.[27]

No final do milênio, quando os ISP começaram a simplificar a burocracia, o governo já havia aperfeiçoado a tecnologia de vigilância da Internet: o Partido Comunista compreendeu que se fosse aceitar o desafio de Clinton, de "pregar gelatina na parede", precisaria primeiro de uma parede adequada. Entre 1996 e 1997, um novo departamento no Bureau de Segurança Pública destinado a coibir as liberdades da Internet tratou de construir a "Muralha Blindada" da China, um feliz matrimônio de tradição chinesa com tecnologia de ponta. Composta por uma série de servidores que vigiavam os cinco portais através dos quais a Internet chinesa se comunicava com o resto do mundo, a nova Muralha era programada para bloquear *sites* sensíveis do exterior — jornais estrangeiros, organizações pró-Tibete ou favoráveis à independência de Taiwan, cultos religiosos, *Playboy* e assim por diante, numa lista atualizada a cada quinze dias. Cinco anos mais tarde, a Muralha se encontrava armada com "farejadores de pacotes", isto é, softwares capazes de detectar palavras e frases problemáticas para o governo em páginas individuais da web

A GRANDE MURALHA, A GRANDE FEIRA E A...

ou em e-mails, dentre as constantes de uma lista em que aparecem "Falun Gong", "liberdade", "foder", "sexo" e "Jiang Zemin".[28]* Se aparecer um cheiro de "sexo", por exemplo, o "farejador" congelará o terminal culpado. Em 2002, o governo bloqueou completamente o Google, porque sua prática de colocar em cache todos os *sites* indexados permitia aos usuários chineses acessar as páginas proibidas. Embora o governo acabasse por suspender a proibição, diante do clamor público e de um apelo do Google, continua a censurar os caches do Google com farejadores, com mais discrição e seletividade.

O principal instrumento de dissuasão contra o uso subversivo da Internet, naturalmente, é a lei, ou o que se entende por isso na República Popular. A organização Repórteres sem Fronteiras, que supervisiona a liberdade na Internet, estimou que em 2004 havia 67 dissidentes cibernéticos encarcerados na China. Em 2003, Liu Di, estudante de psicologia, tornou-se *cause célèbre* internacional, ao ser detida numa penitenciária de Pequim durante um ano sem ser formalmente acusada, por haver protestado em ambientes de chat contra a prisão de dissidentes políticos.

Assim como na Grande Muralha de tijolos e terra socada, também há brechas na Muralha Blindada. Dentro da China, ela é também conhecida como Muralha da Net, o que dá idéia da natureza porosa de sua cobertura. O exercício da coerção contra os *sites* proibidos sempre foi, no máximo, fragmentário: nem todos os portais da Muralha Blindada têm sido diligentes no cumprimento da vontade comunista. Opcionalmente, como fez Altan Khan, os surfistas mais decididos podem contorná-la, usando servidores alternativos em países estrangeiros, em vez dos portais oficiais que dão acesso à rede internacional. Os usuários chineses impedidos de usar o Google em 2004 acessavam os resultados da máquina de busca por meio de ElgooG, uma versão imagem-espelho do *site* original, construída inicialmente como brin-

---

*A autora não esclarece se essa lista contém somente palavras em inglês (como aparecem no texto original) ou em chinês e outros idiomas. Por esse motivo, o tradutor as transcreveu em português. (*N. do T.*)

GRANDE MURALHA

cadeira para diversão de usuários menos destros. Desafiados lingüisticamente, os filtros governamentais não conseguiram perceber que usuários chineses capazes de digitar palavras em inglês de trás para diante podiam acessar *sites* proibidos como Swen CBB (BBC News). De qualquer forma, a simples quantidade de *sites* que surge constantemente é grande demais para que o governo seja capaz de censurá-los a todos.

Outra característica revolucionária da Internet chinesa é sua capacidade de derrubar muralhas, não somente entre a China e o resto do mundo, mas também dentro dos limites da própria China. Nos últimos anos, a Internet desempenhou importante papel na abertura do sistema fechado de governo do país ao escrutínio público: denunciou prevaricações policiais (como o caso de um jovem que morreu durante sua detenção em Guangzhou), encobrimento de delitos de parte do governo (a epidemia de AIDS na província de Hennan, provocada por um escândalo de venda de sangue), e ajudando a mobilizar ações antigovernamentais (alguns dos maiores protestos públicos desde 1989 têm sido coordenados pela seita religiosa Falun Gong, posta fora da lei e cujos adeptos se congregam em postos de organização por e-mail e pela Internet). O principal acontecimento na Internet chinesa em 2003 foi o crescimento dos blogs: no período de cerca de um ano o número de bloggers chineses passou de 2.000 para 160.000, entre os quais diversos jornalistas que registram em seus blogs notícias e informações demasiadamente sensíveis para serem publicadas nos meios convencionais de comunicação em massa. Duas características dos blogs jogam em seu favor como mecanismos de distribuição de informações sensíveis. Primeiro, são demasiado numerosos para que os censores oficiais possam controlá-los, e há um número muito grande de canais possíveis, o que impede o governo de evitar que um blogger decidido continue a escrever. Segundo, os blogs têm uma qualidade semiprivada — a informação pode ficar disponível somente para usuários registrados —, coisa que os censores governamentais parecem considerar menos ameaçadora do que foros inteiramente públicos, como boletins e *chatrooms*.[29] Em outubro de 2004, os blogs começaram a perceber seu poten-

A GRANDE MURALHA, A GRANDE FEIRA E A...

cial subversivo quando um grupo de camponeses do noroeste utilizou um blog para protestar contra o confisco de suas terras pelo governo; em vez de bloquear seus críticos as autoridades se sentiram obrigadas a responder por intermédio do mesmo blog.[30]

Mas esse tipo de uso da Internet é ainda a exceção e não a regra, e a censura governamental direta não é o único motivo para isso. As medidas ostensivas e oficiais para censurar o ciberespaço chinês representam somente a metade do quadro. Muito logicamente, a Internet chinesa é demasiadamente grande e amorfa para que qualquer governo seja capaz de controlá-la de alto a baixo. Reconhecendo isso, em sua luta contra a expressão não regulamentada, o governo utiliza uma força igualmente amorfa e que multiplica seu poder: a incerteza. A obsessão de Mao com a ortodoxia ideológica criou uma cultura política punitiva na qual o temor da vigilância exercida por compatriotas chineses e o terror da denúncia em reuniões de massa leva os indivíduos ou a confessar voluntariamente crimes cada vez mais insignificantes ou mesmo imaginários, ou a exercer uma autocensura tão vigorosa que chega a ser excessivamente exigente, jamais se arriscando a um comportamento político que seja remotamente sensível ou suspeito. É claro que viver hoje em dia na China não é mais o campo minado político que era no tempo de Mao, porém duas vertentes de sua herança ainda sobrevivem na cultura política cotidiana: uma sensação, às vezes vaga, às vezes palpável, de estar constantemente sob vigilância nas transações públicas, e a incerteza quanto aos limites da liberdade de expressão pública.[31] O problema não existe na esfera privada, na qual os chineses podem dizer o que quiserem a pessoas de sua confiança, porém restringe severamente a liberdade de atuação num meio de comunicação público e de fácil acesso como é a Internet. O governo torna clara sua posição geral por meio da criação de uma cultura de medo — censurando *sites*, efetuando prisões, fechando cafés da Internet. Os nervos tensos de administradores e usuários completa o quadro. "Preferimos controlar as coisas por meio de um sistema descentralizado de responsabilidade", comentou um dos arquitetos da Muralha Blindada em 1997. "O usuário, o ISP e a China

Telecom são responsáveis pela informação à qual o público tem acesso. As pessoas estão acostumadas a ser cautelosas, e a sensação geral de estar sob vigilância age como desestimulante. A chave do controle da Net na China está no manejo das pessoas, e esse é um processo que se inicia no momento em que o indivíduo adquire um modem."[32] Na China contemporânea, onde as margens de lucro são tão preocupantes quanto a ortodoxia política, para a maior parte dos proprietários de cafés da Internet, não são insignificantes os custos financeiros de permitir a navegação em *sites* sensíveis e assim arriscar-se ao fechamento pelas autoridades de segurança. Em 2003, sob o pretexto de aperfeiçoar os padrões sanitários e de segurança, o governo fechou a metade dos 200 mil cafés da Internet do país; softwares de vigilância foram instalados nos que escaparam da sanção, tornando possível o acompanhamento dos hábitos de *surfers* individuais.

O uso da Internet é coibido pelo temor da vigilância: um *chatroom* ou *BBS board*** pode ser monitorado por vigilantes da ortodoxia política, e isso ocorre com freqüência. Na China existe uma abundância de pessoas em busca de emprego; para muitas delas (30 mil, segundo uma estimativa recente) censurar a Internet é um trabalho tão bom quanto qualquer outro. Embora alguns usuários escrevam coisas extremamente corajosas, a atividade de dissidente está sempre envolta num manto de risco e incerteza. O caso de Liu Di é típico: foi encarcerada durante um ano em uma cela junto com um assassino condenado, sem ter sido formalmente acusada, e sem saber quem a denunciou.

O resultado final é que muitos usuários da *web* tratam de garantir sua própria segurança no ciberespaço. A imensa maioria dos bloggers, que constituem também principalmente uma minoria urbana no oceano da maioria rural chinesa de pessoas não conectadas, utilizam a Internet para tratar de "assuntos pessoais": vida sentimental, compras, o que comeram no jantar do fim de semana. Não é coincidência que o blog lançador desse meio de comu-

---

*Sistema de troca de mensagens dos primeiros tempos da Internet. (*N. do T.*)

A GRANDE MURALHA, A GRANDE FEIRA E A...

nicação na China tenha sido um diário sexual de 2003 feito por uma editora de moda de Guangzhou chamada Mu Zimei: "Tenho um trabalho que me mantém ocupada", escreveu ela, "e nas horas vagas me entrego a uma diversão muito humana: fazer amor."[33] Em novembro daquele ano, o *site* dela tinha sido visitado por 160 mil pessoas; a cada ano apareciam 6 mil novos leitores. Há 15 anos esse tipo de franqueza a respeito do sexo seria perseguido como poluição espiritual. Agora, no entanto, embora essa não seja exatamente a leitura recomendada pelo Politburo, livros inteiros que contam histórias tórridas e orgias sexuais são bastante comuns, e falar sobre sexo em público é considerado pelo governo como uma conseqüência relativamente inócua da liberalização econômica. Embora não seja exatamente a "civilização espiritual socialista" que o Partido vem tentando construir desde a primeira parte da década de 1980, pelo menos isso representa uma forma de desafogo para os chineses sem ter de mencionar as temidas palavras "transparência política" ou "democracia".

Outra maneira politicamente segura de desabafar na Internet chinesa é adorar no altar da religião estatal que mantém coesa a China capitalista: nacionalismo raivoso e antiestrangeiro. Durante seu tempo de existência na China a comunidade da Internet tem sido periodicamente galvanizada e levada a uma histeria nacionalista em torno de tópicos e incidentes considerados como atentados à dignidade nacional: as eleições democráticas de Taiwan, o bombardeio da embaixada chinesa em Belgrado por parte da OTAN, a recusa do Japão de pedir desculpas pelas atrocidades cometidas na Segunda Guerra Mundial. (Para dar uma idéia dos níveis de cólera: alguns nacionalistas cibernéticos advogaram a guerra nuclear tanto contra o Japão quanto contra os Estados Unidos[34].) Embora depois de 1989 o estado se preocupe com qualquer centelha de sentimentos de massa, tolera expressões de nacionalismo irado porque isso proporciona aos jovens das cidades da China, cada vez mais prósperos, mas aparentemente coléricos, uma válvula de escape para sua raiva, desvia a atenção das deficiências passadas e presentes do Partido Comunista e coincide com certos objetivos oficiais: oposição à independência de

GRANDE MURALHA

Taiwan, crítica à interferência norte-americana na Ásia oriental e combate às reivindicações japonesas sobre as ilhas Diaoyu. Até agora, a autoridade comunista tem sido a principal vencedora no nacionalismo cibernético: o sentimento antiestrangeiro se dilui no patriotismo tal como definido pelo estado, com patriotas da Internet denunciando como lacaios de estrangeiros os ativistas democráticos que vivem no exterior.[35] Na China, até mesmo a comunidade de *hackers*, que em praticamente qualquer outro lugar do mundo é um grupo composto de desajustados, individualistas e anti-sociais, é passionalmente patriótica. Desde 1997, os *hackers* chineses vêm sustentando uma guerra virtual contra países acusados de insultar a China: na primavera de 2001, depois de uma colisão entre um avião-espião norte-americano e um caça chinês no espaço aéreo da China, os *hackers* espalharam bandeiras chinesas na página da web que conta a história da Casa Branca e escreveram: "Morra o imperialismo dos Estados Unidos!" no *site* do Centro Nacional de Negócios dos EUA. Sintomaticamente, quando um *hacker* bem-sucedido se entusiasmou na sabotagem do ciberespaço norte-americano e voltou-se contra *sites* governamentais domésticos — cobrindo páginas da administração pública local com figuras obscenas e mudando a mensagem de boas-vindas para "Somos um Bando de Porcos" —, foi preso em 48 horas.[36]

O aforismo centenário de Gengis Khan parece ser hoje mais verdadeiro do que nunca: a resistência das muralhas depende de seus defensores. No espesso novelo ideológico da República Popular a maioria dos usuários da Internet por enquanto têm sido, voluntariamente ou não, cooptados como guardiães da fronteira. Nesse caso, porém, ao contrário das outras dinastias de construtores de muralhas, o governo comunista tem procurado garantir a lealdade dos guardiães assegurando-lhes melhor alimentação e remuneração do que qualquer outro grupo social do império.

Os dissidentes chineses fazem questão de considerar a Internet como semente da destruição da resistente tradição autocrática chinesa — a fronteira final da mentalidade de Grande Muralha. Na atualidade, entretanto, parece igualmente plausível que a regulamentação chinesa da *web* se transforme em

A GRANDE MURALHA, A GRANDE FEIRA E A...

mais um episódio da história milenar de construção de muralhas na China, história na qual os governantes da China comunista se mostraram tão ou mais competentes do que quaisquer de seus predecessores na ereção, manutenção, restauração e guarda de muros.

Isso não quer dizer que a Muralha Blindada, junto com as medidas correlatas de isolamento, fatalmente se mostrará, no fim das contas, menos porosa do que a mais sólida das barreiras fronteiriças da China pré-moderna, ou que seus guardiães atuais necessariamente se manterão mais fiéis aos arquitetos autoritários do que muitos dos infelizes exilados para o serviço nas muralhas ao longo dos séculos nas ermas fronteiras setentrionais da China. Na primavera de 2005, manifestações antijaponesas eclodiram nas principais cidades chinesas, num movimento de protesto que se iniciou de forma convergente com os objetivos oficiais de nacionalismo antiestrangeiro e que foi estimulado e organizado por ativistas da Internet, cuja irada violência é em parte exemplo das profundas tensões latentes na sociedade chinesa e resultantes das limitadas possibilidades de expressão política pública.

No momento atual, aspectos importantes dessas demonstrações ainda permanecem opacos: o grau em que tenham sido organizadas ou influenciadas pelo centro político, e até que ponto escaparam ao controle oficial, passando às mãos de organizações populares. Não há dúvida de que a segunda conclusão é sugerida pela estreita supervisão policial dos protestos iniciais, pelo fornecimento de ônibus para levar os estudantes de volta aos campus uma vez informados pela Segurança Pública de que já tinham "desafogado a ira" por tempo suficiente, e pela recusa seca de Pequim em ceder à exigência japonesa de um pedido de desculpas. Mas quando os protestos se estenderam por um terceiro fim de semana, uma nota diferente e preocupante surgiu nos anúncios preventivos das autoridades: "Expressem seus sentimentos de forma ordeira", foi a instrução da polícia aos que pretendiam manifestar-se na Internet, advertindo que todos os protestos de rua deveriam ser aprovados pelas autoridades e ordenando aos membros conhecidos de campanhas populares que permanecessem em suas casas.[37] Após os acontecimentos da pri-

395

mavera de 1989, o Partido Comunista chinês não se sente capaz de permitir que protestos públicos de âmbito nacional cresçam demasiadamente, além de sua própria orquestração, sem dúvida por compreender o fato de que manifestações de escala ampla em apoio a um importante político liberal em meados da década de 1980 derivaram de demonstrações antijaponesas. Ocorre também que protestos recentes contra o Japão coincidiram com chamados a demonstrações antigoverno por parte de grupos populares de interesse, com protestos de milhares de veteranos das forças armadas que exigiam pensões maiores e com camponeses que se defendiam, armados de facões, de uma força de mil policiais do grupo de combate a motins. Poucos dias depois, um importante jornal governamental denunciou as manifestações anti-japonesas como um "plano malévolo", com "motivações suspeitas" para derrubar o Partido Comunista — indicação segura de que um movimento de protesto que se iniciara em consonância geral com a política governamental havia passado rapidamente à esfera muito mais subversiva do ativismo civil e não-oficial.[38] Seria possível que a opinião e o ressentimento públicos plasmados pela Internet estejam se preparando para juntar-se, em algum momento no futuro, aos muitos descontentes de toda a China e romper os limites estabelecidos pela Muralha Blindada?

Parece mais seguro prever que, quer desabe ou não a mais nova muralha chinesa em serviço ativo, e com ela o regime que protege, a visão política e cultural que a construção de muralhas representa na China sobreviverá, de uma forma ou de outra; e que continuará a haver a já conhecida oscilação política — entre ofensiva e defensiva, entre abertura e isolacionismo, entre desejo de objetos estrangeiros exóticos e ilusões de auto-suficiência — a qual atravessou milênios de debates sobre as muralhas de fronteira.

Provavelmente é lícito dizer que, por haver sobrevivido durante o século XX e além, o duradouro amor dos chineses pelas muralhas, personificação da atitude imperial e sinocêntrica em relação ao mundo exterior, passou por sua maior prova e demonstrou sua capacidade de transcender quase todas as circunstâncias geopolíticas. A idéia da muralha de fronteira demonstrou ser

A GRANDE MURALHA, A GRANDE FEIRA E A...

atraente aos chineses, de forma distinta e universal, através das eras, devido a sua emergência como principal monumento nacional num momento em que o país lutava, pela primeira vez em sua história, para inserir-se em um sistema moderno de relações internacionais além dos termos por ele ditados, adaptando-se ao mundo globalizado e seus novos fluxos virtuais de informação. O bizarro coquetel de culturas e forças políticas que hoje em dia atua na China contemporânea — onde anseios poderosos em busca de "reputação" internacional (prêmios Nobel, a Olimpíada em Pequim, ingresso na Organização Mundial de Comércio), de mercadorias estrangeiras e de estudos no exterior coexistem com erupções periódicas de sentimento xenófobo e raiva contra os Estados Unidos, vistos como desejosos de conter a ascensão da China — talvez seja nada mais do que uma nova versão, embora mais extremada, da tensão entre encerramento e abertura que se tem feito sentir no mínimo desde o tempo em que o rei Wuling do estado de Zhao iniciou o debate em sua corte a respeito das virtudes da túnica nômade.

Não há dúvida de que essa é uma versão cujas contradições e esquizofrenia mais óbvias são acentuadas pelo crescente processo de globalização, pelo aumento da exposição forçada da China a influências internacionais e pelo surgimento de expressões modernas de identidade nacional, mais claramente definidas e legisladas. Mas vemos essa mesma tensão entre o que é estrangeiro e o que é chinês reaparecer continuamente ao longo dos milênios, com demasiada freqüência para que suas manifestações contemporâneas possam ser confundidas com um novo fenômeno: na adoção quase simultânea da cavalaria bárbara e da construção de muralhas como estratégias militares durante o período dos Estados Guerreiros; na abertura da Rota da Seda pelo Han, murada e gerida até a fímbria do Taklamakan por torres e fortificações de junco e argila; no abandono, pelo Wei do norte, do nomadismo de seus antepassados, retirando-se para cidades chinesas cercadas de muros por trás de muralhas de fronteiras; nas expressões de admiração do imperador Yang, do Sui, ao ver as tendas, carnes de carneiro e vinhos das estepes, mesmo havendo despachado um milhão de chineses para isolar com muralhas suas

GRANDE MURALHA

planícies amareladas dos bárbaros turcos; na reviravolta que resultou na renúncia aos barcos aventureiros em busca de tesouros, na parte inicial da dinastia Ming, e na construção de milhares de quilômetros de fronteiras muradas com barro e tijolos, construídas até o momento de sua queda em 1644.

O internacionalismo e isolacionismo que muitas vezes convergiram na construção das muralhas chinesas recordam também a maneira dúplice pela qual as muralhas funcionaram ao longo dos milênios de história da China, e ainda hoje funcionam no caso da "cerca" defensiva de Israel: não apenas com a finalidade de proteger (às vezes de forma opressiva) os povos governados pelos construtores, mas também — dependendo da distância entre a muralha e aquilo que ela pretende defender — com a de sustentar uma estratégia de expansão imperialista, mantendo guarnições e vigilância em vizinhos externos cuja maneira de viver difere ameaçadoramente da dos construtores de muralhas.

Se, portanto, deixarmos de lado os objetivos estridentemente nacionalistas que alguns dos comentaristas mais propagandísticos da China de hoje atribuíram à muralha, se não permitirmos que um passado controvertido e freqüentemente inglório seja obscurecido pela bombástica retórica contemporânea da indústria comunista de turismo, algumas das afirmações feitas a respeito da muralha de fronteira, aparentemente contraditórias e que servem a múltiplos objetivos, finalmente começam a parecer um pouco mais razoáveis. Embora ainda seja exagerado argumentar que as muralhas de fronteira definiram uma China única e unificada e ao mesmo tempo alimentaram um internacionalismo multicultural, é possível dizer que esses dois impulsos contraditórios muitas vezes coexistiram ou se alternaram estreitamente, ao longo da história da China, entrelaçados no predomínio, declínio e novamente predomínio da construção de muralhas. E o persistente reaparecimento de muralhas ao longo da fronteira chinesa — apesar de sua propensão a levar à bancarrota seus construtores, a promover e exacerbar descontentamentos internos, a estimular governantes chineses a abandonar os acordos diplomáticos que historicamente foram mais eficazes para manter a paz do que o

A GRANDE MURALHA, A GRANDE FEIRA E A...

isolacionismo soberbo e míope, a fracassar como defesa quando foram (inevitavelmente) confrontadas com um inimigo móvel, decidido e experiente na batalha, e também a desmoronar — fez delas uma constante em toda a história da China, um hábito cultural inegável e quase automático que os governantes chineses, e alguns de seus súditos, parecem incapazes e certamente pouco dispostos a abandonar.

No século vindouro, em que o nacionalismo e o internacionalismo da China prometem tornar-se forças-chave na geopolítica mundial, será cada vez mais importante, a fim de conservar a perspectiva sobre a atitude chinesa nos assuntos domésticos e nos globais, compreender a vacilação milenar da China entre abertura e encerramento, e sua confiança na capacidade que possui de atrair e civilizar acólitos estrangeiros e ao mesmo tempo continuar a regulamentar aquilo que ela permite penetrar em suas fronteiras. Este livro procurou fornecer uma história da maneira pela qual os chineses vêem o mundo, revelar seus êxitos e fracassos, explicar uma atitude em relação ao mundo exterior que pode parecer (e na verdade, muitas vezes é) enigmática, contraditória e estridente, e que não dá mostras de diluir-se diante da globalização, da Internet e da cruzada norte-americana em prol da liberdade e da democracia. Mesmo que nas próximas décadas a República Popular se transformasse diretamente em uma democracia na linha do modelo aberto, ocidental e liberal, ou no de George W. Bush (proposta que em si mesma parece simplisticamente antinatural), o império chinês possui demasiada história e demasiado sentido histórico para que abandone seus tiques milenares de comportamento, para que perca a fé tanto em sua própria originalidade cultural e política quanto na necessidade de manter linhas de exclusão e controles rigorosos de fronteira, físicos e psicológicos, através dos quais possa monitorar as inevitáveis multidões de visitantes, sejam eles admiradores que trazem tributos, esperançosos comerciantes ou agressores de olhar invejoso. Ao que parece, a China sempre terá suas Grandes Muralhas.

APÊNDICE 1

Personagens principais

(As datas são d.C., exceto quando indicado.)

ABAOJI († 926): Fundador da dinastia Khitan Liao, que começou a adaptar sua tribo às formas chinesas de governo — assassinando seus críticos ao longo do caminho — e construindo muralhas no nordeste da China.

AGUDA († 1123): Fundador da dinastia Jurchen Jin, que após recusar-se a dançar para o imperador Liao, expulsou os Liao do norte da China.

ALTAN KHAN (1507-82): Líder mongol que unificou as tribos da estepe, aterrorizou o norte da China e sitiou Pequim por pouco tempo nas décadas medianas do século XVI.

AN LUSHAN (700?-757): General sogdiano e favorito da corte que lançou uma rebelião altamente prejudicial contra o império Tang em 755.

SIR JOHN BARROW (1764-1848): Principal contabilista da missão Macartney à China; mais tarde fundador da Real Sociedade de Geografia; admirador da Grande Muralha.

CAO CAO (155-200): poeta e ex-general da dinastia Han que em 196 acabou com essa dinastia ao colocar o último imperador Han em prisão permanente no palácio e fundar seu próprio reino ao norte.

CEN SHEN (715-70): Pretendente malsucedido a poeta-funcionário público, hoje mais conhecido por seu "poema da fronteira" que trata das longínquas fronteiras noroeste da China Tang.

CHEN DUXIU (1880-1942): Importante teórico e ativista do Movimento 4 de Maio, membro fundador e líder do Partido Comunista Chinês até 1927.

GRANDE MURALHA

CHIANG KAI-SHEK (1887-1975): Protegido de Sun Yat-sen, líder do Partido Nacionalista, instigador do Terror Branco contra os comunistas chineses e presidente do regime nacionalista em Taiwan de 1949 a 1975.

IMPERADOR CHONGZHEN (1611-44): Último imperador Ming, que cometeu suicídio ao norte da Cidade Proibida quando rebeldes invadiram Pequim.

CONFÚCIO (551-479 a.C.): Proeminente filósofo chinês, que desenvolveu a teoria de um sistema político harmonioso baseado na correta execução do ritual e na analogia das relações familiares.

DENG XIAOPING (1904-97): Duas vezes expurgado por Mao Tsé-tung. Foi o líder comunista que presidiu à liberalização da economia depois de 1976 e ordenou a repressão de 1989.

DORGON († 1650): Príncipe manchu que se tornou regente do Qing em 1643 e liderou as tropas manchus através de Shanhaiguan até Pequim, onde tomou a Cidade Proibida.

DUOJI (R. 609-19): *Khagan* turco rebelde, filho de Rang'an, que em 615 sitiou o imperador Yang, da dinastia Sui, durante trinta dias em Yanmenguan, em Shanxi.

ESEN († 1455): Líder mongol que unificou as tribos da estepe e humilhou o exército Ming em 1449, em Tumu. Foi assassinado após ser incapaz de conseguir da corte chinesa um grande resgate em troca do imperador capturado em Tumu.

ERZHU RONG († 530): Líder tribal do noroeste que em 528 invadiu Luoyang, do Wei do norte, e massacrou os cortesãos.

FUSU († 210 a.C.): Primogênito do Primeiro Imperador do Qin, banido para a fronteira norte por protestar contra a rudeza do governo do pai, onde foi convencido a suicidar-se por meio de uma falsa carta do Primeiro Imperador.

GAO LÜ: Funcionário chinês que serviu ao imperador Xiaowen do Wei do norte e foi vigoroso defensor da construção de muralhas.

GAOZU (HAN) (r. 202-195 a.C.): Bom Lin Bang, imperador que fundou a dinastia Han, foi humilhado na batalha por Maodun e reparou prematuramente as muralhas de fronteira na década de 190 a.C.

GAOZU (TANG) (566-635): Duque do Tang, Li Yuan, que se rebelou contra a dinastia Sui em 618 e se proclamou primeiro imperador Tang.

GENGIS KHAN (1176?-1227): Unificador das tribos da estepe mongol e fundador do império mongol.

IMPERADOR AMARELO (ascendeu ao trono em 698 a.C.?): Lendário governante fundador do império chinês.

PERSONAGENS PRINCIPAIS

IMPERADOR HONGWU (1328-98): Nascido Zhu Yuanzhang, paranóico fundador da dinastia Ming que expulsou da China a dinastia mongol Yuan.

IMPERADOR JIAJING (1507-67): Nascido Zhu Houcong, imperador obstinado e obcecado pelo ritualismo cuja intransigência em relação aos mongóis levou à construção da muralha de fronteira do século XVI.

IMPERADOR KANGXI (1654-1722): Segundo imperador Qing, primeiro da série de três vigorosos governantes Qing que presidiram a uma maciça expansão da população e das fronteiras da China. Educado nos clássicos chineses, patrono de Ferdinand Verbiest e bom caçador, diz a lenda que costumava atravessar os passos da Grande Muralha vestido de mufti a fim de testar a qualidade dos controles da fronteira.

IMPERADOR QIANLONG (1711-99): Após Kangxi e Yongzheng, o último dos vigorosos imperadores Qing que presidiram à "Era de Prosperidade" da China e à duplicação da população. Grande colecionador de arte e caligrafia chinesas, afirma haver escrito 42 mil poemas.

IMPERADOR TIANSHUN (1428-57): Jovem imperador ineficaz capturado em Tumu por Esen.

IMPERADOR WEN, DO SUI (550?-604): Nascido Yang Jian, irascível fundador da dinastia Sui em 581, reunificador da China e construtor de longas Muralhas.

IMPERADOR WU, DO HAN (r. 140-87 a.C.): "Imperador marcial", que após décadas de consolidação feita por seus antecessores, expandiu e murou as fronteiras setentrionais do império Han.

IMPERADOR YANG, DO SUI (569-617): Nascido Yang Guang, filho de Yang Jian, Imperador Wen, do Sui; reinou de 604 a 617. Construtor de Longas Muralhas e do Grande Canal, sua extravagância, lascívia e imoralidade geral são consideradas causa da queda da dinastia Sui.

IMPERADOR YONGLE (1360-1424): Nascido Zhu Di, filho do imperador fundador do Ming; usurpou o trono e, em 1403, mudou a capital de Nanjing para Pequim e patrocinou as expedições marítimas dirigidas por Zheng He.

IMPERADOR YONGZHENG (1678-1755): Reinou depois de Kangxi e antes de Qianlong, sendo o segundo dos três governantes Qing mais bem-sucedidos; ascendeu ao trono em circunstâncias confusas, foi acusado por contemporâneos de falsificar o testamento do pai e até mesmo apressar a morte do velho imperador Kangxi com um prato de sopa de ginseng envenenada.

IMPERATRIZ FENG († 490): Imperatriz viúva do Wei do norte que detestava os costumes tribais dos Xianbi e estimulou a agricultura ao estilo chinês.

GRANDE MURALHA

(IMPERATRIZ) WU ZETIAN (625?-705): Ex-concubina do imperador Gaozong, do Tang, única mulher na história imperial da China a fundar sua própria dinastia. Afirma-se que lhe nasceram sobrancelhas novas aos setenta anos de idade, após ingerir afrodisíacos.

HUANG XIANG (1941-): Poeta chinês dissidente, autor de "Confissões da Grande Muralha".

HUHAI (r. 210-207 a.C.): Cruel e extravagante segundo imperador do Qin que foi levado à loucura e ao suicídio por seu tutor eunuco Zhao Gao.

HUO QUBING (141?-117 a.C.): General de cavalaria favorito do imperador Wu, responsável por algumas das mais importantes vitórias do Han contra os Xiongnu na Mongólia.

JIA YI (201-160 a.C.): Intelectual-funcionário confucionista, autor do famoso ensaio moralizador "Os Defeitos do Qin", que criticava a dinastia Qin por apoiar-se em "muralhas de metal".

JIANG ZEMIN (1926-): Presidente da República Popular da China de 1989 a 2003; somente obteve o poder supremo após a morte de Deng Xiaoping em 1997.

KABUL (Início do reinado 1140?): Bisavô de Gengis Khan, que ofendeu a corte Jin ao puxar a barba do imperador.

KUBILAI KHAN (1214-94): Imperador mongol que presidiu à conquista final de toda a China; construtor do luxuoso palácio em Pequim descrito por Marco Polo.

LI BO (701-62): Provavelmente o mais famoso dos poetas do Tang, andarilho bêbado, romântico e apreciador de duelos que ao que consta afogou-se ao saltar bêbado num rio para abraçar o reflexo da Lua.

LI SHIMIN: Ver Taizong (Tang).

LI YUAN: ver Gaozu (Tang).

LI ZICHENG (1605?-45): Líder rebelde que levou o último imperador Ming ao suicídio, tomou a capital e em seguida rapidamente a perdeu para a dinastia manchu Qing.

LIU BANG: Ver Gaozu (Han).

LORD MACARTNEY (1737-1806): Chefe da fracassada missão comercial britânica despachada para a China por George III; muito impressionado pela Grande Muralha.

MAO TSÉ-TUNG (1893-1976): Líder do Partido Comunista de 1935 a 1976, fundador da República Popular da China, arquiteto da Revolução Cultural e poeta amador; entusiasmado com a idéia da Grande Muralha, ainda que não com sua realidade.

PERSONAGENS PRINCIPAIS

MAODUN (R. 209-174 a.C.): Fundador do grande império Xiongnu, que usurpou a liderança da tribo ordenando a seus sequazes que matassem seu pai.

MARTINO MARTINI (1614-61): Jesuíta e cartógrafo italiano aclamado na Europa como pai da geografia chinesa; autor do influente mapa de 1655 que mostrava a Grande Muralha como uma espessa linha uniformemente fortificada que atravessava o norte da China.

MENG JIANGNU (†214-210 a.C?): Lendária esposa devotada que chorou na Longa Muralha do Primeiro Imperador Qin ao descobrir que o marido morrera nos trabalhos de construção.

MENG TIAN (†210): General de confiança de Qin Shihuangdi que expulsou os nômades da região do rio Amarelo e construiu a Longa Muralha.

NURHACI (1559-1626): Fundador do império manchu que declarou guerra à dinastia Ming em 1619 e iniciou a conquista do nordeste da China.

MARCO POLO (1254-1324): Viajante veneziano que se diz haver passado na China os anos de 1271 a 1295, a serviço de Kubilai Khan.

QIN SHIHUANGDI (259-210 a.C.): Primeiro Imperador do Qin, responsável pela unificação da China e pela construção da primeira Longa Muralha no norte.

RAN'GAN (r. 599-609): *Khagan* turco que se submeteu à dinastia Sui e pediu que sua tribo recebesse roupas chinesas.

MATEO RICCI (1552-1610): Erudito poliglota e primeiro sacerdote jesuíta a receber permissão de estabelecer-se em Pequim, chamou a muralha da fronteira de "tremenda".

ADAM SCHALL (1591-1666): Jesuíta e astrônomo alemão ante o imperador da China, perseguido por confucionistas xenófobos.

SHANG YANG (†338 a.C.): Primeiro-ministro do Qin responsável pela implementação de reformas legalistas entre 356 e 348 a.C., esquartejado por carruagens por cair em desgraça com o herdeiro do trono.

SHETU (r. 581-87): Neto de Tumen e *bête noire* do Imperador Wen, do Sui, até que a guerra civil entre os turcos o obrigou a aclamar o imperador Sui como "influência purificadora" a fim de buscar aliança com a China.

SIMA QIAN (c. 145-86 a.C.): Autor da história canônica *Registros do Grande Historiador* (Shiji), castrado por ordem do Imperador Wu por protestar contra uma decisão imperial.

SIR GEORGE STAUNTON (1737-1801): Imediato de Lord Macartney na missão comercial à China de 1792-1793.

GRANDE MURALHA

SIR THOMAS STAUNTON (1781-1859): Filho de Sir George Staunton, que falava chinês e encantou o imperador Qianlong em 1793; argumentou no Parlamento em favor da Guerra do Ópio em 1840.

SIR MARK AUREL STEIN (1862-1943): Arqueólogo e explorador que escavou a muralha Han no deserto do noroeste da China e retirou milhares de manuscritos das cavernas próximas a Dunhuang, levando-os para o Ocidente.

SU XIAOKANG (1949-): Repórter e co-autor da controvertida série de TV "Elegia do Rio", fugiu para o exílio após a repressão da praça Tiananmen.

SUN YAT-SEN (também Sun Zhongshan) (1866-1925): "Pai da revolução chinesa", primeiro presidente da República da China e organizador da primeira Frente Unida entre os partidos Nacionalista e Comunista; um dos primeiros admiradores proeminentes da Grande Muralha na China moderna.

TAIZONG (Tang) (599-649): Nascido Li Shimin, filho de Gaozu, primeiro imperador Tang, que assassinou dois de seus irmãos em 626 a fim de ascender ao trono e mais tarde se tornou "Khagan Celestial" da estepe.

TOUMAN (†209 a.C?): Líder dos Xiongnu morto por seguidores de seu filho Maodun poucos anos depois de haver procurado planejar a morte de Maodun.

TUMEN (†553): *Khagan* que, para vingar-se do desprezo de outra tribo, transformou os turcos na principal potência da estepe.

TUOBA GUI (r. 386-409): Fundador da dinastia Wei do norte, conquistador de terras e gado de grande êxito.

FERDINAND VERBIEST (1623-88): Sacerdote jesuíta de muitos talentos que se tornou diretor de astronomia para Kangxi e inventor de ornamentos mecânicos para jardins, e que, durante um safári na Manchúria, considerou a Grande Muralha "prodigiosa".

WAN SITONG (1638-1702): Literato do início do Qing e filho de um velho adepto fiel do Ming; nomeado pela dinastia Qing para assistir a redação da *História do Ming* padrão; escreveu poemas zombando da Grande Muralha.

WANG CHANGLING (698?-757): Aclamado poeta Tang, conhecido por sua mestria na forma de quadras.

WANG YUE (1426-99): Oficial militar que lutou com energia nômade para expulsar os mongóis do Ordos na década de 1470.

WANG ZHEN (†1449): Eunuco obcecado por glórias e riqueza que estimulou o imperador Tianshun a empreender a desastrosa campanha Tumu.

PERSONAGENS PRINCIPAIS

WEI JINGSHENG (1951-): Ex-eletricista e dissidente chinês encarcerado em 1979 por requerer a "Quinta Modernização" — a democracia — num pôster no Muro da Democracia.

WEI QING (160?-106? a.C.): Junto com Huo Qubing, um dos grandes generais que lutaram a serviço do Imperador Wu, responsável por sitiar e repelir os Xiongnu cerca de 120 a.C.

WU SANGUI (1612-78): General estacionado no nordeste que se aliou aos manchus e permitiu-lhes passar através de Shanhaiguan a caminho da conquista da China.

WU XIANG (†1644): Pai de Wu Sangui, executado por Li Zicheng devido à falta de resposta de Wu Sangui a uma carta sua.

WULING (325-299 a.C.): Rei do estado de Zhao que introduziu reformas no exército, adotando a cavalaria, em 307 aC.

XIAOWEN (r. 466-99): Imperador do Wei do norte responsável pela mudança da capital para Luoyang.

XIELI (r. 620-34): *Khagan* turco que lutou contra Xuanzong, do Tang, e foi por este derrotado, passando seus últimos anos como triste cativo na capital Tang, Chang'an.

XU DA (1332-85): Um dos principais generais que apoiavam Zhu Yuanzhang, encarregado de construir fortes defensivos nos anos seguintes a 1368.

XUANZONG (685-762): Imperador Tang que presidiu aos anos dourados do Tang, mas cujo reinado terminou em levantes catastróficos decorrentes da rebelião de An Lushan.

YAN SONG (1480-1565): Pragmático secretário principal que detinha o cargo durante o devastador ataque de Altan Khan contra Pequim.

YANG GUANG (569-617): Ver Imperador Yan, do Sui.

YANG GUIFEI (†756): Concubina do imperador Xuangzong, to Tang, de lendária beleza, morreu tragicamente, estrangulada por guardas do imperador que a culpavam pelo colapso do império.

YANG JIAN: Ver Imperador Wen, do Sui.

YANG XUANZHI (500?-555?): Funcionário público e autor de "Registro dos Mosteiros de Luoyang", elogio à destruída Luoyang do Wei do norte.

YU (c. 2000 a.C.): Lendário governante sábio, famoso por controlar as enchentes.

YU ZIJUN (1429-89): Funcionário consciencioso que propôs e supervisionou o primeiro grande programa de construção de muralhas durante o Ming.

GRANDE MURALHA

YUAN SHIKAI (1859-1916): General do Qing que apoiou os rebeldes na revolução de 1911 e a quem Sun Yat-sen entregou a presidência da República em 1912. Declarou-se imperador em 1916, causando a revolta das províncias chinesas.

ZHANG JUZHENG (1525-82): Secretário principal que negociou a paz com Altan Khan, fazendo-o jurar fidelidade à corte Ming em troca de mercados de fronteira.

ZHANG QIAN (C. 160-110 a.C.): Embaixador e general a serviço do Imperador Wu que escapou do cativeiro dos Xiongnu e voltou à China, estimulando os planos expansionistas do imperador no noroeste.

ZHENG XUELIANG (1901-2001): Antigo senhor da guerra manchu e general nacionalista que prendeu Chiang Kai-shek de pijamas no incidente de 1936 em Xi'an a fim de obrigá-lo a abandonar a guerra contra os comunistas.

ZHAO GAO (†207 a.C.): Tutor eunuco de Huhai, filho do Primeiro Imperador do Qin, responsável por levar seu pupilo à loucura. Morreu esfaqueado pelo terceiro Imperador Qin.

ZHU DI: Ver imperador Yongle.

ZHU HOUCONG: Ver Imperador Jiajing.

ZHU YUANZHANG: Ver Imperador Hongwu.

APÊNDICE 2

Cronologia das dinastias

(As datas são d.C., exceto quando indicado)

Shang c. 1700-1025 a.C.
Zhou do Oeste 1025-771 a.C.
Zhou do Leste 771-256 a.C.
Qin 221-206 a.C.
Han anterior 202 a.C.-8
Interregno de Wang Mang 9-23
Han posterior 25-220
Período dos Três Reinos 220-80
Jin do Oeste 265 -316

PERÍODO DE DESUNIÃO

China Meridional
Jin do Leste 317-430
(Liu-) Song 420-79
Qi do Sul 479-502
Liang 502-57
Chen 557-89

GRANDE MURALHA

China Setentrional
Período dos Dezesseis Reinos 317-439
Wei do Norte 386-534
Wei do Leste 534-50
Wei do Oeste 535-57
Qi do Norte 550-77
Zhou do Norte 557-81

Sui 581-618
Tang 618-907
Período das Cinco Dinastias e Dez Reinos 907-60
Liao 947-1115
Song do Norte 960-1127
Jin 1115-1234
Song do Sul 1127-1279
Yuan 1260-1368
Ming 1368-1644
Qing 1644-1911

APÊNDICE 3

Datas significativas na história da China na construção de muralhas

(As datas são d.C., exceto quando indicado)

c. 8000 a.C.: Início da agricultura no norte da China

c. 1384-1025 a.C.: Inscrição em ossos de oráculos Shang fornecem primeiras versões de caracteres chineses

c. 1045-1025 a.C.: O Zhou destrói o Shang

c.1000 a.C.: Desenvolvimento da arte de cavalgar no oeste da Ásia

c. 1000-900 a.C.: Primeiros hinos religiosos do *Clássico da Poesia* (*Shijing*)

c. 900-800 a.C.: Primeiros ataques de tribos do norte à China

841 a.C.: Início da história datada

771 a.C.: Invasões bárbaras obrigam o Zhou a abandonar a capital do oeste

656 a.C.: Chu constrói a primeira muralha de um estado

551-479 a.C.: Duração da vida de Confúcio

c. 481-221 a.C.: Período dos Estados Guerreiros

c. 356-348 a.C.: Reformas legalistas de Shang Yang no estado Qin

338 a.C.: Execução de Shang Yang no estado Qin

307 a.C.: Estado Zhao adota cavalaria estilo nômade

c. 300 a.C.: Início da construção de muralhas de fronteira contra "bárbaros" estrangeiros pelos estados do norte. Morte do filósofo daoísta Zhuang Zhou, autor do *Zhuangzi*

256 a.C.: O Qin destrói a casa de Zhou

246 a.C.: Acessão do rei Zheng, futuro Primeiro Imperador Qin

GRANDE MURALHA

230-221 a.C.:	O Qin conquista os estados do Han, Zhao, Wei, Chu, Yan e Qi
221 a.C.:	Fundação do império Qin
220 a.C.:	Início dos programas imperiais de construção de estradas
215-214 a.C.:	Primeiro Imperador Qin despacha seu general, Meng Tian, para o norte a fim de combater os Xiongnu e construir uma Longa Muralha
212 a.C.:	Construção de palácios imperiais
210 a.C.:	Morte do Primeiro Imperador. Sucessão de seu filho Huhai
209 a.C.:	Início de rebeliões populares contra o Qin
c.209 a.C.:	Ascensão de Maodun, líder dos Xiongnu
207 a.C.:	Morte do segundo imperador
206 a.C.:	Queda da dinastia Qin
202 a.C.:	Fundação da dinastia Han, após vários anos de guerra civil
201-200 a.C.:	Humilhação do primeiro imperador Han em Pingcheng por Maodun e os Xiongnu
166 a.C.:	Primeira menção nas fontes a códigos de sinais na fronteira norte
141 a.C.:	Ascensão do Imperador Wu
c. 139-135 a.C.:	Zhang Qian parte para a Ásia Central
126 a.C.:	Zhang Qian regressa à China
121-102 a.C.:	Expansão do Han à Mongólia e construção de muralhas até o Portal de Jade
87 a.C.:	Morte do Imperador Wu
c. 60 a.C.:	Início do declínio do poder dos Xiongnu
9-23:	Interregno de Wang Mang
25:	Restabelecimento do Han após período de guerra civil
50:	Líder Xiongnu obrigado a prostrar-se diante dos chineses
89:	Destruição dos Xiongnu do norte pelos chineses
Déc. 140-déc.80:	Ascensão dos Xianbi
184:	Rebelião dos Turbantes Vermelhos
190:	Ascensão do senhor da guerra Cao Cao
220:	Fim oficial da dinastia Han
221:	Fundação do império Shu-Han em Sichuan
222:	Fundação do império Wu e início do período dos Três Reinos
265·	Fundação da dinastia Jin
280:	Dinastia Jin unifica nominalmente a China

DATAS SIGNIFICATIVAS NA HISTÓRIA DA CHINA...

281: Dinastia Jin começa a construir muralhas

304: Fundação do primeiro estado Xiongnu no norte da China

310: Fuga da aristocracia chinesa para o sul

311: Saque da capital chinesa Luoyang por exércitos Xiongnu

317: Fundação do Jin do Leste em Nanjing

386: Fundação do Wei do Norte

410-39: Período de conquista do norte da China pelo Wei do Norte

423: Construção da primeira muralha "externa" do Wei do Norte

446: Construção da segunda muralha "interna" do Wei do Norte

494: O Wei do Norte resolve mudar a capital para Luoyang, ao sul

525-7: Rebeliões e motins na fronteira norte do Wei do norte

528: Erzhu Rong avança para Luoyang e massacra funcionários

534: Fundação do império Wei do leste

538: Demolição de Luoyang do Wei do Norte

550: Fundação da dinastia Qi do Norte

552: Turcos se tornam poder principal na estepe

552-64: O Qi do Norte constrói muralhas no sul da China

557: Fundação do império Zhou do Norte em Chang'an e do império Chen em Nanjing

577: O Zhou do Norte invade o Qi e unifica o norte da China

581-7: Yang Jian ergue Longas Muralhas no norte da China

589: Yang Jian destrói a dinastia Chen e reunifica a China

604: Morre Yang Jian e Yang Guang o sucede como segundo imperador Sui

605: Término das obras do grande Canal

607-8: Yang Guang faz turnês solenes no norte e ordena a construção de sua muralha

617: Li Yuan se rebela contra o Sui

618: Assassinato de Yang Guang. Li Yuan funda a dinastia Tang

626: Li Shimin assassina seus irmãos, "convence" o pai, Li Yuan, a abdicar e se torna imperador Taizong

630: Líder turco do oeste se submete ao Tang e demais líderes turcos pedem a Taizong que assuma o título de "Khagan Celestial"

640-49: Extensão da autoridade Tang a oeste até Kucha, no meio do deserto de Taklamakan

GRANDE MURALHA

684: Usurpação da Imperatriz Wu

712: Ascensão do imperador Xuanzong

755-63: Rebelião de An Lushan

762: Morte do poeta Li Bo

770: Morte do poeta Cen Shen

790: O Tang perde controle do território a oeste do Portal de Jade

907: Data tradicional do fim da dinastia Tang. Império chinês se divide em reinos independentes. Abaoji, fundador da dinastia Khitan Liao, assume o poder sobre os Khitan

908: O Liao começa a construir muralhas na Manchúria

960: Fundação da dinastia Song

1115: O Jurchen estabelece o império Jin na Manchúria

1125: O Jin derrota o Liao e o expulsa do norte da China

1127: O Jin conquista o norte da China. Dinastia Song impelida para uma capital mais ao sul, Hangzhou. Início do Song do sul.

1162: Nascimento de Gengis Khan

1166-1201: O Jin constrói muralhas na Manchúria e na Mongólia

1194: Rio Amarelo muda de curso

1206: Gengis Khan aclamado como líder supremo das tribos mongóis

1211: Gengis Khan lança primeiro ataque ao império Jin

1215: Massacre da capital Jin, no lugar de Pequim, pelos mongóis

1234: Fim da dinastia Jin

1260: Ascensão de Kubilai Khan

1271-95: Datas possíveis da viagem de marco Polo à China

1279: Morte do último imperador Song. Mongóis governam a China inteira

Déc. 1330-déc. 1350: As pragas assolam a China

1351: Primeira menção aos rebeldes dos Turbantes Vermelhos

1368: Fundação da dinastia Ming por Zhu Yuanzhang, líder dos Turbantes Vermelhos. Expulsão dos mongóis da China

1368-97: Zhu Yuanzhang ergue fortes e guarnições na fronteira e no interior da Mongólia

1402: Zhu Di usurpa o trono e se proclama imperador Yongle

1403-30: Abandono das guarnições de Zhu Yuanzhang na Mongólia

1405-33: Expedições marítimas ao Sudeste da Ásia e à costa leste da África

1421: Inauguração oficial da capital Ming em Pequim

DATAS SIGNIFICATIVAS NA HISTÓRIA DA CHINA...

1429: Primeira menção do antigo termo Qin "Longa Muralha" nos "Registros Verdadeiros" do Ming

Déc. 1430: Esen reunifica as tribos da Mongólia

1448: Após rejeição de sua missão de tributo em Pequim, Esen mobiliza forças contra regiões ao norte de Pequim

1449: Imperador chinês capturado por Esen em Tumu após desastrosa derrota contra mongóis

1450: Esen devolve o imperador capturado a Pequim

Déc. 1470: Após exitosa campanha militar de Wang Yue, Yu Zijun supervisiona construção de muralhas no Ordos

1489: Morte de Yu Zijun, após desavenças com eunucos na corte

1500: Fim do comércio regular com os mongóis

1507: Nascimento de Zhou Houcong, futuro imperador da China, e de Altan Khan, futuro governante da estepe mongol

1522: Ascensão ao trono de Zhou Houcong como imperador Jiajing

1541-7: Recusa da petição de Altan Khan para trazer tributo. Fortes ataques ocorrem em conseqüência

Déc. 1540: Construção de linha dupla de defesas a noroeste de Pequim

1550: Altan Khan rodeia a extremidade leste das muralhas Ming e sitia Pequim. Jiajing executa seu ministro da guerra

1551-2: Jiajing permite breve reabertura de mercados para comércio com mongóis

c.1557: Portugueses iniciam presença comercial em Macau

Déc. 1560-déc. 1570: Construção de muros e torres a nordeste de Pequim

Déc. 1570: Fortes de terra em volta de Datong recebem revestimento de tijolos

1601: Jesuíta Matteo Ricci chega a Pequim

1616: Nurhaci proclama dinastia Jin tardia. Publicação póstuma do diário de Matteo Ricci na Europa

1618: Primeira guarnição chinesa a nordeste, Fushan, se rende aos manchus

1619: Nurhaci declara formalmente guerra à dinastia Ming

1621: Nurhaci toma Shenyang e Liaoyang

1627: Início das revoltas populares dos anos finais do Ming

1629: Manchus avançam até Pequim, recuam por falta de canhões

GRANDE MURALHA

1635: Manchus mudam nome dinástico para Qing

1644: Rebelde Li Zicheng toma Pequim. Último imperador Ming se enforca. Wu Sangui se rende aos manchus e derrota Li Zicheng em Shanhaiguan. Manchus entram em Pequim e fundam império Qing na China

1659: Jesuíta Ferdinand Verbiest chega a Macau

1661: Imperador Kangxi ascende ao trono

1668: Chineses impedidos de entrar na Manchúria

1669: Verbiest nomeado diretor do Bureau de Astronomia em Pequim

1673: Wu Sangui se rebela contra o Qing

1683: O Qing ocupa Taiwan

1697-1759: O Qing conquista a Mongólia Exterior, Dzungaria, o vale do Ili e a bacia do Tarim

1719: Publicação de "As Novas Aventuras de Robinson Crusoé", de Daniel Defoe

1735: Imperador Qianlong sobe ao trono

1748: Publicadas na Europa as descrições e história da China, de Jean Baptiste Du Halde

1792-3: Comodoro George Anson publica seu livro de viagens sobre uma estada interrompida na China em 1743

1816: Companhia das Índias Orientais começa a desenvolver o tráfego de ópio na China

1839-42: Primeira Guerra do Ópio

1842: Tratado de Nanjing cede Hong Kong à Grã-Bretanha e abre cinco portos a importações de ópio.

1850-64: Rebelião Taiping deixa milhões de mortos

1856-8: Segunda Guerra do Ópio

1860: Tratado de Tianjin legaliza comércio de ópio

1861: Forças anglo-francesas saqueiam Pequim e o Palácio de Verão

Déc.1860-déc. 1890: China procura modernizar exército e marinha com tecnologia ocidental

1893: *The Century Illustrated Monthly Magazine* afirma pela primeira vez que a Grande Muralha é visível do espaço

1894-5: Primeira Guerra Sino-Japonesa. China cede Taiwan ao Japão

1898: "Reforma dos Cem Dias", pró-estrangeiro e modernizadora é reprimida de forma sangrenta por conservadores Qing

DATAS SIGNIFICATIVAS NA HISTÓRIA DA CHINA...

1900: Rebeldes Boxer ocupam Pequim e sitiam embaixada

1901: Potências estrangeiras aliadas exigem 450 milhões de dólares de prata como indenização pela rebelião Boxer

1905: Abolição do sistema confuciano de exames

1911: Revolução republicana derruba a dinastia Qing

1912: Sun Yat-sen retorna à China e se torna primeiro presidente da nova República em 1º de janeiro e em fevereiro do ano seguinte renuncia em favor do ex-general Qing Yuan Shikai

1914: Yuan Shikai dissolve o Parlamento

1915: Japoneses fazem as "21 Exigências" a Yuan Shikai

1916: Yuan Shikai se declara imperador. Yuan morre após declaração de independência das províncias em protesto. Início do período de senhores da guerra

1917-19: Sun Yat-sen trabalha em seu Plano de Reconstrução Nacional e se manifesta em favor da Grande Muralha

1919: Tratado de Versalhes entrega ex-possessões chinesas ao Japão. Explode o Movimento 4 de Maio

1921: Fundação do Partido Comunista Chinês em Xangai. Sun Yat-sen forma governo do partido nacionalista em Cantão

1923: Após obter promessa de apoio da União Soviética, Partido Nacionalista se junta ao partido Comunista Chinês em uma Frente Única

1925: Morte de Sun Yat-sen

1926: Lançamento da Expedição ao Norte contra senhores da guerra

1927: Terror Branco — Chiang Kai-shek esmaga revolução comunista em Xangai e inicia expurgo nacional de comunistas

1929: Estabelecimento do Soviete de Jiangxi

1930-34: Chiang Kai-shek lança campanhas de cerco para destruir comunistas em Jiangxi

1931-32: Japoneses estabelecem estado independente (Manchukuo) na Manchúria

1933: Japoneses atacam e tomam Shanhaiguan e a província de Jehol. Delegações chinesa e japonesa assinam Tratado de Tanggu, estipulando zona desmilitarizada ao sul da Grande Muralha

1934: Oitenta mil soldados comunistas rompem cerco de Jiangxi feito por Chiang na Longa Marcha até Shaanxi

GRANDE MURALHA

1935: Mao Tsé-tung se consolida como líder do Partido Comunista; compõe o verso "Se não conseguirmos chegar à Grande Muralha não seremos homens de verdade"

1936: Chiang Kai-shek feito prisioneiro em Xi'an até concordar em restabelecer a Frente Unida contra a invasão japonesa

1937: Declaração formal de guerra entre China e Japão após incidente na ponte Marco Polo. Até 300 mil civis chineses massacrados no estupro de Nanjing

1945: Derrota do Japão na Segunda Guerra Mundial

1949: Vitória comunista na guerra civil. Fuga do governo nacionalista para Taiwan. Mao Tsé-tung proclama a República Popular da China

1950: Exército Popular de Libertação entra no Tibete

1951: Campanha para eliminar contra-revolucionários

1956-7: Breve período de abertura política durante a Campanha das Cem Flores

1957: Campanha Antidireitista reprime críticas ao governo

1957-8: Grande Salto Adiante — plano utópico de Mao para que a China alcançasse o Ocidente industrial em poucos anos e realizasse o comunismo

1959-61: Fome resultante das políticas utópicas do Grande Salto Adiante causa morte de 30 milhões de chineses (estimativa)

1966: Mao lança a Revolução Cultural

1971: República da China (Taiwan) expulsa das Nações Unidas e substituída pela República Popular da China (governo do continente)

1972: Nixon visita a China

1975: Morte de Chiang Kai-shek em Taiwan

1976: Morte de Mao dá fim às políticas da Revolução Cultural

1978: Deng Xiaoping se consolida como sucessor de Mao. Início do Movimento do Muro da Democracia

1979: Deng Xiaoping visita os EUA. Reprime protestos do Muro da Democracia. Wei Jinsheng condenado a quinze anos de prisão

1983: Campanha Anti-Poluição espiritual ataca influências ocidentais corruptoras

418

DATAS SIGNIFICATIVAS NA HISTÓRIA DA CHINA...

1984: Deng Xiaoping lança campanha "Amar nosso país, restaurar a Grande Muralha"

1986: Demonstrações estudantis

1987: Campanha contra a liberalização burguesa. Primeiro e-mail enviado na China

1988: Transmissão de TV "Elegia do Rio"

1989: Repressão violenta, pelo Exército Popular de Libertação, de manifestações pró-democracia. Jiang Zemin assume presidência da República Popular da China mas Deng Xiaoping continua a exercer o poder supremo

1992: Durante "Turnê no Sul" Deng Xiaoping advoga reformas mais rápidas na economia chinesa

1994: Primeira rede de Internet estabelecida na China

1996-7: Construção da "Grande Muralha Blindada da China"

1997: Morte de Deng Xiaoping. Jiang Zemin assume posição de poder supremo. Hong Kong restituída à China continental

1999: Grandes protestos anti-norte-americanos após bombardeio da embaixada chinesa em Belgrado pela OTAN. Governo chinês coloca Falun Gong fora da lei

2001: Colisão entre avião-espia norte-americano e caça chinês no espaço aéreo da China gera importante incidente diplomático entre a China e os EUA e causa indignação na China

2002: Governo chinês bloqueia Google temporariamente

2002-3: Jiang Zemin inicia entrega do poder a seu sucessor, Hu Jintao

2003: Diário sexual de Mu Zimei ajuda a lançar a mania do blog na China

2005: Demonstrações antijaponesas irrompem em cidades em toda a China

NOTAS

Introdução Quem construiu a Grande Muralha da China?

1. J.L. Cranmer-Byng (org.), *An Embassy to China Being the Journal Kept by Lord Macartney during his Embassy to the Emperor Ch'ien-lung, 1793-94* (Londres: Longmans, 1962), p. 10.
2. Alain Peyrefitte, *The Collision of Two Civilisations: The British Expedition in 1792-4*, trad. Jon Rothschild (Londres: Harvill, 1995), p. 275.
3. Ibid., p. 150.
4. Ibid., p. 291.
5. Cranmer-Byng, *An Embassy*, pp. 103-4
6. Peyrefitte, *The Collision*, p. 76.
7. Ibid. p. 13.
8. Ibid. p. 210.
9. Cranmer-Byng, *An Embassy*, p. 84.
10. Peyrefitte, *The Collision*, p. 207.
11. Ibid., p. 88
12. Sir John Barrow, *Travels in China* (Londres: T. Cadell e W. Davies, 1806), pp. 107, 11 respectivamente.
13. Ibid., pp. 214-17
14. Ibid., pp. 224, 315, 204
15. Ibid., p. 333.
16. Cranmer-Byng, *An Embassy*, pp. 111.12.
17. Barrow, *Travels*, pp. 334-45.

GRANDE MURALHA

18. Ver edição in-folio de Sir George Leonard Staunton, *An authentic account of an embassy from the King of Great Britain to the Emperor of China...* (Londres: G. Nicol, 1798).

19. Cranmer-Byn, *An Embassy*, p. 132.

20. Ibid.

21. Peyrefitte, *The Collision*, p. xxxi.

22. Ibid., p. 526.

23. William Edgar Geil, *The Great Wall of China* (Nova York: Sturgis & Walton Company, 1909), p. 44; Arthur Waldron, *The Great Wall of China: From History to Myth* (Cambridge: Cambridge University Press, 1992), p. 3.

24. Ver ilustração ibid., p. 213.

25. Peyrefitte, *The Collision*, p. 185.

26. Joseph Needham, *Science and Civilisation in China* (Cambridge: Cambridge University Press, 1954-) IV.3 (1975), p. 47.

27. Citado em Waldron, *The Great Wall*, p. 225.

28. Ver, por exemplo, http://www.chinadaily.com.cn/english/licechina/2004-01/14/content_298858.htm

29. Agradeço a Simon Franklin por esta referência.

30. Cranmer-Byng, *An Embassy*, p. 113.

31. *Changcheng baike quanshu* (Enciclopédia da Grande Muralha) (Jilin: Jilin People's Publishing House — Editora Popular de Jilin, 1994), pp. 7-8.

32. CNN, "Great Wall Myth excised from textbooks", 12 de março de 2004.

33. Todas as citações retiradas de documentos de conferência coligidos em *Changcheng gnoji xueshu yantaohui lunwenji* (Atas do Simpósio Acadêmico Internacional sobre a Grande Muralha) (Jilin: Jilin renmin chubanshe, 1995), pp. 341, 343, 349, 8 respectivamente.

34. Ibid., p. 8.

35. Luo Zhewen et al., *The Great Wall* (Londres: Michael Joseph LTD, 1981), p. 67.

36. Michael Loewe, *Everyday Life in Early Imperial China*, (Nova York: Harper & Row, 1970), p. 133.

37. Ian Buruma, *Bad Elements: Chinese Rebels from Los Angeles to Beijing* (Londres: Weidenfeld & Nicolson, 2002), pp. xv-xxiii.

Capítulo 1 Por que muralhas?

1. Joseph Needham, *Science and Civilisation in China* (Cambridge: Cambridge University Press, 1954-) IV.3 (1975), pp. 42-3

NOTAS

2. Ver comentários ibid. e Kwang-chih Chang, *Shang Civilisation* (New Haven e Londres: Yale University Press, 1980).

3. Ver comentários em Suisheng Zhao, *A Nation-State by Construction: Dynamics of Modern Chinese Nationalism* (Stanford: Stanford University Press, 1994).

4. Ibid., p. 45.

5. W.M. de Bary, *Sources of Chinese Tradition*, vol. I (Nova York: Columbia University Press, 1999).

6. Valerie Hansen, *The Open Empire:A History of China to 1600* (Nova York: Norton, 2000), p. 27

7. Ibid., p. 31.

8. Ver comentário geral em Needham, *Science*, IV.3, pp. 38-57.

9. George B. Cressey, "The Ordos Desert of Inner Mongolia", in *Denison University Bulletin*, 28.8 (1933), p. 180.

10. Ibid., pp. 176-9.

11. Ibid., p. 181.

12. Ibid., p. 190.

13. Tradução levemente adaptada de James Legge, *The Chinese Classics*, Vol. IV, *The She King*, (Hong Kong: Lane, Craford & Co., 1871), p. 281.

14. Tradução adaptada de ibid., pp. 252-3.

15. Tradução adaptada de ibid., pp. 258-61.

16. Citado em Nicola Di Cosmo, *Ancient China and Its Enemies: The Rise of Nomadic Powers in East Asian History* (Cambridge: Cambridge University Press, 2002), p. 93; Jaroslav Prusek, *Chinese Statelets and the Northern Barbarians in the Period 1400-300 BC* (Nova York: Humanities Press, 1971), p. 228.

17. Do *Han shu*, citado em Arthur Waldron, *The Great Wall of China: From History do Myth* (Cambridge: Cambridge University Press, 1992), p. 35; Burton Watson (trad.), *Records of the Grand Historian of China*, vol. II (Nova York e Londres: Columbia University Press, 1961), p. 169.

18. Di Cosmo, *Ancient China*, pp.98-9.

19. Dennis Sinor, "The Inner Asian Warriors", *Journal of The American Oriental Society*, 101.2 (1981), pp. 134, 139.

20. Wandron, *The Great Wall*, p. 34.

21. Sechin Jagchid e Van Jay Symons, *Peace, War and Trade along the Great Wall: Nomadic-Chinese Interaction through Two Millennia* (Bloomington: Indiana University Press, 1989), p. 24.

GRANDE MURALHA

22. Prusek, *Chinese Statelets*, p. 191.
23. Hansen, *The Open Empire*, p. 34.
24. Tradução ligeiramente adaptada de Legge, *The Chinese Classics*, Vol. IV, *The She King*, p. 263.
25. Prusek, *China Statelets*, p. 191.
26. Ibid., p. 91.
27. J.I. Crump (trad.), *Chan-kuo ts'e* (University of Michigan Center for Chinese Studies, 1996), pp.289-98.
28. Watson (trad.), *Records*, vol.II, p. 159.
29. Ibid.
30. Ibid.
31. Di Cosmo, *Ancient China*, p. 143.
32. Para maiores detalhes, ver o útil relato ibid., pp. 138-52.
33. Ver comentários ibid.

Capítulo 2 A Longa Muralha

1. Sima Qian, *The Grand Scribe's Records*, Vol. I, org. William H. Nienhauser Jr. (Bloomington: Indiana University Press, 1994-), p. 131.
2. Ambos citados em Denis Twitchett e Michael Loewe (orgs.), *The Cambridge History of China Volume I: The Ch'in and Han Enpires, 220 BC throught AD 220* (Cambridge: Cambridge University Press, 1986), pp. 31-2.
3. Traduzido a partir de Sima, *The Grand Scribe's Records*, Vol. I, p. 155; Valerie Hansen, *The Open Empire: A History of China to 1600* (Nova York: Norton, 2000), p. 105.
4. Sima, *The Grand Scribe's Records*, Vol. I, pp. 147-8
5. J.I. Crump (trad.), *Chan-kuo ts'e* (University of Michigan Center for Chinese Studies, 1996), p. 81.
6. Hansen, *The Open Empire*, p. 101.
7. Crump, (trad.), *Chan-kuo ts'e*, p. 81.
8. Citado em Twitchell e Loewe (orgs.), *The Cambridge History of China Volume I*, p. 56.
9. Derk Bodde (trad.), *Statesman, Patriot, and General in Ancient China: Three Shih Chi Biographies of the Ch'in Dynasty (255-206 BC)* (New Haven: American Oriental Society, 1940), p. 54.

424

NOTAS

10. Hansen, *The Open Empire*, p. 104.

11. William Edgar Geil, *The Great Wall of China* (Nova York: Sturgis & Walton Company, 1909), p. 4.

12. Ver ilustração em Arthur Waldron, *The Great Wall of China: from History to Myth* (Cambridge: Cambridge University Press, 1992), p. 213.

13. Citado ibid., p. 15.

14. *Zhongguo changcheng yiji diaocha baogao ji* (Coleção de relatos sobre vistorias da Grande Muralha da China) (Pequim: Wenwu, 1981), p. 35.

15. *Changcheng guoji xueshu yantaohui lunwenji* (Atas do Simpósio Acadêmico Internacional sobre a Grande Muralha) (Jilin: Jilin renmin chubanshe, 1995), p. 243; *Zhongguo changcheng yiji diaocha*, p. 35-67.

16. Ver, por exemplo, a fotografia em Daniel Schwartz, *The Great Wall of China* (Londres: Thames e Hudson, 1990), p. 159.

17. *Changcheng guoji*, p. 255.

18. Burton Watson (trad.), *Records of the Grand Historian of China*, Vol. II (Nova York e Londres: Columbia University Press, 1961), p. 160.

19. Duas boas coleções de lendas da Grande Muralha: *Zhongguo changcheng gushi* (Histórias sobre a Grande Muralha da China) (Pequim: Yanshan, 1987) e Song Mengyin e Dong Kan (orgs.) *Wanli changcheng chuanshuo* (Lendas da Grande Muralha) (Hebei: Hebei shaonian ertong, 1990).

20. Sima, *The Grand Scribe's Records*, Vol. I, p. 145.

21. Ibid. p. 146.

22. Liu Qingde et al., *Zhongguo lidai changcheng shi lu* (Poesia sobre a Grande Muralha da China através das eras) (Hebei: Hebei meishu chubanshe, 1991), p. 3.

23. Sima, *The Grand Scribe's Records*, Vol. Vii, p. 366.

24. Ibid.

25. Tradução adaptada de Sechin Jagchid e Van Jay Symons, *Peace, War and Trade along the Great Wall: Nomadic-Chinese Interaction through Two Millennia* (Bloomington: Indiana University Press, 1989), pp. 56-7.

26. Citado em Twitchett e Loewe (orgs.), *The Cambridge History of China Volume I*, p. 83.

27. Watson (trad.), *Records,* Vol. II, p. 160

28. Citado em Twitchett e Loewe, (orgs.), *The Cambridge History of China Volume I*, p. 85.

29. Citado em Waldron, *The Great Wall*, p. 195.

GRANDE MURALHA

Capítulo 3 Muralhas Han: *Plus ça change*

1. Burton Watson (trad.), *Records of the Grand Historian of China*, Vol. II (Nova York e Londres, Columbia University Press, 1961) p. 161.
2. Ibid.
3. Citado em Sechin Jagchid e Van Jay Symons, *Peace, War and Trade Along the Great Wall: Nomadic-Chinese Interaction through Two Millenia* (Bloomington: Indiana University Press, 1989), p. 25.
4. Watson (trad.), *Records*, Vol. I, p. 96.
5. Thomas J. Barfield, *The Perilous Frontier: Nomadic Empires and China* (Oxford: Basil Blackwell, 1989), p. 35.
6. Citado em Denis Twitchett e Michael Loewe (orgs.), *The Cambridge History of China Volume I: The Ch'in and Han Empires:220 A.C. a 220 D.C.* (Cambridge: Cambridge University Press, 1986), p. 387.
7. Watson (trad.), *Records*, Vol. II, p. 167.
8. Citado em Twitchett e Loewe (orgs.), *The Cambridge History of China Volume I*, p. 387.
9. Tradução adaptada de Watson (trad.), *Records*, Vol. II, p. 176.
10. Tradução adaptada de Arthur Waldron, *The Great Wall of China: From History to Myth* (Cambridge: Cambridge University Press, 1992), p. 41.
11. Citado em Twitchett e Loewe (orgs.), *The Cambridge History of China Volume I*, p. 160.
12. Burton Watson (trad.), *Records of the Grand Historian Han Dynasty II* (ed. rev.) (Hong Kong e Nova York: Renditions e Columbia University Press, 1993), pp. 164, 172, 237.
13. Watson (trad.), *Records*, Vol II, pp. 178-9.
14. *Zhongguo changcheng yiji diaocha baogao ji* (Coleção de relatórios de vistorias na Grande Muralha da China) (Pequim: Wenwu, 1981), p. 36.
15. Ibid., pp. 25-33.
16. Ver excelente tradução de Ann Birrell *The Classic of Mountains and Seas* (Londres: Penguin, 1999).
17. A.F.P. Hulsewe e Michael Loewe, *China in Cenhral Asia: the Early Stage, 125 A.C.- 23 D.C.* (Leiden: Brill, 1979, pp. 110-11).
18. Watson (trad.), *Records of the Grand Historian Han Dynasty II*, p. 236.
19. Hulsewe e Loewe, *China in Central Asia*, p. 211.

NOTAS

20. Watson (trad.), *Records of the Grand Historia Han Dynasty II*, p. 237.

21. Michael Loewe, *Everyday Life in Early Imperial China* (Nova York: Harper & Row, 1970), pp. 128-36.

22. Annabel Walker, *Aurel Stein: Pioneer of the Silk Road* (Londres: John Murray, 1995), p. 161.

23. Marco Polo, *The Travels*, trad. R.E. Latham (Harmondsworth: Penguin, 1980), p. 84.

24. Walker, *Aurel Stein*, p. 153.

25. Peter Hopkirk, *Foreign Devils on the Silk Road: The Search for the Lost Treasures of Central Asia* (Oxford: Oxford University Press, 1984), p. 12.

26. Ver relato ibid.

27. M. Aurel Stein, *Ruins of Desert Cathay: Personal Narrative of Expolrations in Central Asia and Westernmost China*, Vol. I (Nova York: Dover Publications, 1987), p. 539.

28. Citado na excelente biografia de autoria de Jeannette Mirsky, *Sir Aurel Stein: Archaeological Explorer* (Chicago: University of Chicago Press, 1977), p. 253.

29. Ver Stein, *Ruins*, Vol. I, pp. 538-45.

30. Ibid.

31. Mirsky, *Sir Aurel Stein*, pp.260-63.

32. Ibid., p. 260.

33. Ibid., p. 263.

34. Stein, *Ruins*, Vol II. pp. 135, 141-2.

35. Mirsky, *Sir Aurel Stein*, p. 262.

36. M. Aurel Stein, *Serindia*, Vol. II (Oxford: Clarendon Press, 1921), pp. 762-3.

37. Stein, *Ruins*, Vol. II, pp. 63-4.

38. Figuras de *Changcheng guoji xueshu yantaohui lunwenji* (Atas do Simpósio Acadêmico Internacional sobre a Grande Muralha) (Jilin: Jilin renmin chubanshe, 1995), p. 105.

39. Liu Qingde et al., *Zhongguo lidai changcheng shi lu* (Poesia da Grande Muralha da China através dos Tempos) (Hebei: Hebei meishu chubanshe, 1991), p. 9.

40. Rafe de Crespigny, *Northern Frontier: The Policies and Strategy of the Later Han Empire* (Camberra: Australian National University, 1984), p. 245.

41. Stein, *Serindia*, Vol. II, p. 692.

42. Liu at al., *Zhongguo lidai*, p. 7.

43. Ibid., p. 8.

44. De Crespigny, *Northern Frontier*, p. 423.

GRANDE MURALHA

45. Stein, *Ruins*, Vol. II, p. 104
46. Barfield, *The Perilous Frontier*, p. 56.
47. Ibid., p. 57.
48. Watson (trad.), *Records*, Vol. II, p. 228.
49. Ibid., p. 186.
50. Minha própria tradução: original aparece em Stephen Owen, *The Great Age of Chinese Poetry: The High T'ang* (New Haven: Yale University Press, 1981), p. 70.
51. Hans Bielenstein, *The Restoration of the Han Dynasty*, Vol. III, *Bulletin of the Museum of Far Eastern Antiquities*, 39 (1967), p. 111.

Capítulo 4 Fronteiras móveis e bárbaros decadentes

1. Ver o maravilhoso relato de W.J.F. Jenner sobre a Luoyang do Wei do Norte e sua tradução do "Registro" de Yang Xuanzhi em *Memories of Loyang: Yang Hsüan-chih and the Lost Capital (493-534)* (Oxford: Clarendon Press, 1981).
2. Citado em Thomas J. Barfield, *The Perilous Frontier: Nomadic Empires and China* (Oxford: Basil Blackwell, 1989), p. 87.
3. Ibid.
4. Ibid., p. 86.
5. Jacques Gernet, *A History of Chinese Civilization*, trad. J.R. Foster (Cambridge: Cambridge University Press, 1990), pp. 182-5.
6. *Changcheng baike quanshu* (Enciclopédia da Grande Muralha) (Jilin: Casa Editora do Povo de Jilin, 1994), p. 79.
7. Barfield, *The Perilous Frontier*, p. 115.
8. Ibid., p. 111.
9. Jenner, *Memories*, p. 20.
10. Citado ibid., p. 21.
11. Ibid.
12. Ibid., p. 219.
13. *Changcheng guoji xueshu yantaohui lunwenji* (Atas do Simpósio Acadêmico Internacional sobre a Grande Muralha) (Jilin: Jilin renmin chubanshe, 1995), p. 134.
14. Ibid., p. 135.
15. Tradução adaptada de René Grousset, *The Empire of the Steppes: A History of Central Asia*, trad. Naomi Watford (New Jersey: Rutgers University Press, 1970), p. 63.
16. *Nanqi shu* (História do Qi do Sul) (Pequim: Zhonghua shuju, 1972), p. 985.

NOTAS

17. *Changcheng guoji*, p. 137.
18. Citado em Denis Twitchett (org.), *The Cambridge History of China Volume 3; Sui and T'ang China, 589-906, Part I* (Cambridge: Cambridge University Press, 1979), p. 50.
19. Arthur F. Wright, *The Sui Dynasty* (Nova York: Knopf, 1978), p. 35.
20. Jenner, *Memories*, p. 215.
21. Ibid., pp. 201-2.
22. *Wei shu* (História do Wei) (Pequim: Zhonghua shuju, 1974), 54.1201-2. Tradução influenciada por Arthur Waldron, *The Great Wall of China: From History to Myth* (Cambridge: Cambridge University Press, 1992), pp. 44-5.
23. Ver debate em *Changcheng guoji*, pp. 134-42, e *Zhongguo changcheng yiji diaocha baogao ji* (Coleção de relatos sobre vistorias na Grande Muralha da China) (Pequim: Wenwu, 1981), pp. 6-20.
24. *Wei shu*, 41.927-8.
25. Citado em Jenner, *Memories*, pp. 38-9.
26. Citado em Jonathan Fryer, *The Great Wall of China* (Londres: New English Library, 1975), p. 108.
27. Jenner, *Memories*, p. 224.
28. Ibid., pp. 68-9.
29. Ibid., p. 235.
30. Ibid., pp. 70-71.
31. Ibid., p. 153.
32. Ver ibid., pp. 74-102.

Capítulo 5 A reunificação da China

1. Denis Twitchett e Michael Loewe (orgs.), *The Cambridge History of China Volume I; The Ch'in and Han Empires, 220 A.C. through 220 D.C.* (Cambridge: Cambridge University Press, 1986), p. 357.
2. Thomas J. Barfield, *The Perilous Frontier: Nomadic Empires and China* (Oxford: Basil Blackwell, 1989), p. 132.
3. Ibid.
4. Edward H. Parker, "The Early Turks", *China Review*, 24 (1899-1900), p. 120.
5. *Changcheng baike quanshu* (Enciclopédia da Grande Muralha) (Jilin: Casa Editora do Povo de Jilin, 1994), p. 96.

GRANDE MURALHA

6. Ibid., pp. 81-2.
7. Hu Ji, *Sui Yangdi xinzhuan*, (Nova biografia do Imperador Yang, do Sui) (Xangai: Shanghai renmin chubanshe, 1995), pp. 36-7.
8. Ibid., p. 128.
9. Tradução adaptada de Denis Twitchett (org.) *The Cambridge History of China, Volume 3: Sui and T'ang China, 589-906, Part I* (Cambridge: Cambridge University Press, 1979), p. 62.
10. Arthur F. Wright, *The Sui Dynasty* (Nova York: Knopf, 1978), p. 67.
11. Tradução adaptada de Edward H. Parker, "The Early Turks", *China Review*, 25 (1900-1901), p. 1.
12. *Changcheng baike quanshu*, pp. 82.3.
13. Parker, "The Early Turks", 25, p. 2.
14. Citado em Twitchett (org.), *The Cambridge History of China, Volume 3*, p. 108.
15. Parker, "The Early Turks", 25. p.3.
16. Ibid., p. 5.
17. *Chngcheng baike quanshu*, p. 83. Para referências às muralhas Sui nas fontes dinásticas, ver também Arthur Waldron, *The Great Wall of China: From History to Myth* (Cambridge: Cambridge University Press, 1992), p. 235, n. 147-51.
18. Hu, *Sui Yangdi*, p. 43.
19. Ibid.
20. Ibid., p. 50.
21. Twitchett (org.), *The Cambridge History of China Volume 3*, p. 137.
22. Parker, "The Early Turks", 25, p. 72.
23. Hu, *Sui Yangdi*, pp. 129-30.
24. Ibid., pp. 131-2.
25. *Zhongguo changcheng yiji diaocha baogao ji* (Coleção de relatórios sobre vistorias na Grande Muralha da China) (Pequim: Wenwu, 1981), pp. 129-30.
26. Harry Franck, *Wandering in China* (Londres: T. Fisher Unwin Ltd, 1924), p. 113.
27. Liu Qingde et al., *Zhongguo lidai changcheng shi lu* (Poesia sobre a Grande Muralha da China através dos tempos) (Hebei: Hebei menshu chubanshe, 1991), pp. 62-3.
28. Arthur F. Wright, "Sui Yang-ti: Personality and Stereotype", in *The Confucian Persuasion*, org. Arthur F. Wright (Stanford: Starnfors University Press, 1960), p. 17.
29. Ver Liu et al., *Zhongguo lidai*, pp. 59-65.
30. Parker, "The Early Turks", 25, p. 73.

NOTAS

31. Hu *Sui Yangdi*, pp. 198-202.
32. Ibid., pp. 220-28.
33. Wright, "Sui Yang-ti", p. 67.
34. Ver ibid.

Capítulo 6 Sem muralhas: a expansão das fronteiras da China

1. Adaptado da tradução em Denis Twitchett (org.), *The Cambridge History of China, Volume 3: Sui and T'ang China, 589-906, Part I* (Cambridge: Cambridge University Press, 1979), p. 156.
2. Edward H. Parker, "The Early Turks", *China Review*, 25 (1900-1901), pp. 164, 237.
3. Ibid., pp. 166-7, 239.
4. Ibid., p. 239.
5. Ibid., p. 240.
6. Ibid., p. 169.
7. Charles Hartman, *Han Yu and the T'ang Search for Unity* (Princeton: Princeton University Press, 1986), pp. 119-20.
8. Citado em Twitchett (org.), *The Cambridge History Volume 3*, p.223.
9. René Grousset, *The Empire of the Steppes: A History of Central Asia*, trad. Naomi Watford (New Jersey: Rutgers University Press, 1970), p. 95.
10. *Xin tangshu* (Pequim: Zhonghua shuju, 1975), 93.3818-19.
11. Citado em Edward H. Schafer, *The Golden Peaches of Samarkand*, (Berkeley: University of California Press, 1963), p. 16.
12. Qu Shuiyuan e Zhu Jincheng (orgs.), *Li Bo ji jiaozhu* (Li Bo coligido e anotado) (Xangai: Shanghai guji chubanshe, 1980), p. 252.
13. Ver o excelente relato do amor do Tang por objetos estrangeiros exóticos, em Schafer, *The Golden Peaches*.
14. Twitchett (org.) *The Cambridge History of China Volume 3*, p. 317.
15. Jacques Gernet, *A History of Chinese Civilization*, trad. J. R. Foster (Cambridge: Cambridge University Press, 1990) p. 294.
16. Para maiores detalhes, ver Edwin G. Pulleyblank, *The Background of the Rebellion of An Lu-shan* (Oxford: Oxford University Press, 1966).
17. Ver Ichisada Miyazaki, *China's Examination Hell: The Civil Service Examinations of Imperial China*, trad. Conrad Shirokauer (New Haven: Yale University Press, 1981).

GRANDE MURALHA

18. Para um excelente relato crítico sobre a poesia do alto Tang, ver Stephen Owen, *The Great Age of Chinese Poetry: The High T'ang* (New Haven: Yale University Press, 1981).

19. Arthur Waley, "A Chinese Poet in Central Asia", in *The Secret History of the Mongols* (Londres: George Allen e Unwin, 1963), pp. 30-46.

20. Chen Tiemin e Hou Zhongyi (orgs.), *Cen Shen ji jiaozhu* (Cen Shen coligido e anotado) (Xangai: Shanghai guji chubanshe, 1981), p. 145.

21. Ibid., p. 66.

22. Ibid., p. 77.

23. Esse argumento analítico é de Marie Chan em "The Frontier Poems of Ts'en Shen", *Journal of the American Oriental Society*, 98.4 (1978), p. 424. As traduções são minhas, tiradas de *Quan Tang shi* (Poesia Tang completa) (Pequim: Zhonghua shuju, 1960), pp. 2849, 1700 respectivamente.

24. Cen e Hou (orgs.), *Cen Shen*, p. 148.

25. Ibid., pp. 169-70.

26. Liu Qingde et al., *Zhongguo lidai changcheng shi lu* (Poesia sobre a Grande Muralha da China através dos Tempos) (Hebei: Hebei meishu chubanshe, 1991), p. 155.

27. Ibid., p. 154.

28. Ibid., p. 119.

29. Ibid., p. 126.

30. Qu e Zhu (orgs.), *Li Bo*, p. 1711.

Capítulo 7 A volta dos bárbaros

1. Para detalhes do debate completo, ver Hok-lam Chan, *Legitimation in Imperial China: Discussions under the Jurchen-Chin Dynasty (1115-1234)* (Seattle: University of Washington Press, 1984).

2. Thomas J. Barfield, *The Perilous Frontier: Nomadic Empires and China* (Oxford: Basil Blackwell, 1989), p. 202.

3. Ibid., p. 171.

4. Valerie Hansen, *The Open Empire: A History of China in 1600* (Nova York: Norton, 2000), p. 303; Herbert F. Frank e Denis Twitchett (orgs.), *The Cambridge History of China Volume 6: Alien Regimes and Border States, 907-1368* (Cambridge: Cambridge University Press, 1994), p. 92.

5. *Zhongguo changcheng yiji diaocha baogao ji* (Coleção de relatórios sobre vistorias na Grande Muralha da China) (Pequim: Wenwu, 1981), pp. 130-31.

NOTAS

6. *Changcheng guoji xueshu yantaohui lunwenji* (Atas do Simpósio Acadêmico Internacional sobre a Grande Muralha) (Jilin: Jilin renmin chubanshe, 1995), pp. 154-8.
7. Li Chih-Ch'ang, *The Travels of an Alchemist*, trad. Arthur Waley (Londres: Routledge, 1931), p. 63.
8. *Zhongguo changcheng yiji diaocha*, pp. 77-83. Ver também fotografias em Daniel Schwartz, *The Great Wall of China* (londres: Thames e Hudson, 1990).
9. Ibid., pp. 130-1
10. Ibid.
11. John Man, *Genghis Khan: Life, Death and Resurrection*, (Londres: Bantam, 2004), pp. 55-62.
12. Ibid., p. 103.
13. Ibid., p. 134
14. *Changcheng guoji*, p. 155.
15. Man, *Genghis Khan*, p. 135.
16. Li, *The Travels*, pp. 62-3.
17. Leo de Hartog, *Genghis Khan: Conqueror of the World* (Londres: Tauris, 1989), pp. 64-5.
18. Citado em Barfield, *The Perilous Frontier*, p. 200.
19. Citado em Michel Hoang, *Genghis Khan* (Londres: Saki, 1990), p. 184.
20. Marco Polo, *The Travels*, trad. R.E. Latham (Harmondsworth: Penguin, 1980), pp. 124-6.
21. Ibid., pp. 128-9
22. Hansen, *The Open Empire*, p. 366.

Capítulo 8 Uma questão de abrir e fechar: a primeira muralha Ming

1. Ver Susan Naquin, *Peking: Temples and City Life* (Berkeley: University of Californa Press, 2000), para uma análise detalhada da Pequim Ming e Qing.
2. *Changcheng baike quanshu* (Enciclopédia da Grande Muralha) (Jilin: Casa Editora do Povo de Jilin, 1994), p. 758.
3. Hua Xiazi, *Ming changcheng kaoshi* (Uma investigação sobre a Grande Muralha Ming) (Qinhuangdao: Dang'an chubanshe, 1988), p. 134.
4. Citado em Edward L. Farmer, *Early Ming Government: The Evolution of Dual Capitals* (Cambridge, Mass: Harvard University Press, 1976), pp. 37-8.

GRANDE MURALHA

5. Ver Arthur Waldron, *The Great Wall of China: From History to Myth* (Cambridge: Cambridge University Press, 1992), pp. 72-81, para um excelente relato da estratégia de fronteiras dos primeiros tempos Ming.

6. Hafiz-i Abru, *A Persian Embassy in China*, trad. K. M. Maitra (Nova York: Paragon Books Reprint Corp., 1970), pp. 16. 24, 65.

7. Henry Serruys, "Sino-Mongol relations during the Ming, III. Trade Relations: The Horse Fairs (1499-1600)": *Mélanges Chinois et Bouddhiques*, 18 (1975), p. 21.

8. Tradução adaptada de Frederick W. Mote, "The T'u-mu Incident of 1449", in *Chinese Ways in Warfare*, org. Frank A. Kierman Jr. e John K. Fairbank (Cambridge, Mass.: Harvard University Press, 1874), p. 255.

9. Tradução do original transcrito em James Legge, *The Chinese Classics*, Vol. IV, *The She King* (Hong Kong Lane, Crawford and Co., 1871), p. 561.

10. O relato seguinte da campanha Ming se baseia em informações do excelente artigo de Frederick Mote "The T'umu Incident".

11. Ibid., p. 255.

12. Ibid., p. 256.

13. Ibid., p. 258.

14. Tradução adaptada de ibid., p. 261.

15. Ibid., p. 262

16. Ibid., p. 266.

17. Ibid., p. 268.

18. Citado em Frederick W. Mote e Denis Twitchett (orgs.), *The Cambridge History of China Volume 7: The Ming Dynasty, 1368-1644, Part I* (Cambridge: Cambridge University Press, 1988), pp. 371-2.

19. Citado em Mote, "The T'umu Incident", pp. 368-9.

20. Citado em Thomas J. Barfield, *The Perilous Frontier: Nomadic Empires and China* (Oxford; Basil Blackwell, 1989), p. 242.

21. Ver o relato de Waldron em *The Great Wall*, pp. 91-107.

22. Ibid., p. 79.

23. Ver L. Carrington Goodrich (org.), *Dictionary of Ming Biography, 1368-1644* (Nova York: Columbia University Press, 1976), pp. 155-9.

24. *Ming shi* (História do Ming) (Pequim: Zhonghua shuju, 1974), 178.4737.

25. Mote e Twitchett (orgs.), *The Cambridge History of China Volume 7*, p. 401.

26. *Ming shi*, 178.4736.

NOTAS

27. Henry Serruys, "Towers in Northern Frontier Defenses of the Ming", *Ming Studies,* 14 (Primavera 1982), p. 35.

28. *Ming Shi,* 178.4738.

29. Citado em Waldron., *The Great Wall,* p. 117.

Capítulo 9 Ergue-se a muralha

1. Citado em Arthur Waldron, *The Great Wall of China: From History to Myth* (Cambridge: Cambridge University Press, 1992), p. 123.

2. Henry Serruys, "Sino-Mongol Relations during the Ming, II. The Tribute System and Diplomatic Missions (1400-1600)", *Mélanges Chinois et Bouddhiques,* 14 (1969), p. 38.

3. Citado em Sechin Jagehid e Van Jay Symons, *Peace, War and Trade along the Great Wall: Nomadic-Chinese Interaction thrrough Two Millenia* (Bloomington: Indiana University Press, 1989), p. 197.

4. Citado ibid., p. 87.

5. Serruys, "Sino-Mongol Relations during the Ming II", p. 37.

6. Citado em Waldron, *The Great Wall,* p. 154.

7. *Zhongguo changcheng yiji diaocha baogao ji* (Coleção de relatórios sobre vistorias da Grande Muralha da China) (Pequim: Wenwu, 1981), pp. 102-5.

8. Frederick W. Mote e Denis Twitchett (orgs.), *The Cambridge History of China Volume 7: The Ming Dynasty, 1368-1644, Part I* (Cambridge: Cambridge University Press, 1988), p. 475.

9. Citado em Frederick W. Mote e Denis Twitchett (orgs.), *The Cambridge History of China Volume 8, The Ming Dynasty, 1368-1644, Part II* (Cambridge: Cambridge University Press, 1998), p. 66.

10. Jagchid e Symons, *Peace, War and Trade,* p. 94.

11. Waldron, *The Great Wall,* p. 176; Jagchid e Symons, *Peace, Warand Trade,* pp. 94-6.

12. Serruys, "Sino-Mongol Relations during the Ming, II", p. 58.

13. Ver ibid., p. 60, e Jagchid e Symons, *Peace, War and Trade,* p. 93.

14. Waldron, *The Great Wall,* p. 161.

15. Ibid., p. 152.

16. Ibid., p. 163.

17. Ver *Zhnogguo changcheng yiji diaocha,* pp. 93-100, 106-7, para descrições detalhadas de Jiayuguan e Shanhaiguan.

GRANDE MURALHA

18. Exemplos retirados de *Zhongguo changcheng gushi* (Histórias sobre a Grande Mura-lha da China) (Pequim: Yanshan, 1987) e Song Mengyin e Dong Kan (orgs.) *Wanli changcheng chuanshuo* (Lendas da Grande Muralha) (Hebei: Hebei shaonian ertong, 1990).
19. Ver quadro em Waldron, *The Great Wall*, p. 152.
20. Luo Zhewen et al., *The Great Wall* (Londres: Michael Joseph Ltd., 1981), pp. 128-39.
21. Henry Serruys, "Towers in The Northern Frotier defenses of the Ming", *Ming Studies*, 14 (primavera 1982), pp. 28-30.
22. Ibid., pp. 19-20.
23. Ibid., p. 21.
24. Para esses e outros detalhes, ver o excelente relato de Serruys em ibid.
25. Ibid., p. 58.
26. Waldron, *the Great Wall*, p. 164.
27. Citado em Jagchid e Symons, *Peace, War and Trade*, p. 106.
28. Serruys, "Sino-Mongol relations during the Ming II", p. 590.
29. Citado em Jagchid e Symons, *Peace, War and Trade*, p. 104.

Capítulo 10 A grande queda da China

1. Hua Xiazi, *Ming changcheng kaoshi* (Uma Investigação sobre a Grande Muralha Ming) (Qinhuangdao: Dang'an chubanshe. 1988), p. 86.
2. Frederic Wakeman Jr., "The Shun Interregnum of 1644", in *From Ming to Qing: Conquest, Region, and Continuity in Seventeenth-Century China*, org. Jonathan D. Spence e John E. Wills (New Haven: Yale University Press, 1979), p. 45
3. Ver Willard J. Peterson (org.), *The Cambridge History of China, Volume 9, Part One: The Ch'ing Empire to 1800* (Cambridge: Cambridge University Press, 2002), pp. 9-72, para detalhes dos anos de formação do estado Qing na Manchúria.
4. Wakeman, "The Shun Interregnum", p. 44.
5. Frederic Wakeman Jr., *The Great Enterprise: The Manchu Reconstruction of Imperial Order in Seventeenth-Century China*, Vol. I (Berkeley: University of California Press, 1988), p. 13.
6. Ibid., p. 238.
7. Frederick W. Mote e Denis Twitchett (orgs.) *The Cambridge History of China Volume 7: The Ming Dynasty, 1638-1644, Part I* (Cambridge: Cambridge University Press, 1988), p. 637.

NOTAS

8. Citado em Jacques Genet, *A History of Chinese Civilization*, trad. J.R. Foster (Cambridge: Cambridge University Press, 1990), p. 431.

9. Wakeman, "The Shun Interregnum", p. 45.

10. Wakeman, *The Great Enterprise*, pp. 59-60.

11. Henry Serruys, "Towers in Northern Frontier Defenses of the Ming", *Ming Studies*, 14 (Primavera de 1982), p. 31.

12. Ibid., p. 24.

13. Ibid., p. 45.

14. Ibid., p. 22.

15. Ibid., p. 43.

16. Ibid., p. 48.

17. Tradução adaptada de ibid., p. 51.

18. Ibid., p. 24.

19. Ibid., p. 25.

20. Ibid., p. 61.

21. Ibid., p. 47.

22. Ibid., p. 38.

23. Ibid., p. 45.

24. Wakeman, *The Great Enterprise*, p. 63.

25. Ibid., pp. 171-90.

26. Ibid., p. 224.

27. Ibid., p. 235.

28. Citado em ibid., p. 259.

29. Ibid., p. 246.

30. Citado em ibid., p. 260.

31. Ibid., pp. 260-62.

32. Citado em ibid., p. 265

33. Ibid., p. 266.

34. Ver debate, por exemplo, em Angela Hsu, "Wu San-kuei in 1644: A Reappraisal", in *Journal of Asian Studies*, 34.2 (February 1975), pp. 443-53.

35. Wakeman, *The Great Enterprise*, p. 291.

36. Citado em ibid., p. 291

37. Citado em ibid., p. 139.

38. Citado em ibid., p. 147.

39. Wakeman, "The Shun Interregnum", p. 70.

GRANDE MURALHA

40. Wakeman, *The Great Enterprise*, pp. 300-301.
41. Tradução adaptada de ibid., p. 309.
42. Ibid., p. 310.
43. Tradução adaptada de ibid., p. 311.
44. Tradução adaptada de ibid., p. 310.
45. Citado em ibid., p. 314.
46. Tradução adaptada de ibid., p. 315.
47. Tradução adaptada de Wakeman, "The Shun Interregnum", p. 74.
48. Wakeman, *The Great Enterprise*, p. 318.
49. Ver Wang Su, "Qian nian chunqiu lun changcheng" (Debates sobre a Grande Muralha através dos milênios) *Zhongguo qingnian bao*, 14 de agosto de 1988, p. 6.
50. J.L. Cranmer, Byng (org.), *An Embassy to China Being the Journal Kept by Lord Macartney during his Embassy to the Emperor Ch'ien-lung, 1793-94* (Londres: Longmans, 1962), p. 113.
51. Wan Sitong, *Xin yuefu ci* (Novas baladas populares), em *Congshu jicheng xubian*, Vol. 28 (Xangai: Shanghai shudian chubanshe, 1944), p. 255.

Capítulo 11 Como os bárbaros construíram a Grande Muralha

1. Jean Baptiste Du Halde, *A Description of the Empire of China...* (Londres: Edward Cave, 1738-41), Vol. II, p. 270.
2. Jonathan D. Spence, *Emperor of China: Self Portrait of Kang Hsi* (Nova York: Knopf, 1974), pp. xiv-xv.
3. Citado em Du Halde, *A Description*, Vol. II, p. 271, e Arthur Waldron, *The Great Wall of China: From History to Myth* (Cambridge: Cambridge University Press, 1992), p. 206.
4. Martino Martini, *Novus Atlas Sinensis* (Amsterdã: Joan Blaeu, 1655). A tradução do texto de Martini foi retirado de Athanasius Kircher, SJ, *China monumentis qua sacris qua profanis, Illustrata*, trad. Charles D. Van Tuyl (Oklahoma: Indian University Press, Bacone College, 1987), p. 207.
5. Ibid., p. 207.
6. Waldron, *The Great Wall*, p. 204.
7. Ruth I. Meserve, "The Inhospitable Land of the Barbarian", *Journal of Asian History*, 16 (1982), pp. 76-7.
8. Ver debate em Waldron, *The Great Wall*, pp. 204-5.

NOTAS

9. Du Halde, *A Description*, Vol. I., p. 22.

10. George H. Dunne, *Generation of Giants: The Story of the Jesuits in China in the Last Decades of the Ming Dynasty* (Londres: Burns e Oates, 1962), p. 16.

11. Ibid., p. 17.

12. Matteo Ricci, *China in the Sixteenth Century: The Journals of Matthew Ricci: 1583-1610*, trad. Louis J. Gallagher, SJ (Nova York: Random House, 1953), p. 26.

13. Ibid., p. 59.

14. Jonathan Spence, *The Chan's Great Continent: China in Western Minds* (Londres: Penguin, 2000), p. 33.

15. Ricci, *China*, p. 10; Alexandre de Rhodes, *Divers voyages de la Chine et autres royaumes de l'Orient* (Paris: Christophe Iournel, 1681), p. 46; Verbiest, citado em Du Halde, *A Description*, Vol. II, p. 271; Philippe Avril, *Travels into divers parts of Europe and Asia* (Londres: Tim. Goodwin, 1693), p. 144; Du Halde, *A Description*, Vol. I, p. 20.

16. Louis D. Le Comte, *Memoirs and Observations...* (Londres: Benj. Tooke, 1698, p. 74).

17. Du Halde, *A Description*, Vol. I, pp. 20-22.

18. Ibid.

19. John E. N. Hearsey, *Voltaire* (Londres: Constable, 1976), p. 10.

20. Citado em Ian Buruma, *Voltaire's Coconuts: or Anglomania in Europe* (Londres: Phoenix, 2000), p. 31.

21. Voltaire, *Philosophical Dictionary*, Vol. I, trad. Peter Gay (Nova York: Basic Books, 1962), p. 169.

22. Voltaire, *An Essay on Universal History*, Vol. I, trad. Thomas Mugent (Edimburgo: William Creech, 1782), p. 13.

23. Voltaire, *Dictionnaire Philosophique* (Paris: Garnier frères, 1954), p. 481.

24. Citado em A. Owen Aldridge, "Voltaire and the Cult of China", *Tamkang Review*, 2.2-3.1 (1971-2), p. 29.

25. Hearsey, *Voltaire*, p. 291.

26. Voltaire, *Lettres chinoises, indiennes et tartares* (Paris: [s.n], 1776), p. 60.

27. Ibid., pp. 58-9.

28. Ibid., p. 54.

29. Voltaire, *Dictionnaire Philosophique*, Vol. I (Amsterdã: Marc-Michel Rey, 1789), p. 334.

30. Ver Buruma, *Voltaire's Coconuts*, pp. 20-51, para um interessantíssimo relato dos encontros de Voltaire na Inglaterra.

GRANDE MURALHA

31. Citado em Spence, *The Chan's Great Continent*, pp. 55-54, 55, 54 respectivamente.

32. Para mais detalhes, ver ibid., pp. 66-71.

33. Daniel Defoe, *The Further Adventures of Robinson Crusoe* (Londres: Constable & Co., 1925), pp. 280-81.

34. Ver Linda Colley, *Captives: Britain, Empire and the World 1600-1850* (Londres: Jonathan Cape, 2002).

35. J.H. Dunne, *From Calcutta to Pekin* (Londres: S. Low, 1861), p. 128.

36. John K. Fairbank (org.), *The Cambridge History of China Volume 10: Late Ch'ing, 1800-1911, Part I* (Cambridge: Cambridge University Press, 1978, p. 176.

37. Ibid., p. 192.

38. Citado em Susan Schoenbauer Thurin, *Victoria Travellers and the Opening of China* (Ohio: Ohio University Press, 1999), p. 1-2.

39. George Fleming, *Travels on Horseback in Mantchu Tartary* (Londres: Hurst & Blackett, 1863), pp. 16, 17, 130.

40. Ibid., pp. 29, 26 respectivamente.

41. Ibid., p. 224.

42. Ibid., pp. 227-9.

43. Ibid., p. 255.

44. Ibid., p. 228-9.

45. Ibid., p. 181.

46. Ibid., p. 287.

47. Ibid., pp. 322-3.

48. Ibid., pp. 324-8.

49. Ibid., pp. 332-3.

50. Ibid., p. 346.

51. Ibid., pp. 355, 367.

52. Ibid., p. 368-.

53. Citado em Rosemary Bailey, *The Man Who Married a Mountain: A Journey through the French Pyrenees* (Londres: Bantam Books, 2005) p. 175.

54. Fleming, *Travels*, p. 342.

55. Ibid., p. 340.

56. "The Great Wall of China", *Once a Week*, 7 de junho de 1862, p. 672.

57. Adam Warwick, "A Thousand Miles Along the Great Wall of China", *National Geographic Magazine*, 43.2 (Fevereiro de 1923), p. 115.

NOTAS

58. Sir John Francis Davis, *Sketches of China* (Londres: C. Knight & Co., 1841), pp. 3-4.
59. Frits Holm, *My Nestorian Adventure in China* (Londres: Hutchinson & Co., 1924), p. 53.
60. Luigi Barzini, *Pekin to Paris: An Account of Prince Borghese's Journey across Two Continents in a Motor-car* (Londres: E. Grant Richard, 1907), pp. 96-7.
61. Ibid., p. 109.
62. Victor Murdock, *China, the Mysterious and Marvellous* (Nova York: Chicago, 1920), p. 291.
63. William John Gill, *River of Golden Sand* (Londres: Murray, 1883), pp. 22-3.
64. Roy Chapman Andrews, *Across Mongolian Plains* (Londres: D. Appleton & Co., 1921), p. 20.
65. Fleming, *Travels*, p. 318.
66. Ibid., pp. 367-.

Capítulo 12 Traduzindo a Grande Muralha para o chinês

1. Citado em Jonathan Spence, *The Search for Modern China* (Nova York: Norton, 1999), pp. 303-4.
2. Teng Ssu-yü e John K. Fairbank (orgs.), *China's Response to the West: A Documentary Survey, 1839-1923* (Cambridge, Mass.: Harvard University Press, 1954) pp. 240, 243.
3. Marie-Claire Bergère, *Sun Yat-sen,* trad. Janet Lloyd (Stanford: Stanford University Press, 1998), p. 282.
4. Sun Zhongshan, *Jianguo fanglüe* (Plano de reconstrução nacional) (Zhengzhou: Zhongzhou guji chubanshe, 1998).
5. Citado em C. Martin Wilbur, *Frustrated Patriot* (Nova York: Columbia University Press, 1976), p. 144.
6. Bergère, *Sun Yat-sen*, pp. 358-9.
7. Ibid., p.372.
8. Edgar Snow, *Red Star Over China* (Harmondsworth: Penguin, 1972), p. 68.
9. Citado em Mark Selden, *China in Revolution: The Yenan Way Revisited* (Nova York: M.E. Sharpe, 1995), p. 4.
10. Para uma revisão radical recente das mitologias maoístas na Longa Marcha, ver Jung Chang e Jon Halliday, *Mao: The Unknown Story* (Londres: Jonathan Cape, 2005).

GRANDE MURALHA

11. Chen Guoliang (org.), *Mao Tsé-tung shici baishou yizhu* (Cem poemas de Mao Tsé-tung, anotados) (Pequim: Beijing chubanshe, 1997), p. 84.
12. Ver algarismos em Charles H. Shepherd, *The Case against Japan* (Londres: Jarrolds, 1939), p. 131.
13. Wenjing, "Guochi congji ti wu yue" (Um mês de maio com muita humilhação nacional, *Qiantu*, 1.5 (1 de maio de 1933), p. 3.
14. Junshi kexueyuan junshi lishi yanjiubu, *Zhong guo kang ri zhan zheng shi* (História da Guerra Sino-Japonesa), Vol. I, (Pequim: Jiefangjun chubanshe, 1991), p. 268.
15. *Changcheng baike quanshu* (Enciclopédia da Grande Muralha) (Jilin: Casa Editora do Povo de Jilin, 1994), p. 901.
16. Parks M. Coble, *Facing Japan: Chinese Politics and Japanese Imperialism, 1931-37* (Cambridge, Mass.: Council on East Asian Studies, Harvard University, 1991), p. 102.
17. Ibid., pp. 98-9.
18. Ibid., pp. 115-16.
19. Chen (org.), *Mao Tsé-tung*, pp. 88-9.
20. Citado em Philip Short, *Mao: A Life* (Londres: John Murray, 2004), p. 345.
21. Em "Selections from Mao Tsé-tung Writings on Foreign Relations", www.southcn.com/nflr/ldzb/mzdsx/200312160860.htm.
22. A versão original em chinês está disponível em list.mp3.baidu.com/song/o/82/8253_somp3.htm
23. www.marxistsorg/reference/archive/mao/selected-works/volume2/mswv2_10.htm
24. www.marxistsorg/reference/archive/mao/selected-works/volume-9/mswv9_27.htm
25. Citado em Roger Garside, *Comig Alive: China after Mao* (Londres: Andre Deutsch, 1981), p. 276.
26. Ibid., p. 292.
27. Li Yu-ning (org.), *The Politics of Historiography: The First Emperor of China* (Nova York: International Arts and Sciences Press, 1975), p. 163.
28. Guixian jiaoyuju (Guangxi: Guangxi renmin chubanshe, 1975).

Conclusão: A Grande Muralha, a Grande Feira e a Grande Muralha Blindada

1. Ver foto em, por exemplo, Arthur Waldron, *The Great Wall of China, from History to Myth* (Cambridge: Cambridge University Press, 1992), p. 223.
2. Huang Xiang, *Kuangyin bu zui de shouxing* (A forma do animal bebe muito sem ficar bêbada) (Nova York: Tianxia huaren chubanshe, 1998), pp. 21-4.

NOTAS

3. Roger Garside, *Coming Alive: China after Mao* (Londres: Andre Deutsch, 1981), p. 226.

4. Ian Buruma, *Bad Elements: Chinese Rebels from Los Angeles to Beijing* (Londres: Weidenfeld e Nicolson, 2002), p. 100.

5. Roderick MacFarquhar (org.), *The Politics of China Second Edition: the Eras of Mao and Deng* (Cambridge: Cambridge University Press, 1997), p. 398.

6 Citado em "Four Modernizations — Factbites", www.factbites.com/topics/Four-Modernizations.

7. MacFarquhar (org.), *The Politics*, p. 324.

8. Garside, *Coming Alive*, p. 257.

9. Ibid., p. 262.

10. Waldron, *The Great Wall*, pp. 1, 222-5.

11. Citado em Su Xiaokang e Wang Luxiang, *Deathsong of the River: A Reader's Guide to the Chinese TV Series Heshang*, trad. Richard W. Bodman e Pin P. Wan (Ithaca: East Asia Program, Cornell University, 1991), p. 12.

12. Ibid., p. 124.

13. Ibid., pp. 126-7.

14. Ibid., p. 130.

15. Ibid., p. 127.

16. Ibid., p. 216.

17. Ibid., p. 204.

18. Ibid., pp. 212-13

19. Ibid., p. 218.

20. Su Xiaokang, *A Memoir of Misfortune* (Nova York: Knopf, 2001), p. 20.

21. Ibid., p. 21; Su e Wang, *Deathsong*, pp. 313-14, 325.

22. Buruma, *Bad Elements, p. xvii.*

23. Joe Studwell, *The China Dream: The Elusive Quest for the Greatest Untapped Market on Earth* (Londres: Profile Books, 2002), p. 56.

24. Jack Linchuan Qiu, "The Internet in China: Data and Issues" (Ensaio obtido do autor), pp. 1-2. Meu relato sobre o desenvolvimento da Internet na China muito deve à pesquisa altamente informativa de Jack Lichuan Qiu sobre o assunto.

25. "News Brief", em ojr.usc.edu/content/ojc/brief.cfm?request=1532.

26. Joshua Kurlantzick, "Dictatorship.com: The Web Won't Topple Tyranny", *New Republic*, 230.12 (4 de maio de 2004).

27. Geremie R. Barmé e Sang Ye, "The Great Firewall of China", *Wired* 5.06 (junho de 1997), http://www.wired.com/wired/5.06/china_pr.html

GRANDE MURALHA

28. Edward Young, "The Internet: Beyond the Great Firewall" *China Economic Quarterly* (11 de novembro de 2002); Xiao Qiang, "Words You Never See in Chinese Cyberspace", http://chinadigitaltimes.net/2004/08/the_words_you_n.php (30 de agosto de 2004).

29. Xiao Qiang, "The 'Blog' Revolution Sweeps across China", *New Scientist* (24 de novembro de 2004). http://www.newscisentist.com/article.ns?id=dn6707&print=true.

30. Xiao Qiang, "Chinese Workers Blog for Protest", http://chinadigitalnews.net/ 2004/12/chinese_workers.php (20 de dezembro de 2004).

31. Ver o brilhante ensaio de Perry Link "The Anaconda in the Chandelier", *New York Review of Books* (11 de abril de 2002), pp. 67-70.

32. Barmé e Sang Ye, "The Great Firewall".

33. Citado em Xiao Qiang, "The 'Blog'Revolution".

34. Jack Linchuan Qiu, "Chinese Nationalism on the Net: An Odd Myth with Normalcy", ensaio apresentado na Convenção annual da NCA, Atlanta, 1-4 de novembro de 2001, p. 13.

35. Qiu, "Chinese Nationalism", p. 12.

36. Jack Linchuan Qiu, "Chinese Hackerism in Retrospect: The Legend of a New Revolutionary Army", *MFC Insight* (17 de setembro de 2002), p. 6.

37. Joseph Kahn, "Chinese Authorities Warn against New Protests" *International Herald Tribune* (16 de abril de 2005), http://www.iht.com/articles/2005/04/15/ news/china.html.

38. Joseph Kahn, "State-run Chinese Paper Lashes Anti-Japanese Protests as 'Evil Plot'", *New York Times* (27 de abril de 2005), http://www.nytimes.com/2005/04/ 27/international/asia/27china.html?oref=login.

BIBLIOGRAFIA SELECIONADA

OBRAS GERAIS SOBRE A GRANDE MURALHA

Sem dúvida a melhor obra histórica moderna sobre a Grande Muralha da China em inglês é *The Great Wall* (A Grande Muralha) de Arthur Waldron, cuja meticulosa demolição do mito da muralha abriu novos caminhos na erudição acadêmica. Luo Zhewen et al., *The Great Wall*, contém informações e imagens muito úteis, e Daniel Schwartz produziu uma impressionante coleção de fotografias que percorre todo o comprimento das muralhas de fronteira.

Changcheng baike quanshu (Enciclopédia da Grande Muralha) (Jilin: Casa Editora do Povo de Jilin, 1994)

Changcheng guoji xueshu yantaohui lunwenji (Atas do Simpósio Acadêmico Internacional sobre a Grande Muralha) (Jilin: Jilin renmin chubanshe, 1995)

Fryer, Jonathan, *The Great Wall of China* (Londres: New English Library, 1975)

Geil, William Edgar, *The Great Wall of China* (Nova York: Sturgis & Walton Company, 1909).

Liu Qingde et al., *Zhongguo lidai changcheng shi lu* (Poesia sobre a Grande Muralha da China através dos Tempos) (Hebei: Hebei meishu chubanshe, 1991)

Schwartz, Daniel, *The Great Wall of China* (Londres: Thames & Hudson, 1990)

Song Mengyin e Dong Kan (orgs.), *Wanli changcheng chuanshuo* (Lendas da Grande Muralha) (Hebei: Hebei shaonian ertong, 1990)

Waldron, Arthur, *The Great Wall of China: From History to Myth* (Cambridge: Cambridge University Press, 1992)

GRANDE MURALHA

Zhongguo changcheng gushi (Histórias sobre a Grande Muralha da China) (Pequim: Yanshan, 1987)

Zhongguo changcheng yiji diaocha baogao ji (Coleção de relatórios sobre vistorias na Grande Muralha da China) (Pequim: Wenwu, 1981)

OBRAS GERAIS SOBRE HISTÓRIA E GEOGRAFIA DA CHINA

Para cada período dinástico da história da China, os ensaios contidos no volume corespondente da *Cambridge History of China* (História da China, de Cambridge) — listados na seção abaixo dinastia por dinastia — fornecem uma visão geral extraordinariamente informativa sobre o período em apreço, assim como uma introdução extremamente valiosa às fontes primárias e secundárias. Num plano histórico mais geral, Gernet, Hansen, Mote e Spence são muito úteis, e a obra monumental de Needham proporciona um notável guia para a história da ciência na China.

Blunden, Caroline, e Elvin, Mark *Cultural Atlas of China* (Oxford: Equinox, 1983)

Cressey, George B., *China's Geographic Foundations: A Survey of the Land and Its People* (Nova York: McGraw-Hill Book Company, Inc., 1934)

——. "The Ordos Desert of Inner Mongolia", in *Denison University Bulletin*, 28.8 (1933), pp. 155-248

De Bary, W.M., e Bloom, Irene, *Sources of Chinese Tradition*, 2 vols. (Nova York: Columbia University Press, 1999-2000)

Gernet, Jacques, *A History of Chinese Civilization*, trad. J.R. Foster (Cambridge: Cambridge University Press, 1990)

Hansen, Valerie, *The Open Empire: A History of China to 1600* (Nova York: Norton, 2000)

Mote, F.W. *Imperial China: 900-1800* (Cambridge, Mass.: Harvard University Press, 1999)

Needham, Joseph, *Science and Civilisation in China* (Cambridge: Cambridge University Press, 1954-)

Spene, Jonathan, *The Search for Modern China* (Nova York: Norton, 1999)

Zhongguo lishi ditu ji (Coleção de atlas históricos chineses) (Xangai: Ditu chubanshe, 1982-7)

BIBLIOGRAFIA SELECIONADA

RELAÇÕES ENTRE A CHINA E A ESTEPE

Barfield, Thomas J., *The Perilous Frontier: Nomadic Empires and China* (Oxford: Basil Blackwell, 1989)

Grousset, René, *The Empire of the Steppes: A History of Central Asia,* trad. Naomi Watford (New Jersey: Rutgers University Press, 1970)

Jagchid, Sechid, e Symons, Van Jay, *Peace, War and Trade along the Great Wall: Nomadic-Chinese Interaction through Two Millenia* (Bloomington: Indiana University Press, 1989)

Lattimore, Owen, *Inner Asian Frontiers of China* (Nova York: American Geographical Society, 1940)

———.*Studies in Frontier History: Collected Papers 1928-1958* (Londres: Oxford University Press, 1962.

Sinor, Dennis, "The Inner Asian Warriors", *Journal of the American Oriental Society,* 101.2 (1981), pp. 133-44

Sinor, Dennis (org.), *The Cambridge History of Early Inner Asia* (Cambridge: Cambridge University Press, 1990.

HISTÓRIA POR DINASTIAS

Período Shang, Zhou e dos Estados Guerreiros

Birrell, Anne (trad.), *The Classic of Mountains and Seas* (Clássico das Montanhas e Mares) (Londres: Penguin, 1999)

Chang Kwang-chih, *Shang Civilisation* (New Haven: Yale University Press, 1980)

Crump, J.I. (trad.) *Chan-kuo t'se* (Centro de Estudos Chineses da Universidade de Michigan, 1996)

Di Cosmo, Nicola, *Ancient China and Its Enemies: the Rise of Nomadic Powers in East Asian History* (Cambridge: Cambridge University Press, 2002)

Legge, James, *The Chinese Classics* (Hong Kong: Lane, Crawford & Co., 1871)

Prusek, Jaroslav, *Chinese Statelets and the Northern Barbarians in the Period 1400-300 B.C.* (Nova York: Humanities Press, 1971).

Qin, Han e Wei do Norte.

Bielenstein, Hans, *The Restoration of the Han Dynasty,* 4 vols., *Bulletin of the Museum of Far Eastern Antiquities,* 26, 31, 39, 51 1954, (1959, 1967, 1979)

GRANDE MURALHA

Bodde, Derk (trad.), *Statesman, Patriot and General in Ancient China: Three Shih Chi Biographies of the Ch'in Dynasty (255-206 BC)* (New Haven: American Oriental Society, 1940)

De Crespigny, Rafe, *Northern Frontier: The Policies and Strategy of The Later Han Empire* (Camberra: Australian National University, 1984)

Hopkirk, Peter, *Foreign Devils in the Silk Road: The Search for the Lost Treasures of Central Asia* (Oxford: Oxford University Press, 1984)

Hulsewe, A.F.P., e Loewe, Michael, *China in Central Asia: The Early Stage, 125 BC—AD 23* (Leiden: Brill, 1979)

Jenner, W.J.F., *Memories of Loyang: Yang Hsüan-chih and the Lost Capital (493-534)* (Oxford: Clarendon Press, 1981)

Loewe, Michael, *Records of Han Administration*, 2 vols. (Cambridge: University of Cambridge Oriental Publications, 1967)

———.*Everyday Life in Early Imperial China* (Nova York: Harper & Row, 1970)

———. "The Campaigns of Han Wu-ti", in *Chinese Ways in Warfare*, org. Frank A. Kierman Jr. e John K. Fairbank (Cambridge, Mass.: Harvard University Press, 1974) pp. 67-122

Mirsky, Jeannette, *Sir Aurel Stein: Archaeological Explorer* (Chicago: University of Chicago Press, 1977)

Sima Qian, *The Grand Scribe's Records*, org. William H. Nienhauser Jr. (Bloomington: Indiana University Press, 1994)

Stein, M. Aurel, *Serindia* (Oxford: Clarendon Press, 1921)

———.*Ruins of Desert Cathay: Personal Narrative of Explorations in Central Asia and Westernmost China*, 2 vols. (Nova York: Dover Publications, 1987)

Twitchett, Denis, e Loewe, Michael (orgs.) *The Cambridge History of China Volume I: the Ch'in and Han Empires, 220 BC through AD 220* (Cambridge: Cambridge University Press, 1986)

Walker, Annabel, *Aurel Stein: Pioneer of the Silk Road* (Londres: John Murray, 1995)

Watson, Burton (trad.), *Records of the Grand Historian of China*, 2 vols. (Nova York: Columbia University Press, 1961)

———.*Records of the Grand Historian: Han Dynasty II* (ed. rev.) (Hong Kong e Nova York: Renditions e Columbia University Press, 1993)

Sui e Tang

Chan, Marie, "The Frontier Poems of Ts'en Shen", *Journal of the American Oriental Society*, 98.4 (1978), pp. 421-37

BIBLIOGRAFIA SELECIONADA

Chen Tiemin e Hou Zhongyi (orgs.), *Cen Shen ji jiaozhu* (Xangai: Shanghai guji chubanshe, 1981)

Hartman, Charles, *Han Yu and the T'ang Search for Unity* (Princeton: Princeton University Press, 1986)

Hinton, David (trad.), *The Selected Poems of Li Po* (Londres: Anvil, 1996)

Hu Ji, *Sui Yangdi xinzhuan* (Xangai: Shanghai renmin chubanshe, 1995)

Owen, Stephen, *The Great Age of Chinese Poetry: The High T'ang* (New Haven: Yale University Press, 1981)

Parker, Edward H., "The Early Turks", *China Review*, 24 (1899-1900), pp. 120-227

———. "The Early Turks", *China Review*, 25 (1900-1901), pp. 1-270

Pulleyblank, Edwin G., *The Background of the Rebellion of An Lu-shan* (Oxford: Oxford University Press, 1966)

Schafer, Edward H., *The Golden Peaches of Samarkand* (Berkeley: University of California Press, 1963)

Twitchett, Denis (org.), *The Cambridge History of China Volume 3: Sui and T'ang China, 589-906, Part I* (Cambridge: Cambridge University Press, 1979)

Waley, Arthur, "A Chinese Poet in Central Asia", in *The Secret History of the Mongols* (Londres: George Allen e Unwin, 1963), pp. 30-46

Wright, Arthur F., *The Sui Dynasty* (Nova York: Knopf, 1978)

———. "Sui Yang-ti: Personality and Stereotype", in *The Confucian Persuasion* (Stanford: Stanford University Press, 1960), pp. 47-76

Liao, Jin e Yuan mongol

Chan, Hok-lam, *Legitimation in Imperial China: Discussions under the Jurchen-Chin Dynasty (1115-1234)* (Seattle: University of Washington Press, 1984)

De Hartog, Leo, *Genghis Khan, Conqueror of the World* (Londres: Tauris, 1989)

Franke, Herbert, e Twitchett, Denis (orgs.) *The Cambridge History of China Volume 6: Alien Regimes and Border States, 907-1368* (Cambridge: Cambridge University Press, 1994)

Hoang, Michael, *Genghis Khan* (Londres: Saki, 1990)

Li Chih Ch'ang, *The Travels of an Alchemist*, trad. Arthur Waley (Londres: Routledge, 1931)

Man, John, *Genghis Khan: Life, Death and Ressurection* (Londres: Bantam, 2004)

Martin, H. Desmond, *The Rise of Chingis Khan and His Conquest of North China* (Baltimore: Johns Hopkins University Press, 1950)

Rossabi, Morris: *Kubilai Khan: His Life and Times* (Berkeley: University of California Press, 1988)

GRANDE MURALHA

Ming e ascensão do Qing

Hafiz-I Abru, *A Persian Embassy in China*, trad. K.M. Maitra (Nova York, Paragon Books Reprint Corp., 1970)

Dreyer, Edmund L., *Early Ming China: A Political History 1355-1435* (Stanford: Stanford University Press, 1982)

Farmer, Edward L., *Early Ming Government: The Evolution of Dual Capitals* (Cambridge, Mass: Harvad University Press, 1976)

Goodrich, L. Carrington (org.) *Dictionary of Ming Biography, 1368-1644* (Nova York: Columbia University Press, 1976.

Hsu, Angela "Wu San-Kuei in 1644: A Reappraisal", *Journal of Asian Studies*, 34.2 (Fevereiro 1975), pp. 443-53

Hua Xiazi, *Ming changcheng kaoshi* (Uma Investigação sobre a Grande Muralha Ming) (Qinhuangdao: Dang'an chubanshe, 1988)

Levathes, Louise. *When China Ruled the Seas* (Nova York: Simon & Schuster, 1994)

Mote, Frederick W., "The Tu-mu Incident of 1449", in *Chinese Ways in Warfare*, orgs. Frank A. Kierman Jr. e John K. Fairbank (Cambridge, Mass: Harvard University Press, 1974), pp. 243-72

Mote, Frederick W., e Twitchett, Denis (orgs.), *The Cambridge History of China Volume 7: The Ming Dynasty, 1368-1644, Part I* (Cambridge: Cambridge University Press, 1988)

——. *The Cambridge History of China Volume 7: The Ming Dynasty, 1360-1644 Part II* (Cambridge: Cambridge University Press, 1998)

Naquin, Susan, *Peking: Temples and City Life* (Berkeley: University of California Press, 2000)

Rossabi, Morris, *China and Inner Asia from 1368 to the Present Day* (Nova York: Pica Press, 1975)

Serruys, Henry, *The Mongols and Ming China: Customs and History* (Londres: Variorum Reprints, 1987)

——. "Chinese in Southern Mongolia during the Sixteenth Century", *Monumenta Serica* 18 (1959), pp. 1-95

——. "Sino-Mongol relations during the Ming, II. The Tribute System and Diplomatic Missions (1400-1600)" *Mélanges chinois et bouddhiques*, 14 (1969)

——. "Sino-Mongol relations during the Ming, III. Trade Relations: The Horse Fairs (1499-1600)" *Mélanges chinois et bouddhiques*, 18 (1975)

BIBLIOGRAFIA SELECIONADA

——. "Towers in the Northern Frontier Defenses of the Ming", *Ming Studies*, 14 (Primavera 1982), pp. 8-76

Spence, Jonathan D., e Wills, John E. (orgs.) *From Ming to Qing: Conquest, Region and Continuity in Seventeenth-Century China* (New Haven: Yale University Press, 1979)

Tsai, Henry Shih-shan, *The Eunuchs of the Ming Dynasty* (Albany, Nova York: State University of New York, 1996)

Wakeman Jr., Frederic, *The Great Enterprise: The Manchu Reconstruction of Imperial Order in Seventeenth-Century China*, 2 vols. (Berkeley: University of California Press, 1985)

——. "The Shun Interregnum of 1644", in *From Ming to Qing*, orgs. Spence e Wills, pp. 41-87

Qing

Fairbank, John K. (org.), *The Cambridge History of China Volume 10, Part One: Late Ch'ing 1800-1911* (Cambridge: Cambridge University Press, 1978)

Fairbank, John K. e Kwang-Ching Liu (orgs.), *The Cambridge History of China Volume 11, Part Two: Late Ch'ing 1800-1911* (Cambridge: Cambridge University Press, 1980)

Kuhn, Philip A., *Soulstealers: The Chinese Sorcery Scare of 1768* (Cambridge, Mass: Harvard University Press, 1990)

Peterson, Willard J. (org.), *The Cambridge History of China Volume 9, Part One: The Ch'ing Empire to 1800* (Cambridge: Cambridge University Press, 2002)

Spence, Jonathan D., *Emperor of China: Self-Portrait of Kang-Hsi* (Nova York: Knopf, 1974)

Do século XX ao presente

Bergère, Marie-Claire, *Sun Yat-sen,* trad. Janet Lloyd (Stanford: Stanford University Press, 1998)

Buruma, Ian, *Bad Elements: Chinese Rebels from Los Angeles to Beijing* (Londres: Weidenfeld e Nicolson, 2002)

The Cambridge History of China Volumes 12-15 (Cambridge: Cambridge University Press, 1983)

Chang, Jung e Halliday, Jon, *Mao: The Unknown Story* (Londres: Jonathan Cape, 2005)

Coble, Parks M., *Facing Japan: Chinese Policies and Japanese Imperialism, 1931-37* (Cambridge, Mass.: Council on East Asian Studies, Harvard University, 1991)

Garside, Roger, *Coming Alive: China after Mao* (Londres: André Deutsch, 1981)

GRANDE MURALHA

Junshi kexueyuan junshi lishi yanjiubu, *Zhong guo kang ri zhanzheng shi*, 2 vols. (Pequim: Jiefangjun chubanshe, 1991-4)

Li Yu-ning (ed.), *The Politics of Historiography: The First Emperor of China* (Nova York: International Arts and Sciences Press, 1975)

MacFarquhar, Roderick (org.), *The Politics of China Second Edition: The Eras of Mao and Deng* (Cambridge: Cambridge University Press, 1997)

Salisbury, Harrison, *The Long March: The Untold Story* (Nova York: Harper & Row, 1985)

Schwarcz, Vera, *The Chinese Enlightenment: Intellectuals and the Legacy of the May Fourth Movement of 1919* (Berkeley: California University Press, 1986)

Selden, Mark, *China in Revolution: The Yenan Way Revisited* (Nova York: M.E. Sharpe, 1995)

Short, Philip, *Mao: A Life* (Londres: John Murray, 2004)

Snow, Edgar, *Red Star over China* (Harmondsworth: Penguin, 1972)

Studwell, Joe, *The China Dream: The Elusive Quest for the Greatest Untapped Market on Earth* (Londres: Profile Books, 2002)

Su Xiaokang e Wang Luxiang, Deathsong of the River, *A Reader's Guide to the Chinese TV Series* Heshang, trad. Richard W. Bodman e Pin P. Wan (Ithaca: Easy Asia Program, Cornell University, 1991)

Teng Ssu-yü e Fairbank, John K. (orgs.), *China's Response to the West: A Documentary Survey, 1839-1923* (Cambridge, Mass.: Harvard University Press, 1954)

U.S. Military Intelligence Reports: China 1911-41 (Frederick, MD: University Publications of America, 1983)

Van de Ven, Hans J., *War and Nationalism in China 1925-1945* (Londres: RoutledgeCurzon, 2003)

Wilbur, C. Martin, *Frustrated Patriot* (Nova York: Columbia University Press, 1976

Zha Jianyingi, *China Pop: How Soap Operas, Tabloids and Bestsellers are Transforming a Culture* (Nova York: The New Press, 1995)

Zhao, Suisheng, *A Nation-State by Construction: Dynamics of Modern Chinese Nationalism* (Stanford; Stanford University Press, 1994)

A INTERNET E A GRANDE MURALHA BLINDADA DA CHINA

Barmé, Geremie R., e Sang Ye, "The Great Firewall of China", *Wired*, 5.06 (junho de 1997), http://www.wired.com/wired/5.06/china_pr.html
http://chinadigitaltimes.net

BIBLIOGRAFIA SELECIONADA

Kurlantzick, Joshua, "Dictatorship.com: The Web Won't Topple Tyranny", *New Republic*, 230.12 (4 de maio de 2004)

Qiu, Jack Linchuan, "The Internet in China: Data and Issues", ensaio obtido do autor

_____. "Chinese Nationalism on the Net: An Odd Myth with Normalcy", ensaio apresentado na convenção annual da NCA, Atlanta, 1-4 de novembro de 2001

_____. "Chinese Hackerism in Retrospect: The Legend of a New Revolutionary Army", *MFC Insight* (17 de setembro de 2002)

Xiao Qiang, "Words You Never See in Chinese Cyberspace", http://chinadigitaltimes.net/200408/the_words_you_n.php (30 de agosto de 2004)

Young, Edward, "The Internet: Beyond the Great Firewall", *China Economic Quarterly* (11 de novembro de 2002)

IMPRESSÕES OCIDENTAIS SOBRE A CHINA E SUAS MURALHAS

Há grande quantidade de material primário sobre este tema; os títulos mencionados abaixo constituem uma pequena fração dos relatos de viagem e depoimentos que me parecem úteis. Quanto a obras secundárias, o escritor de maior amplitude e elegância sobre impressões ocidentais a respeito da China é sem dúvida Jonathan Spence; ver também o eloqüente relato de Alain Peyrefitte sobre a missão Macartney à China em 1793.

Aldridge, A. Owen, "Voltaire and the Cult of China", *Tamkang Review*, 2.2-3.1 (1971-2), pp. 25-49

Andrews, Roy Chapman, *Across Mongolian Plains*, (Londres: D. Appleton & Co., 1921)

Avril, Philippe, *Travels into Divers Parts of Europe and Asia* (Londres: Tim. Goodwin, 1693)

Barrow, Sir John, *Travels in China* (Londres: T. Cadell e W. Davies, 1806)

Barzini, Luigi, *Pekin to Paris: An account of Prince Borghese's journey across two continents in a motor-car* (Londres: E. Grant Richard, 1907)

Cameron, Nigel, *Barbarians and Mandarins: Thirteen Centuries of Western Travellers in China* (Hong Kong e Oxford: Oxford University Press, 1989)

Cranmer-Byng, J.L. (org.) *An Embassy to China Being the Journal Kept by Lord Macartney during his Embassy to the Emperor Ch'ien-lung, 1793-94* (Londres: Longmans, 1962)

De Rhodes, Alexandre, *Divers voyages de la Chine et autres royaumes de l'Orient* (Paris: Christophe Iournel, 1681)

Du Halde, Jean Baptiste, *A description of the Empire of China...* 2 vols. (Londres: Edward Cave, 1738-41)

GRANDE MURALHA

Dunne, George H., *Generation of Giants: the Story of the Jesuits in China in the Last Decades of the Ming Dynasty* (Londres: Burns & Oates, 1962)

Fleming, George, *Travels on Horseback in Mantchu Tartary: being a summer ride beyond the great wall of China* (Londres: Hurst & Blackett, 1863)

Geil, William Edgar, *The Great Wall of China* (Nova York: Sturgis & Walton Company, 1909)

Guy, Basil, "The French Image of China before and after Voltaire", *Studies on Voltaire and the Eighteenth Century*, 21 (1963)

Hayes, L.N., *The Great Wall of China* (Xangai: Kelly & Walsh, 1929)

Hearsey, John E.N., *Voltaire* (Londres: Constable, 1976)

Kircher, Athanasius, SJ, *China monumenti qua sacris qua profanis, Illustrata*, trad. Charles D. Van Tuyl (Oklahoma: Indian University Press, Bacone College, 1987)

Le Comte, Louis D., *Memoirs and Observations...* (Londres: Benj. Tooke, 1698)

Martini, Martino, *Novus Atlas Sinensis* (Amsterdã: Joan Blaeu, 1655)

Murdock, Victor, *China, the Mysterious and Marvellous* (Nova York: Chicago, 1920)

Peyrefitte, Alain, *The Collision of Two Civilisations: The British Expedition to China in 1792-4*, trad. Jon Rothschild (Londres: Harvill, 1993)

Polo, Matteo, *China in the Sixteenth Century: The Journals of Matthew Ricci: 1583-1610*, trad. Louis J. Gallagher, SJ (Nova York: Random House, 1953)

Spence, Jonathan, *The China Helpers: Western Advisers in China 1620-1960* (Londres: Bodley Head, 1969)

———. *The Chan's Great Continent: China in Western Minds* (Londres: Allen Lane, Penguin, 1999)

Staunton, Sir George Leonard, *An authentic account of an embassy from the King of Great Britain to the Emperor of China...* (Londres: G. Nicol, 1798)

Thurin, Susan Schoenbauer, *Victorian Travellers and the Opening of China* (Ohio: Ohio University Press, 1999)

Voltaire, *Lettres chinoises, indiennes et tartares* (Paris: [s.n], 1776)

———. *An essay on universal history*, trad. Thomas Mugent (Edimburgo: William Creech, 1782)

———. *Dictionnaire Philosophique* (Amsterdã: Marc-Michel Rey, 1789)

———. *Dictionnaire Philosophique* (Paris: Garnier frères, 1954)

———. *Philosophical Dictionary*, 2 vols. Trad. Peter Gay (Nova York: Basic Books, 1962)

Warwick, Adam, "A Thousand Miles along the Great Wall of China", *National Geographic Magazine*, 43.2 (fevereiro de 1923), pp. 113-43.

ÍNDICE REMISSIVO

Abaoji 196
Aguda 199
Ambakai 204,207
An, Lushan 184
Analectos (Confúcio) 182
Anson, George 322-323
Anyang 51
Armstrong, Neil 30
Arouet, François 316
   ver também Voltaire
As novas Aventuras de Robinson Crusoe (Novas Aventuras de Robinson Crusoé — Defoe) 323
Atlas Sinensis (Martini), 307

Bad Elements (Maus Elementos) (Buruma) 43
Bai, Gui 241
Barrow, John 25,26
Barzini, Luigi 336
Biografias de mulheres eminentes 108
blogs 390
budismo 101-103, 121, 129, 152, 180
Buruma, Ian 43

Cao, Cao 118
Cen, Shen 184-187
Chai, Ling 384
Changcheng (Longa Muralha) 35-36, 38, 201
   ver também Grande Muralha
Chen, dinastia 127, 152
Chen, Duxiu 341
Chen, She 88
Chiang Kai-shek 350-351, 353-354, 357
China Daily 81
Chu 62,64,66,72,78
Cidade Proibida 215-216, 218, 274, 275, 290, 339, 363
Clássico das Mudanças 139
Clássico das Montanhas e Mares 97
Clássico da Poesia (Shijing), 228
Clinton, Bill 387
comércio 19-20,28-29,102,329
   de chá 19-20,28,328
   de ópio 326,328
comunismo/comunistas 48, 80, 349-352, 353, 359, 360, 362, 365, 366, 376, 379, 393, 395
"Confissões da Grande Muralha" (Huang) 370

Confúcio/confucionismo 53, 72, 76, 89, 95, 124, 136, 145, 153, 172, 178, 181, 292-293, 303, 312, 313, 317, 340, 363
construção de canais 159-160, 164, 167
construção de estradas 79-80
Construção de muralhas 38-40, 47-69, 133-136, 239, 261-268, 396
    Han 90, 91-94, 111
    Jin 127-128, 199-202, 208
    Liao 198,208
    Ming 136, 200, 213, 214, 218, 222-225, 237, 242-245, 250-253, 258, 261-264, 265-268, 269
    Qi 150
    Qin 71-90, 92,93, 128, 167
    Sui 154, 155, 157, 165, 167
    Turcas
    ver também Estados Guerreiros
    Wei do Norte 135, 139-141
    Zhou 150
Cook, Thomas 336
Cressey, George B. 57

Defoe, Daniel 323
DeGuignes, Joseph 93
Deng, Xiaoping 372-376, 377-378, 379
Descrição do Império da China, Uma (Du Halde) 315, 319
Dez mil li *de montanhas e passos* (Guanshan wanli) 357
Di, 54, 61, 62, 74
dinastias 49, 121, 123
    Chen 127, 152
    Han 35, 59-60, 70-72, 78, 88, 90, 93, 96-99, 105-106, 109-118, 126-127, 139, 147
    Jin 127-128, 193-196, 199-209
    Liang 127

Liao 196-199
Ming 35-37, 54, 80-81, 102, 109, 130, 182, 213-245, 247-270, 273, 275-281, 283-291, 298, 301
Qi 64, 78, 127, 150-157
Qin 37, 170, 182, 298-301, 304-305, 318, 326-328, 354
Qing 37, 170, 182, 298-301, 304-305, 318, 326-328, 354
Shang 52-53, 54, 59, 60, 228
Shun 272
Song 127, 177, 193, 196, 197-198, 199, 202,210
Sui 120, 127, 148-149, 152, 154-169, 170, 181
Tang 148, 159, 167-180, 181-190, 195
Wei 62, 64, 78, 127
    do Norte 151-152
Xia 143
Zhou 53, 57, 61, 64, 74, 139, 150-152, 181, 194
    do Norte 120, 121-124, 133-145, 149, 195
diplomacia 22-24, 31
    de canhoneiras 29, 304, 311, 313
Dorgon 295, 297
Du, Xun 249, 290
Dundas, Henry 20
Dunhuang 100, 104, 106-109
Duoji 165

"Elegia do Rio" (Su) 308-383, 384
Elgin, Lord 326
Esen 226-228, 232-234, 286
Estados Guerreiros 62-68, 72-77, 84
Eunucos 228-231, 235, 290
exército de terracota 75-76, 89

ÍNDICE REMISSIVO

Falun Gong 389, 390
Fan, Shi 130
Feng (imperatriz) 136, 139
Fleming, George 325, 326, 330-335, 338
Fusu 84, 87

Grande Jogo 103
Gao, Lü 139-141
Gaoche 149
Gaozu (imperador) 93, 96, 171
 ver também Li Yuan
Geographical Magazine 30
Google 389
Gorbachev, Mikhail 383
Gore, Al 386
Grã-Bretanha 19,20, 327
Grande Muralha 218, 247, 257, 259-262,
 299-302, 308-309, 315
 Changcheng 35-38
 como símbolo 30, 32-34, 37, 44, 321, 336,
 345, 347-349, 353, 355-357, 361,
 364-366, 372
 descrições 26, 29, 33, 34-35, 201
 mitologia 30, 44, 262, 307
 turismo 26, 30-31, 32, 34, 35, 45, 253,
 323, 326, 331-338, 353, 362
 ver também Changcheng, construção de muralhas
Guang 156, 158-159
 ver também Yang (imperador)
Guangwu (imperador) 118
Gui, Tuoba (imperador) 131-132
Guo, Moruo 362
Guomindang (GMD) *ver* Partido Nacionalista

Halde, Jean Baptiste Du 315,319
Han, dinastia 35, 59, 60, 70, 71, 72, 78, 88,

 90, 93, 96-99, 105, 106, 109-118, 126,
 139, 142, 147
 construção de muralhas 90-97, 112-113
Han, Xin 94
Hedin, Sven 103
History of the Han (História do Han) 98
History of the Ming (História do Ming) 242,
 251, 255, 269, 301
History of the Sui (História do Sui) 167
History of the Tang (História do Tang) 174
Hong Kong 29
Hongwu (imperador) 220, 220-223, 231,
 236, 275, 279
 ver também Zhu Yuanzhang
Hu 63, 64, 83, 87, 169
Hu, Weiyong 222
Huang, Chao 190
Huang, Xiang 370-373, 374, 375, 377
Huhai 87, 88, 148, 169
Huhanye 116
Hunos 54, 57, 68
Huo, Qubing 96, 112

identidade cultural 71-72
identidade nacional 52-53, 72-73
Illustrated London News 329
Imperador Amarelo 49, 74
imperadores
 Amarelo 49, 74
 Gaozu 93, 96, 171
 Guangwu 118
 Gui, Tuoba 131-132
 Hongwu 220, 221-223, 231
 Kangxi 300, 303, 305-306
 Liu, Yuan 128
 Murong, Jun 131
 Puyi 354

GRANDE MURALHA

Qianlong 19-21, 23-24, 299, 305, 313, 318, 328
Qin, Shihuang 69, 71, 73, 75-88, 148, 169, 335, 345, 367, 381
Shizu 134-135
Taizong 171-175
Tianshun 234
Wen 152-153, 154-160, 170
Wu 75, 96-101, 107, 110, 113, 115
Xiaowen 142-143, 144-145
Xuanzong 175
Yang 156, 159-171, 180
Yongle 215-217, 218, 222, 226, 229
Yuandi 116
Zhengde 247
imperatrizes
Feng 136, 139, 142
Wu, Zetian 178
Internet 386-396
blogs 390-391, 392
google 389
Muralha Blindada 388-396
Istämi 154

Japão 339-340, 343, 350, 396
invasão 353-361
Jesuítas 303-319
Jia, Yi 90, 95
Jiajing (imperador) 247-250, 256
ver também Zhu Houcong
Jiang, Zemin 387
Jin, dinastia 127-128, 196-196, 199-209
construção de muralhas 128, 200-202, 208
Jorge III, rei 19,23
Jurchen 194, 198-199, 207

Kabul 203
Kangxi (imperador) 300, 303, 305-306

Khan, Altan 247, 249, 251, 253, 254, 268, 270
Khan, Gengis 34, 37, 59, 60, 68, 191, 195-196, 200, 204, 206, 319
Khan, Kubilai 211

linguagem 53, 59
legalismo 77, 88, 89, 136, 153
Li, Bo 183, 189
Li, Chengqian 177
Li, Guang 170
Li, Linfu 179
Li, Ling 114
Li, Shimin 171
ver também Taizong (imperador)
Li, Si 74
Li, Yongfang 282
Li, Yuan 169
ver também Gaozu (imperador)
Li, Zicheng 273-274, 275-276, 280, 289, 298
Liang, dinastia 127
Liao, dinastia 196-199
construção de muralhas 198, 208
Lin, Zexu 28, 329
Liu, Bang 88, 93
Liu, Di 389, 398
Liu, Yan (imperador) 128
Lloyd George, David, 339
Longa Marcha 351
Luo, Zhewen 33
Luoyang 121-122, 137, 142-145, 159, 165

Ma, Shun 235
Macartney, lord 20-29, 31, 80, 300, 313, 328
Macmillan's Magazine 336
Macau 20,22, 303, 311, 322
Manchúria/manchus 37, 38, 54, 55, 129-

458

ÍNDICE REMISSIVO

130, 131, 149, 194, 198, 259, 268, 270, 273-274, 281, 282-286, 287-289, 290, 344

"Mandato dos Céus" 148, 181, 194, 273

Mao, Yenshou 116

Mao, Zedong 30, 53, 77, 183, 238, 352-353, 356, 357, 359-360, 361, 362-366, 367, 382, 391

Maodun 91-94, 125, 126, 128

Martini, Martino 307

Movimento de 4 de maio 344, 346, 347

Meng, Jiangnu 367

Meng Jiangnu era uma grande erva daninha, pró-confuciano e antilegalista 367

Meng, Tian 78-79, 83, 86-87, 89, 92, 169

Ming, dinastia 35-37, 54, 80-81, 102, 109, 130, 182, 213-245, 247-270, 273, 275-281, 283-291, 298, 301

  construção de muralhas 135, 200, 213, 214, 218, 222-224, 237, 241, 242-245, 251-254, 257-260, 262-265, 266-269, 271, 301, 306

Mongólia/mongóis 34-37, 48, 54, 60, 62, 65, 66, 89, 91-99, 149, 195, 204-210, 212, 218-220, 221-227, 231-233, 234-244, 247-257, 283, 285, 286

Mu, Zimei 393

Muralha Blindada 388-396

Muro da Democracia 367, 374

Murong, Jun (imperador) 131

Nan, Zhong 139

National Geographic 335

Natural History of Religion (História Natural da Religião) (Hume) 320

Needham, Joseph 30

Nixon, Richard 31, 369, 372-373

Nurhaci 270, 273, 282, 354

Once a Week 336

ópio 28, 325, 326, 328

  guerras 24, 28-29, 325-326, 328-329, 340

Ordos 55-56, 65, 83-84, 89, 92, 96, 119, 125, 157, 237, 239-242

Parish, Henry William 27

Partido nacionalista 349-353, 358-361, 366

Pelliot, Paul 103

People's Daily 367, 375, 387-388

Pequim 19-21, 25, 29, 32, 35, 38, 51, 81, 135, 203, 209, 212, 215-219, 224, 233, 234, 237-239, 245, 272, 274, 281, 289, 290, 355

Philosophical Dictionary (Dicionário Filosófico) (Voltaire) 316, 318-319

Plano de Reconstrução Nacional 344-345

Poesia da fronteira 187-191,

Polo, Marco 102, 211

Primeiro Imperador 33, 69, 71, 75-89, 93, 139, 148, 152, 166, 169, 216, 362, 367, 381-382 *ver também Qin Shihuang*

Puyi (imperador) 354

Qi, dinastia 64, 78, 127, 150

  construção de muralhas 151

Qiang 98

Qianlong (imperador) 19-21, 23, 299, 305, 313, 318, 328

Qin, dinastia 62, 64-70, 71, 73-90, 92, 93, 109, 167-169, 194

Qin Shihuang (imperador)69, 71, 73, 75-88, 148, 169, 335, 345, 367, 381, ver também "Primeiro Imperador"

Qing, dinastia 37, 170, 182, 298-301, 304, 318, 326-329

GRANDE MURALHA

Ran'gan 160,165
Registros Históricos (Sima) 71
Repórteres sem Fronteiras 389
republicanismo 342-384
revolução 342-343, 346-358
Revolução Cultural 364-367, 374, 375
Ricci, Matteo 276, 312, 313-314
Ripley, Robert 30, 80
Robinson Crusoé (Defoe) 323, 324, 333
Rong, 54, 61, 62, 74
Rong, Erzhu 145
Rota da Seda 99-107, 175
Russell, Henry 332

Schall, Adam 303, 304, 312
Science and Civilisation in China (Ciência e Civilização na China) (Needham) 30
serviço civil 183, 240, 326-327, 340
Shang, dinastia 52-53, 54, 59, 60, 228
Shang, Yang 77
Shetu 154
Shizu (imperador) 134-135
Shu-han 127
Shun, dinastia 272,293
Sima, Qian 71, 75, 76, 78, 80-83, 86, 89, 93, 95, 113, 315
Sirèn, Oswald 47
Snow, Edgar 352, 359-360
Sociedade Chinesa da Grande Muralha 33
Song, dinastia 127, 177, 193, 196, 197-198, 199, 202-203, 210
Staunton, Thomas 22, 28
Stein, Aurel 101-109, 111, 114
Su, Xiaokang 380, 383
Sui, dinastia 120, 127, 148-149, 152, 154-167, 170, 181
  construção de muralhas 153, 155, 161-164, 167
Sun, Yat-sen 342-347, 349

Taizong (imperador) 171-176
  ver também Li Shimin
Taklamakan 101-111
Tang, dinastia 148, 159, 167-181, 181-191, 195
  poetas 184-191
Tanshihuai 127
Tártaros 203-295
Tiananmen, praça 215, 339, 364, 374-375, 380, 383
Tianshun (imperador) 234-236
Tibete/tibetanos 41-42, 98, 99, 180
Touman 91-92
Travels in China (Viagens na China) (Barrow) 25
Travels on Horseback in Mantchu Tartary (Viagens a cavalo na Tartária manchu) (Fleming) 330-333
Tujue 149
  ver também turcos
Tuli 173
Tumen 149, 154, 160
Tuoba 131-135, 141, 149
  ver também Wei do Norte
Turcos 149-151, 154-156, 160-165, 172-178
  ver também Tujue

Uighurs 147

Verbiest, Ferdinand 303-306, 307, 313, 314-315
Viagens (Polo) 211
Voltaire 316-318, 319-321

Wan, Sitong 301
Wang, Changling 188
Wang, Dan 385

ÍNDICE REMISSIVO

Wang, Yitong 51
Wang, Yue 240-241, 242, 246
Wang, Zhaojun 116-117
Wang, Zhi 246
Wei, dinastia 62, 64, 78, 127
   construção de muralhas 136, 139-141
      do Norte 120, 121-124, 131, 134-146,
        149, 196
   ver também Xianbi
Wei, Jingsheng 367, 374, 377
Wei, Qing 96
Wen (imperador) 152-153, 154-160, 170
   ver também Yang Jian
West Bromwich Albion 31
Wilson, Woodrow 339
Wu (imperador) 75, 96-101, 107, 110, 112-
   115, 139, 170
Wu, Sangui 270, 281, 288, 289, 290-298
Wu, Xiang 290-293
Wu, Zetian (imperatriz) 178
Wu'er, Kaixi 384
Wuling 63-67

Xia, dinastia 142
Xianbi 124-127, 130-131, 135-136, 138-
   139, 143, 144
   ver também Wei do Norte
Xiangun 175
Xiaowen (imperador) 143-143, 144-145
Xieli 172-173
Xiongnu 54, 60, 89, 91-101, 111-117, 125-
   127, 128, 129, 137, 142, 143, 150, 153,
   170, 345
Xu, Da 219, 220
Xuanzang 175
Xuanzong (imperador) 176, 179-180, 183

Yan, dinastia 62, 64-67, 130-131
Yan, Song 250, 255
Yang (imperador) 156, 159-170, 176
Yang Guifei 180
Yang, Shouqian 256
Yang, Xuanzhi 121-122
Yiju, 65
Yongle (imperador) 215-217, 218, 222-224,
   226, 229, 236, 287
Yu 28
Yu, Zijun 202, 204-5, 206-9, 215, 223
Yuan, Shikai 343
Yuandi (imperador) 116
Yuezhi 92, 98

Zhang, Juzheng 269-270
Zhang, Qian 96, 98-99, 113
Zhang, Xueliang 408
Zhao, 62, 63-65, 78
Zhao, Gao, 87-88
Zhao, Ling 139
Zhao, Ponu 96, 100
Zheng, He 217
Zhengde (imperador) 247
Zhou, dinastia 53, 57, 61, 72-74, 139, 150-
   152, 181, 194
   construção de muralhas 150
   do Norte 150
Zhu, Houcong 247-248
   ver também Jiajing (imperador)
Zhu, Yuanzhang 220, 223
   ver também Hongwu (imperador)
Ziying 88
Zou, Yan 194

Este livro foi composto na tipologia Agaramond,
em corpo 11,5/16, e impresso em
papel off-set 75g/m² no Sistema Cameron da
Divisão Gráfica da Distribuidora Record.